［編集代表］塚原修一
［企画委員］綾部広則・川野祐二

［新通史］

日本の科学技術

秩序変容期の社会史　2011年〜2024年

第2巻

第3部 ◎ デジタル社会
　　編集：林紘一郎・前川徹

第4部 ◎ 大学・学術・教育
　　編集：塚原修一・澤田芳郎

A SOCIAL HISTORY OF
SCIENCE & TECHNOLOGY IN JAPAN
AT THE AGE OF SOCIAL TRANSFORMATION

久留米大学経済叢書 24

原書房

はしがき

　この全3巻の書は、日本の科学技術と社会の関わりを歴史的に明らかにすることを目的とし、それによって科学技術という窓を通して日本社会の変化について多角的に光をあてることをめざして編まれた。最初の企画は「科学と社会フォーラム」（中山茂代表）を母体とした「戦後日本の科学技術の社会史」プロジェクトであり、1985年に開始して2つの書籍を刊行した（中山他 1995、1999）。その後、2005年に研究組織を「新通史フォーラム」（吉岡斉代表）に再編成し、後継プロジェクトに着手して吉岡（2011-12）を刊行した。本書はその続編にあたり、2010年代を中心に2011年から2024年までを記述の対象とする。

時代区分

　本書の目的を達成するには、各章の歴史記述とともに、時代を適切に区分して各時代の特徴を把握することが重要である。戦後日本の時代区分について、中山他（1995）は1945年から1985年までを占領期、自立期、高度成長期、転型期に区分し、中山他（1999）は1985年から1995年までを国際期とした。これらは科学技術に注目した時代区分であり、政治や経済にそくした時代区分と完全に一致するとはがぎらないが、大方の同意が得られるのではないか。

　吉岡（2011-12）は、記述の対象を1995年から2011年までとして、この年に発生した東日本大震災と東京電力福島原子力発電所の事故（原発事故）を扱った。また、この時代を世紀転換期とよび、世紀転換期は秩序崩壊期でもあるとして、冷戦体制をはじめとする世界の旧秩序の崩壊や、国内ではバブル経済や政治の55年体制などの崩壊をあげた。さらに、日米安保体制の強化や、

---

*1　中山茂、後藤邦夫、吉岡斉編（1995）『［通史］日本の科学技術』全4巻+別巻、学陽書房。同（1999）『［通史］日本の科学技術 国際期』全2巻+別巻、学陽書房。吉岡斉編（2011-12）『［新通史］日本の科学技術 世紀転換期の社会史 1995年〜2011年』全4巻+別巻、原書房。

政府による民間事業への統制が進行したことを指摘し、権力の中枢部分は維持・強化しつつ周辺部分に秩序崩壊が及んだとして時代の複雑な様相を描いた（吉岡 2011:3-5）。

本書は、2つの意味を含めてこの時代を秩序変容期と称することにした。ひとつは、吉岡のいう秩序崩壊、ないし秩序の崩壊と維持・強化の組合せが、2010年代以降も基本的には継続したとみえることである。時期による差異として、2000年代を主とした世紀転換期には秩序崩壊が眼についたが、2010年代には秩序の強化ないし再編成に重点が移行したとの印象がある。もうひとつは東日本大震災などの災害からの復興と再生であり、社会基盤などの再構築が推進された。いずれも秩序の強化・再編成・再生などの方向には議論の余地があり、進捗状況もまちまちであろうが、それらを秩序変容の語に込めた。

秩序変容期の概要

秩序変容期の歴史記述への導入として時代背景を略述しておく。第二次大戦後の国際的な画期のひとつは1991年の冷戦体制の終結であり、米国の一極体制が確立して、グローバル化すなわち国境をこえた移動やネットワーク化が加速した。そのなかで中国経済が台頭し、2018年に発生した米中の貿易摩擦は、技術の覇権をめぐる対立へと深刻化した。2022年にはロシアがウクライナに侵攻して、冷戦後の一極体制は変容した。

日本における画期のひとつは1990年のバブル経済の崩壊である。それ以降、少子高齢化のなかで経済の低成長が続き、産業競争力は低下した。政治については2009年と2012年に政権交代があり、政治主導・官邸主導の政策決定が行われた。これらは、1990年代以降の政治改革によって小選挙区制などを導入し、行政改革により内閣機能を強化したことの帰結であった。その後、2024年には少数与党が誕生して政党間の合意による決定に移行した。

この時代の自然災害をひとつあげるとすれば2011年の東日本大震災となろう。本書の対象となる大事件であり、吉岡の書と重複しないように記述した。このときに発生した原発事故は脱原発の世論を盛り上げたが、秩序変容期の後半には揺り戻しの動きもみられた。2020年以降は新型コロナウイルス感染症が世界に流行して、日本を含む各国の社会に深刻な影響を及ぼした。

本書の構成と執筆・編集

本書は吉岡（2011-12）をやや圧縮して6部構成とした。中山他（1995）が提唱した政府、産業界、大学、市民からなる官産学民4セクターモデルに対応して、第1部「国家体制・エネルギーと科学技術」、第2部「知識社会における産業技術」、第4部「大学・学術・教育」、第6部「生命・安全・防災・市民」をおき、この時代に影響が大きかった科学技術を扱う部として、第3部「デジタル社会」と第5部「医学と医療」を設定した。

本書の各章には、上述した大きな時代の変化が直接的に影響するものと、その領域に固有な状況が強い影響力をもつものがある。このような事情を勘案して、各章の執筆者には、主題の特性と各自の歴史的な問題意識に応じて柔軟な時代設定を行っていただいた。ただし、2000年より以前の歴史の動向は「前史」として扱い、できるだけ簡略に記述するようにお願いした。

本書は冒頭にあげた企画を継承するものとして、科学と社会フォーラムが設定した執筆と編集の基本方針を踏襲する。要点を以下の10項目にまとめたが、その柔軟な運用を心がけた。それとともに、各章の執筆者には研究会において構想段階から数回の発表をお願いし、質疑応答を行い、編者からはコメントをお返しして、書籍としての水準の維持と統一性の確保につとめた。

・科学技術の学説・理論や製品・製法の歴史だけでなく、科学技術という「窓」を通して見えてくる、日本社会や国際社会のより大きな動きを同時に描くようにする。
・どの話題にも多くのセクターが関与することを考慮して、政府、産業界、大学、市民（官産学民）の4セクターに目配りする。4セクターの相互作用の結果として歴史過程がつくられるという観点を基本とする。
・将来（たとえば10年後）に読み直してみても、陳腐化していない話題を選び、陳腐化しにくいストーリーを組み立てる。
・「あるべき姿」の提示や、それに照らした現代批判を直接的に行うことは控える。ただし、著者自身の価値観が行間から滲み出るのはかまわない。
・歴史学や社会科学の理論・学説を前面に押し出すのではなく、力まず気負わずに淡々と歴史過程を記述・分析することが望ましい。

・『新通史』は現在進行中の事象を扱う。それを分析するには、現在と過去との対話という手法だけでは不十分であり、未来と過去との対話の視点が必要である。それを「現在史」の視点とよぶこともできる。
・各章では、その題目について大きな全体像を描くことを目指すが、すべての重要事象を漏れなく記述する必要はない。
・『新通史』は歴史家と実務家の合作である。歴史家は実務の現場に参画していることが望ましく、実務家は歴史の心を持つことが望ましい。
・各章は、百科事典的な作品よりも、論文的な作品であることが望ましい。ただしコラムは、百科事典的な作品であってもよい。
・信頼できる史料に基づく記述を心がけるのは当然である（吉岡 2011:2-3）。

謝　辞

　本書の制作にあたり、新通史フォーラムによる研究会の開催に下関市立大学の特定奨励研究費（2016-19 年度）のご支援をいただきました。また、本書にはJSPS 科研費 15K11934 と早稲田大学特定課題研究助成費 2017B-181 による研究成果が含まれます。さらに刊行にさいして久留米大学の出版助成金をいただきました。株式会社原書房の成瀬雅人社長には、出版業をめぐる状況が厳しいなかで、2011 年に引き続き大型の学術書の出版をお引き受けいただきました。それぞれに厚く御礼を申し上げます。

　この研究の実質的な事務局長役を担当され、出版計画を実現するために奔走して編集作業を全面的に引き受けられた、株式会社編集工房球の針谷順子社長に心から感謝いたします。今回の『新通史』は中山茂先生によるプロジェクトの発足から 40 年目に刊行され、最初の『通史』から数えて 4 つめの書となりますが、この間、一貫して私たちを支えてくださいました。

2025 年 3 月
塚原修一

本書をお読みいただく方へ

1 本書は、塚原修一編集代表『[新通史]日本の科学技術の社会史 秩序変容期の社会史 2011 年～ 2024 年』（全 3 巻）の第 2 巻として編集・製作されています。このシリーズは、2011 年から発行年までの、日本の科学技術と社会の関わりを歴史的に明らかにしようという意図で編集されています。
　全体構成は以下の通りです。

  第 1 巻 第 1 部 国家体制・エネルギーと科学技術
      第 2 部 知識社会における産業技術
  第 2 巻 第 3 部 デジタル社会
      第 4 部 大学・学術・教育
  第 3 巻 第 5 部 医学と医療
      第 6 部 生命・安全・防災・市民

2 本書の内容は、2010 年代を中心に、2024 年の末までの歴史的事実を対象として、できるだけ新しい事実を記述に含めるよう心がけています。

3 各章の構成にあたりましては、編集代表者のもと、中心となるメンバーの討議のうえ、この時期の社会史のうえで重要と思われる事項を選定しました。

4 本書の各章では、引用文献・参照文献を原則として本文中に、たとえば（塚原 2023: 10-12）のように、「著作者名あるいは著作機関名・発行年・該当ページ」を（　）で括って略記する方式を採用しています。一次史料やウェブサイトなどの情報を引用・参照する場合には、この規則に従っていない場合もありますのでご了承ください。
　　　文献の詳細は、各章末の【参考文献】をご覧ください。参考文献は、日本語のものを含めてアルファベット順に配列しています。発行年が不明確な文献は、推定される発行年を［　］で括って表記しています。また、URL は閲覧日現在のものであり、別の URL に移動したり、削除されている場合がありますので、あらかじめご承知おきください。

＊なお、図版の著作権につきましては、十分なる配慮を重ねましたが、連絡先がわからない方のものもございました。ご本人またはご家族の方がお気づきになりましたら、小社までご一報ください。

［新通史］日本の科学技術　第2巻
目　　次

はしがき……i

本書をお読みいただく方へ……iv

第3部　デジタル社会

序説　デジタル社会とデジタル・
　　　　トランスフォーメーション　林紘一郎・前川　徹………2

　1　2010年代のデジタル社会の特徴…2　　2　数字で見るデジタル社会…11　　3　第3部各章の要点…18

3-1　デジタル技術によるサービス革命
　　　　　　　　　　──シェアリングエコノミーの展開　大谷卓史………25

　1　「サービス革命」としてのシェアリングエコノミー…25
　2　シェアリングエコノミーの展開…28　　3　展望：シェアリングエコノミーへの期待と課題…35

3-2　IT戦略の系譜と政府のDX　前川　徹………43

　1　デジタル敗戦…43　　2　電子政府の構築と政府のDX…43
　3　IT戦略の系譜…45　　4　電子政府構築の取組みとその評価…48　　5　「デジタル敗戦」とデジタル庁の設置…53　　6　世界のデジタル先進国との比較…54　　7　デジタル敗戦の原因と今後の課題…56

3-3　巨大プラットフォーマーと
　　　　　　　　　　日本企業の競争力　神野　新………61

1　プラットフォーマーの定義とビジネスモデル…61　2　プラットフォーマーのビジネスモデルと日本市場…64　3　チャレンジャーとしてのプラットフォーマー（2011年～2015年頃）…67　4　プラットフォーマーの巨大化とゲートキーパー化（2016年頃～2017年頃）…68　5　プラットフォーマー包囲網の世界的な広がり（2018年頃～2021年頃）…70　6　日本におけるプラットフォーマーの躍進と規制対応…72　7　プラットフォーマーと日本企業の競争力…74

3-4　移動通信ネットワークの進化
　　　　　――5Gの開発と応用サービスの開拓経緯　奥村幸彦………79

1　移動通信の黎明期からサブギガbpsクラス通信時代へ【1979～2010年】…79　2　Beyond 4Gに向けた技術アプローチとシステム構想【2010～2014年】…84　3　5Gの研究開発加速と国際標準化推進【2015～2016年】…88　4　5Gの応用サービスの開拓と商用化への道のり【2017～2020年】…90　5　5Gの普及および将来展望【2021～2024年】…93

コラム　「通信と放送の融合」の
　　　　　　　科学技術史的教訓　林　紘一郎………97
問題の視角…97　メディアとメッセージのルース・カップリング…98　融合する部分と融合しない部分…99　縦割り法制の融合と通信の文化・放送の文化…99　デジタル化は強制できてもDXは強制できない…102

3-5　インターネット上の情報の
　　　　　　自由な発信・流通と信頼　山口真一………106

1　1995年～1998年のネット楽観時代から現代の失望期へ…106　2　1999年～2010年：ソーシャルメディア登場とネット失望時代…107　3　2011年～2015年：ソーシャルメディアの一般化と

ネット炎上時代…109　4　2016年〜：フェイクニュースの拡散と政策的対処検討時代…112

3-6　ニュースメディアと
　　　　　　プラットフォームの攻防　平　和博………124

1　1995年〜2009年　ウェブ勃興期（ウェブの登場とメディアの多様化）…125　2　2010年〜2014年　メディア地殻変動期（デジタルファーストの時代）…127　3　2015年〜2019年　メディアサバイバル期（淘汰の時代）…131　4　2020年〜　メディア新秩序期（新型コロナ戦争が示すメディアの位置）…134

3-7　UGC・CGMの隆盛と
　　　　　　既存メディアの退潮　吉田　達………141

1　UGCとCGM――CGM概念の先行…142　2　UGC・CGMの射程――プロとアマの相対化…144　3　《CGM》以前のCGM――データベースとしての相互交流空間…146　4　常時接続環境がもたらしたもの…147　5　インターネットのメディア的展開…149　6　デジタル技術のUGCへの寄与…151　7　スマートフォンがもたらしたパラダイムシフト…152　8　AI時代のUGC――その展望と課題…154

3-8　人工知能――機械学習AI倫理から生成AI　中尾悠里………158

1　第3次AIブーム以前：AI冬の時代からビッグデータブーム…158　2　2010年代以降――深層学習、機械学習の時代…160　3　AIの倫理、社会、法的側面への注目…165　4　生成AIへの注目…167　5　課題と展望…170

3-9　共生社会を目指して
　　　　──情報アクセシビリティをめぐる動向　山田　肇………175

　1　共生主義の種が蒔かれた時代──1945年以前…175　　2　共生主義へと動き出した時代──1946年から1981年…176　　3　共生主義への転換がはじまった時代──1982年から2000年…178　　4　共生主義が徹底されていった時代──2001年から2010年…179　　5　情報アクセシビリティの義務化が進んだ時代──2011年から2020年…184　　6　情報アクセシビリティ対応技術の歴史と社会的合理性…188　　7　情報アクセシビリティの今後──2021年以降…190

3-10　個人情報の活用と保護の相克　村上康二郎………193

　1　個人情報の活用と保護の対立…193　　2　個人情報保護法制定の時代──住基ネットへの対応…194　　3　番号法制定の時代──マイナンバー制度への対応…198　　4　個人情報の活用に向けた改正の時代──ビッグデータへの対応…203　　5　個人情報保護法の官民一元化の時代──DXへの対応…205　　6　個人情報の活用と保護の適切な調和…209

3-11　サイバーセキュリティ　林紘一郎………211

　1　情報セキュリティからサイバーセキュリティへ…211　　2　アトリビューションに関する時代の変化…212　　3　新しい時代区分によるそれぞれの時代の特徴…214　　4　プレイヤーの多元性と人材育成…215　　5　組織的攻撃対応期（2010年～2021年）における主なイベント…217　　6　評価と展望…225

コラム　量子コンピュータ　西野哲朗　………229

　発端と背景…229　　量子アナログコンピュータの登場…230　　開発状況…231　　将来展望…232

第4部　大学・学術・教育

序説　大学・学術・教育　塚原修一・澤田芳郎………236
　1　世紀転換期から2010年代へ…236　　2　時代区分と歴史記述の構成…237　　3　政治における変化…239　　4　高等教育…241　　5　科学技術・学術研究…244　　6　イノベーション…246　　7　グローバル化をめぐって…249　　8　第4部の構成と各章の紹介…250

4-1　政治主導の政策形成——教育分野を中心に　塚原修一………259
　1　政治改革…259　　2　行政改革——内閣機能の強化…260　　3　行政改革——公務員制度改革…261　　4　政治主導の教育政策——2009年まで…263　　5　教育の無償化…265　　6　高等教育政策の動向…269　　7　政治主導による2010年代の諸政策…271

4-2　文部科学省の高等教育政策と大学財務　塚原修一………276
　1　文部科学省の政策構想…276　　2　高等教育の機能別分化…277　　3　高等教育の質保証…281　　4　社会の役割——公的支出と大学財務…283　　5　2010年代の特色…288

4-3　大学の国際化と学術・イノベーション政策
　　　　　　　　　　　　　　　　　　　塚原修一………293
　1　2010年代まで国際化政策…293　　2　大学等の競争的事業…295　　3　2010年代の高等教育政策…295　　4　科学技術・イノベーション政策…298　　5　学術研究政策の展開…301　　6　2010年代を振り返って…304

4-4 大学をめぐるイデオロギーの変化
　　　　――産学官連携から地方創生へ　久須美雅昭………311
　　1　概観：科学技術基本計画の推移…311　　2　産学官連携からイノベーションへ…313　　3　大学の役割分化――地方大学は地域貢献を…318　　4　一地方大学からみたイデオロギーの変化…325

4-5　2010年代の大学ガバナンス改革　羽田貴史………329
　　1　連続か断絶か…329　　2　2010年代の大学ガバナンス改革…330　　3　グランドデザインとしての「日本再興戦略Japan is Back」…331　　4　大学のガバナンス改革の推進…333　　5　私立大学のガバナンス改革…339　　6　「リーダーシップ」と「権限と責任の一致」というマジックワード…344

コラム　大学教員の労働市場と非正規雇用　塚原修一………347
　　歴史的経緯…348　　専業の非常勤講師…349　　博士研究員…350　　任期つき専任教員…351　　非正規雇用の比率…353

コラム　「定着」するURA制度　澤田芳郎　………355
　　揺籃期――競争的資金化への対応（～2008年）…355　　構築期――モデル事業と制度化、多様化（2009～2016年）…356　　「定着」期：URAの質保証（2017年～）…359　　指標としてのURA…360

4-6　高大接続改革の失敗　荒井克弘………364
　　1　なぜ高大接続改革なのか…365　　2　少子化と学力低下…367　　3　高大接続改革への着手…371　　4　高大接続改革の暴走と自滅…374　　5　「官」主導の改革に対する学・産・民セクターの反応…378

4-7　理系専門教育の見直し　　塚原修一……….382
　　1　理系学部数の推移…384　　2　国立大学の事例…386　　3　公立大学の事例…389　　4　私立大学の事例…391　　5　2010年代以降の特色…394

4-8　大学発ベンチャーの本格化
　　　　　　　　　　　　──VCを中心に　澤田芳郎……….398
　　1　北大アンビシャスファンドの登場…398　　2　大学発ベンチャー1000社計画…399　　3　官民イノベーションプログラムから10兆円ファンドへ…401　　4　利益相反マネジメントと大学発ベンチャー…409　　5　科学技術と投資…412

4-9　iPS細胞の誕生と展開　溝口　元……….416
　　1　iPS細胞誕生まで…416　　2　山中伸弥のあゆみ…418　　3　ノーベル生理学医学賞受賞…423　　4　iPS細胞と倫理問題…423　　5　iPS細胞の医療、創薬への応用と新たな再生医療の登場…426　　6　知財・産業化、国際化…429　　7　課題と展望…430

コラム　STAP細胞　塚原修一……….434
　　常田聡研究室…435　　大和雅之研究室…435　　チャールズ・バカンティ研究室…436　　理化学研究所…437　　記者会見とその後…439　　考察…439

　　索引…442

第2巻

第3部 ◎ デジタル社会

編集：林紘一郎・前川　徹

序説 デジタル社会とデジタル・トランスフォーメーション
Digital Society and Digital Transformation

林紘一郎・前川 徹

1 2010年代のデジタル社会の特徴

1-1 2012年版『新通史』の基本認識と2010年代の変化

　デジタル社会は、ドッグ・イヤーと称されるほど技術革新のテンポが早く、かつ汎用技術が多いため、技術と社会の結びつきが強い（アジャイル性・相互接続性等）。開発されたばかりの技術が急展開したり、当初の予想とは違った形で成功することもあれば、逆に期待していた技術が早期に撤退するかガラパゴス化するなど、見直しを迫られることも多いため、技術史的な評価を加える際に慎重な判断が求められる。

　『新通史』（1995年～2011年）において、当時の編者は、20世紀から21世紀への世紀転換期の時代区分として、次の3期に分けている。

　　第1期　通信ネットワークの世代交代期（1995年～2000年）
　　第2期　ブロードバンドインターネットの利用拡大期（2001年～2008年）
　　第3期　クラウドコンピューティングの普及期（2008年～2011年）

　後継のシリーズとして2010年代をカバーする本書においても、上記の基本認識に大きな変更を加える必要はないが、モバイル端末におけるスマートフォンの比率が、2010年に4%程度であったものが2015年に50%、2021年に90%超えと顕著な変化を遂げたので、第3期を以下のように修正したい。

新第3期　クラウド化とスマートフォンの普及期（2008 年～　）

しかも新第3期においては、個々の技術変化が相互作用しつつ社会全体に影響を与え、ハード（物）よりもソフト（サービス）とデータ（素材）の比重が高まっている。そこで、〈デジタル・トランスフォーメーション（以下 DX）〉と呼ばれる事象に関心が集まっている。

1-2　DX とは何か：音楽ビジネスを例に

DX（Digital Transformation）は、ストルターマン（2004）が提唱した「デジタル技術によってもたらされる、生活のすべての面での変化」という理解が一般的である。経済産業省の「DX 推進ガイドライン」（2018 年 12 月）はサプライサイドを重視した見方であるが、「企業がビジネス環境の激しい変化に対応し、データとデジタル技術を活用して、顧客や社会のニーズを基に、製品やサービス、ビジネスモデルを変革するとともに、業務そのものや、組織、プロセス、企業文化・風土を変革し、競争上の優位性を確立すること」と定義している。

トランスフォーメーションは、形態や外観、性質、状態の変化を表す言葉であり、昆虫の〈変態〉、分子生物学上の〈形質転換〉という意味もある。とすれば DX は、アナログのものをデジタルにするだけでも、最新のデジタル技術を利用するだけでもなく、何かが抜本的に変化することを意味すると考えるのは理に適っている。

DX はいつごろから進行したのだろうか。後述する静止画（写真）においては 1995 年から 2010 年であるが、他の領域では、概ね 2010 年前後から始まり、現在も進行中のものが多い。その具体例として、以下では音楽ビジネスを例にして、デジタル化と DX の関係を考察してみよう。それは、インターネットの商用化により激変を受けた最初の事例であるだけでなく、その後の DX の特徴をほぼ全面的に内包しているからである。

音楽産業におけるデジタル化は、1982 年の音楽用 CD（Compact Disc）の商品化に始まる。1980 年代後半 CD は、音質の安定性（ノイズがなく劣化しない）、収録時間（LP レコードは片面最大 30 分、CD は最大 74 ～ 80 分）、取扱いの簡便性などが評価され、レコード盤に変わる記録媒体として普及した。このアナログ記録のレコード盤からデジタル記録の CD への変化は、〈音楽の媒体（コンテナ）の

デジタル化〉である。21 世紀に入って音楽はインターネット経由でダウンロードされるようになったが、CD からダウンロード配信への変化は、〈デジタル技術を活用したビジネス・プロセスの合理化〉である。

では、レコード盤から CD への変化や CD からダウンロード販売への変化を DX といってよいのだろうか。音楽産業からみれば、音楽という商品を販売するというビジネスモデルには大きな変化はなく、消費者側からみてもデジタル化された音楽コンテンツを購入して音楽を楽しむという利用形態は本質的に変化していない。

しかし 2010 年代には、定額制の音楽のストリーミング配信（サブスクリプション）という 3 度目の変化が起きた。音楽という〈情報財（information goods）の販売〉から、好きな時に好きな音楽を再生できる〈サービスの提供〉への変化であり、利用者側においても情報財を買い集めてそれを楽しむという形態から、クラウド上にある数千万曲の楽曲から好きなものを好きな時に楽しむという形態への変化をもたらしている。つまり、〈モノの販売〉から〈サービスの提供〉へのビジネスモデルの転換が生じ、消費者側では〈所有〉から〈利用〉へのパラダイム・シフトが起きている。この変化こそが DX である。

図 1 は米国の音楽市場の推移をみたものであるが、レコード等のアナログ記録媒体から CD 等のデジタル媒体へ、さらにダウンロード販売からサブスクリプションへと変化していることがよくわかる。ただ日本の音楽市場の変化は米国ほど進んでおらず、2021 年のサブスクリプション市場は音楽市場全体（2832 億円）の約 4 分の 1

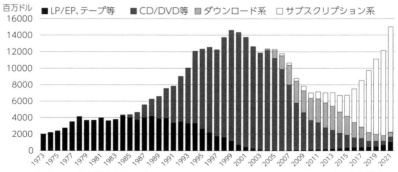

図1 米国の音楽市場の推移

＊米国レコード産業協会RIAA (https://www.riaa.com/u-s-sales-database/)から筆者作成

程度にとどまっており、CD や音楽ビデオなどのパッケージメディアがまだ全体の 3 分の 2 以上を占めている。

　DX によって壊滅的な打撃を受けた産業もあるが、事業の組替えによって生き延びた企業もある。たとえば銀塩写真のカラーフィルム産業は、デジタルカメラの登場によって市場がピーク時の 100 分の 1 以下に縮小した。この影響で世界の銀塩写真フィルム市場で圧倒的な市場シェアを持っていたイーストマン・コダックは、2012 年 1 月に連邦破産法 11 条の適用を申請している。一方、日本国内の銀塩写真フィルム市場で約 7 割のシェアを持っていた富士フイルムは、写真フィルム事業に代わる新事業としてヘルスケアや高機能材料分野を選び、デジタル技術による創造的破壊を乗り切っている。

1-3　人口減少社会へ向けての政策としての DX

　わが国では DX に、〈官民を挙げた政策として DX を推進すべきである〉という意思または願望を込める面が強い。その代表例は Society 5.0 という概念で、サイバー空間（仮想空間）とフィジカル空間（現実空間）を高度に融合させたシステムにより、経済発展と社会的課題の解決を両立させる、人間中心の社会の意味であるとされる。

　人類が歩んできた長い歴史は、狩猟社会（Society 1.0)、農耕社会（Society 2.0)、工業社会（Society 3.0)、情報社会（Society 4.0）を経て、第 5 段階の新たな社会に移行しつつあるし、それを好機と捉えるべきとの認識である。この用語は、5 年ごとに改定される「科学技術基本計画」の第 5 期（2016 年度から 2020 年度の範囲）でもキャッチ・フレーズとして使われ、民間主導の流れに隠されていた政府の役割が、より強く意識されるようになった。

　ここで政府とは、中央官庁のほか地方自治体や、関連の行政法人等や場合によっては行政機能を代替する NPO（Non-Profit Organization：非営利活動法人）などを含む広義のものであるが、高度に発達した資本主義経済においては、政府の役割は技術標準の制定など、市場原理を補完するものにかぎると考えられてきた。特に変化の激しい IT（Information Technology：情報技術）の利活用は民間活力が主であり、政府の役割は後退したかの感があり、その傾向は米国において顕著であった。事実、インターネット商用化最初期における「非規制政策」（林：

2002)によるモメンタムの差が、その後30年に及ぶ〈堅調な米国経済と失われた日本経済〉という対照に、決定的な意味をもったように思われる。

　その際、インターネットとともに発展したネットワーク研究や複雑系の経済学が見出したのは、〈より多くの利用者を獲得した企業が外部効果を生かして圧倒的に優位に立つ〉というネットワーク外部性(あるいはマタイ効果)や、〈ブラジルで蝶が羽ばたけばテキサスで竜巻が起きる〉というバタフライ効果など、従来の科学では思いもよらぬ初期値鋭敏性(競争戦略としては「先行者優位」)と、その結果としての〈独り勝ち〉だった。これらは、デジタル技術のアジャイル性・相互接続性等の特徴と、表裏一体である。

　そこで改めて政府の役割を、①ITに関する政策立案機関としての政府、②ITに支えられたサービス提供機関としての政府、③ITの調達機関としての政府、の3つに分けて点検してみよう。①は、官民融合経済を採る以上、政府が司令塔として機能しなければならないことから、当然のこともいえる。しかし、第二次大戦後米国の核の傘に守られ、経済発展に注力してきたわが国にとっては、政策の転換を求めるものでもある。その一例が、サプライ・チェーンの全プロセスにおいて、安全保障上懸念のある製品あるいはその提供者に目を光らせることである。つまり、貿易管理を厳格化するとともに、両用技術の代表例である情報通信技術の研究開発のあり方に、従来とは違った配慮が求めれることとなった。

　このように政府の主導的役割が前面に出る一方、政策の実施主体であり率先垂範すべき立場にある政府の役割も、重要度が増している。上述の②と③の2側面である。本来ならこの2点は、とうの昔に達成されていなければならないが、電子政府の掛け声とともに開発されたシステムの20年間の実績は失敗の連続であるという(日経コンピュータ(2021))。加えてコロナ禍で起きた各種の行政システムの不具合の結果、政府のほうが民間よりもシステム的知識に欠けていることが判明し、政府のDXを推進するために2021年9月にデジタル庁が設置されるにいたった。

1-4　情報の自由な流通と独占や信頼性とのジレンマ

　DXを政策課題ととらえる以上、デジタル化の光の部分に隠されていた影の部分がより強く意識されるようになった。それらは、①20世紀初頭の独占企業の登場とは違った形の経済力集中の懸念(プラットフォーマー問題、データ独占の問題)と、

② デジタル・デバイド、プライバシー侵害、プラットフォーマー問題、情報の信頼性といった情報社会に特有の社会的懸念、の両者を含んでいる。前者は独禁政策上の、後者は言論の自由に関連する問題と区分できるが、どこまで〈信頼に基づく情報の自由な流通〉（Free Flow of Information with Trust）を認めるかという点では、共通項をもっている。

この点に関し、前項で述べた政府の役割の変化が、西欧先進諸国と中国・ロシア等の間における、インターネットのガバナンスに関する越えがたい溝を生み出している。米国を中心とする民主主義国家においては、〈言論の自由〉は国家が踏みにじることができない〈基本的人権〉である。他方、中国・ロシアなどの強権国家においては〈国家あっての個人〉であるから、統治体制を批判すること、ましてやその交代を迫ることは、国家（あるいはその主導者）が最も恐れることである。そのため、せっかくグローバルな接続が可能なインターネットを、主権国家の境界内に閉じ込め、通信内容を検閲することが常態化している。

この両者の違いを調和させるのは、ほとんど不可能である。ロシアはサイバーの世界にも行動憲章（Code of Conduct）が必要であるとして、2004年以降 GGE（Group of Governmental Experts）という会合を主導してきたが、2016年〜2017年の第5会期においても結論を得るにいたらず、散会している。そこで唯一残る両陣営の合意点は、国連憲章において「武力による威嚇又は武力の行使」が禁じられている点（2条4項）だけとなっていたが、国連安保理の常任理事国であるロシア自体が国連憲章を無視してウクライナに侵攻した。

民主主義国家は「Tallinn Manual」というコメンタールを作成し（Schmitt：2013 および Schmitt：2017）、国際規範は既に存在するとして、その順守を主張しているが、非民主主義国家はこれを無視している。国連のロシア非難決議に反対する国は少数派だが、棄権する国は相当数に上っている。また民主主義国家の間でも、解釈が合意に達していない部分も多く、裁判規範でもないので、実効性には疑問が付きまとう。

加えて、民主主義国家の内部においても、どこまで発信者の自由を保障すべきかに関して、以下のような大筋の合意があるだけでニュアンスの差がある。(1)わいせつな情報や児童ポルノなど現実空間で保護されない情報は、サイバー空間でも保護されるべきではない、(2) 関係者の名誉を毀損する言説や、著作権侵害情報

まで保護する必要はない、(3)特定のグループを差別するヘイト・スピーチは禁止されるべきである、(4)情報の提供者や仲介者は、インターネットに掲出する情報の真実性に関して、何らかの責任を負うべきである。

上記のうち、(1)と(2)はインターネット以前からある問題であるが、(3)と(4)はサイバー空間で顕著になった事例である。その根底には「有体物と違って、情報の価値は人により、時間と場所と態様によって変化するので、一意に確定することが難しい」という難題が潜んでいるので（林：2017）、解決策は容易ではない。とりわけ(4)は、米国のトランプ大統領までが意図的に政治利用したため、フェイク・ニュース（fake news）という新たな問題領域となって、〈情報の自由な流通〉が看板倒れになる危険を孕んでいる。この扱いを誤れば、非民主主義国家から〈やっていることはどこでも同じではないか〉と逆襲されかねない。

1-5「失われた30年」からの脱却

2010年代には、インターネットの利活用により経済社会を活性化した国々と、後れを取ったか社会システムが不適合な国々との間の、大きな格差の存在が意識されるようになった。残念ながらわが国は後者の代表例とみられており、DXも働き方改革も自らの意思で積極的に採る施策というよりも、〈周回遅れを取り戻すためにやらざるをえない〉という性格を払拭できない。

まず供給側の代表である企業の盛衰を見ると、インターネット誕生の国である米国においては、シリコンバレーを中心にした今日のGAFA支配（(3-3参照)）に象徴されるように新興企業がグローバル市場を席巻しているが、わが国のベンチャー企業にそのような勢いはみられない。また需要側である個人レベルのインターネット利用も企業の利用方針に縛られるため、わが国ではコロナ禍でテレワークが一時的な話題を呼んだが、パンデミックの終了とともに元に戻るのではないかと懸念されている。このような状況は、〈新しい資本主義〉を掲げた岸田政権の発想と無縁ではなく、わが国が先進国から脱落するのではないかという危機感につながっている。

豊かさを表す指標である国民1人当たりのGDP（Gross Domestic Product：国内総生産）は、1990年〜2020年の間にOECD（Organisation for Economic Co-operation and Development：経済協力開発機構）平均で1.5倍になった（購買力平価による実質ベース）が、わが国だけはほとんど変わっていない。その

順位は、1996年にOECD加盟国中6位まで上昇したが、90年代後半から後れを取り2017年以降は主要先進7か国で最下位に沈んでいる（日本生産性本部：2020）。わが国はこうした〈生産性〉の面で劣っていたうえ、付加価値の分配の面でも失敗したため〈失われた10年〉が20年になり30年になってしまった、と考えるのが自然であろう。

　インターネットは汎用技術で、コストの削減、売上の増大、新規ビジネスの開拓に使うことができる。米国企業は、この3種のDXを最大限に活用し、大量の労働移動が不可避となったが新しい雇用も生まれ、外部労働市場は再訓練や再雇用の機会を提供して、さほどの混乱は起きなかった。つまり米国の伝統として、労働者を解雇することが比較的容易であったという事情が有利に作用した。これに対して日本企業の大部分は、3種の利用法のうち経費の削減だけを目指したが、〈雇用は確保する〉という条件付きであったため、正社員の在り方を見直すのではなく非正規社員の拡大という安直な選択に走ることになった。

　加えて「コンピュータは専門家の仕事」と考える経営者層が多く、米国のようなCXO（Chief x Officer：最高x（業務内容）責任者）の率先垂範がみられなかった。工場の生産ラインを更新・新設すれば、仕事の流れが抜本的に変わるし、変化しなければ発展がない。インターネット利用と業務の見直しも同様であり、両者は不可分で、しかもCXOの責任範囲である。しかし、なぜか目に見えない情報システムの場合には、現状のまま移行するか、最悪の場合にはERP（Enterprise Resource Planning：経営資源活用計画）システムを現状に合わせるよう求める企業さえある。これでは、〈解雇が難しい〉という事情よりも、コンピュータの使い方に関するリテラシー不足のほうを問わざるをえない。

　わが国は、中根（1967）が指摘したように基本的に〈タテ社会〉であり、高度成長・工業社会ではその利点を最大限に享受しえたが、低成長・情報経済の時代には逆に桎梏となりつつある。女性やNPOの活躍の場を増やすこと、ライフ・ワーク・バランス（life-work balance）を適切に保つこと、テレワークにより働き方の選択肢を増やすことなどは、いずれもこの点と関連しており、ICTの課題であると同時に、社会システムの問題でもある。

1-6 〈組織と個人の関係性〉の見直し

　この問題は、わが国企業の組織的特徴と関係が深い。アベグレン(1958)が指摘した終身雇用・年功序列賃金・企業別労働組合の、いわゆる〈三種の神器〉がその象徴である。このような日本型慣行は古い歴史があると思われてきたが、実は第二次大戦への対応として整えられたもので（岡崎・奥野：1993）、1970年代～80年代の日本経済の高度成長期に世界的に注目された（濱口：2021）。この時期は、目標が明確で技術が安定していたため、日本型慣行が競争力の源泉となったが、外部環境が激変する現代では、逆に〈労働市場の硬直化〉、〈キャリアパスの画一化〉、〈男女の役割分担〉、〈正社員と非正規社員の二極化〉などの弱点のほうが目立つようになった。

　三種の神器の弊害の代表は〈タテ割り〉であるとする見方が一般的だが、同時にその原点を雇用システムに求める説も根強い。濱口(2009)によれば、日本企業は〈職務にヒトを割り付ける〉ジョブ型雇用ではなく、〈会社のメンバーにふさわしいヒトを採用して職務を割り付ける〉メンバーシップ型雇用が一般的で、これが日本社会全体に及んでいる、というのである。そこでDXを成功させるためには、〈組織と個人の関係〉の原点に返って、見直さざるをえないと思われる。両者の関係性は、意外にも以下の2点においてDXと密接につながっているからである。

　第1に、個人情報保護法や番号法は〈個人〉を単位としているが、個人情報の利用が前提の行政サービス、特に社会保障給付関係は〈世帯〉単位のものが多く、後者における個人データの保護策は前者ほど徹底していない。両者の離齬が顕在化した端的な例が、2013年に千葉県柏市で発生した事例（元夫からのドメスティック・バイオレンス(domestic violence)が原因で離婚した元妻宛の受給券を元夫宛に誤送付）である。瀧口(2017)は、世帯全体の情報を〈総合世帯情報台帳〉として整備し、その情報の利用の適正化を図るとともに〈本人通知制度〉を整える必要があると訴えているが、問題が大きすぎ具体化には時間がかかると見られる。

　第2に、個人報保護法制は国の法律よりも自治体の条例が先行したこともあって、俗に〈個人情報保護法制2千個問題〉と揶揄されるように、タテ割りの典型となっている。しかも2千の法に対応して個別のシステムが開発され、相互運用性が確保されていないので、コロナ禍に即応すべく開発された各種システムの不具合にも影響を及ぼしている。給付金の支払いに時間がかかる、各省・各自治体単位で開発

するムダと混乱、手作業からシステムに移行する際の入力ミス、抵抗感などである。コロナ対策は、わが国がデジタル化で後れを取っていることを〈見える化〉し、デジタル庁の設置へとつながっていった。

これには、IT 投資に関する日米の考え方の違いも影響を及ぼしている。システム開発には、社内開発・外注（委託開発）・パッケージソフト利用の3種の方法があるが、1980 年におけるわが国は、その比が 50：46：4 であり、米国の 50：40：10 と大差はなかった。ところが 2008 年になると、わが国では圧倒的に外注が増えて 15：77：8 となった（前述した〈経費削減を目指した DX〉の結果と思われる）一方、米国ではパッケージソフトの利用が増えて 38：32：30 と 3 方式が拮抗している（元橋：2010）。つまり日本企業はシステム化を機に業務フローを見直して生産性を上げるのではなく、経費節減を理由に外部企業に〈丸投げ〉することで、短期的な業績の改善は達成できても、長期的な BPR（Business Process Reengineering：業務の見直し）の機会をみすみす逃していると思われる。

失われた 30 年の失地回復には DX が唯一の手段ではないが、避けて通ることはできないし、サイバー・フィジカル融合社会では業務プロセスとコンピュータ処理が密接に結びついており、両者の関係性をシステム上で最適化しないと成功は覚束ない。これには時間がかかるが、〈30 年分を数年で回復する〉ようなドッグ・イヤーでの対応が不可欠で、無謬性神話に代わる β 版的発想、個人情報漏洩トラウマからの脱却、適時の法改正など、従来とは違った発想が求められる（森田：2021）。

2　数字で見るデジタル社会

以下ではデジタル社会を象徴するいくつかの変化を表やグラフを使って解説する。

2-1　日本の情報・文化産業の変化

日本の情報・文化産業はデジタル化の影響を受けて大きく変化している。たとえば、2010 年からの 10 年間で新聞の発行部数と書店数は約 3 割減少している。

音楽ソフト（CD や音楽 DVD（Digital Versatile Disc）などのパッケージ製品）の 2020 年の生産金額は 2010 年と比べて 3 割減少している。

映画のスクリーン数は映画館のシネコン化もあって増加しているが、映画等の動

画配信サービスの普及もあって、ビデオレンタル店は2010年から2020年の10年間で半分以下に減少している。

その動画配信サービスの普及を背景にインターネットのトラヒック（通信量）は急激に増加しており、総務省が発表している固定系ブロードバンドインターネットにおけるダウンロードのトラヒックの推定値でみると2022年11月は約29.2Tbps（1秒間に29.2テラビット）であり、2010年11月（1.4Tbps）の20倍になっている。

表1 情報・文化産業の変化

	2000年	2010年	2020年
新聞の発行部数（万部）	5371	4932	3509
書店数（店）	21,495	15,536	11,024
書籍推定販売金額（億円）	9,706	8,213	6,661
雑誌推定販売金額（億円）	14,261	10,536	5,576
音楽ソフト生産金額（億円）	5,398	2,836	1,944
音楽配信売上実績（億円）		860	783
映画スクリーン数（面）	2,524	3,412	3,616
ビデオレンタル店（店）	7,689	5,981	2,776

（注）音楽ソフトはCDや音楽ビデオなどのパッケージのみ
　　　ビデオレンタル店舗数は、JVAレンタルシステム加盟店の店舗数
＊日本新聞協会、アルメディア、全国出版協会 出版科学研究所、日本レコード協会、
　日本映像ソフト協会、日本映画製作者連盟の発表資料から筆者作成

2-2　情報通信機器の世帯保有率の推移

図2は情報通信機器の世帯保有率の推移をみたものであるが、2021年時点の

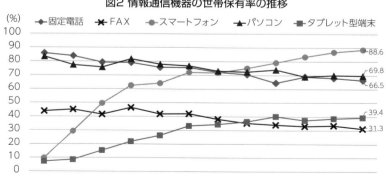

図2 情報通信機器の世帯保有率の推移

＊総務省『令和4年版情報通信白書』2022年7月、p.93の図を基に筆者作成

序説　デジタル社会とデジタル・トランスフォーメーション

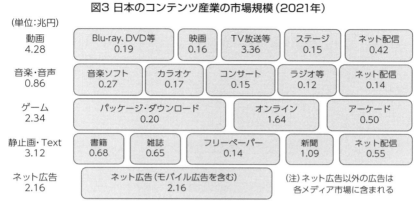

図3 日本のコンテンツ産業の市場規模（2021年）

＊『デジタルコンテンツ白書』(一社)デジタルコンテンツ協会、2022年9月、p.37の表を基に筆者作成

保有率が一番高いのはスマートフォンであり、おおよそ9割の家庭がスマートフォンを保有している。また2010年からの推移をみると、スマートフォンやタブレット形端末の保有率が右肩上がりであるのに対して、固定電話、FAX、パソコンの保有率は徐々に低下している。

2-3　コンテンツ市場の変化

日本のコンテンツ産業（広告市場を含む）の市場規模は、コロナ禍の時代を除けば、成長率は高くないがおおむね右肩上がりで推移し、2021年には12.8兆円に達している。

2021年の市場をコンテンツ別にみると、テレビ放送、ネット広告、オンラインゲーム、新聞の順に規模が大きい（図3参照）。2010年代の推移をみると、テレビ放送はほぼ横ばい、ネット広告とオンラインゲームが拡大し、新聞は縮小している。

またコンテンツ市場を放送、パッケージ、ネットワーク、劇場・スペースのメディア別にみると、パッケージ市場が縮小し、その分ネットワーク市場が拡大している。放送と劇場・スペースについてはあまり大きな変動はない。

このコンテンツ市場においてもデジタル化は着実に進んでいる。図4は日本で公開された映画の本数の推移であるが、2011年頃から公開本数が急増している。2006年から2011年までの平均公開本数は邦画423本、洋画363本の合計

13

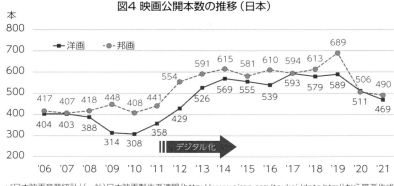

*「日本映画産業統計」(一社)日本映画製作者連盟(http://www.eiren.org/toukei/data.html)から筆者作成

786本であるが、2012年から2019年の平均は邦画606本、洋画547本の合計1153本と47%も増加している。これはシネコン化によるスクリーン数の増加と映画の制作・配給・上映のデジタル化がもたらしたものだと考えられる。『映画上映活動年鑑2016』はデジタル化の影響について「デジタル技術の導入による映像メディアの刷新が、映画の制作予算の低廉化を進行させ、製作本数も公開作品数も爆発的に増大している」(p.18)と述べている。

　書籍や雑誌の領域でもデジタル化が進んでいる。日本の電子書籍・電子雑誌の市場規模は2011年の651億円から2021年の5510億円へと10年間で8倍以上に拡大している。この5510億円のうち4660億円はコミック(漫画)である。公益社団法人全国出版協会の出版科学研究所の発表によれば、紙媒体のコミック誌(漫画雑誌)とコミックス(漫画の単行本)に電子コミックを合わせた2022年のコミック市場は6770億円であるが、この約3分の2を電子コミックが占めている。2014年と比べると、紙媒体のコミック誌は約4割に、コミックスの市場は8割弱に縮小している一方で、電子コミックは2014年の約5倍の規模に拡大しており、日本ではコミックのデジタル化が急速に進んだことがわかる。

2-4　ゲーム市場

　2010年代前半にゲーム市場の中心はオンラインゲーム市場に移行している。2021年の市場規模でみるとオンラインゲーム市場は1兆1896億円であり、家庭

序説　デジタル社会とデジタル・トランスフォーメーション

用ゲーム市場（ハードウェア市場、家庭用ゲームソフト市場、家庭用ゲームのオンライン市場の合計）の5705億円の2倍の規模になっている（図5、図6参照）。（オンラインゲーム市場は純粋にソフト市場なので、家庭用ゲームのソフト市場と比較すると3倍の規模がある）

オンラインゲーム市場の約95%は、スマートフォン＆タブレット向けのゲームアプリの市場であり、パソコン向けのオンラインゲーム市場は全体の5%、フィーチャーフォン向けのゲームアプリ市場は全体の1%未満となっている。

家庭用ゲーム市場は、2015、2016年に3000億円台まで縮小したが、ニンテンドー

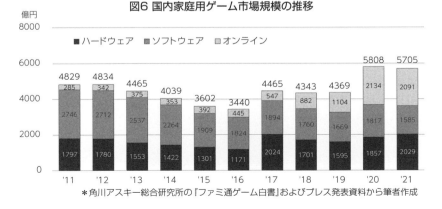

図5 オンラインゲーム市場規模の推移

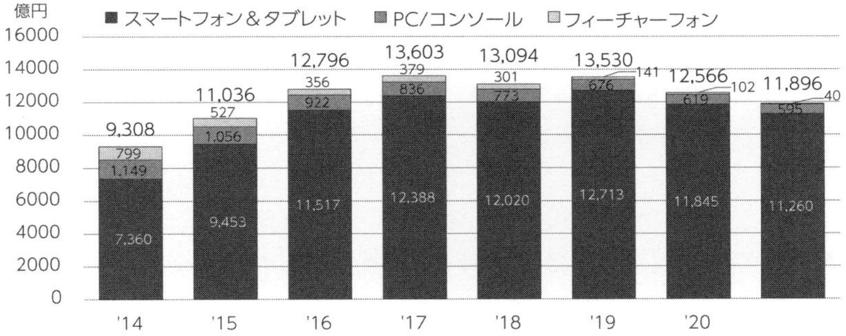

＊『デジタルコンテンツ白書』（一社）デジタルコンテンツ協会 [各年] から筆者作成

図6 国内家庭用ゲーム市場規模の推移

＊角川アスキー総合研究所の『ファミ通ゲーム白書』およびプレス発表資料から筆者作成

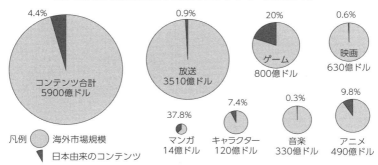

図7 海外市場規模と日本由来のコンテンツ（2016年）

（注）単位は米ドル
＊「Age of Content」経済産業省商務情報政策局コンテンツ産業課、令和元年12月
（https://www.meti.go.jp/policy/mono_info_service/contents/downloadfiles/aoc/191216_aoc.pdf）
から筆者作成

スイッチ（2017年販売開始）やプレイステーション5（2020年販売開始）などの新しいハードウェア、「あつまれ　どうぶつの森」（2020年販売開始）のような大ヒットゲームソフトに支えられ、2020、2021年には5700〜5800億円に達している。

　また、家庭用ゲーム市場では、オンライン市場（ゲームソフトのダウンロード販売とアイテム課金など）が徐々に拡大していることが、2010年代の特徴である。

2-5　海外市場と日本由来のコンテンツ

　図7は2016年の海外のコンテンツ市場の規模とその中に含まれる日本由来のコンテンツの割合を図示したものである。コンテンツ市場全体の規模は5900億米ドルで、うち日本由来のコンテンツが4.4％を占めている。これを分野別にみると、日本由来のコンテンツの割合が比較的大きいのはマンガ（37.8％）、ゲーム（20％）、アニメ（9.8％）、キャラクター（7.4％）であり、放送（0.9％）、映画（0.6％）、音楽（0.3％）の分野では日本由来のコンテンツは少ないことがわかる。

2-6　広告費の媒体別シェアの推移

　図8は、日本の広告費の媒体別シェアの推移をみたものである。広告市場全体の規模は約6〜7兆円で推移しているが、媒体別にみると大きな変化が起きている。

序説　デジタル社会とデジタル・トランスフォーメーション

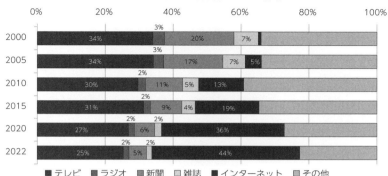

図8 日本広告費の媒体別シェアの推移

＊電通「広告景気年表」(http://www.dentsu.co.jp/knowledge/ad_nenpyo.html) から筆者作成

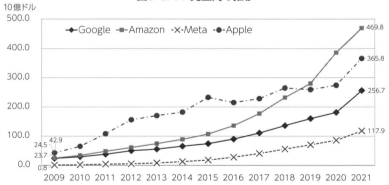

図9 GAFA売上高の推移

＊総務省『令和4年版情報通信白書』2022年7月、p.23の図を基に筆者作成

　2000年には市場全体の34%を占めていたテレビが徐々に縮小し、2022年には25%になっている。シェアが大きく縮小したのが新聞と雑誌であり、新聞は2000年には20%あったシェアが2010年には11%に、2022年には5%にまで縮小し、雑誌は2000年の7%から2010年には5%、2022年には2%まで縮小している。
　一方で急速にシェアを拡大しているのがインターネット広告である。2000年には広告市場全体の1%未満であったが、2010年には13%に、2022年には44%と急拡大しており、2022年のインターネット広告市場は、4大マスメディア（テレビ、

17

ラジオ、新聞、雑誌)を合計した市場より大きくなっている。

2-7　GAFA 売上高の推移

2010 年代は米国の Alphabet（Google の持株会社）、Apple、Meta（旧 Facebook）、Amazon.com、Microsoft や中国の Baidu、Alibaba、Tencent などのプラットフォーマ（あるいはビッグテック）が躍進した時代であった。図 9 は GAFA とよばれる Google、Amazon.com、Meta、Apple の売上高の推移を示したものである。

3　第 3 部各章の要点

本節では、第 3 部の各章(コラムを含む)の要点を述べる。

○ 3-1 章　デジタル技術によるサービス革命

第 3-1 章はシェアリングエコノミーの普及を扱う。この時期、スマートフォン(スマホ)の社会的普及によって、需要が発生するたびにスマホアプリを通じて商品を一時的に利用できたり、他人の空き時間を活用して知識やサービスの提供を受けたり、他人の空き部屋や空き家を我が家のように利用できるなどのサービスが登場した。これらのサービスは多くの人が 1 つの商品を共同利用し、その費用を共同負担（シェア）するようにみえることから、〈シェアリングエコノミー〉や〈協働的消費（コラボ消費）〉と呼ばれる。リーマンショックをきっかけに、副業としてサービスを提供する個人も増えた。日本では、2015 年頃安上がりな地方創生の政策手段として注目され、2018 年内閣官房にシェアリングエコノミー促進室が設置された。シェアリングエコノミーを活用する地方都市に〈シェアリングシティ〉認証を行うなど、民間団体が政策の受け皿となった。断片的な仕事を請け負う相対的に立場が弱い個人が労働者として保護を受けられるかなど新たな労働問題も生んだ。

○ 3-2 章　IT 戦略の系譜と政府の DX

第 3-2 章では、政府の IT 戦略の系譜と電子政府の構築の歴史を取り上げる。2001 年の「e-Japan 戦略」から 2021 年までに政府は 8 つの IT 戦略を策定したが、コロナ禍において「デジタル敗戦」と称されるほどデジタル化が遅れていることが明らかになった。政府の IT 戦略に盛り込まれた目標のうち、インフラ整備の目標

は達成されたが、行政手続のオンライン化、国民電子私書箱、国民ID制度、業務システムの最適化などの領域で設定された目標はどれも未達であった。国連の電子政府ランキングをみると2020年の日本の順位は14位であり、2010年の17位とあまり変化がない。このデジタル化の遅れの原因として、利用者視点のシステム作りができなかったことなどが指摘されている。その後、政府は2021年にデジタル庁を設置するとともに「デジタル社会の実現に向けた重点計画」を策定し、本格的な電子政府とデジタル社会の構築を目指して活動をはじめた。

○ 3-3章　巨大プラットフォーマーと日本企業の競争力

　第3-3章では、GAFAと総称される世界的な巨大プラットフォーム事業者（プラットフォーマー）および、日本の対抗的プラットフォーマー（ソフトバンク、楽天）の2010年代の活動を3期に分けて俯瞰し、ビジネスモデルの高度化や市場規模激増の状況を記述している。プラットフォーマーの市場プレゼンスが多方面で急拡大するにつれて、彼らの評価は2010年代半ばに〈チャレンジャー〉から〈ゲートキーパー〉へと大きく反転する。シカゴ大学は2019年の報告書で、巨大プラットフォーマーは〈①ネットワーク効果〉、〈②規模と範囲の経済〉、〈③ゼロに近い限界費用〉、〈④データ利用の高い収益率〉、〈⑤低い流通コスト〉を同時に発揮することで、市場支配力確立の不可逆的な段階に向かいつつあると指摘した。そこで本章は、そのような市場支配力乱用の懸念に対して、日米欧が各期で展開した政策規制も分析している。そして最後に、GAFAの台頭が日本市場に与えた競争上の影響をまとめ、国内プレイヤー（ソフトバンク、楽天、さらにはネットワーク事業者）が採用してきたGAFA対抗戦略を分類し、その見通しを考察している。

○ 3-4章　移動通信ネットワークの進化

　第3-4章では、移動通信ネットワークを取り上げる。1979年に商用サービスを開始してから44年近くが経過した国内の移動通信ネットワークは、概ね10年周期で大きく進化し世代交代が繰り返されてきた。この章では、第1世代移動通信システム（1G）〜第4世代移動通信システム（4G）までの世代の変遷を概観した上で、それらの開発において蓄積された技術を基礎とし、さらに新しい技術が組み合わされた第5世代移動通信システム（5G）について、2010年代に進められた国内事業者・ベンダによる研究開発と応用実証に関する取組み等について述べる。5Gでは過去世代にはない新しいコンセプトの無線システム構成が採用され、5Gを応用し

て社会課題解決に貢献する新サービスの開拓が商用サービス開始以前から進められて来たといった特徴がある。この最新世代が業界や世の中に対して与えるインパクトについて明らかにするとともに、通信仕様の標準化を含む国際的な動向について、国内の動きとも対比させながら論じる。さらに、国内の 5G 商用サービスの導入・展開状況と次世代に向けた動向についても言及する。

◯ 3-5 章　インターネット上の情報の自由な発信・流通と信頼

　第 3-5 章は、1995 年から現代にいたるまでのインターネットの進化と社会的影響について解説する。1995 年は Yahoo! の設立や Windows95 の登場などがあり、インターネットが急速に普及しはじめ、インターネット元年といわれる。この時期は、誰もが情報を発信できる〈人類総メディア時代〉への楽観的な期待が高まっていた。しかし、2000 年代に入るとインターネットによる情報の偏りや社会の分断、フェイクニュースの蔓延、ネット炎上や誹謗中傷などの問題が徐々に顕在化し、悲観的な見方が強くなっていく。この章では、時代を「1995 年〜 1998 年:ネット楽観時代」「1999 年〜 2010 年:ソーシャルメディア登場とネット失望時代」「2011 年〜 2015 年:ソーシャルメディアの一般化とネット炎上時代」「2016 年〜:フェイクニュースの拡散と政策的対処検討時代」の 4 つに区分して、インターネットに関わる課題の歴史的背景と現状を詳細に検証し、今後の高度情報社会が直面するであろう課題とその対策について考察する。

◯ 3-6 章　ニュースメディアとプラットフォームの攻防

　第 3-6 章では、デジタルプラットフォームの隆盛による情報環境の変化と、これを受けたマスメディア、ネットメディアの攻防を、日本と米国のニュースメディアを中心に、報道とビジネスの両面から論じた。ブログやソーシャルメディアなどのプラットフォームの普及によって、情報の流通路は複雑化し、誰もが発信者となり、ネット専業のメディアも台頭した。これにより、新聞、放送などのマスメディアは存在感が薄れ、役割の再定義、ビジネスモデルの再構築を迫られた。2010 年代から 2020 年代初めにかけて、デジタル化を進めるニュースメディアとコンテンツを求めるプラットフォームは、依存と対立という緊張関係を続けた。そして、生成 AI の登場は情報空間の激変を加速した。だが、プラットフォームに偽情報・誤情報を含めた大量のコンテンツがあふれる中で、情報の信頼を組織的、継続的に保っていく機能は、なおニュースメディアが担うべき役割として残されていることを指摘した。

○ 3-7 章　UGC・CGM

第 3-7 章では、UGC あるいは CGM という現象を分析する。UGC と CGM は、誰もが文字、音声、画像、映像など多様なコンテンツを生成・発信できる状況を意味する。「Web 2.0」の概念とともに登場し、スマートフォンの普及によって一般化した。表現の場を提供する SNS が CGM で、投稿される表現が UGC である。欧米では UGC という用語が好まれ、レガシー・メディアの影響力が残っているわが国では CGM と呼ばれることが多い。また〈誰もが発信者〉ということが、〈誰もが見てもらえる〉ことを保証するわけではなく、影響力をもちうるのは少数のノンプロ（インフルエンサー）にかぎられる。まとめサイトなど集合知として有用な例もあるが、〈言論の自由〉を隠れ蓑に常識外れの発言に走り、社会問題になることもある。また、偽・誤情報の流通拡大、フィルターバブルやエコーチャンバーという偏った情報環境がもたらすリスクも考える必要がある。この点は、第 3-5 章で取り上げる問題と密接に関連している。

○ 3-8 章　人工知能

第 3-6 章では、AI の歴史を簡単に振り返り、特に 2010 年代以降の第三次 AI ブームに焦点を当てる。2010 年ごろまでの AI 冬の時代を経て、2011 年からビッグデータブームが到来、2012 年には Google のディープラーニング技術やトロント大学の AlexNet の成功を皮切りに AI の第三次ブームが始まった。日本国内では、政府や研究機関が AI 研究を推進し、予算も増加している。競争的研究資金（科研費）の AI 関連テーマの増加や、2016 年の理研 AIP センター設立など、AI 関連の研究開発が加速している。また、日本が世界的な AI のガイドライン作りをリードする立場になろうとする動きが政府主導で活発化している。その他にも、AI の倫理・法・社会的な側面への注目や、2022 年から画像生成 AI や、ChatGPT の普及で注目を集めている生成 AI にも触れる。最後に、結語として、日本における技術的にも法規制の側面からも信頼性の高い技術開発を国内外に広めていくために、各研究組織がガバナンスの側面からも戦略的に技術開発を進めていく重要性を述べる。

○ 3-9 章　共生社会を目指して

「新通史」では情報アクセシビリティを初めて取り上げるため、この章は障害者政策全体の 100 年の歴史を振り返ったうえで、情報アクセシビリティに関わる近年の動向を詳しく説明した。障害者を保護対象とみなす父権主義から、ともに社会を構

成する一員ととらえる共生主義へと、この100年間に障害者政策は転換した。障害は病気であるとする医学モデルも、社会の側に改善を促す社会モデルへと転換した。二つの考え方は障害者権利条約に結実し、わが国も2014年に批准した。情報社会の今、障害者等の多様な人々と共生する社会を構築する重要な要素が情報アクセシビリティである。わが国は条約批准に前後して、障害者差別解消法等の法制度を整備し関連施策を展開してきた。しかし、障害者等の表現および意見の自由ならびに情報の利用の機会を保証するという点では、課題が残っている。一方で、障害者向けに開発された技術が汎用化され経済社会を変革してきた歴史もあり、産業界に大きなチャンスである。産官学を挙げて情報アクセシビリティへの取組みを強化するように期待する。

○ 3-10章　個人情報の活用と保護

　第3-10章は、個人情報の活用と保護という対立する2つの要請の調和の在り方について、新しい情報技術に対して個人情報保護法制がどのように対応してきたのかという視点からまとめたものである。歴史的にみると、企業や国の行政機関、地方公共団体などが、個人情報を活用したいという要望を出してきた。これに対し、法学者や弁護士、消費者保護団体などは、個人情報の保護を重視すべきであるということを主張してきた。この章は、個人情報の活用と保護の問題について、4つの時代区分に分けて論じている。第1に、住民基本台帳ネットワークの導入に対応するために個人情報保護法が制定された時代およびその後の時代（2003年から2008年まで）、第2に、マイナンバー制度を導入するために、番号法が制定された時代（2009年から2013年まで）、第3に、ビッグデータの活用に対応するために個人情報保護法が改正された時代（2014年から2020年まで）、第4に、DXに対応するために個人情報保護法の官民一元化がはかられた時代（2021年以降）である。

○ 3-11章　サイバーセキュリティ

　第3-11章では、デジタル技術と社会との関係を考えるうえで2010年代に顕著な変化が生じた、サイバーセキュリティを取り上げる。残念ながらプラスの変化よりもマイナスの印象が強いが、それはソフトウェアにはバグが不可避である（脆弱性をゼロにできない）のに、インターネットが性善説で構成されたことに端を発している。この弱点が悪意ある個人のみならず、悪意ある国家にまで利用された結果、2010

年代には社会を揺るがす重大インシデントが続出した。この章では主な事象を列挙し、経済・社会のあらゆる面に影響が及びつつあることを概観したうえで、ひとつの試論として、セキュリティを公共財ととらえ、その私的供給の分析技法の1つであるTotal Effort、Weakest Link、Best Shotの3分法で分析している。行為の潜伏性と秘匿性から、分析可能数にかぎりがあり真実が把握しにくいという限界はあるものの、攻撃側の防御側に対する優位性(非対称性)は依然として続いており、なお一層のセキュリティ対策、特に制度的担保が必要であることが示唆されている。

○コラム1　量子コンピュータ

　コラム1では、近年、その開発動向が世間の注目を集めている量子コンピュータを取り上げる。IBMやGoogleが量子コンピュータ開発に巨額の予算を投じているという報道も耳にする。D-Wave Systems社の量子アニーリングマシンの実用化に対する期待も高まっているようである。2020年時点で、提案されている量子コンピュータの実現形態としては、IBM, Googleなどの量子デジタルコンピュータと、D-Waveの量子アナログコンピュータの2種類が知られている。これらの量子コンピュータの開発は、どのくらい進んでいるのだろうか？　量子デジタルコンピュータや量子アナログコンピュータは、どのような問題を高速に解けるのだろうか？　量子コンピュータ開発は、将来的に、どのような社会実装に役立つ可能性があるのだろうか？　このコラムでは、そのような観点から量子コンピュータ開発の現状を概観する。

○コラム2　〈通信と放送の融合〉の科学技術史的教訓

　コラム2では、〈通信と放送の融合〉という仮説(未来予測)が、どのような形で実現したのかを科学技術史的に振り返る。仮説の提起は、インターネット商用化初期の1990年代前半であり、当時の日米のIT産業の格差は2010年代ほど大きくなかった。ベンチャー精神にあふれる米国では、予測を先取りして比較優位を得ようとする新興企業が続出し、テレビ業界も番組のオンライン配信をわれ先に提供した。一方わが国の放送事業者は、〈電波で送信し専用受信機で受ける〉という固定観念から抜け出せず、〈NHKが巨大化する〉という産業内批判を繰り返すだけで、変化をチャンスととらえられなかった。NHKの同時再送信が〈必須業務〉とされたのは約30年後のことで、放送業界は広告収入の減少・地方局の存続危機・電波が資産から負債に転ずる逆境などに見舞われている。〈DXは言われてやるも

のではなく、自己革新・自己責任で実施するもの〉というのが、この小史からの最大の教訓かと思われる。

【参考文献】

＊（URL 閲覧日は 2025 年 3 月 12 日である）

アベグレン，ジェームス 占部都美訳 (1958)『日本の経営』ダイヤモンド社（新版，1974 年／山岡洋一新訳版，日本経済新聞社，2004 年）．

濱口桂一郎 (2009)『新しい労働社会——雇用システムの再構築へ』岩波新書．

濱口桂一郎 (2021)『ジョブ型雇用社会とは何か——正社員体制の矛盾と転機』岩波新書．

林紘一郎 (2002)「インターネットと非規制政策」林紘一郎・池田信夫（編著）『ブロードバンド時代の制度設計』東洋経済新報社．

桂　幹 (2023)『日本の電機産業はなぜ凋落したのか』集英社新書．

森田朗 (2021)「デジタル化を叫ぶのに書類集めを強いるシステムを作るのはなぜか」『JBpress』https://www.msn.com/ja-jp/news/national/

元橋一之 (2010)「IT と生産性に関する実証分析——マクロ・ミクロ両面からの日米比較」『RIETI Discussion Paper Series』10-P-008.

中根千枝 (1967)『タテ社会の人間関係』講談社現代新書．

日経コンピュータ (2021)『なぜデジタル政府は失敗し続けるのか』日経 BP.

日本生産性本部 (2020)『労働生産性の国際比較 2020』https://www.jpc-net.jp/research/detail/005009.html

岡崎哲二・奥野正寛 (1993)『現代日本経済システムの源流』日本経済新聞社．

Schmitt, Michael N. (2013) "Tallinn Manual on the International Law applicable to Cyber Warfare", Cambridge Univ. Press.

Schmitt, Michael N.(2017) "Tallinn Manual 2.0 on the International Law applicable to Cyber Operation", Cambridge Univ. Press.

Stolterman, Erik and Fors, Anna Croon, (2004) "Information Technology and the Good Life" Information Systems Research Relevant Theory and Informed Practice, pp.687-692.

瀧口樹良 (2017)『迷走する番号制度——自治体の現場から見た課題』時事通信社．

3-1 デジタル技術によるサービス革命
——シェアリングエコノミーの展開

Service-oriented Innovation through Digital Technology: Development of Sharing Economy

大谷卓史

1 「サービス革命」としてのシェアリングエコノミー

　本章は、2010年代におけるデジタル技術によるインターネットEC（Electronic Commerce: 電子商取引）（大谷 2011）の変容を扱う。スマートフォン（スマホ）の普及によって、インターネットECのデータベースマッチング（大谷・高橋・亀井 2001; 大谷 2011）は、需要発生時にその時その場で需要を満たす商品やサービスの調達・消費ができるオンデマンド型調達・消費を実現した。

　オンデマンド型調達・消費は、次のタイプの組織・産業の展開と対となる現象である。すなわち、〈インターネットを介して需要者と供給者を結びつけ、デジタル技術を活用して、需要者に必要が生じたとき（または必要が生じると予想されるとき）に、きわめて利便性が高い形で、必要な時間だけ財や他者の労働（知識・熟練労働および未熟練労働含む）を利用することを可能とするビジネスモデルや、そのビジネスモデルを基盤とする組織、産業〉である。このようなビジネスモデル・組織は〈プラットフォーム〉[*1]を提供するのが一般的である。

　有体物のオンデマンド型調達・消費は商品の効用の享受とその所有を容易に切り離す。すなわち、消費者はデータベースマッチングを利用して必要な時・ほしい時に商品を利用し、終われば返却・売却しそれ以上の期間所有しないことができ

[*1]　「プラットフォーム」の語は多義的だが（Cusumano, Gawer, and Yoffie 2019=2020: 16, 23-26）、本章では、需要者と供給者を結びつける「情報や商品・サービスの流通の基盤・環境を提供するウェブサイト」であるデジタルプラットフォームを指す（森 2020）。

る。これは商品をサービスとして享受しようという動きである。この側面をとらえて、オンデマンドでさまざまな商品の効用をサービスとして提供する業態は XaaS（X as a Service: X アズ・ア・サービス）（日経産業新聞編 2020）[*2]と呼ばれることがある。XaaS にはソフトウェアやハードウェアをサービスとして提供する SaaS（Software as a Service: ソフトウェア・アズ・ア・サービス）（例、Adobe Creative Cloud や Microsoft Office 365 などのインターネットクラウド）[*3]や、事業者を超えてあらゆる交通サービス（〈モビリティ〉）をオンデマンドかつシームレスにひとつの統合的サービスとして提供しようという MaaS（Mobility as a Service: モビリティ・アズ・ア・サービス）（Sochor et al. 2017; 森口 2019）も含まれる。2010 年代に生じた、このようにサービス化を推進するビジネスモデル・組織・産業の展開を、本章はデジタル技術によるサービス革命ととらえる。

　サービス化したオンデマンド調達・消費の典型例は、同一の自動車を多数の人々が次々に利用するカーシェアやライドシェア（乗り合いサービス）、空き家や個人の住居、空き部屋をその都度多数の人が次々に借りて利用する「民泊」である。

　これらの調達・消費は、多数の人々が同一の財（商品）を時間差で消費する。その結果財の購入・維持費を多数の人が少しずつ共同して負担することから、「協働型消費（コラボ消費）」（Botsman and Rogers 2010=2011）または「シェアリングエコノミー」（Sundararajan 2016=2016: 44-86）などの名で呼ばれる。多数の人々に呼びかけ慈善活動や事業に投資させるクラウドファンディングも、協働し負担を〈シェア〉することからこれに含まれる。一方で、コラボ消費を促すタイプのビジネスは、〈シェアビジネス〉とも呼ばれる。2010 年代、デジタル技術によって、コラボ消費・シェアビジネスは高い即時性と地理的制約の解放を実現し、利便性を飛躍的に向上させた（狭義の〈コラボ消費〉とシェアビジネス）。

　シェアリングエコノミーには、同一商品の繰り返し利用の際に商品の所有権が供給者から需要者に移転するタイプ（中古車販売など）、所有権は移転せず需要者に一時的占有・利用のみを許すタイプがある。後者は、需要者は需要が生じた際に、

---

*2 　コンピュータ科学・技術分野では、〈XaaS〉は、コンピューティング要素のクラウドへの移行全般を指すことがあるので注意。Duan et al.（2015）参照。

*3 　2000 年前後には、現代の SaaS を提供する事業者は ASP（Application Service Provider: アプリケーションサービスプロバイダ）と呼ばれた（大和田・吉田 2001）。

3-1 デジタル技術によるサービス革命

表1 シェアリングエコノミーの概念整理

広義のシェアリングエコノミー（広義の「コラボ消費」とシェアビジネス）					
新品購入・販売以外の伝統的消費とビジネス			狭義のシェアリングエコノミー (狭義の「コラボ消費」とシェアビジネス)		
非オンデマンド型消費・調達 低い即時性と狭い地理的範囲、低い利便性			オンデマンド型消費・調達*² (インターネット媒介のデータベースマッチングの活用) 相対的に高い即時性と地理的制約からの解放、利便性の飛躍的向上		
サブスクリプション*／都度払い			サブスクリプション／都度払い		
従来型 レンタル・ リース	中古品販売・ 不用品交換	時間貸し ビジネスと消費 (空間や時間、 知識・スキル など)	プロダクト サービス システム	再分配市場	協働型 ライフスタイル
貸出・返却に 営業店舗への 訪問が必要な どの制約	購入に営業店 舗への訪問必要 (非 P2P 型) 近所の知人の 不用品交換など (P2P 型)	利用は対面が 原則、営業店 舗に出向く、 講師と生徒が 同一空間・ 同一時間を 占有するなど の制約	インターネット を媒介して、 商品購入の 代わりに、 サービス料金 の支払いへ	インターネット を媒介して、 不用品・中古品 を新しい需要者 ヘリユース	インターネット を媒介して、 時間や空間、 知識・スキル・ 資金などを 共有し助け合う
所有権非移転	所有権移転	所有権非移転	所有権非移転	所有権移転	所有権移転・ 非移転の両方
原則的に 非 P2P	非 P2P と P2P あり	非 P2P と P2P あり	非 P2P と P2P あり	非 P2P と P2P あり	非 P2P と P2P あり

＊月極駐車場やリース契約、各種教室など登録して定期定額払いするサービスが該当。
＊² オンデマンド型調達・消費は従来と比較して、インターネット経由のデータベースマッチングによる選択しの飛躍的増加とピアによる供給(P2P型)の促進、モバイル活用によるその場その時の利用・返却による利便性の訳的向上などの変化が特徴。
※ Botsman and Rogers (2010=2016:122-128) および Gansky (2010=2011)、Schor (2010=2011: 125-131)、Sundrarajan(2016=2016) などを参考に筆者作成。

購入するよりもはるかに安い一時的支払いによって、商品を一時的に占有・利用し、その商品から得られる効用をサービスとして受け取る。

さらに、シェアリングエコノミーはP2P（Peer-to-Peer: ピア・トゥ・ピア）型と非P2P型に分類できる。狭義のシェアリングエコノミーは、需要と供給を結ぶ場・仲介者であるプラットフォームが重要である。P2P型は、プラットフォームの利用者が商品・サービスを相互に提供し合う。一方、非P2P型は、プラットフォームが商品・サービスを所有し、それを販売・貸出するところに特徴がある。同じカーシェアでも、利用者が自分の自家用車を空き時間に貸し出すタイプはP2P型、事業者が多数の自動車を自社経営の駐車場に配置し、インターネット経由で申し込んだユーザーがその自家用車を最寄りの駐車場で借りて、目的地近くで返却するサービスは非P2P型の例となる。

シェアリングエコノミーは生産活動を抑制すると同時に、商品の効率的利用を促して消費者の利便性・満足を高めることから、環境負荷を抑制しつつ低成長時代に生活の豊かさを実現する手段と期待する立場もある（Shor 2010=2011: 125-131）。

2　シェリングエコノミーの展開

オンデマンド型消費・調達の登場と展開は、2008年のスマホの普及と世界不況のきっかけとなったリーマンショックが重要である（Liu, Chan, Wang and Yang 2020）。一方、日本では官民共同でシェアリングエコノミーを振興する体制が整備された。〈民泊〉の規制緩和が進められ、2015年以降〈地方創生〉政策を安上りに実現する一手段としてシェアリングエコノミーが採用された。

このような時代認識から、本章は、次の時代区分を採用する。

（1）　狭義のシェアリングエコノミーの登場以前：1990年代〜2007年
（2）　シェアビジネス展開期：2008〜2015年
（3）　「地域創生」政策との融合期：2015〜2020年頃

3-1 デジタル技術によるサービス革命

2-1 狭義のシェアリングエコノミー登場以前：1990年代〜2007年

　2010年代注目されたシェアビジネスの代表は、空き部屋や（一時的）空き家を旅行者に貸し出す家主とゲストを仲介する米Airbnbと、ハイヤーの配車サービスとライドシェアを主要ビジネスとする米Uberの2社である[*4]。本項では両サービスが登場するまでを扱う。

　ハイヤー・タクシー事業もホテル（旅館）事業も市場参入と運用に、行政の許認可・監督を必要とする規制ビジネスである。AirbnbやUberは後述のように、技術・経済的変化を背景に従来の規制と衝突しながら新ビジネスを興すこととなった。

　日本においては、バブル経済期（1980年代後半〜1991年頃）のタクシー不足や政策における市場主義の流行を背景に、2000年「道路運送法及びタクシー業務適正化臨時措置法の一部を改正する法律」（平成12年法律86号）によってタクシー事業は免許制から許可制に改められ、新規参入・増車が容易となる（国土交通省2000）[*5]。しかし、結果として供給過剰が生じタクシー運転手の労働環境悪化が問題とされるなどの弊害が生じ、2009年にはタクシー運転手の労働条件悪化等に対応する特定地域及び準特定地域における一般乗用旅客自動車運送事業の適正化及び活性化に関する特別措置法（以下、タクシー特措法：平成21年法律64号）が制定され、供給過剰の特定地域でタクシー事業の適正化に取り組むこととなった（その後同法は2013年再改正）（運輸省 n.d.; 瓦林2014）[*6]。2010年代日本でのライドシェアに対する抵抗は、タクシー事業とタクシー運転手の労働が規制と規制緩和に翻弄されてきた経緯が大きく影響している。

　一方、旅館業法は1948年に制定され（法律138号）、1964年の東京オリンピックにあたって、東京都がオリンピック補助宿泊施設事務所を設置し、オリンピック目当ての旅行者を受け入れるホームステイ型の民泊を募集し、開幕時に約280軒600人の申込みがあったとされる（関根2023）。

[*4] 2025年3月8日現在日本におけるUberのサービスはタクシーの配車が主流である（福岡市など）。以下を参照。「都市を検索｜ご乗車の計画はこちらから」『Uber日本語版ホームページ』」https://www.uber.com/jp/ja/r/cities/taxi/cities/

[*5] 1996年5月には運輸省（当時）が運輸行政における需給調整方針の転換を宣言し、1997年3月規制緩和推進計画の再改定によりさらなる規制緩和が促されたことで、同法の改正に結びついた（運輸省 1997:2, 44-48; 金子2009）。

[*6] 「タクシー規制緩和って何?」『自交総連ホームページ』.https://www.jikosoren.jp/check/taxikisei.html

米国においては、インターネットの普及が本格化しつつあった1995年にはじまった募集広告サービスCraigslistで、目的地までの乗り合い（ライドシェア）や一時的空き部屋の宿泊募集などがあった。2011年米国のライドシェアサービスSidecarをはじめたスニル・ポールは、1997年には電話ベースの乗り合いサービスを考案していた。

　インターネットで仲介する民泊型宿泊サービスも2000年代には登場する。2004年当時学生だったケイシー・フェントンがCouchSurfin.comを開始した。1999年ホームステイした海外旅行体験を背景に、彼はホストとゲストが知り合い仲良くなれることを目指す非営利サービスを目指した（2012年営利事業に転換）。2007年には不動産デベロッパーのトシ（ロバート）・チャンがCraigslistの広告を活用して自保有不動産の空き部屋と5ドルの朝食を提供するサービスを開始した（Stone 2017=2018: 109-110, 294）。

　しかし、いずれのサービスも大きく成長することはなく、2008年に起こった大きな変化に適応し、当局の規制をうまく「いなした」UberやLyft、およびAirbnbなど少数企業のみが2010年代に成功を収めた。

2-2　シェアビジネス展開期：2008～2015年

　2007年10月に事業をはじめたAirbnbは当初苦戦し、2009年3月大手ベンチャーキャピタルに投資を認めさせ、やっと注目を集めるようになった。同社は家主とゲストのデータベースマッチングに着目し、「スペースのeBay」というキャッチフレーズで訴求した（Stone 2017=2018: 122-126）。

　Uberは、2008年8月にインターネットドメインを取得し、iPhone向けアプリの開発を開始した（Stone 2017=2018: 62-64）。2010年6月にはiPhone向けのアプリダウンロードサイトAppStoreにアプリを公開し、同時期大型の資金調達に成功した（Stone 2017=2018: 79-83）。

　2010年代における両社の発展とシェアビジネスへの注目は、2008年の2つの出来事、すなわち、サードパーティー製アプリのダウンロードが可能なスマホの発売と、リーマンショックがきっかけである。

　2008年7月にiPhone 3G、同年10月にGoogle社のAndroid対応スマホが発売され、これらがスマホの普及を促進した。両製品の成功のポイントは、サードパー

3-1 デジタル技術によるサービス革命

表2 シェアビジネスの代表的サービスとその創業年

シェアするもの	概要	サービス例（創業・創立年）（国）
不動産・空間	空き家や別荘、駐車場などをシェア。	Airbnb（2007）（米国）、SPACEMARKET（2014）（日本）、akippa（2014）（日本）
移動	オンデマンド型の自家用車の相乗りや貸自転車など移動手段のシェア。	Uber（2010）（米国）、notteco（2007）（日本）、Anyca（2016）（日本）、Lyft（2012*）（米国）、滴滴出行（2012）（中国）、Grab（2012）（シンガポール）、Gojek（2010）（インドネシア）
モノ（動産）	不用品やいま使っていないモノ（動産）をシェア。カーシェアもこの一種。	Mercari（2013）（日本）、ジモティ（2011）（日本）、AirCloset（2014）（日本）
知識・スキル	空き時間に知識や労働を提供。「ギグワーク」（本文参照）やP2P型の知識提供なども包摂。	ランサーズ（2008）（日本）、クラウドワークス（2012）（日本）、ココナラ（2012）（日本）、Asmama（2008）（日本）、エニタイムズ（2013）（日本）、タイムチケット（2019）（日本）
お金	多数の人々が事業に要する資金を分担して負担。「クラウドファンディング」。	CAMPFIRE（2011）（日本）、Makuake（2013）（日本）、READYFOR（2014）（日本）、クラウドリアルティ（2017）（日本）

* 前身であるZimrideは2006年創業。
* サービス例は、三菱総合研究所（2018:31）および、上妻（2018）を参考に選択。創立・創業年は、上妻（2018）および各社ホームページより。下線のサービスは、シェアビジネス展開期に創業・創立されたもの。

ティー製アプリをダウンロードできるウェブサイトを同時提供した点にある。これで、シェアビジネスはスマホ向けアプリとして自社サービスを提供できるようになった。

　2008年9月のリーマンショックをきっかけにその後世界的な不況が到来する。失業や賃金抑制の結果、副業や消費の節約を求める人々が、シェアリングエコノミーに参入した（Rosenblat 2018=2019: 43-55）。2010-2011年、従来の使い捨てを前提とする消費社会を批判し、支出を抑え豊かな生活を実現するコラボ消費や〈シェア〉などの新しい消費スタイルや、それに対応したビジネスを奨励する複数の書籍（Botsman and Rogers 2010=2016; Gansky 2010=2011; Schor

2010=2011; 三浦 2011）が登場した。日本では、2013 年にフリーマーケット（フリマ）サービスとして始まった「メルカリ」（https://jp.mercari.com/）（図表 1 の〈再分配市場〉に当たる）が〈ゴミが金に代わる〉〈副業で稼げる〉などとして記事や書籍で取り上げられた点[7]で、とくに注目される。

この時代、日本国内でも多種のシェアビジネスが創業された。シェアリングエコノミー協会及び消費者庁（2018）の分類に基づき、図表 2 に代表的サービスを示す。

シェアビジネスの普及はスムースに進んだわけではない。

第 1 に、タクシー・ハイヤーや、ホテルなどの既存産業の事業圧迫が懸念された。各地で既存企業や自治体と衝突したシェアビジネス企業が事業を支持するユーザーやホストも動員して規制の打破を訴え一部成功する一方、反対派も地方議会などに働きかけ新しい規制の導入に成功する場合もあった（Gallagher 2017=2017: 200-207; Stone 2017=2018: 256-258, 369-385）。

第 2 に、新事業の利用者や第三者に対する安全も問題だった。2013 年 12 月 UberX のドライバーが 6 歳の女児をはねた事故では、無謀運転の過去を見逃した資格審査の不十分さ、同社の保険が上記の事故時の客待ち運転中には及ばないことが問題となった（Stone 2017=2018: 339, 340-341）。Uber ドライバーによる強盗や暴行、殺人なども問題となった[8]。Airbnb は家主の留守中のゲストの家財破壊や家主のゲストへの暴行などが問題となった（Stone 2017=2018:191-192； Gallagher 2017=2017: 140-157）。両社は資格審査を厳重化し、幅広い事故・事件に高額補償をできる保険をかけ、ホストやドライバーの教育を進めるなど対策を取らざるをえなくなった（Stone 2017=2018: 341; Gallagher 2017=2017: 153-173）。

＊7　国立国会図書館蔵書検索で、「メルカリ　ゴミ」「メルカリ　副業」「メルカリ　稼げる」などのキーワードで検索。2018 年『週刊ダイヤモンド』は、特集の中で「ゴミもカネに変わるメルカリ生活」と題する大型記事を組んだ（大矢ほか 2018: 44-55）。

＊8　第 192 回国会「世界各国における自家用車ライドシェアをめぐる犯罪行為等に関する質問主意書」（辻元清美参議院議員提出平成 28 年 12 月 20 日提出、質問第 229 号および答弁本文（『官報』（号外）平成 28 年 12 月 20 日衆議院会議録追録(2)質問主意書及び答弁書、43-45）を参照。ブラジルやメキシコなどの新興市場では、逆に Uber ドライバーが強盗やタクシー会社に雇われた暴漢に襲われる事件が問題となった（Isaac 2019=2021: 281-284）。

2-3 「地域創生」政策との融合期：2015 〜 2020 年頃

　日本国内においては、規制当局と衝突し続けた米国と対照的に、規制産業に参入したシェアビジネスと政府・既存企業との間の激しい対立はみられず、むしろ官民共同でシェアリングエコノミーの受容を進め、安倍晋三政権のもとで「地方創生」政策に融合していった。

　国内では、民泊の規制緩和の議論を中心に、官民協調型のシェアリングエコノミーの導入が開始された。上記のように、東日本大震災に先立つ 2011 年初め、シェアリングエコノミーの紹介が始まった。[9] 同年『日経ビジネス』が Airbnb の紹介記事を初めて掲載してから、[10] 2013 年から 2015 年にかけて、新聞・雑誌に散発的に民泊に関する記事が掲載され、[11] 2014 年には大阪府・市に民泊拡大条例案が提出された（最終的に否決）。[12]

　同年中央政府でも規制緩和検討がはじまった。10 月民間企業から規制改革会議に「地域観光の振興に向けた民泊の実現」が提案され、[13] 翌 16 年 2 月には同地域活性化ワーキンググループで、民間企業・旅行関連団体が東日本大震災復興支援自転車イベントで宿泊施設が不足した事例やグリーンツーリズムの民泊による振興案を報告した。[14] 2015 年 6 月の規制改革会議第 3 次答申には、「インターネットを通じ宿泊者を募集する一般住宅、別荘等を活用した宿泊サービスの提供」を含む民泊の規制緩和案が盛り込まれた。

　2015 年には産業競争力会議（10 月 15 日）でシェアリングエコノミーへの言及があり、同年度版情報通信白書も相当量の紙幅を割いた（総務省 2015: 200-207）。12 月、内閣官房 IT 総合戦略室は、「情報通信技術（IT）の利活用に関する制度

---

*9 　歴史的には、1980 年代企業利益に応じて賃金が上昇する労働分配率に配慮した企業経営が「シェア・エコノミー」として紹介された（Weitzman 1984=1985）。

*10 「特集『日本製』離れの衝撃　2012 年のヒットを読み解く● 3 章〜 2012 年を占う　混沌の先の新潮流」『日経ビジネス』(1622)(2011.12.26), 37-41.

*11 『日経ビジネス』2013 年 11 月 25 日号および時事通信 2014 年 1 月 2 日配信記事、『日経産業新聞』2014 年 4 月 22 日など。

*12 「外国人宿泊に空き部屋活用　治安を懸念　条例案否決　大阪市議会委＝大阪」『読売新聞』2014.09.12 大阪朝刊 , 33。

*13 第 39 回規制改革会議資料 4-2「規制改革ホットラインの処理状況について　地域活性化ワーキンググループ関連の提案内容」, 39。

*14 規制改革会議第 12 回地域活性化ワーキンググループ（2015 年 2 月 12 日開催）議事録および資料より。

整備検討会中間整理」を発表し、振興すべき「IT利活用を行う新たなサービス」としてシェアリングエコノミーを位置づけた。

産業界でも、12月15日には、株式会社ガイアックスを中心に、シェアビジネス企業6社が一般社団法人シェアリングエコノミー協会を設立した（2025年3月時点で、非営利法人・学校等も含め、会員370団体）。

2016年1月、産業競争力会議が「成長戦略の進化のための今後の検討方針」を公表し、シェアリングエコノミーを新産業と位置づけ、その成長のための制度整備に言及した。同年2月には事業者ヒアリングが開始され、5月29日、内閣官房IT総合戦略室が上記中間整理の第Ⅱ期版を公表し、シェアリングエコノミーを含む新しいデータ活用ビジネスの課題として「レピュテーションリスク」（個人情報漏えいなど）や、データ互換性、データ流通、オープンデータの推進などを指摘した。2016年6月2日「『日本再興戦略』改訂2016－第4次産業革命に向けて－」は、シェアリングエコノミー普及の課題として、サービス提供者・利用者の相互評価の仕組みや民間団体の自主的ルール整備をあげた。7月8日にはIT戦略本部新戦略推進専門調査会分科会のもとで「第1回シェアリングエコノミー検討会議」が開催され、具体的な課題の検討が開始された。

同検討会の中間報告（2016年11月）では、環境負荷の低減や「超少子高齢社会」など社会問題の解決の手段としてシェアリングエコノミーの重要性が指摘され、第二次安倍政権の政策課題「一億総活躍社会」の実現に寄与するとされた。

上記の報告書・方針はいずれも「地方創生・地方共助」実現手段としてシェアリングエコノミーへの期待を語った。上記検討会議の中間報告は、先進事例を示す地方都市づくりを目指す「シェアリングシティー」構想や、活用事例集の作成、「シェアリングエコノミーの活用をわかりやすく説明する人材」として「シェアリングエコノミー伝道師」の制度化を政策課題として示した。

この構想は官民共同で実現された。シェアリングエコノミー協会が受け皿となりシェアリングシティ認定制度（シェアリングエコノミー協会 c.2018）が設けられ、2016年11月には、秋田県湯沢市など4つの市がシェアリングシティ宣言をした（シェアリングエコノミー協会 2016）。2017年1月に内閣府にシェアリングエコノミー促進室が設置され、シェアリングエコノミー伝道師の任命（3月、12月）、活用事例の第1次公表（2018年3月）を経て、2021年3月には合計115事例を収録する「シェア・ニッ

ポン100〜未来へつなぐ地域の活力〜」が公表された。[*15]

　このように、2010年代日本においては、民泊の規制緩和をきっかけとして、シェアリングエコノミーは民間とITを活用する共助による安上りな地域課題解決手段として期待され、官民共同の導入が行われた。

　日本の民泊とライドシェアは、その後法改正によって適法化が進む。2018年6月民泊新法（住宅宿泊事業法（平成29年法律65号）・旅館業法施行令改正（平成28年政令98号　簡易宿所の面積規制の緩和））の施行でAirbnbは適法となった。2021年末にはUberは国内複数地域でタクシー配車サービスを提供した。[*16] 2024年3月末、2023年12月の「デジタル行財政改革　中間とりまとめ」（デジタル行財政改革会議2023）を受けて、崩壊しつつある地方公共交通を立て直す手段としてライドシェアが日本に導入された。[*17]この決定には、利用者の安全性やドライバーの健康などへの懸念が示されている（清水2023）。

3　展望：シェアリングエコノミーへの期待と課題

　インターネットECのデータベースマッチング機能を活用して、オンデマンド型消費・調達が可能になり、狭義のシェアビジネス（図表1および1節を参照）を実現する技術的基盤が整った。2008年のサードパーティー製アプリのダウンロードが可能なスマホの登場と、リーマンショックをきっかけに、2010年代にシェアビジネスは注目を集め発展することとなった。とくに中国での拡大は目覚ましく、2019年には人口の半数が何らかの形でシェアリングエコノミーにかかわり、市場規模は4兆6484億ドルに達したとされる（Liu, Chan, Wang and Yang 2020）。ただし、2019年のUberの株式上場が期待外れに終わる（Isaac 2019=2021: 527-531）などハイプを疑わ[*18]

＊15　「シェア・ニッポン100〜未来へつなぐ地域の活力〜令和2年度版を公開しました。」『政府CIOポータル』．https://cio.go.jp/share-nippon-100_R2

＊16　「全国に広がるUber Taxi、ますます移動が便利に」『Uber Taxi』2021年12月6日．https://www.uber.com/ja-JP/blog/uber-taxi-service-area-information/

＊17　国土交通省物流・自動車局長「法人タクシー事業者による交通サービスを補完するための地域の自家用車・一般ドライバーを活用した有償運送の許可に関する取扱いについて　令和6年3月29日」．

＊18　hypeとはもともと誇大広告・大言壮語を意味する。2000年代以降になると、テクノロジーやニュービジネスに対する楽観的すぎる過剰な期待を指すことが多い。一般的に、過剰

せる現象もある。日本では、安上りの共助による地域課題解決手段として期待され、官民共同の導入が行われた。

オンデマンド型調達は労働力にも及ぶ。インターネット経由で一時的・単発的な仕事の依頼を受けて作業に応じて報酬を受け取る働き方は「ギグワーク」（柴田 2020）とも呼ばれる。ギグワーカーはプラットフォームと雇用関係を結ばず、明示的な指揮命令関係もないなどのことから、労働者性を否定され、労働法の保護を受けないと解されることが多い。熟練が見込めず、労働者仲間との連帯も困難で、賃金もきわめて低く抑えられた断片化された仕事の請負を強いられる場合があることも問題視されている[19]。人工知能の教師あり学習のため情報の特徴を指示する「タグ付け」作業もこの種の請負の場合があり、とくに相対的に賃金が安い諸国・地域の労働者に過酷な状況となりがちと指摘されている（小林 2020: 18-23, 30-36）。

また、ギグワーカーに対する労働者としての保護がないなかで、深夜・早朝などサービスの供給不足が予測される時間帯などに、金銭的インセンティブをタイミングよくスマホに提示してさらに働くように促すウーバーのサージプライシング[20]のような仕組みも登場した。ギグワーカーは一般的に生活基盤が不安定で、金銭的インセンティブをタイミングよく提示されると、疲労にもかかわらず労働時間を延長する例があることから、サージプライシングの導入はギグワーカーの健康への影響や安全問題が懸念さ

な期待の時期をすぎると、幻滅がやってくるとされる。コンサルタント企業のガートナーによる「ハイプ・サイクル」の説明を参照のこと。https://www.gartner.co.jp/ja/research/methodologies/gartner-hype-cycle

[19] シェアリングエコノミーにかぎらず、デジタル技術を活用する事業における断片化され熟練が見込めない単純労働の問題については、Bloodworth(2019=2022)や横田（2022）などジャーナリズムによる報告がある。

[20] 一般に（日本でのドライバーの労働時間等の管理を義務づける規制を受け入れたサービスは除く）、Uber はドライバーの配置計画や労働時間・配車の中央管理を行わない。客の呼び出しがあった際にその近くを走行するドライバーのスマホに対して客が待っていることを伝え、呼出しに応じることを決めたドライバーが客を拾って目的地まで運ぶ。そうすると、クリスマス時期など供給が急増したり、深夜時間帯などドライバーがあまり走りたがらず供給が減ったりする時期や時間帯には、ドライバーが不足して、お客の呼出しがあってもすべてのお客にタイミングよく配車できない問題が生じる。そのため繁忙期にできるだけ多くのドライバーが収入を増やそうと町を走行するように、需要と供給のバランスを予測して客の支払い代金を即時に変動させる一方、需給バランスがひっ迫したり、またはひっ迫が予測されたりする際にはドライバーの賃金も即時に上昇させる仕組みを導入した。この仕組みを Uber はサージプライシングとよんだ（Stone 224-231）。

3-1 デジタル技術によるサービス革命

れた (Rosenblat 2018=2019: 137-160, 162-200; Stone 224-231)。

2019年以降、欧米ではギグワーカーの労働者性を認め保護するか議会や裁判で激しい議論が行われてきた (Probasco 2023; 山本 2021; 大野 2021)。2024年4月、欧州連合議会は「プラットフォーム労働における労働条件の改善に関する欧州議会・評議会指令」を採択した。この指令は、ギグワーカーがプラットフォームと雇用関係があると推定する規定や、労働を過酷にしがちな自動的な監視・意思決定システムの規制などを含む。ジャーナリズムによる労働環境・請負条件の過酷さの告発や政策的対応などによってギグワークの労働環境改善は進むものの、引き続き私たちの働き方や人生の在り方を守る制度的対応が求められる (浜村・石田・毛塚 2021)。

上記のように価格メカニズムを通じて即座にサービスを提供するタイプのシェアビジネスが労働・請負問題を生む一方で、シェアリングエコノミーが現代社会の多くの課題を解決すると期待する論者も多い。たとえば、シェアリングエコノミーの論者のなかには、近所づきあいが失われ、助合いが機能しなくなっている地域社会においては、知識や家事労働・介護、不用品などの需要と供給のマッチングを通じて、新しい交流が生まれ、人々のつながりを回復させるきっかけになるのではないかという期待を示す人々が目立つ (Botsman and Rogers 2010=2016; Gansky 2010=2011; 石山 2019 三浦 2011)。さらに、Sundararajan (2016=2016: 12-15, 44-86) は、経営史・経済史の知見と電子ネットワーク上の贈与経済に関する研究を基礎として[*21]、近代においては経済の発展にともない地域社会のさまざまな機能が市場によって代替され、地域社会が解体されてきたが、デジタルプラットフォーム（マーケット）を介するサービスや物をシェアする取引を通じて、電子ネットワークでつながる広い範囲の人々の交流が促進され、必ずしも金銭のやり取りをともなわない助合いが広く生まれてくる可能性があると展望する。民泊の Couchsurfing (Sundararajan 2016=2016: 74-75) やライドシェアの Lyft (Sundararajan 2016=2016: 21-24) などのサービスも、経済的利潤の追求と併せて、他者と時間

---

* 21　Botsman and Rogers (2010=2011) なども含め、シェアリングエコノミーの思想は、Ostrom(1990=2022) や Benkler(2006)、Lessig(2001=2002) らのコモンズ論を背景とする。日本国内では、2007年に Benkler(2006) の影響を受けて情報のコモンズを重視する「シェアリング・エコノミー」をうたうムックが発売された（伊藤 2007）。

や空間を共有することを通じた人々の共同性の回復を事業の重要な目的としてあげる。また、Schor（2010=2011:125-131）は、シェアリングエコノミーが資源の効率的な利用を促進して環境負荷を低減することで、低価格でサービス化したさまざまな商品を利用できる豊かな生活を実現すると期待する。

莫大な利潤を上げるニュービジネスとしての期待（張・孫・陳 2017）や安上がりの地方創生政策実現手段という見方を超えて、シェアリングエコノミーは価値観や社会・経済の大きな変化をもたらす可能性を有している。

シェアリングエコノミーは、資源の効率的な利用を促進して環境負荷を低減し、低価格で「サービス化」したさまざまな商品を利用できる豊かな生活を実現するとともに、人々のつながりの回復に寄与すると期待される（Botsman and Rogers 2010=2016; Gansky 2010=2011; Schor 2010=2011; 三浦 2011）一方、引き続き私たちの働き方や人生の在り方を守る制度的対応が求められる（浜村・石田・毛塚 2021）[22]。

謝辞

表1の概念整理には第3部編者の助言がきわめて有益だった。記して謝意を表す。

【参考文献】

Benkler, Yochai (2006) *The Wealth of Networks: How Social Production Transforms Markets and Freedom*, Yale University Press.

Bloodworth, James (2019) *Hired: Six Months Undercover in Low-Wage Britain*, Atlantic Books. = 濱野大道 (2022)『アマゾンの倉庫で絶望し、ウーバーの車で発狂した〜潜入・最低賃金労働の現場〜』光文社.

Botsman, Rachel and Rogers, Roo (2010) *What's Mine is Yours : the Rise of Collaborative Consumption*, HarparCollins. =(2011) 小林弘人監修・関美和訳『シェア：〈共有〉からビジネスを生み出す新戦略』

張孝栄・孫怡・陳曄 (2017)『探尋独角獣：解読分享経済創新創業密碼』清華大

---

[22] 『季刊労働法』272号（2021年春季）の特集「新しいフリーランス保護を考える」「ドイツ・クラウドワーク調査報告」も参照。

3-1 デジタル技術によるサービス革命

学出版社 . = 伊藤亜聖・高口康太監訳、古川智子訳 (2010)『ユニコーン列伝：シェアリングエコノミーの盛衰』科学出版社 .Cusumano, Michael A., Gawer, Annabelle, and Yoffie, David B. (2019) *The Business of Platforms : Strategy in the Age of Digital Competition*, Innovation, and Power, Harper Business.=(2020) 青島矢一監訳『プラットフォームビジネス：デジタル時代を支配する力と陥穽』有斐閣.

デジタル行財政改革会議 (2023)「デジタル行財政改革　中間とりまとめ　2023 年 12 月 20 日　デジタル行財政会議決定」.

Duan, Yucong, Fu, Guohua, Zhou, Nianjun, Sun, Xiaobing, Narendra, Nanjangud C., Hu, Bo (2015) "Everything as a Service(XaaS) on the Cloud: Origins, Current and Future Trends, " *2015 IEEE 8th International Conference on Cloud Computing.*

Gallagher, Leigh (2017) *Airbnb Story*, Houghton Mifflin Harcourt. =(2017) 関美和訳『Airbnb Story: 大胆なアイデアを生み、困難を乗り越え、超人気サービスをつくる方法』日経 BP 社.

Gansky, Lisa (2010)　*The Mesh*, Portfolio Penguin. =(2011) 実川元子訳『メッシュ：すべてのビジネスは〈シェア〉になる』徳間書店 .

浜村彰・石田眞・毛塚勝利 編著 (2021)『クラウドワークの進展と社会法の近未来』労働開発研究会 .

Isaac, Mike (2019) *Super Pumped: The Battle for Uber*, Norton. =(2021) 秋山勝訳『ウーバー戦記：いかにして台頭し席巻し社会から憎まれたか』草思社.

石山アンジュ (2019)『シェアライフ - 新しい社会の新しい生き方 -』クロスメディア・パブリッシング.

伊藤穰一・デジタルガレージグループ (2008)『WEB2.0 の未来　ザ・シェアリングエコノミー』インプレス R&D.

金子雄一郎 (2009)「交通サービスに関わる規制制度の現状と課題」第 39 回土木研究計画額研究発表会（春大会）, 於：徳島大学 , 2009 年 6 月 13 日 .

瓦林康人 (2014)「議員立法で成立した改正タクシー特措法等の概要について」『運輸政策研究』17(2), 40-43.

城戸譲 (2023)「『敗者の GYAO! と勝者の U-NEXT』明暗分けた拠所」『東洋経済オンライン』2023 年 1 月 28 日 .　https://toyokeizai.net/articles/-/648914

小林雅一 (2020)『仕事の未来「ジョブ・オートメーション」の罠と「ギグ・エコノミー」

の現実』講談社.

国土交通省（2000）「道路運送法及びタクシー業務適正化臨時措置法の一部を改正する法律の施行等に伴う政令及び省令の改正について　平成12年10月」．

国土交通省（2009）「タクシー適正化・活性化法の施行について　平成21年10月1日」．https://www.mlit.go.jp/common/000050418.pdf

Lessig, Lawrence (2001) The Future of Ideas : the Fate of the Commons in a Connected World, Random House. =（2002）山形浩生訳『コモンズ：ネット上の所有権強化は技術革新を殺す』翔泳社．

Liu, Chan, Chan, Raymond K. H., Wang, Maofu and Yang, Zhe (2020) "Mapping the Sharing Economy in China," Sustainability 2020, 12, 6333. doi:10.3390/su12166333

三菱総合研究所（2018）『ICTによるイノベーションと新たなエコノミー形成に関する調査研究　2013年3月』総務省．

三浦展（2011）『これからの日本のために〈シェア〉の話をしよう』NHK出版．

森亮一（2020）「プラットフォームの法的責任と法規制の全体像」『ジュリスト』(1545)，14-20．

森口将之(2019)『MaaS入門: まちづくりのためのスマートモビリティ戦略』学芸出版社．

日経産業新聞編(2020)『XaaSの衝撃：すべてがサービス化する新ビジネスモデル』日本経済新聞出版．

野村英夫（2018）『最新シェアリングエコノミーがよ～くわかる本：25の事例に見る日本のシェアビジネス』秀和システム．

大野隆(2021)「英国最高裁判決『Uberは労働契約』に学べ 働く者を『個人事業主』にしてはならない」『現代の理論』(26) http://gendainoriron.jp/vol.26/rostrum/ohno.php

大谷卓史（2011）「情報通信技術によるビジネスイノベーション――インターネットECを中心に」吉岡斉一編集代表『［新通史］ 日本の科学技術　第2巻』428-453.

大谷卓史・亀井聡・高橋寛幸著(2001)『P2Pがビジネスを変える：ダイレクトな情報交換とコミュニケーションの未来』翔泳社．

大和田尚孝・吉田琢也(2001)「特集 ブロードバンド普及でASPが"現実解"に」『日経コンピュータ』(535) 52-67．

大矢博之・山本輝・野村聖子・村井令二・栃尾江美(2018)「新・価格の支配者メルカリ」

『週刊ダイヤモンド』106(36), 28‐66.

Ostrom, Elinor (1990) *Governing the Commons: the Evolution of Institutions for Collective Action*, Cambridge University Press. =(2022) 原田禎夫・齋藤暖生・嶋田大作 訳『コモンズのガバナンス――人びとの協働と制度の進化』晃洋書房.

Pontion, Jason (2007) "Artificial Intelligence, With Help From the Humans," *New York Times*, Mar. 25, 2007. https://www.nytimes.com/2007/03/25/business/yourmoney/25Stream.html

Probasco, Jim (2023) "California Proposition 22 (Prop 22)," *Investopedia*, Mar. 14, 2023. https://www.investopedia.com/california-proposition-22-prop-22-5085852

Rosenblat, Alex (2018) *Uberland : How Algorithms are Rewriting the Rules of Work*, University of California Press. = (2019) 飯嶋貴子 訳『ウーバーランド：アルゴリズムはいかに働き方を変えているか』青土社.

Schor, Juliet B. (2010) *Plenitude: The New Economics of True Wealth*, Penguin Books. = (2011) 森岡孝二監訳『プレニテュード：新しい〈豊かさ〉の経済学』岩波書店.

関根浩一 (2023)「1964 年東京五輪でも民泊　おもてなしの心で歓迎」『毎日新聞』2019 年 11 月 15 日. https://mainichi.jp/articles/20191113/k00/00m/050/108000c

シェアリングエコノミー協会 (2016)「日本初!湯沢市、千葉市、浜松市、島原市、多久市がシェアリングシティ宣言～シェアリングエコノミーの「共助」の力で地域の課題解決を推進、地域創生へ～」2016 年 11 月 24 日. https://prtimes.jp/main/html/rd/p/000000001.000022734.html

シェアリングエコノミー協会 (c. 2018)「シェアリングシティ認定制度のご紹介」一般社団法人シェアリングエコノミー協会. https://sharing-economy.jp/ja/wp-content/uploads/sites/2/2018/06/sharingcity201806.pdf

柴田弘捷 (2020)「『働き方改革』とフリーランス的働き方の変容」『専修人間科学論集 社会学篇』10(2), 43-64.

清水秀行 (2023)「ライドシェアにかかわる『デジタル行財政改革中間とりまとめ』に対する談話」『連合ホームページ』2023 年 12 月 28 日. https://www.jtuc-rengo.or.jp/news/article_detail.php?id=1283

消費者庁 (2018)「共創社会の歩き方　シェアリングエコノミー」消費者庁. https://www.caa.go.jp/notice/assets/5bdcc83477e2afcadfe26c2e490f42f2_1.pdf

総務省（2017）『平成 29 年版情報通信白書』日経印刷.

総務省 (2018)『平成 30 年版情報通信白書』日経印刷株式会社.

Sochor, Jana, Arby, Hans, Karlsson, I.C. MariAnne, and Sarasini,Steven (2017) "A Topological Approach to Mobility as a Service: A Proposed Tool for Understanding Requirements and Effects, and for Aiding the Integration of Societal Goals," *1st International Conference on Mobility as a Service (ICOMaaS)*, Tampere, Finland, November 28-29, 2017.

Stone, Brad (2017) *The Upstarts: Uber, Airbnb, and the Battle for the New Silicon Valley*, Back Bay Books. =(2018) 井口耕二『UPSTARTS: Uber と Airbnb はケタ違いの成功をこう手に入れた』日経 BP 社.

Sundararajan, Arun (2016) *The Sharing Economy: The End of Employment and the Rise of Crowd-Based Capitalism*, MIT Press. =(2016) 門脇弘典訳『シェアリングエコノミー：Airbnb、Uber に続くユーザー主導の新ビジネスの全貌』.

運輸省 (1997)『平成 9 年度 運輸白書』大蔵省印刷局.

Weitzman, Martin L. (1984) *The Share Economy : Conquering Stagflation*, Harvard University Press. =(1985) 林敏彦訳『シェア・エコノミー：スタグフレーションを克服する』岩波書店.

山本陽大（2021）「クラウドワーカーは「労働者」か?―連邦労働裁判所 2020 年 12 月 1 日判決」『JILPT リサーチアイ』(61), 2021 年 5 月 7 日. https://www.jil.go.jp/researcheye/bn/061_210507.html

横田増生 (2022)『潜入ルポ　アマゾン帝国の闇』小学館.

※参考文献も含め、URL はすべて 2025 年 3 月 9 日閲覧。

3-2 IT戦略の系譜と政府のDX

History of the Japanese government's IT strategy and DX

前川　徹

1　デジタル敗戦

　2020年、新型コロナウイルス感染症の感染拡大を受けて、政府はさまざまな対策を実施したが、その中で日本はデジタル化に対応できていないことが明らかになった。平井卓也デジタル改革担当大臣（当時）は、IT（Information Technology：情報技術）系専門誌のインタビューで「良質な通信インフラも過去のIT戦略も役に立たなかった。『敗戦』以外の何物でもない」（浅川2020）と答えたことから、このデジタル化の遅れは「デジタル敗戦」と呼ばれることになった。「敗戦」の原因はどこにあるのだろうか。政府は、2001年の〈e-Japan戦略〉から2021年までの20年間に8つのIT戦略を発表している（表1）が、これらのIT戦略はなぜ役にたたなかったのだろうか。

　本章は、政府のDX（Digital Transformation）をテーマとして、① e-Japan戦略の時代（2001年〜2006年）② IT新改革戦略の時代（2006年〜2013年）③ 世界最先端IT国家創造宣言の時代（2013年〜2020年）の3期に分けて〈役に立たなかった〉IT戦略の系譜をたどるとともに、電子政府構築の取組みとその評価、世界のデジタル先進国との比較、今後の課題と展望について述べる。

2　電子政府の構築と政府のDX

　政府における情報技術（IT）の利用は1960年前後の大型電子計算機導入には

表 1 日本の IT 戦略の系譜

名将(年月日)	概要
e-Japan 戦略 (2001.1.22)	超高速ネットワークインフラ整備および競争政策、電子商取引の普及、電子政府の実現、人材育成の強化によって「5年以内に世界最先端の IT 国家となること」をめざす
e-Japan 戦略Ⅱ (2003.7.2)	IT 戦略第 2 期として、IT 利活用による「元気・安心・感動・便利」社会をめざす
IT 新改革戦略 (2006.1.19)	「いつでも、どこでも、何でも、誰でも」使えるネットワーク社会の実現によって最先端の IT 国家であり続け、国民の視点に立って生活を向上・改革し続けることをめざす
i-Japan 戦略 2015 (2009.7.6)	基盤整備は進んだが、多くの国民がその成果を実感するまでにはいたっていないと評価。誰でもデジタル技術の恩恵を実感できることを重視
新たな情報通信技術戦略 (2010.5.11)	民主党政権による IT 戦略。1. 国民本位の電子行政の実現、2. 地域の絆の再生、3. 新市場の創出と国際展開が3本柱
世界最先端 IT 国家創造宣言 (2013.6.14)	世界最高水準の IT 利活用社会の実現と成果の国際展開が目標。IT 戦略として初めて閣議決定。
世界最先端IT国家創造宣言・官民データ活用推進基本計画 (2017.5.30)	「データ」がヒトを豊かにする社会の実現を目指す。8つの重点分野の最初が「電子行政」。デジタルファースト、コネクテッド・ワンストップ、ワンスオンリーの実現を宣言。
デジタル社会の実現に向けた重点計画 (2021.12.24)	目指すデジタル社会を「デジタルの活用により、一人ひとりのニーズに合ったサービスを選ぶことができ、多様な幸せが実現できる社会」とし、「誰一人取り残されないデジタル社会の実現」を理念として掲げている。

出典：公表されている資料から筆者作成

じまった。[*1]電子政府構築の取組みが開始されたのは、1994 年 12 月 25 日に閣議決定された「行政情報化推進基本計画」以降であり、「電子政府」という用語が政府の公式文書に使用されたのは 1997 年 12 月の同計画の改訂版であった。[*2]

1990 年代後半、インターネットの利用が急拡大する中、IT による産業構造・社会構造の変革（IT 革命）に対して日本も戦略的に取り組むべきだという議論が高まり、2000 年 7 月、内閣に情報通信技術戦略本部（IT 戦略本部）と IT 戦略会議が設置された。さらに、同年 9 月に森喜朗首相は第 150 回国会の所信表明演説で「日本新生の最も重要な柱は IT 戦略」だと述べ、「高度情報通信ネットワーク社会形成基本法（IT 基本法）案」の提出を表明した。[*3]

* 1 　1959 年に気象庁が IBM704 を、1961 年に総理府統計局が IBM705 を導入している。
* 2 　荒井（2013）p.156
* 3 　第 150 回国会衆議院会議録第 1 号 平成 12 年 9 月 21 日

2000年11月29日に成立したIT基本法に基づき、2001年1月、内閣に高度情報通信ネットワーク社会推進戦略本部（IT戦略本部）が設置され[*4]、その第1回会合においてわが国最初のIT戦略である「e-Japan戦略」が決定された。

IT基本法が成立する2日前発表されたIT基本戦略では、電子政府を「行政内部や行政と国民・事業者との間で書類ベース、対面ベースで行われている業務をオンライン化し、情報ネットワークを通じて省庁横断的、国・地方一体的に情報を瞬時に共有・活用する新たな行政を実現するもの」と定義し、「その実現にあたっては、……業務改革、省庁横断的な類似業務・事業の整理及び制度・法令の見直し等を実施し、行政の簡素化・効率化、国民・事業者の負担の軽減を実現することが必要」（IT戦略会議 2000:8-9）だとしている。電子政府の構築は、業務改革や法制度の見直しを前提としている点から見て、デジタル化ではなく、政府のデジタル・トランスフォーメーション（DX）だと理解してよいだろう[*5]。

3 IT戦略の系譜

3-1 e-Japan戦略の時代

2001年に発表されたe-Japan戦略は、「すべての国民が情報通信技術（IT）を積極的に活用し、かつその恩恵を最大限に享受できる知識創発型社会の実現に向けて、既存の制度、慣行、権益にしばられず、早急に革命的かつ現実的な対応を」行うことが必要だとし、①情報通信インフラの整備、②電子商取引ルールの整備、③電子政府の実現、④人材育成等によって「我が国が5年以内に世界最先端のIT国家となることを目指す」ものであった。（高度情報通信ネットワーク社会推進戦略本部 2001:1）

詳細は後述するが、ネットワークインフラ整備の目標は十分達成されたものの、その利活用が十分に進まなかったため、IT戦略本部は2003年7月にITの利活用に重点を置いた「e-Japan戦略Ⅱ」を策定することになった。

このe-Japan戦略Ⅱは、IT戦略第2期として、IT利活用による「元気・安心・感動・便利」社会を目指すものと位置付けられている。第1期で構築されたIT基

---

* 4　これにともない2000年7月に内閣に設置されたIT戦略本部とIT戦略会議は廃止された。
* 5　デジタル化とDXの違いについては序説を参照されたい。

盤を活かし、民を主役に官が支援する先導的分野として、医療、食、生活、中小企業金融、知、就労・労働、行政サービスの7分野が選ばれた。

この時期のIT戦略は、その実現可能性を十分検討することなく高い目標を掲げている。

3-2 IT新改革戦略の時代

2005年12月にIT戦略本部評価専門調査会から公表されたe-Japan戦略、e-Japan戦略Ⅱに関する最終評価報告書は、世界最先端といえるブロードバンドネットワーク整備が実現したと評価する一方、電子政府については、国民の多くが効率的で質の高い行政サービスを受けていると感じていない状況であると述べ、一部の先進事例はあるものの、利用者による利便性の実感やITを利活用した国民参画の拡大が課題だと指摘している。

この評価を受けて、2006年1月に政府は「いつでも、どこでも、誰でもITの恩恵を実感できる社会の実現」という副題をつけた「IT新改革戦略」を発表した。

このIT新改革戦略では、行政サービスや、医療、教育分野等でのIT利用・活用が十分に進んでいないと指摘し、「ITによる社会課題の解決」「ユビキタスネットワーク社会に向けた基盤整備」「国際貢献」を重点項目として挙げている。

電子政府関連の政策については、ITによる社会課題の解決の政策群のひとつとして、「世界一便利で効率的な電子行政」を実現するという目標を立て、それを具体化した「電子政府推進計画」を2006年8月に公表している。しかし、2006年9月に発足した第1次安倍晋三内閣以降はIT政策への関心が低くなり、電子政府推進計画は2007年8月と2008年12月に改定されているものの、目立った成果は生まれなかった。[*6]

2009年5月、政府はリーマンショックによる景気後退に対処するため「デジタル新時代に向けた新たな戦略～三か年緊急プラン～」を策定し、同年7月、2015年に向けた新たな中長期戦略として「i-Japan戦略2015」を発表した。

i-Japan戦略2015では、情報通信基盤整備は進んだものの、国民の多くがそ

---

* 6　2006年9月にはじまる第1次安倍内閣から2012年12月に終わった野田内閣まで、首相官邸から発表される内閣閣僚名簿には「情報通信技術（IT）政策担当」の閣僚名はなく、形式的にはIT担当大臣は不在であった。

の成果を実感するまでにはいたっていない、過去の戦略が技術優先指向になっており、サービス供給側の論理に陥っていたと総括し、「デジタル技術が『空気』や『水』のように受け入れられ、経済社会全体を包摂」し、「暮らしの豊かさや、人と人とのつながりを実感できる社会を実現」するというビジョンを掲げている。(高度情報通信ネットワーク社会推進戦略本部 2009:2)

　この戦略の重点分野のひとつである電子政府・電子自治体分野では明確で客観的な評価基準の設定、PDCA サイクルの制度化、電子政府推進の体制強化、電子政府・電子自治体を推進するための法制度の整備、年金記録等の情報入手や管理ができる「国民電子私書箱(仮称)」の設置、国民に便利なワンストップサービスの提供、「行政の見える化」の推進などが目標となっている。

　ただ、この戦略が実行されることはなかった。理由は、この戦略が発表された翌月に実施された第 45 回衆議院議員選挙で自由民主党が敗北し、民主党を中心とした政権が誕生したからである。新政権は、2010 年 5 月に「新たな情報通信戦略」を発表した。この戦略は、「国民本位の電子行政の実現」「地域の絆の再生」「新市場の創出と国際展開」が 3 本柱であり、電子行政の実現には、業務の見直しを行い電子行政推進の基本方針を策定すること、政府 CIO (Chief Information Officer：情報統括役員) 等推進体制を整備すること、2013 年までに国民 ID (identification：識別番号) 制度を導入し、民間 ID との連携可能性を検討すること、地方自治体に関してはクラウド・コンピューティングの利用を進めること、行政が保有する情報を 2 次利用可能な形で公開することなどが目標となっている。

　しかし、2011 年 3 月に東日本大震災が発生したこともあり、2012 年 8 月に政府情報化統括責任者(政府 CIO)[*7]が任命されるなど政府全体の情報推進体制は整備されたものの、政府の IT 戦略の推進は停滞することになった。

　この時代は、過去の反省に基づき、3 つの新しい IT 戦略が策定されたものの、IT 政策への関心の低下、リーマンショック、政権交代、東日本大震災などの影響で、電子政府構築についてはあまり進展がなかった時代だと総括できる。

---

　*7　政府 CIO が法的に位置付けられたのは政府 CIO 法（正式には「内閣法等の一部を改正する法律」）が成立した 2013 年 5 月であり、名称は「内閣情報通信政策監」と改められた。

3-3. 世界最先端 IT 国家創造宣言の時代

2012 年 12 月、第 46 回衆議院議員総選挙で自由民主党が勝利し、第二次安倍政権が発足した。安倍晋三首相は「大胆な金融政策」「機動的な財政出動」「民間投資を喚起する成長戦略」を三本の矢とする「アベノミクス」と呼ばれる施策を発表した。この成長戦略の柱のひとつとして IT が位置付けられており、2013 年 6 月には「世界最先端 IT 国家創造宣言」が閣議決定された[8]。

この宣言は 2014 年 6 月、2015 年 6 月、2016 年 5 月に 3 度改定され、さらに「世界最先端 IT 国家創造宣言・官民データ活用推進基本計画」（2017 年 5 月閣議決定）に引き継がれ、さらに 2018 年 6 月には「世界最先端デジタル国家創造宣言・官民データ活用推進基本計画」に改訂されることになる。

2013 年の宣言には、政府 CIO を司令塔として省庁の縦割りを打破して政府全体を「横串」で通す必要があること、政府自身が自己変革を進めて障害となる組織の壁や制度、ルールを打破する必要があることが指摘されている。

電子政府関連では「公共サービスがワンストップで誰でもどこでもいつでも受けられる社会」の実現を目指し、① 利便性の高い電子行政サービスの提供、② 国・地方を通じた行政情報システムの改革、③ 政府における IT ガバナンスの強化が盛り込まれた。（高度情報通信ネットワーク社会推進戦略本部 2013:18-19）

4　電子政府構築の取組みとその評価

4-1 IT 基盤整備

e-Japan 戦略の IT 基盤整備に関する目標は、少なくとも高速インターネットアクセス（接続）網に 3000 万世帯、超高速インターネットアクセス網に 1000 万世帯が常時接続可能な環境を整備することであった。平成 15 年版情報通信白書によれば、2002 年 10 月時点における高速インターネットアクセス網への加入可能世帯数は、DSL（Digital Subscriber Line:デジタル加入回線）で約 3500 万世帯、ケーブルインターネットで約 2300 万世帯、超高速インターネットアクセス網である FTTH（Fiber to the Home：光回線サービス）への加入可能世帯数は約 1600 万世帯

---

* 8　IT 戦略が閣議決定されたのはこれが最初で、これ以降の IT 戦略はすべて閣議決定になっている。

に達しており、この目標は達成されている。

　また、電子政府のためのIT基盤整備という面では、地方自治体を相互に接続する総合行政ネットワーク（LGWAN：Local Government Wide Area Network）が2001年10月に運用を開始し、2002年4月にはLGWANと霞が関WAN[*9]（政府共通ネットワーク）との相互接続が実現された。また2002年8月には住民基本台帳ネットワークシステムが第1次稼働、2002年12月には「行政手続等における情報通信の技術の利用に関する法律」が成立し、2003年8月には住民基本台帳カード（住基カード）の交付が開始された。

4-2 行政手続きのオンライン化

　行政手続きのオンライン化は、何度もIT戦略に取り上げられている。たとえば、e-Japan戦略では、2003年までに国が提供するすべての行政手続きをインターネット経由で可能とすることが目標とされた。この目標に向けて、各省庁は情報システムの開発を進め、2003年度末には96%の手続きがオンライン化された。しかし、本来の目的を忘れてオンライン化することを目的としたため、使い勝手の悪さから、利用率がまったく伸びなかった。加えて、すべての手続きをオンライン化することを目標にしたため、利用実績がほとんどない手続きについてもオンライン化を行い、その結果、費用対効果がきわめて低いシステムを多数構築してしまった。[*10]

　また、e-Japan戦略Ⅱに基づく電子政府構築計画に盛り込まれた2005年度末までに「行政手続等についてワンストップで（インターネット上の一つの窓口で）適切な行政サービスを受けることを可能にする」[*11]という目標も実現していない。

　さらにIT新改革戦略では2010年度までにオンライン申請率50%という目標を立てたものの、これも未達に終わった。ちなみに、2020年における法人・個人の、国の行政機関等に対する手続きのオンライン利用率は46%、地方自治体に対する手続きのオンライン利用率は34%である。[*12]

＊9　総務省『平成15年版 情報通信白書』p.7
＊10　IT戦略本部評価専門調査会「評価専門調査会 報告書——先端から先導へ」2005.12、pp.15-21および総務省『平成23年度 情報通信白書』p.312
＊11　内閣官房（2003）p.2
＊12　「オンライン利用率の現状とこれまでの取組の振り返り」令和2年3月17日、内閣府 規制改革推進室、https://www8.cao.go.jp/kisei-kaikaku/kisei/meeting/wg/digital/2

i-Japan 戦略 2015 では、2015 年までに自宅やコンビニ等において 24 時間、必要な証明書等が手に入るようにするという目標を立てたが、2010 年 2 月からはじまった「コンビニ交付サービス」への参加自治体数は 2022 年 8 月時点で 949 市区町村であり、週 7 日 24 時間のワンストップサービスは実現していない。

4-3 国民電子私書箱（マイナポータル）

　国民の利便性の飛躍的向上、行政事務の簡素効率化・標準化、行政の見える化を目的とした「国民電子私書箱（仮称）」構想が、IT 戦略に最初に盛り込まれたのは i-Japan 戦略 2015 である。

　しかし、「マイナポータル」と名付けられた国民電子私書箱の運用がはじまったのは 2017 年であり、マイナポータルの利用登録者数は、2021 年 2 月 8 日時点で 403 万件（全人口の 3.2%）にすぎなかった[13]。さらに 2017 年から 2021 年 1 月までにマイナポータルにログインした登録者は 203 万人であり、2015 年までに国民電子私書箱を普及・定着させて事務コストを3割削減させるという目標は未達となった。

4-4 国民 ID 制度

　国民 ID 制度に初めて言及したのは、民主党政権下で策定された「新たな情報通信技術戦略」であった。「社会保障・税の共通番号の検討と整合性を図りつつ、個人情報保護を確保し府省・地方自治体のデータ連携を可能とする電子行政の共通基盤として、2013 年までに国民 ID 制度を導入する」（高度情報通信ネットワーク社会推進戦略本部 2010:4）と目標を定めた。

　2011 年 1 月に、内閣に番号制度創設推進本部が設置され、同年 6 月に公募によって「番号」の名称が「マイナンバー」と決定された[14]。

　2012 年には野田佳彦内閣が第 180 回国会に番号制度関連 3 法案を提出したものの、同年 11 月の衆議院解散によって廃案になった。番号制度の検討は第 2 次安倍内閣に引き継がれ、番号制度関連 4 法案が第 183 回国会に提出され、

0200317/200317digital02.pdf

* 13　2021 年 2 月 12 日の衆議院予算委員会における平井卓也国務大臣の答弁による。
* 14　「社会保障・税に関わる番号制度における「番号」の名称の決定について」番号制度創設推進本部、平成 23 年 6 月 30 日

2013年5月に「行政手続における特定の個人を識別するための番号の利用等に関する法律」(番号法あるいはマイナンバー法)が成立し、2015年10月に施行されることとなった。国民ID制度は、予定より2年ほど遅れることになったが、公平・公正な社会の実現と行政の効率化、国民の利便性の向上のための社会基盤として導入されることとなった。

4-5 公的個人認証サービス

オンラインでの本人確認には、一般的にID・パスワード、ワンタイムパスワード、二経路認証アプリ、公開鍵暗号基盤(PKI:Public Key Infrastructure)[15]などが用いられる。行政手続きでは、納税(e-TAX)や法人登記、年金関連の各種届出など厳密な本人確認が求められることが多いため、PKIを用いた本人確認の仕組みとして公的個人認証サービス(JPKI)が開発され、2004年1月からサービスが提供された[16]。このJPKI用の電子証明書と署名に用いる秘密鍵は、住基カードやマイナンバーカード内の耐タンパー性ICチップ[17]に格納されている。JPKIは2017年に始まったマイナポータルでも利用されている。

したがって住基カードやマイナンバーカードの普及が、オンラインの行政手続きやマイナポータルの利用拡大の大前提である。しかし、2003年8月に交付が開始された住基カードの有効公布枚数は、2015年12月時点で717万枚(累計発行枚数は960万枚)、住民基本台帳ベースの人口比で5.6%であった[18]。また、2016年1月から交付が始まったマイナンバーカードは、その普及促進とキャッシュレス決済の普及を目的としたマイナポイント事業が2020年9月から実施されたこともあり、2023年3月末時点で交付枚数が8440万枚(普及率は67%)に達した[19]。しかし、

---

* 15 Public Key Infrastructure、公開鍵暗号方式の公開鍵とその持ち主の対応関係を保証する仕組み
* 16 「電子署名に係る地方公共団体の認証業務に関する法律(公的個人認証法)」(2002年法153号) 34条に基づき、都道府県が総務大臣の指定する者((財)地方自治情報センター、後の地方公共団体情報システム機構)に委任している。
* 17 外部から不当に解析、読み取り、改変がされない仕組みをもつICチップ
* 18 総務省資料「住民基本台帳カードの交付状況」
(https://www.soumu.go.jp/main_content/000200394.pdf)
* 19 総務省資料「マイナンバーカードの市区町村別交付枚数等について(令和5年3月末点)」(https://www.soumu.go.jp/main_content/000886248.pdf)

「2023年3月末までにほぼ全国民に行き渡らせる」という政府目標は達成できなかった。[20]

4-6 業務システムの見直し

　e-Japan戦略Ⅱおよび2003年7月CIO連絡会議決定の電子政府構築計画には、2005年度末までのできるかぎり早期に各業務システムの最適化計画を策定し、各府省共通業務・類似業務における共通システムの利用や業務システムの一元化・集中化を進めることが盛り込まれた。また、2006年8月にCIO連絡会議が決定した電子政府推進計画には、2010年度までに政府全体で業務システムの共通化、集中化、共同利用化等の更なる最適化を推進すると記述されている。しかし、これらの目標も十分達成されたとはいいがたい。

　2004年2月に計画決定された人事給与等業務を皮切りに、これまで19の分野を対象とした16の最適化計画が策定され、7府省が担当府省として業務システムの開発に着手した。しかし、いくつかのシステムの開発は遅延した。たとえば人事院・総務省が担当した人事・給与システムは当初2007年度に全府省が運用開始する予定であったが、2006年に完成したシステムは使い物にならないと酷評され、数回の改修を経て、全省庁が共通システムへの移行を完了したのは2016年度末であった。[21] 他にも総務省が担当した調達業務システム、経済産業省が担当した旅費、謝金・諸手当および物品管理業務システムなどの開発も大幅に遅延した。

　世界最先端IT国家創造宣言では、過去のIT戦略について、IT利活用を強調しつつも、利用者ニーズを十分把握せず、組織を超えた業務改革を行わなかったことで、ITの利便性や効率性が発揮できなかったと総括し、重複システムの排除やネットワークの統廃合、政府共通プラットフォーム（政府共通PF）への移行などの改革を推進し、2018年度までに情報システム数（2012年度：1485）を半数近くまで削減するとともに、2021年度を目途に原則すべての政府情報システムをクラウド化して運用コストを圧縮するという具体的な目標を立てた。

　政府CIOポータルの「IT投資における無駄の削減」によれば、2018年度末までに787システムが削減され（削減率は53%）、情報システムの運用経費は2018

＊20　令和3年6月18日閣議決定「デジタル社会の実現に向けた重点計画」
＊21　小畑（2013）および日経コンピュータ（2021）pp.92-95

年度末までに 21%、2021 年度には 29% の削減を達成した。また、会計検査院の調査によれば、2021 年度末で 61.4%のシステムが政府共通 PF 以外で運用されているとみられる。[22]

5 「デジタル敗戦」とデジタル庁の設置

5-1「デジタル敗戦」

　本章の冒頭で述べたように、新型コロナウイルス対策を実施するなかで、日本はデジタル化に対応できていないことが明らかになり、「デジタル敗戦」と呼ばれることになった。以下は、コロナ禍のなかで起きた「デジタル敗戦」を象徴する事件である。

　厚生労働省は感染者情報を管理するシステム「HER-SYS（ハーシス）」を1か月強で開発し 2020 年 5 月に稼動させたが、機能が不十分で使い勝手が悪かったため、保健所は感染者の発生届を手書きしてファックスで報告するという作業を続けた。厚生労働省は改修を続け、HER-SYS を利用する保健所を徐々に増やしていったが、全国および都道府県別の感染者数の週次集計が HER-SYS に切り替えられたのは 2021 年 4 月であった。

　政府が普及に力を注いだ接触確認アプリ「COCOA（ココア）」は、6 月 19 日から1か月間が試行期間と位置付けられていたが、その施行期間をすぎてもいくつものバグが発見された。なかでも9月28日にリリースされたAndroid版には接触があっても検知・通知が行われないというバグは、4 か月以上改修されないまま放置されてしまった。また、COCOA のダウンロード数は 2022 年 3 月末時点で 3469 万に達しているものの、陽性登録件数は 75 万 6572 件とアプリが公開されてからの陽性者数（約 630 万人）の 12% 程度でしかない。[23] 接触確認アプリは人口の 6 割以上が使うことで効果が出るといわれていることを考えると、COCOA の普及率はあまりにも低かった。

＊22　会計検査院の随時報告「政府の情報システムを統合・集約等するための政府共通プラットフォームの整備及び運用の状況について」平成 28 年 9 月、(https://report.jbaudit.go.jp/org/h28/ZUIJI2/2016-h28-Z2017-0.htm#2017_3_1)

＊23　陽性者数は厚生労働省の Web サイトのデータを筆者が集計したもの (https://www.mhlw.go.jp/stf/seisakunitsuite/bunya/cocoa_00138.html)

5-2 デジタル庁の設置

2020年9月に発足した菅義偉内閣は、デジタル社会の実現を最重要政策とした。政府は同年12月、高度情報通信ネットワーク社会形成基本法（IT基本法）の見直しとデジタル庁設置を内容とする「デジタル社会の実現に向けた改革の基本方針」を発表した。翌年5月に「デジタル社会形成基本法」（令和3年法律35号）を含むデジタル改革関連6法が成立し、9月1日にデジタル庁が設置された。[*24] デジタル庁の発足にともないIT総合戦略室は廃止され、IT総合戦略会議の代わりに「デジタル社会推進会議」が、政府CIOの代わりにデジタル監が設置された。

2021年12月には、「デジタル社会形成基本法」に基づく「デジタル社会の実現に向けた重点計画」が「情報システム整備計画」「官民データ活用推進基本計画」とともに閣議決定された。

この重点計画は、「誰一人取り残されないデジタル社会の実現」を理念として掲げ、電子政府関連では、マイナンバー制度の利活用の推進、マイナンバーカードの普及および利用の推進、ワンストップサービスの推進などが、準公共分野のデジタル化の推進として、健康・医療・介護／教育（校務のデジタル化／教育データ利活用）／防災／こども／モビリティ／取引の各分野のデジタル化推進が盛り込まれている。また、この重点計画には、デジタル庁のみならず各省庁の取組みも含め工程表などスケジュールも付属していた。

6　世界のデジタル先進国との比較

6-1 国連の世界電子政府ランキング

日本の電子政府構築の取組みは、他国と比べて遅れているのだろうか。国際連合の経済社会局は隔年で「世界電子政府ランキング」を公表している。これによると、2010年以降の日本の順位は17位、18位、6位、11位、10位、14位と推移している。順位を決めている電子政府発展度指標（EGDI：E-Government Development Index）をみると、日本は、2010年の0.7152から2020年の0.8989まで多少の上下動はあるものの、大きく上昇している。つまり、日本の電子政府構築は進んでいるものの、他の国もEGDIを上げており、世界のデジタル先進国に

---

* 24　デジタル庁の発足にともない、IT総合戦略本部、IT総合戦略室、政府CIOは廃止された。

3-2　IT戦略の系譜と政府のDX

追いつくにはいたっていないと考えるのが妥当ではないだろうか。

6-2 世界のデジタル先進国の状況

　表2は国連の電子政府ランキングのトップ10のリストであるが、2020年の上位国と日本を比較するといくつか大きく異なる点がある。

表2 世界の電子政府ランキングの推移

順位	2010年	2012年	2014年	2016年	2018年	2020年
1	韓国	韓国	韓国	英国	デンマーク	デンマーク
2	米国	オランダ	オーストラリア	オーストラリア	オーストラリア	韓国
3	カナダ	英国	シンガポール	韓国	韓国	エストニア
4	英国	デンマーク	フランス	シンガポール	英国	フィンランド
5	オランダ	米国	オランダ	フィンランド	スウェーデン	オーストラリア
6	ノルウェー	フランス	日本	スウェーデン	フィンランド	スウェーデン
7	デンマーク	スウェーデン	米国	オランダ	シンガポール	英国
8	オーストラリア	ノルウェー	英国	ニュージーランド	ニュージーランド	ニュージーランド
9	スペイン	フィンランド	ニュージーランド	デンマーク	フランス	米国
10	フランス	シンガポール	フィンランド	フランス	日本	オランダ

出典：日経クロステック「電子政府ランキングで日本は14位に後退、トップ3はデンマーク・韓国・エストニア」2020年7月13日（https://xtech.nikkei.com/atcl/nxt/news/18/08340/）

　エストニアでは個人番号が公開されており、日本のマイナンバーカードに相当するeIDカード（Estonian ID card）は、発行から約6年で保有率50%超を達成している[25]。また、官民の各種データベースが相互接続されており、年金確認、納税手続き、法人登記、銀行口座へのアクセス、水道光熱費の支払い、薬の処方、契約への署名などがオンラインで可能になっているほか、いつ誰が何のために自分のデータにアクセスしたかを確認する機能も備わっている[26]。

　韓国でも、市民生活に必要な手続きをすべて1か所で完結できるポータルサイトが構築されており、いつでも土地台帳や予防接種履歴の確認、所得や納税の証

---

* [25]　eIDカードの保有率が高まったのは、ある金額以上を送金する場合eIDカードによる認証を義務化したからだといわれている。
* [26]　GLOCOM六本木会議事務局「デジタル・ガバメントシリーズ開催報告」2022年4月27日、pp.3-7。

明書の入手が可能である。また、中央政府と自治体、金融機関、教育機関がネットワークで接続されており、住民票などの各種証明書発行が不要な仕組みを構築している。さらに金融資産や不動産の所有者のすべてを実名化するとともに現金領収書制度によってすべての取引を透明化し、公正な課税を実現している[27]。

　デンマークでは1968年に、主として徴税を確実に行うため、個人番号が導入され、2010年には個人認証・電子署名の仕組みも導入された。その後、市民ポータル、ヘルスケア・ポータルなどが順次整備されている。2014年には日本のマイナポータルに相当する「デジタルポスト」が構築され、政府からの通知における利用が義務化された[28]。デンマーク政府は5年ごとに戦略を作り、極めて現実的な目標を立てて、着実に電子政府の構築を進めてきている。実現できない目標を盛り込んだIT戦略や電子政府構築計画を繰り返し策定している日本とは雲泥の差がある。

7　デジタル敗戦の原因と今後の課題

7-1 デジタル敗戦の原因

　前述のとおり、2020年から21年にかけて流行語となった〈デジタル敗戦〉は、新型コロナ対策における情報システム絡みの失敗を指すのではなく、この約20年間の電子政府構築における失態を指している。平井デジタル改革担当大臣は、敗戦の原因を「供給側が発想したデジタル化であり、国民起点でデジタル化を考えていなかった」ことにあると答えている（日経コンピュータ 2021:13）。しかし2003年7月の「電子政府構築計画」には「利用者本位の行政サービスの提供」「利用者視点に立ったシステム整備、サービスの改善」がうたわれており、その後の戦略や計画にも〈利用者視点〉〈利用者本位〉の原則は何度も強調されている[29]。谷口・高（2020）が指摘するように、〈利用者本位とは何か〉が的確に理解されておらず、掛け声だけで〈利用者本位〉のシステム作りを徹底できなかったことは明らかである。

　デジタル敗戦の原因として、総務省が実施した調査研究において外部有識者は、

---

* 27　注26、GLOCOM 六本木会議事務局 pp.8-13
* 28　同上 pp.14-19
* 29　谷口・高（2020）p.181

以下のような複数の要因を挙げている。[*30]

①　情報化が部門別業務別に進んでおり、IT（総合）戦略本部で横断的にデジタル化を進めようとしたが、内閣官房では調整能力や権限が限定されており、中央省庁の縦割構造、地方自治体の水平方向のフラグメンテーションによって全体最適を実現できなかった。

②　法制度を変えようという意識が欠如しており、「紙と鉛筆」の制度のままでデジタル化してしまった。

③　デジタル化しなくても行政は潰れる心配がないこともあり、行政側に便利にしよう、効率化しようという発想がなかった。

④　情報システムの開発は、ITベンダーに請負契約で丸投げすることが多く、ベンダー側は多重下請構造になっていて、開発したベンダーにしか分からないシステムができてしまった。

⑤　国民が必要とする行政サービスを提供するには、国民一人ひとりの情報を収集して活用することが必要だが、そのような発想がない。個人情報漏洩リスクを強調しすぎるマスメディアにも問題がある。

7-2 今後の課題

　日本の電子政府の構築については〈IT戦略で設定した目標を予定どおりに達成できていない〉〈システムの使い勝手が悪い〉〈IT投資効率が悪い〉など様々な指摘があるものの、デジタル化のための法制度の整備やマイナンバー制度の導入など着実に前進している。また、2016年以降のIT戦略は、それ以前のものと比べてかなり実現性の高いものになっている。2017年のデジタル・ガバメント推進方針に盛り込まれたデジタルファースト、コネクテッド・ワンストップ、ワンスオンリーの3原則に基づいた行政のデジタル化を着実にすすめていけば、世界トップレベルの電子政府の構築が期待できる。

　2021年に設置されたデジタル庁は、デジタル社会形成の司令塔として、デジタル時代の官民のインフラを2025年までに一気呵成に作り上げることを目指し、「デジタル社会の実現に向けた重点計画」に基づいて様々な取り組みを進めている。具

---

*30　三菱総合研究所（2021）pp.67-89 の外部有識者ヒアリング、ヒアリング対象者は、森田朗、関治之、庄司昌彦、須藤修、工藤早苗、長嶺亮、國領二郎（敬称略、掲載順）

体的には、マイナンバー制度やガバメントクラウド、地方公共団体の基幹業務システムの統一・標準化といった共通機能の整備・普及、マイナポータルや教育・医療・介護などの準公共分野のデジタル化を含む国民向けサービスの実現、国等の情報システムの整備および管理、デジタル田園都市国家構想の推進など多岐にわたっている。2023年時点では評価は困難であるが、公表資料をみるとその取組みは着実に進んでいるようにみえる。

　たとえば、法令によって書面や対面、目視、実地監査などを義務付けている規制があるためデジタル化が進まない手続き等がある。これに対して、デジタル臨時行政調査会は2022年6月、約1万の法令を点検し、約4000条項の見直し方針を決定している。

　ただDXが、デジタル技術の利用を前提とした、業務、制度、組織、組織文化の変革であるとすれば、法制度と組織のより大胆な見直しが必要である。

　たとえば戸籍は法定受託事務として地方自治体が管理しているが、デジタル環境では窓口は約1700の地方自治体であっても、国による一括管理が可能で、現状より低コストになることは自明である。同時にマイナンバーを戸籍のインデックスに利用すれば、差別につながるといわれている本籍地をなくすことができる。将来的には韓国のような親族関係だけに絞った「家族関係登録制度」への転換や住民基本台帳との一体化も可能かもしれない。

　マイナンバーをエストニアのように公知にすることは日本人の国民性を考えると難しいが、少なくともマイナンバーの活用範囲を拡大することが必要だろう[31]。個人に関する情報は、住民基本台帳、戸籍、パスポート、運転免許証、年金、健康保険、外国人登録など散在しており、これらをすべてマイナンバーで紐付けできればかなり便利になる。同時に、エストニアやデンマークのように、いつ誰が何の目的で自分のデータにアクセスしたかがわかる仕組みを構築することも必要である。

　また、マイナンバー制度の目的のひとつが、公平・公正な社会の実現にあることを考えれば、韓国のように、不動産を含む資産と取引をすべてマイナンバーにに紐

---

[31] マイナンバー自体は個人を識別するための記号（識別子）であるので、公知となってもそれ自体でプライバシーが侵害されるものではないが、マイナンバーが悉皆性、唯一無二性をもった識別子であるため、マイナンバーを使って個人の情報が収集・整理され、結果的にプライバシーが侵害される可能性が危惧されている。したがって、マイナンバーの利用拡大は、国民の理解を得ながら進める必要がある。

づけることを検討すべきだろう。

【参考文献】

(※ URL への閲覧日は、2024 年 10 月 10 日である)

荒井透雅（2013）「ITガバナンス強化による電子政府の推進――世界最先端IT国家創造宣言における電子政府のガバナンス強化策」立法と調査 2013.9 No.344, 155-166.

浅川直輝, 外薗 祐理子（2020）「菅首相肝煎りのデジタル庁、担当大臣が乗り越えるべき『敗戦』を語る」日経クロステック／日経コンピュータ, 2020 年 10 月 29 日, https://xtech.nikkei.com/atcl/nxt/column/18/01452/102300001/

市川類（2020）「何故、日本の行政手続のデジタル化は遅れているのか 〜海外比較 組織論からの考察」IIR Working paper, WP#20-14.

IT 戦略会議（2000）「IT 基本戦略」.

小畑智大（2013）「府省共通システムの調達における課題」経営情報学会 2013 年春季全国発表大会 H2-4, 2013 年 6 月 30 日, 248-251, https://www.jstage.jst.go.jp/article/jasmin/2013s/0/2013s_248/_pdf/-char/ja

小泉雄介（2017）「諸外国における国民 ID カードと eID の動向」経団連 行政改革推進委員会企画部会 情報通信委員会企画部会 合同会合資料, 2017 年 12 月 21 日.

高度情報通信ネットワーク社会推進戦略本部（2001）「e-Japan 戦略」.

高度情報通信ネットワーク社会推進戦略本部（2003）「e-Japan 戦略Ⅱ」.

高度情報通信ネットワーク社会推進戦略本部（2006）「IT 新改革戦略」.

高度情報通信ネットワーク社会推進戦略本部（2009）「i-Japan 戦略 2015」.

高度情報通信ネットワーク社会推進戦略本部（2010）「新たな情報通信技術戦略」.

高度情報通信ネットワーク社会推進戦略本部（2013）「世界最先端 IT 国家創造宣言」.

高度情報通信ネットワーク社会推進戦略本部（2017）「世界最先端IT国家創造宣言・官民データ活用推進基本計画」.

高度情報通信ネットワーク社会推進戦略本部（2021）「デジタル社会の実現に向けた重点計画」.

神足祐太郎(2015)「日本における情報政策の展開——IT 基本法以降の政府 IT 戦略を中心に」『科学技術に関する調査プロジェクト 調査報告書 情報通信をめぐる諸課題』国立国会図書館 調査及び立法考査局, 2015 年 3 月, 95-118.

三菱総合研究所 (2021)「ポストコロナの経済再生に向けたデジタル活用に関する調査研究の請負報告書」令和 3 年 3 月, https://www.soumu.go.jp/johotsusintokei/linkdata/r03_04_houkoku.pdf

森田勝弘 (2014)「日本の電子政府政策の歩みと問題提起」日本情報経営学会誌 2014 Vol.34, No.4, 90-103.

内閣官房(2003)「電子政府構築計画」.

日経コンピュータ(2021)『なぜデジタル政府は失敗し続けるのか』日経 BP.

谷口洋志, 高鶴(2020)「日本における電子政府の現状と課題」経済学論纂(中央大学) 61 巻1号(2020 年 7 月), 161-184.

3-3 巨大プラットフォーマーと日本企業の競争力
Mega platformers and the competitiveness of Japanese companies

神野　新

1　プラットフォーマーの定義とビジネスモデル

　本章は、Google（グーグル）、Apple（アップル）、Facebook（フェイスブック）、Amazon（アマゾン）（以下、GAFAと総称）に代表されるグローバル規模の大規模プラットフォーム事業者(以下、プラットフォーマー)および、日本の対抗的なプラットフォーマーの活動を俯瞰する。そして、彼ら、とりわけGAFAの市場支配力の増大と日米欧の政策規制の対応を整理する。そのうえで、プラットフォーマーの台頭が日本企業に与えた競争上の影響について考察する。
　川濱・武田（2017）は「プラットフォームとは二つ以上の異なった製品・サービスを二つの異なった顧客グループに供給しており、双方の顧客グループの需要が相互に影響しあう関係にある事業者である（一部筆者要約）」と定義している。
　2000年代後半から、情報通信産業ではオンラインで高度化されたプラットフォーム機能に注目が集まるようになった。情報通信白書（平成24年版）は、2009年（平成21年版）より、同白書が情報通信産業を「コンテンツ・アプリケーション」、「プラットフォーム」、「ネットワーク」、「端末」の4つのレイヤー（階層）に分類してきたと説明している。そして、プラットフォーム・レイヤーを「ユーザー認証、機器（端末）認証、コンテンツ認証などの各種認証機能、課金機能、著作権管理機能、サービス品質管理機能などを提供するレイヤー」と定義している。このレイヤーを基盤としてビジ

＊1　Facebookは2021年10月、社名を「Meta Platforms（メタ・プラットフォームズ）」に変更したが、本章では読者に馴染みの深い旧名で表記する。

ネスを展開する事業者が、プラットフォーマー（接尾語の er で擬人化）である。ただし、上記の川濱・武田（2017）が「プラットフォーム」を「事業者」と表現しているように、プラットフォームがプラットフォーマーと同義で使われることも多い。日本のプラットフォーマーという用法は国際的には例外的であるが、次段落における経済産業省などの例のように、日本の中央省庁では一般的に使用されている。

　オンライン・プラットフォーマーのビジネスモデルは多様であり、学問的に一括した扱いが難しい。経産省、公正取引委員会（以下、公取委）、総務省が連名で 2018 年 12 月 12 日に発表した「デジタル・プラットフォーマーを巡る取引環境整備に関する中間論点整理」では、「デジタル・プラットフォーマーには、様々な業態や類型のものが含まれ、必ずしも確立した定義はない」と述べている。その認識は世界的にも共通しており、シカゴ大学が 2019 年に発表したデジタル・プラットフォームに関する報告書（Univ.Chicago,2019）も「デジタル・プラットフォームという用語には一貫した定義がない。さまざまな企業がさまざまな環境のプラットフォームとして特徴付けられる」と述べている。

　上述の通り、総務省はプラットフォームを情報通信産業のひとつの構成要素（レイヤー）としたが、彼らを公式の産業分類の中で明確に位置づけることは難しい。情報通信白書（令和 4 年版）によれば、日本の情報通信産業は図表 1 の 9 種類の事業領域から構成されるが、プラットフォーマーがどの事業のどれほどの金額に対応するのか、正確な推測は困難である。規制面においても、プラットフォーマーは固有の事前規制で縛られることが少なかったこともあり、売上高など代表的な財務諸表数値以上のデータを公表する義務はない。そもそも、外資系プラットフォーマーの日本法人は上場企業ではないケースが多く、全世界規模のグループ経営の組換え、M&A（合併買収）、税務対策などの影響を大きく受けるので、日本の統計類との継続的な比較が簡単ではない。

3-3 巨大プラットフォーマーと日本企業の競争力

図表1　日本の情報通信産業の構造——その分類と規模（2020年度）

レイヤー	事業領域の分類（9種類）(注)	主な内訳	名目国内生産額（億円）
コンテンツ・アプリケーション	映像・音声・文字情報制作業	ビデオ、新聞、出版	5兆8000
コンテンツ・アプリケーション	情報通信関連サービス業	広告、印刷、映画	13兆7000
コンテンツ・アプリケーション	情報サービス業	ソフトウェア、情報処理・提供	20兆8000
プラットフォーム	インターネット附随サービス業	ウェブ検索、ブログ、SNS、電子商取引	4兆5000
ネットワーク	通信業	固定電気通信、移動電気通信	17兆7000
ネットワーク	放送業	公共、民間、有線放送	4兆5000
ネットワーク	情報通信関連建設業	電柱、電線などの通信建設工事	2000
レイヤー共通	情報通信関連製造業	ハードウェア（機器製造）	18兆5000
〃	研究	技術開発（R&D）	19兆
以上、情報通信産業（合計）			104兆8000

※「事業領域の分類」の順番は、レイヤー構造との対比をわかりやすくするために筆者が入れ替えている。
情報通信白書（令和4年版）より筆者作成

　プラットフォーマーの活動範囲（市場シェアなど）と深さ（金額など）が正確につかみきれないことで、彼らのプレゼンスの過小評価や過大評価に陥る可能性がある。図表1において、プラットフォーマーの中心的な事業領域は〈インターネット附随サービス業〉であるが、その事業のみに目を向けるのは過小評価を招く。彼らは映画、音楽、書籍など、デジタル・コンテンツの配信を広く行っているため、〈映像・音声・文字情報制作業〉、〈情報通信関連サービス業〉の多くが事業領域に該当するからである。また、Appleは端末を製造し、Googleは汎用オペレーティングシステム（OS）のアンドロイドを開発し、Amazonはクラウド事業（Amazon Web Services）を展開するなど、〈情報サービス業〉、〈情報通信関連製造業〉、〈研究〉も関連する。このように、プラットフォーマーが情報通信産業の中でプレゼンスを多方面に広げているのは明らかだが、そのすべてを彼らの事業に帰するのは過大評価である。
　図表1に目を戻すと、プラットフォーマーのプレゼンスが相対的に低い事業領域は、物理的なネットワークを構築、運用している〈通信業〉、〈放送業〉、〈情報通信関

連建設業〉である。いいかえれば、情報通信産業のなかで電気通信および有線放送（ケーブルテレビ）事業者（以下、ネットワーク事業者と総称）、そして放送事業者は、プラットフォーマーと事業領域を棲み分けてきたのである。しかし、2010年代以降、ネットワーク事業者は自らのインターネット接続サービス（ブロードバンド）に自前のプラットフォームをバンドルして提供することを加速した。他方で、GAFAは2010年代にグローバル規模で海底ケーブルの敷設を行い、ドローン、衛星通信などによるブロードバンド・サービスのトライアルを推進した。その結果、プラットフォーマーによるネットワーク事業への参入圧力が世界的に高まった。このように、2010年代はネットワークとプラットフォームの相互参入が本格化した時期であったが、情報通信白書が両レイヤーの存在を定義したうえで事実関係や競争関係の整理を行ってきたことからも、プラットフォーマーの事業分類が同白書の産業分類と親和性が高いのは間違いない。また、巨大プラットフォーマー（GAFA）に対する規制として、2010年代後半以降の欧米では反競争的行為の防止を目的とした事前規制（行為規制、構造規制）の強化が図られるなど、その態様は20世紀初頭から通信・放送産業などに展開されてきた公益事業規制に近づいてきている。したがって、情報通信産業分類のなかでプラットフォーマーの位置づけや競争関係を分析するメリットは大きい。以上の理由により、本章では同分類に準拠した分析を行うこととする。

2　プラットフォーマーのビジネスモデルと日本市場

　本章の主題は、2010年代の国内外の代表的なプラットフォーマーの活動を技術やサービスの進展と関連づけて振り返り、日本における市場支配力や競争力に関する分析を行うことである。したがって、日本を地理的市場とした対象事業者の絞り込みが重要である。その選定にあたっては、日本で2021年2月1日に施行された「特定デジタルプラットフォームの透明性及び公正性の向上に関する法律」（令和2年法38号、以下、特定デジプラ法）の考え方が大きな指針となる。ここで「特定」とは、デジタル・プラットフォームのなかで売上高や利用者数などの規模が大きな事業・事業者を意味する。具体的には、同年2月1日に施行された政令（内閣府2021）において、特定デジプラ法の対象として「①物販総合オンラインモール（国内売上額が3000億円以上の事業者）」と「②アプリストア（同2000億円以上の事業者）」

の2つが指定された。また、同政令はその後に改訂され（内閣府 2022）、「③メディア一体型広告デジタルプラットフォーム（国内売上高が 1000 億円以上の事業者）」と「④広告仲介型デジタルプラットフォーム（同 500 億円以上の事業者）」を追加の後、2022 年 8 月 1 日に施行された。経産省はそれらを受けて、2021 年 4 月 1 日に上記①、②の指定事業者を、また、2022 年 10 月 3 日には③、④の指定事業者を図表 2 の通り決定した（経産省 2021,2022）。なお、図表 2 の指定内容に関して、2023 年以降に特段の大きな規制上の動きはない

図表 2　特定デジプラ法で指定された事業と事業者（本章の考察対象）

指定事業	基準	指定事業者	当該事業者のサービス	当該事業者の売上高）＊（世界全体）	当該事業者の売上高＊＊（日本国内）
①物販総合オンラインモール	2000 億円以上の国内売上額	アマゾンジャパン 合同会社	Amazon.co.jp	4698 億ドル（54 兆 5000 億円）	4.9%（2 兆 7000 億円）
		楽天グループ株式会社	楽天市場	―	1 兆 6818 億円
		Yahoo 株式会社	Yahoo! ショッピング	―	1 兆 5674 億円
②アプリストア	同 3000 億円以上	Apple Inc. および iTunes 株式会社	App Store	3658 億ドル（42 兆 4000 億円）	7.8%（3 兆 3000 億円）
		Google LLC	Google Play ストア	2576 億ドル（29 兆 9000 億円）	（非開示）
③メディア一体型広告デジタルプラットフォーム	同 1000 億円以上	・Google LLC ・Meta ・Yahoo 株式会社	各社の広告事業（Meta は Facebook 広告）	Meta は 1179 億ドル（13 兆 7000 億円）（他社は上記参照）	Meta は非開示（他社は上記参照）
④広告仲介型デジタルプラットフォーム	同 500 億円以上	Google LLC	同社の広告事業	上記参照	（非開示）

＊ 2021 年 12 月期の業績、ただし、Apple は 2021 年 9 月期
＊＊ 楽天は 2021 年 12 月期、Yahoo は 2022 年 3 月期
＊＊＊1 ドル＝ 116.02 円（2021 年 12 月 30 日の TTS（対顧客電信売相場））
内閣府（2021,2022）、経産省（2021, 2022）、各社の有価証券報告書などより筆者作成

以上により、本章の考察対象は図表 2 が示す 4 つの指定事業とし、その中で特定プラットフォーマーと指定された、GAFA、楽天、Yahoo の 6 事業者とする。GAFA の選定については、グローバル市場における突出したプレゼンスを考えれば異論はないであろう。前出のシカゴ大学報告書（Univ.Chicago2019）や、2020 年 10 月に米国連邦議会下院（反トラスト小委員会）が公表したプラットフォーム競争報告書（U.S.Congress2020）も、最初から GAFA に絞り込んだ議論を行っている。ニューヨーク大学のスコット・ギャロウェイ教授が世界的ベストセラー（Galloway,S.2017）で書いたように、4 騎士（GAFA）が世界を創り変えようとしているという認識は、世界共通なのである。

　本章の分析フレームワークを総括する。まず、上記 6 社（図表 2）の活動と彼らに対する日米欧の政策規制対応を整理する。そのうえで、国内の情報通信産業におけるプラットフォーマーとネットワーク事業者の競争状況を分析する。学問的な知見としては、シカゴ大学報告書（Univ.Chicago2019）を主に参照する。考察のタイムスパンは 2011 年〜 2021 年頃とする。この時代に先立つ 2000 年代を神野（2020）に基づき振り返ると、前半（2001 〜 2005 年）は「インターネットと携帯電話の時代」であり、インターネットの普及により産業構造が大きく変化し、携帯電話（フィーチャーフォン、いわゆるガラケー）が急速に普及し、機能も高度化した。フィーチャーフォン搭載の独自プロトコルによるネット接続（i モードなど）が大きく伸び、ネットワークとプラットフォームの相互参入の本格化の兆しがみえたのもこの時代である。それに対して、後半（2006 〜 2010 年）は「ブロードバンド普及とスマートフォン登場の時代」であり、FTTH（Fiber-To-The-Home）や第 3 世代携帯電話（3G/3.5G）が普及し、ネットワークの IP 化が進展し、2007 年にはスマートフォンを代表する iPhone が米国で登場した。振り返れば、プラットフォーマーの大躍進がはじまる直前の時代であった。

　本章では、タイムスパン（2011 年〜 2021 年頃）を 3 期に区分する。各期の特徴は以下の通りである。

（1）2011 年〜 2015 年頃：チャレンジャーとしてのプラットフォーマー
（2）2016 年頃〜 2017 年頃：プラットフォーマーの巨大化とゲートキーパー化
（3）2018 年頃〜 2021 年頃：プラットフォーマー包囲網の世界的な広がり

　以下、3 節から 5 節において、これらの 3 期について順に解説する。その際、まずグローバル・トレンドを説明したうえで、各節の末尾に日本（Yahoo、楽天）の主

な動向を表の形で配置した。そのような配置は、「森(世界)」の中で「木(日本)」を確認しやすくするための配慮である。

3　チャレンジャーとしてのプラットフォーマー（2011年～2015年頃）

　本章の考察対象の創業年は、Apple（1976年）、Amazon（1993年）、Yahoo（1996年）、楽天（1997年）、Google（1998年）、Facebook（2004年）である。Appleは、スティーブ・ジョブズ復帰の1997年以降にプラットフォーマーとして飛躍する。世界の商用インターネット利用は1990年代から一般化するが、その時期に主要プラットフォーマーの創業が相次ぎ、ブロードバンド回線のADSL（Asymmetric Digital Subscriber Line：非対称デジタル加入者回線）が商用化された2000年頃から、彼らのプレゼンスが高まっていく。

　日米欧の情報通信産業において、ネットワーク事業者はボトルネック性の強いアクセス網に起因する市場支配力を行使する存在として、競争導入が本格化した1990年代以降、相互接続や網アンバンドル（加入者回線の他事業者への貸し出し義務）などの事前規制を課されてきた。

　他方で、プラットフォーマーは2010年代前半まではイノベーションを創出するヒーローであり、ネットワーク事業者の市場支配力に対抗するチャレンジャーとして、固有の事前規制を適用されることは稀であった。また、2000年代から当期（そして次期）まで、日米欧ではネットワーク事業者によるプラットフォーマー（およびコンテンツ事業者）の公平、公正な取扱いを保証するために、インターネット接続サービスに非差別的な取扱いを義務づける〈ネットワーク中立性（以下、ネット中立性）〉と呼ばれる規制の導入議論が活発であった。米国では政権党が交代するたびにネット中立性規制は変転したが、欧州連合（EU）では2015年に同規則が採択され、翌年から加盟国で施行されている。

　2010年代にGAFAは活発にM&Aを展開した。前出の米国連邦議会下院の報告書（U.S.Congress2020）は、巻末にGAFA各社のM&A（時期は各社の創業数年後から2020年まで）の一覧を規模の大小にかかわらず掲載している。その総数は4社合計で約600件と膨大だが、当期（2011～2015年）だけでも200件を越えている。

その中には、後に反競争的な疑いがあると指摘される、潜在的ライバルを標的とするM&Aが存在した。たとえば、FacebookのInstagram（2012年）、WhatsApp（2014年）の買収などである。しかし、当時はまだ、プラットフォーマーの反競争的行為は競争法による事後摘発で対処可能とみなされ、M&A審査の大半も免除されるか軽微であった。以上のプラットフォーマーに対する寛容な規制方針は、次期に大きく見直されることになる。

　この時期を総称するならば、プラットフォーマーのイノベーションがもたらす便益が反競争的行為の弊害を上回るという観点から、事前、事後ともに規制の厳格な適用が差し控えられてきた時代であった。以上のGAFAを中心とする世界的なトレンドと対比するために、この時期のYahoo、楽天の主な動きをまとめたのが図表3である。

図表3　日本のプラットフォーマーの状況（2011年～2015年）

年	内容
2011	（Yahoo）電子書籍「Yahoo!ブックストア」を開始（11月） （楽天）「楽天市場」年間流通総額が1兆円突破（12月）
2012	（楽天）電子書籍サービス（現、楽天Kobo電子書籍ストア）を開始（7月） （楽天）アイリオ生命保険（現、楽天生命保険）を子会社化（10月）
2013	（Yahoo）「Yahoo!ショッピング」を手数料モデルから広告収入モデルへ転換。「ヤフオク！」のストア出店料を無料化（10月） （楽天）株式を東京証券取引所第一部へ市場変更（12月）
2014	（Yahoo）ジャパンネット銀行（現、PayPay銀行）を持分法適用会社化（4月） （楽天）「楽天ポイントカード」を開始（10月） （楽天）仮想モバイル通信事業者（MVNO：Mobile Virtual Network Operator）として携帯電話に参入、「楽天モバイル」を提供開始（10月）
2015	（楽天）ヴィッセル神戸を加え、スポーツ・文化事業を強化（1月） （Yahoo）アスクル（通販）の連結子会社化（8月）

各種資料より筆者作成

4　プラットフォーマーの巨大化とゲートキーパー化（2016年頃～2017年頃）

　前期のプラットフォーマーに対する規制の差し控えの風向きは、当期を境に日米欧で大きく反転していった。直接的な契機は、一部のプラットフォーマーが米国の2016年大統領選挙におけるフェイクニュースの氾濫を放置したことや、英ケンブリッ

ジ・アナリティカ（選挙コンサルティング会社）による不正な選挙プロパガンダに協力した疑いが浮上したことであった。しかし、それは単なるきっかけにすぎなかった。以下に述べるように、当期のプラットフォーマーが市場領域を急速に拡大し、各市場におけるプレゼンス増大を印象づける活動を次々と展開したことが、多くの関係者の警戒感を喚起したのである。

まず、プラットフォーマーは前期から行ってきたデータセンター、クラウド、海底ケーブル事業などへの投資を一段と加速した。さらに、衛星、気球、ドローンなどを利用したインターネットアクセスの開発を進めるなど、物理インフラ面でもネットワーク事業者に対抗する姿勢を強めた。

さらに、Google、Facebook の 2 社がオンデマンドビデオ（YouTube など）やニュース配信などを通じて取得した膨大な利用者データを活用して、急成長するデジタル広告市場における寡占を強めるにつれて、メディア（新聞、雑誌、放送）との緊張関係が増大した。また、前期終盤から、Apple Music 商用化（2015 年）、Amazon プライムビデオの世界展開（2015 〜 2016 年）など、デジタル・コンテンツの聞き放題、見放題（ストリーミング）の分野でも、プラットフォーマーの市場シェアが拡大していった。以上の帰結として、この時期にはプラットフォーマーの企業規模、企業価値がますます巨大化した。2017 年末の世界の時価総額ランキングでは、GAFA とマイクロソフトがトップ 5 を独占して世界を驚かせた。

この時期を総称すると、GAFA を中心とするプラットフォーマーがデジタル化の可能なあらゆる領域へ進出し、同時にインフラ投資にも積極的な姿勢を示すことで、デジタル世界における「勝者総取り」の加速を強く印象付けた時代であった。以上の世界的トレンドと対比するために、この時期の Yahoo、楽天の主な動きをまとめたのが図表 4 である。

図表 4　日本のプラットフォーマーの状況（2016 年頃〜 2017 年）

2016	(Yahoo) 一休を子会社化 (2 月) (楽天) ブロックチェーン技術に特化した研究組織「楽天ブロックチェーン・ラボ」を開設 (8 月)
2017	(楽天) 電力小売事業へ本格参入 (2 月) (楽天)「楽天ポイント」の累計付与が1兆ポイント突破 (7 月) (楽天) 楽天データマーケティング設立 (7 月)

各種資料より筆者作成

5　プラットフォーマー包囲網の世界的な広がり（2018年頃〜2021年頃）

　この時期には、世界中がプラットフォーマーの反競争的行為やデータ独占の弊害が、イノベーションの便益を上回ると認識するようになった。米欧で競争法の執行が活発化し、欧州では次々と事前規制が導入され、2010年代前半まで規制の差控えの恩恵を受けて来たプラットフォーマーは防戦一方となった。「ネットワーク中立性」のロジックが、「プラットフォーム中立性」とでもいうべきロジックに転じたがごとき印象であった。ネット中立性規制では、プラットフォームに対するネットワークのボトルネック性（ゲートキーパー性）が問題視されたが、プラットフォーム中立性はその単純な逆方向ではなく、プラットフォーム上の出店者、競合する中小プラットフォーマー、メディア、コンテンツ、広告産業など、多方面におけるプラットフォーマーの反競争的行為やデータ濫用が問題とされた。それは、規制の射程が広範で複雑であることを意味した。

　先行したEUでは、「一般データ保護規則（General Data Protection Regulation：GDPR）」（2018年）や「デジタル単一市場の著作権指令」（2019年）が導入された。また、2018年にはEU電気通信法の規定の一部がプラットフォーマーに拡張された。2020年末には、プラットフォーマーに対する事前規制の総仕上げ的な法案である「デジタル市場法（Digital Markets Act:DMA）」と「デジタルサービス法（Digital Services Act：DSA）」が上程され、いずれも2022年に成立している。DMAは反競争的行為の禁止を、DSAは不適切なコンテンツやサービス慣行の排除を目指したものである。並行して、欧州委員会（European Commission：EC）はGAFAに対する競争法調査を活発に遂行した。2021年1月時点のECのGAFAに対する反トラスト審査は合計13件であったが、そのうちの6件は2020年に開始されたものであった。また、Googleに対して下された3件の審査結果（2017、2018、2019年）では、合計82億5000万ユーロ（1兆円弱）という巨額の罰金が科された。

　米国では、連邦議会下院がGAFAの反競争的行為に関する調査を行い、分割を含む規制案を盛り込んだ報告書（U.S.Congress2020）を発表した。連邦、州の司法当局も反トラスト訴訟を活発化した。ジョー・バイデン大統領は反プラットフォーマーで知られる学者を特別補佐官や連邦取引委員会（Federal Trade Commission：FTC）のトップに抜擢するなど、同政権のプラットフォーム規制に対する意気込みも旺盛であった。

この時期にプラットフォーム規制のパラダイムシフトが生じた理由は、①公正競争と②消費者保護の2面から説明が可能である。まず公正競争面では、プラットフォーム機能がネットワークと同様のゲートキーパー特性を発揮していると認識され、既存の競争法執行の強化や新たな事前規制導入を要請する声が高まった。そして、〈プラットフォーム機能〉と、そのうえで展開される〈サービス提供機能〉を区分し、前者の機能が後者の機能を社内外非差別に取り扱うべきだという、ネットワーク事業者に馴染みの深い上下分離（究極は資本分割）の発想が強まった。上下分離の例としては、図表5のAmazonのモデル（筆者作成）がわかりやすい。この図では、市場事業がプラットフォーム機能であり、小売事業がサービス提供機能である。そして、プラットフォーム機能自体がエンドユーザに無料であっても、市場支配力の点から競争法の適用が可能だとする理論も一定の支持を得た。それは、コロンビア・ロースクールのリナ・カーン准教授が同理論を展開する論文「Amazonの反トラスト・パラドックス」（Khan,M.L.2017）で一躍注目され、史上最年少（32歳）でバイデン政権により、FTC（Federal Trade Commission：連邦取引委員会）の委員長に抜擢されたことから明らかである。

図表5 プラットフォーマーの上下構造と規制（アマゾンをモデルとして）

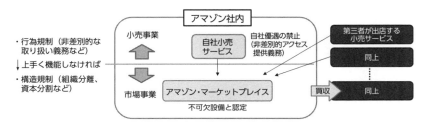

Univ.Chicago（2019）、U.S.Congress（2020）などを参考に筆者作成

ネットワーク事業者に対しては、1990年代からの不可欠設備やボトルネックの法理に基づく事前規制が公正競争の担保に一定の効果を発揮してきた。その結果、2010年代には徐々に競争規制を緩和して消費者保護規制で代替する傾向が強

まった。同じ時期、プラットフォーマーにはボトルネック法理の直接的な適用が難しいこともあり、彼らを消費者保護法理で律する動きが加速したが、それは情報通信規制の流れを反映した帰結といえる。

この時期を総称するならば、プラットフォーマーに対する心情が〈期待〉から〈警戒〉に転じ、世界中で、そしてあらゆる場面で、プラットフォーマーの自由奔放な活動を抑制すべきだという風潮が強まった時代であった。以上の世界的トレンドと対比するために、この時期のYahoo、楽天の主な動きをまとめたのが図表6である。

図表6　日本のプラットフォーマーの状況（2018年頃〜2020年）

2018	(Yahoo)ジャパンネット銀行(現、PayPay銀行)を連結子会社化(2月)
	(楽天)朝日火災海上保険(現、楽天損害保険)を子会社化(3月)
	(楽天)家庭向け「楽天でんき」を提供開始(10月)
	(楽天)「楽天西友ネットスーパー」をオープン(10月)
	(Yahoo)スマホ決済「PayPay」を提供開始(10月)
2019	(楽天)楽天市場の送料無料化方針を公表(1月)(公取委が問題視して2020年2月に緊急停止命令)
	(Yahoo)ソフトバンクの連結子会社に(5月)
	(Yahoo)ソフトバンク子会社、フェイスブックと高高度疑似衛星(HAPS：High Altitude Pseudo-Satellite)の実証実験(8月)
	(楽天)「楽天ウォレット」が仮想通貨の取引サービスを開始(8月)
	(楽天)「楽天モバイル」がモバイル事業者(MNO：Mobile Network Operator)として携帯電話を開始(10月)
	(Yahoo) Yahooが「Zホールディングス」に商号を変更(10月)
	(Yahoo) ZOZOを買収(11月)
	(Zホールディングス) LINEと経営統合を発表(11月)
2020	(楽天) KKR（Kohlberg Kravis Roberts & Co)と楽天、米Walmartから西友株式を取得(11月)
	(楽天)「楽天市場」の流通総額が3兆円突破(12月)

各種資料より筆者作成

6　日本におけるプラットフォーマーの躍進と規制対応

日本では、2010年代後半から省庁横断的な政策テーマを内閣府が統括して審議し、その後の法整備の交通整理を行う傾向が強まった。プラットフォーム規制では、

3-3 巨大プラットフォーマーと日本企業の競争力

まさにその手法が採用され、内閣府は2018年6月に発表した「未来投資戦略2018」により、プラットフォーム規制の基本原則と措置の策定を関係省庁に指示した。それを受けて、同年12月、経産省、公取委、総務省が合同で「プラットフォーマー型ビジネスの台頭に対応したルール整備の基本原則」を策定した。それを契機に、2019年以降、各省庁は相互に調整、連携を行いつつ、プラットフォーム規制を次々と展開するようになった。なかでも重要なものは、以下の3つのアウトプットである。

①公取委（2019年12月）「デジタル・プラットフォーム事業者と個人情報等を提供する消費者との取引における優越的地位の濫用に関する独占禁止法上の考え方」

②総務省（2020年2月）「プラットフォームサービスに関する研究会」最終報告書

③経産省（2021年2月）「特定デジプラ法」施行

図表7は内閣府の基本原則および、①〜③のアウトプットの要点を示したものである。

図表7 日本のプラットフォーム規制に関する各省庁のアウトプット

【2018年12月】（内閣府：経産省、公取委、総務省合同）「プラットフォーマー型ビジネスの台頭に対応したルール整備の基本原則」
1. デジタル・プラットフォーマーに関する法的評価の視点
2. プラットフォーム・ビジネスの適切な発展の促進
3. デジタル・プラットフォーマーに関する公正性確保のための透明性の実現
4. デジタル・プラットフォーマーに関する公正かつ自由な競争の実現
5. データの移転・開放ルールの検討
6. バランスのとれた柔軟で実効的なルールの構築
7. 国際的な法適用の在り方とハーモナイゼーション

①【2019年12月】（公取委）「デジタル・プラットフォーム事業者と個人情報等を提供する消費者との取引における優越的地位の濫用に関する独占禁止法上の考え方」

②【2020年2月】（総務省）「プラットフォームサービスに関する研究会」最終報告書
1. 利用者情報の適切な取り扱いの確保
2. フェイクニュースや偽情報への対応
3. トラストサービスの在り方（データ送信元のなりすましや改ざん等を防止する仕組み）

③【2021年2月】（内閣府、経産省）「特定デジタルプラットフォームの透明性及び公正性の向上に関する法律」施行
1. 取引の透明化（取引業者との契約条件の開示など）
2. 独禁法による消費者保護（個人データを説明なく利用することを禁止）
3. 個人データの保護（データを「使わせない権利」を導入）
4. 企業買収審査の見直し（市場シェアのみならずデータ寡占も考慮の対象に）

各省庁の発表資料より筆者作成

前述の通り、EU の 2010 年代後半からのプラットフォーム規制では、伝統的な競争法の執行（事後規制）を強化する一方で、従来は軽微であったプラットフォーム分野固有の規制の適用を見直し、DMA、DSA に代表される強力な事前規制の導入をめざした。日本も事後規制と事前規制の両面の強化を進めている点は EU と同様である。とはいえ、プラットフォーマーへの私的独占の禁止及び公正取引の確保に関する法律（昭和 22 年法 54 号、以下、独禁法）の適用が甘いという指摘は根強い。2020 年 9 月まで公取委員長を務めた杉本和行はインタビュー（朝日新聞 2021）において、「日本は基本的に『和をもって貴しとなす』という文化です。みんなが仲良くやっているのに何が反競争的行為だ、というマインドが強かった。公取委が産業界から多額の課徴金を取ることに対して世論の反発が非常に強かった」と振り返っている。そんななか、米国の Apple 本社は 2021 年 9 月 1 日、公取委が要求してきた、外部のアプリ開発者の「リーダーアプリ（書籍、音楽等の提供アプリ）」を通じてコンテンツの支払いを行う際、Apple 以外の決済システムへの誘導を認めると発表した。公取委の長年にわたる「和をもって貴し方式（独禁法調査の交渉）」が、日本のみならず世界全体に適用される措置に繋がったことに関係者が驚いた。杉本の後任の古谷一之は、2021 年 10 月 28 日の記者懇談会（公取委 2021）において、「諸外国の当局も、対 GAFA で同じような議論をしていて、訴訟を継続したりしている中で、（中略）取引慣行を具体的に変えるという結論を得ることができたのは、我々公正取引委員会がある意味で最初でして、（中略）私は大きな成果だったと思います」と答えている。

　日本で独禁法の審査を行う以上、プラットフォーマーが海外に本社を有していたとしても、日本市場における活動に強い執行権限をもって臨むことが必要である。プラットフォーム規制では、国内外プレイヤーの非差別な取扱いが重要だが、従来は GAFA の日本法人の管轄権の不在などを理由に、両者の規制バランスを取るのが難しかった。日本の 2018 年以降のプラットフォーム関連施策は、その点の改善をめざして導入されたものであり、2020 年代以降の行方を注意深く見守りたい。

7　プラットフォーマーと日本企業の競争力

　2010 年代以降の日本の情報通信産業において、国内プラットフォーマーはグローバル規模の巨大プラットフォーマーと競争しながら、国内ネットワーク事業者との競争も推

3-3 巨大プラットフォーマーと日本企業の競争力

進した。すなわち、楽天はモバイル事業においてMVNO（Mobile Virtual Network Operator：仮想移動体通信事業者）からMNO（Mobile Network Operator：移動体通信事業者）に転身を図り、Yahooも従来からのポータル事業やインターネット接続事業（Internet Service Provider：ISP）に加えて、2021年にLINEを統合するなど、音声、メッセージ交換サービスの強化に取り組んだ。

他方で、GAFAは世界展開を通じて獲得したグループ全体の巨大な事業規模を背景に、日本の国内プレイヤー（プラットフォーマー／ネットワーク事業者）に対する競争優位を発揮してきた。

シカゴ大学（Univ.Chicago2019）は、GAFAのライバルに対する競争優位は「①ネットワーク効果」、「②規模と範囲の経済」、「③ゼロに近い限界費用」、「④データ利用の高い収益率」、「⑤低い流通コスト」の5点に由来すると指摘している。ここで、同大は④を「管理するデータが多いほど、その製品はより良いものとなる」、⑤を「それがグローバルリーチを可能にする」と説明している。同大は、これらの個々の特徴は従来から他産業にもみられたが、GAFAは史上初めてすべてを同時に発揮して高い参入障壁を構築し、強力な市場競争力と利益を享受していると説明している。GAFAは、この優位性を日本市場でも存分に発揮しており、楽天、Yahooにとって手ごわいライバルである。

以上を踏まえて、改めて日本の情報通信白書の分類に従い、情報通信産業における競争関係を整理すると図表8の通りとなる。

図表8 ネットワーク事業者とプラットフォーマーの競争構造

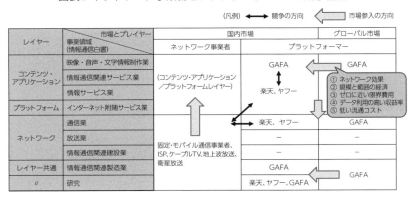

各種資料より筆者作成

本章では、各レイヤーにおいて、ネットワーク事業者とプラットフォーマーが垂直方向(レイヤー間)、水平方向(レイヤー内)で相互参入を繰り広げてきたことを論じてきた。図表8は、日本のネットワーク事業者とプラットフォーマーがGAFAに伍していくには、①〜⑤の経済的効果を発揮して、同等の競争力を獲得する必要があることを示している。しかし、拠って立つ市場や顧客の規模や範囲の違いを考えると、国内プレイヤーは日本に閉じた市場でローカリゼーションを追及するだけでは、国内的な競争力でさえ維持するのは簡単ではない。そのような厳しい市場環境において、国内プレイヤーが模索してきた3つの戦略の方向性を最後にまとめてみたい。

　第1の戦略は、図表8で示した、垂直方向、水平方向の相互参入である。海外と比較した国内プレイヤーの大きな特徴は、プラットフォーマーによるネットワークレイヤーへの大規模な参入が行われたことである。すなわち、Yahoo親会社のソフトバンクが2006年に、また、楽天が2019年に設備ベースのモバイル事業者(MNO)としてサービスを開始し、NTT（ドコモ）、KDDI（au）を含めたMNO4社競争体制を築き上げた。世界的にみて、これほど活発にプラットフォーマーがMNOとして事業展開を行っているケースは少ない。その一方で、国内のプラットフォーマーやネットワーク事業者は、プラットフォームレイヤーにおける水平方向の多角化に積極的であった。その領域は、情報通信を超えた金融、保険、スポーツ、旅行、流通業などの分野にも及んでおり、カードやポイントと組み合わせた囲い込みに余念がなかった。そのような多角化の熱心さも世界的にみて際立っていた。このように、垂直方向への展開のみならず、水平方向への本業を越えた展開によるコングロマリット化が国内プレイヤーの特徴であった。

　第2の戦略は〈競争と共創〉の追求である。林(1989)は早くも1980年代後半、ネットワーキングの経済性とは競争と協調の両義性の経済であると見抜いていたが、その後のプラットフォーマーの台頭により、ますます両義性は顕著かつ多様になっていった。ネットワーク事業者はGAFAとアプリ、コンテンツ配信や決済ビジネスで競争しながらも、アンドロイドOS（operating system）をモバイル事業で活用し、クラウド事業ではAWS（Amazon Web Services）やGoogle Cloud Platformの販売パートナーになるなど、競争と共創の関係を広く構築していった。Yahooも2010年代初頭、日本における検索事業でGoogleと提携し、そのサイト検索技術を採用するなど、プラットフォーマーもしたたかな競争と共創の戦略を展開してきた。共創で新

たなパイ（市場）を生み出したのち、その中で競争を展開することは、共存共栄を模索するうえで有効な戦略と考えられてきたのである。

　第3の戦略のキーワードは「DX（Digital Transformation）」である。小宮・楊・小池（2020）は、日本企業がプラットフォームに対して取るべき2つのアプローチとして、自社がプラットフォーマーになる〈プラットフォーム展開戦略〉と、既存プラットフォーマーを徹底的に活用・連携してビジネスの拡大を図る〈既存プラットフォーム連携戦略〉を提起している。そこで論じられている日本企業とは、楽天、Yahoo のようなプラットフォーム事業の提供主体ではなく、製造業、運輸業、医療、教育などの他産業を本業とするプラットフォーム利用者である。2010年代後半から大いに注目されてきた「DX」とは、ネットワーク事業者やプラットフォーマーが、そのような他産業のデジタル化されたバリューネットワークの重要な部分に介在、支援することを意味した。DX 時代に日本のネットワーク事業者、プラットフォーマーが国内市場で GAFA に対して競争優位を発揮するためには、国内の他産業（製造業など）から DX の連携戦略の相手として頼られるような〈既存プラットフォーム〉」になることが必要だったのである。

　GAFA は日本国内ではネットワークインフラを保有しないが、世界市場から生み出される図表8の①〜⑤の経済的効果をフル活用して市場競争力を発揮し続けている。国内プレイヤーの上記の3戦略が日本市場で有効に機能し続けるのかが、2020年代の注目点である。

【参考文献】

朝日新聞（2021）『GAFA にモノ申した男　無料サービスの裏に「情報」』, 2021 年 8 月 29 日.

Galloway, S.（2017）the Four：The Hidden DNA of Amazon, Apple, Facebook and Google, Portfolio; Illustrated edition (October 3, 2017)（渡会圭子（翻訳）『the four GAFA 四騎士が創り変えた世界』, 東洋経済新報社, 2018 年 7 月 27 日）.

林紘一郎（1989）『ネットワーキングの経済学』, NTT 出版, 1989 年 10 月 1 日.

神野新（2020）「通信産業」, 湯淺正敏編著『メディア産業論−デジタル変革期のイノ

ベーションとどう向き合うか』, ミネルヴァ書房,2020 年 5 月 7 日.

川濱昇・武田邦宣（2017）『プラットフォーム産業における市場画定』,RIETI Discussion Paper Series 17-J-032,2017 年 4 月.

経産省（2021）ニュースリリース『「特定デジタルプラットフォームの透明性及び公正性の向上に関する法律」の規制対象となる事業者を指定しました』,経済産業省,2021 年 4 月 1 日.

経産省（2022）同上,2022 年 10 月 3 日.

Khan, M.L.（2017）Amazon's Antitrust Paradox, The Yale Law Journal, Vol. 126, January, 2017, pp.710-805.

小宮昌人・楊皓・小池純司（2020）『日本型プラットフォームビジネス』, 日本経済新聞出版社,2020 年 1 月 25 日.

公取委（2021）「令和 3 年　委員長と記者との懇談会概要 (令和 3 年 10 月)」, 公正取引委員会,2021 年 11 月 19 日.

内閣府（2021）『令和三年政令第十七号　特定デジタルプラットフォームの透明性及び公正性の向上に関する法律第四条第一項の事業の区分及び規模を定める政令』,2021 年 2 月 1 日施行.

内閣府（2022）同上,2022 年 8 月 1 日施行.

Univ.Chicago（2019）Stigler Committee on Digital Platforms Policy Brief, George J. Stigler Center for the Study of the Economy and the State, The University of Chicago, September 16, 2019.

U.S.Congress（2020）Investigation Of Competition In Digital Markets, Majority Staff Report And Recommendations, House of Representatives, Committee on the Judiciary, The United States Congress, October, 2020.

3-4 移動通信ネットワークの進化
——5G の開発と応用サービスの開拓経緯
Evolution of Mobile Communication Networks

奥村幸彦

　国内において、1979 年に商用サービスを開始した移動通信ネットワークは、その絶え間ない研究開発により、有限の電波資源を効率良く利用し、公衆通信ネットワークとしての品質を保ちながら、概ね 10 年周期で大きな進化を遂げてきた。この進化の過程において、より高度なサービスと広範なモビリティを実現するための技術・システムが次々と生み出され、世代交代を契機として通信能力の向上と、それを応用するサービスの拡充、および、サービスエリアの拡大が順次行われてきた。同時に、その進化の内容（量的な側面と質的な側面）は次第に変化してきている。本章では、第 1 世代移動通信システム（Generation の G を使って 1G と呼称。以下、同様）から第 4 世代移動通信システム（4G）にいたる 4 世代の変遷を概観したうえで、それらのシステムの開発において蓄積された技術も基礎とする第 5 世代移動通信システム（5G）に関して、2010 年代に進められた国内事業者・ベンダによる通信技術の研究開発と標準化、幅広い分野の新サービス開拓のための応用実証などの取組み経緯と国による支援施策について述べる。さらに、国内における 5G 商用サービスの導入・展開状況と次世代に向けた動向についても言及する。

1　移動通信の黎明期からサブギガ bps クラス通信時代へ【1979 〜 2010 年】

　国内初の公衆向け陸上移動通信システム（1G）は 1979 年に自動車電話サービスとして商用化されたセルラー・システム[*1]であった。その後、同システムは、無線

---

*1　セルラー・システム（方式）：移動通信システムにおいて、通信可能なサービスエリアを経済的かつ柔軟に構築・展開できるよう、サービスエリアを多数のセル（Cell）と呼ばれる

図 1-1 移動通信システムの進化

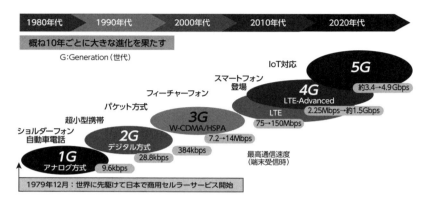

伝送／無線アクセスのデジタル化（2G）、マルチメディアに対応する通信速度向上と無線インタフェースの国際標準化（3G）、さらなる通信速度向上とスマートフォンの導入（4G）へと概ね 10 年ごとの大きな進化を繰り返して来た（図1-1）。以下、これらの世代交代の経緯を概観する。

1G は音声通話が主体のシステムで、音声伝送はアナログ FM（Frequency Modulation）、無線アクセス技術は、周波数分割された無線リソースを各ユーザに割当てる FDMA（Frequency Division Multiple Access）が用いられた。日本では、日本電信電話公社（以下、電電公社）が世界に先駆けて大都市方式（伊藤 1980）を商用導入し、その後、大容量方式（倉本 1988）の導入により、究極のアナログ方式に進化した。一方、世界各国・各地域でも独自のシステムが順次導入され、米国では AMPS 方式（Advanced Mobile Phone System）、欧州では NMT 方式（Nordic Mobile Telecommunication system）や TACS 方式（Total Access Communication System）などが導入され、互換性のない方式が乱立す

小さなエリアに分割し、各セルに基地局を配置してユーザ端末が近隣の基地局と無線通信するようにした方式（Cellular system）。セルのサイズは、人口密集度すなわちユーザ端末の地理的な存在比率に応じて変えるのが一般的で、通信需要がより多く見込みる市街地などでは、より小さいサイズのセルを適用して基地局数を多く配置することで、システム容量を増大させる。1G から 5G にいたるシステムは、基本的にセルラー方式を継続採用してきている。

3-4 移動通信ネットワークの進化

ることとなった。

　電電公社が1979年12月3日に東京23区で商用サービスを開始した800MHz（メガヘルツ、100万ヘルツ）の周波数帯を使用するセルラー方式自動車電話システム（上記大都市方式）は、セルラー方式による本格的なシステムとしては世界初の商用システムであり、同システムの研究開発を推進した元電電公社移動無線研究室長の奥村善久（後に金沢工業大学名誉教授）は、2013年2月19日に全米工学アカデミー（US National Academy of Engineering：NAE）の「2013チャールズ・スターク・ドレイパー賞（Charles Stark Draper Prize）」を米国他の4名とともに受賞した（NAE2013）。同賞はアポロ月着陸船の誘導コンピュータの設計を指揮したチャールズ・スターク・ドレイパーにちなんで創設され、工学界のノーベル賞ともよばれており、奥村は日本人として初めて受賞した。奥村への表彰理由は、VHF（Very High Frequency）帯／UHF（Ultra High Frequency）帯の移動電波伝搬特性を表す「奥村カーブ」の確立、「大容量・広域自動車電話方式」の構想と実用化計画策定を通して、世界初の商用セルラー電話実現に貢献したというものであるが、1Gのサービス開始から30年以上が経過し、スマートフォンが全世界で普及拡大しはじめた時期に、その功績が認められたことには大きな意義がある。

　続いて、2Gでは音声サービスも含めすべてのサービスがデジタル方式となった。無線アクセス技術は、時間分割された無線リソースを各ユーザに割当てるTDMA（Time Division Multiple Access）が主に用いられたが、後に符号分割された無線リソースを用いるCDMA（Code Division Multiple Access）も導入された。データ通信サービスが新たにはじまり、2Gの発展システムではパケットデータ伝送の仕組みも導入された。この2Gでは、システムの世界的な統一を目指す一部の動きがあったが、結果的には複数システムが開発・導入された。欧州のGSM（Global System for Mobile communications）、日本のPDC（Personal Digital Cellular system）（木下1994）、米国のD-AMPS（Digital-AMPS、規格名IS-54、IS-136）、および後に導入されたcdmaOne（規格名IS-95）が代表的なシステムであった。

　3Gでは、無線アクセス方式としてCDMAが本格導入され、パケットデータ伝送に適した適応変調符号化など、高速化、効率化を図る技術が採用された。一方、3Gでは、世界統一された標準システムの実現が大きな目標となったが、多数のシ

ステム提案がなされた結果、最終的に複数のモードをもつひとつの標準として整理された。このため、互換性のない複数の方式の規格が存在することになったが、主要な規格は W-CDMA（Wideband CDMA）（尾上 2014）と CDMA2000（城田・石田 2014）の 2 つに絞られた。3G の標準仕様開発にあたっては新たな手法が採られ、技術仕様作成の場を全世界でひとつにし、そこで開発された技術仕様を各国・各地域の標準化機関がそれぞれの標準規格として採用するというパートナシッププロジェクト[*2]が開始された。実際には、W-CDMA 仕様作成のための 3GPP（3rd Generation Partnership Project）、CDMA2000 仕様作成のための 3GPP2 が順次設立され、各プロジェクトでは当初システムの標準化後、引き続きパケットデータ伝送を進化させた HSPA（High Speed Packet Access）、EV-DO（EVolution Data Only）がそれぞれ標準化された。

次に、4G では、移動通信特有の多重電波伝搬路での伝送性能向上が可能な OFDMA（Orthogonal Frequency Division Multiple Access）が下り（基地局から移動端末に向かう方向）の無線アクセスとして新たに採用され、上り（移動端末から基地局に向かう方向）は移動機送信の負荷を考慮し SC-FDMA（Single Carrier FDMA）が採用された。また、複数アンテナを用いて送受信を行う MIMO（Multiple-Input Multiple-Out put）や複数の無線周波数帯域を使用した広帯域伝送技術などの導入により無線伝送容量が大幅に増大し、データ速度の高速化に拍車がかかった。他方、データ速度に制約があるものの、低消費電力で IoT 向けに特化した技術も導入された。4G のシステム標準は、当初、3GPP の W-CDMA および 3GPP2 の CDMA2000 のそれぞれの発展形として LTE（Long Term Evolution）および UMB（Ultra Mobile Broadband）が仕様開発された。しかし、UMB は実用化されず、LTE が唯一実用化された標準仕様となった。LTE は、さらに、IoT 向けに LPWA（Low Power Wide Area）技術や NB-IoT

＊2　パートナシッププロジェクト：3G の標準化にあたり、日本、欧州、米国、韓国、中国の標準化機関が協議し、3GPP が 1998 年 12 月に設立され、各国からの提案を基にひとつの 3GPP 標準仕様を策定する作業を進めることとなった。3GPP の作業班などの会合への参加は、国や地域の代表ではなく個人資格での参加である。さらに、もうひとつの 3G 提案方式である CDMA2000 の技術仕様を策定するために 3GPP2 が 1999 年 1 月に設立された。3GPP の活動は、技術の進展とともに新たな技術仕様を策定するなど、4G 以降も継続的に行われてきている。

3-4 移動通信ネットワークの進化

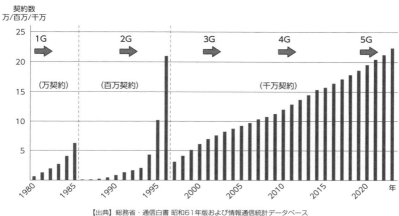

図1-2 国内移動通信サービス契約数の推移

【出典】総務省・通信白書 昭和61年版および情報通信統計データベース
携帯・PHSの加入契約数の推移（令和6年9月末時点）を基に作成

（Narrow Band-IoT）などの仕様化が進んだ。次世代の5Gは、以上の各世代において確立された技術の積み重ねの上に成り立っている。

1Gから5Gにいたる移動通信システムにおける契約者数の推移を示すグラフを図1-2に示す。同図から、1Gおよび2Gにおいては、年ごとの相対的な契約数の遷り変わりが5～6年のうち指数関数的な伸びをみせているのに対して、3G以降はその伸び率が一旦小さくなったものと読み取れ、5Gの今後の伸び率がどのように推移するかが注目される。なお、1Gから2Gにかけての契約数の伸びは、当初のビジネスマン向けのサービスから、コンシューマ（一般）向けのサービスに変貌したことが要因として挙げられるが、3Gから4Gに向けては、3Gで大きな投資を行った事業者が、十分な時間を置かないまま、さらに高性能な次世代システムを導入することには消極的であった。また、国内においては、3Gの商用導入後、なかなか市場に受け入れられず、契約者数が伸び悩んだ。このような状況に対し、4Gに向けては、直接4Gを導入するのではなく、3Gと4Gの繋役ともいえるSuper 3G concept（3.9Gに相当し、後にLTEとなる）(尾上他 2008)を先に導入し、その後、4Gを導入するアプローチが提唱された。3GPPへの当初提案では、3Gのlong-term evolutionという表現を使って、2004年12月に国内外の主要ベンダ、オペレータ計26社が連名でコンセプト提案を行ったが、その後、省略形のLTEが標

準化のワークアイテム名になり、そのまま LTE がシステムの呼称となった。国内において、LTE は 2010 年末に商用導入された後、さらに、複数周波数帯による無線伝送および複数基地局の機能集約などの高速・大容量化技術が適用された LTE-Advanced へと発展し、200 Mbps（bits per second）以上のサブ・ギガクラス通信を提供する本格的な 4G として商用化された。

一方、LTE が商用導入された後、スマートフォンの普及が加速し、2011 年から 2016 年にかけて、個人の保有するスマートフォンの国内における普及率は 5 年間で 4 倍の約 57%（総務省調べ）に達し、フィーチャーフォンからの移行が進んだ。

2　Beyond 4G に向けた技術アプローチとシステム構想【2010 ～ 2014 年】

2-1　Beyond 4G の想定サービスおよび IMT2020 の利用シナリオ／要求条件

国内において、LTE の商用サービスが開始された頃、10 年先の 2020 年の実現に向けて、4G の次世代システムである Beyond 4G（後の 5G）のシステム要求条件および想定される応用サービスに関する検討がはじまった。たとえば、2013 年には、奥村・中村（2013）において 5G が普及する時代において提供が想定されるサービスを、4G までの高速無線通信サービスのさらなる拡張や多様化に相当する「MBB（Mobile Broad Band）の拡張」、およびあらゆる「モノ」が無線通信でネットワークに接続する世界である「IoT」に大別したうえで予測することが行われている。この予測における MBB 拡張により実現するサービス・アプリケーション例としては、動画・アニメーション・音声などのリッチコンテンツを扱う Web サービスや SNS、4K または 8K 映像を活用するサービス、ネットワーククラウドの膨大な情報と緊密に連携した VR/AR/MR の各サービス、触覚通信サービスなどがあげられている。さらに、モバイル通信が人々にとってのライフラインとなり、車両の自動運転、建設機械やロボットの遠隔操縦、遠隔医療のような安全で確実性を求められるサービスも提供可能になると予測している。また、IoT のサービス・アプリケーション例としては、車、住宅、家電、ロボット、装飾品、センサなどの様々な身の回りのモノや産業機器などがネットワークを介して有機的に接続され、ネットワーククラウドが膨大な情報を自動的かつ知的に管理・制御することで、モバイル通信ネットワークが個人ユーザ、企業に対して様々な価値をもたらす新しいサービスが提供可能になるものと予測している。

3-4 移動通信ネットワークの進化

図2-1 IMT-2020の利用シナリオ

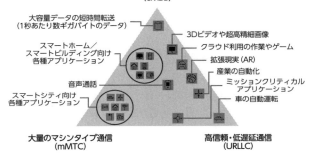

【出典】ITU（2015）のFIGURE2を基に作成

　一方、国際連合の電気通信分野の専門機関である国際電気通信連合の無線通信部門（ITU-R: International Telecommunication Union-Radio Communication Sector）や3GPPにおいても5Gの利用シナリオが検討され、ITU-RがIMT-2020[*3]（5Gに相当）に向けて策定した勧告には、図2-1に記載の3つの主要シナリオとそれらの組合せにより、多様なサービスをカバーすることが示された。ここで、eMBB（enhanced Mobile Broad Band）は上述のMBB拡張に相当するシナリオ、mMTC（massive Machine Type Communications）は上述のIoTをサポートする多数端末同時通信に相当するシナリオ、URLLC（Ultra-Reliable and Low Latency Communications）は、通信に対して高い信頼性とリアルタイム性、および可用性が求められる「ミッションクリティカルなサービス/業務」（通信の性能劣化や途絶が大きな悪影響をもたらすサービス/業務）をサポートするシナリオである。これらの5Gの利用シナリオにより実現するサービスは、個人ユーザ（コンシューマ）向けの各種サービスに加えて、多岐にわたるビジネス活用シーンにおける新サービスがあり、これらをリーズナブルな品質とコストで実現するためには、柔軟かつ安定した5Gネットワークの構築に加え、新たなビジネスモデルの創出や業界を

＊3　IMT-2020：IMT-2020は"International Mobile Telecommunications-2020"（国際移動通信2020）の略。2020年頃に実現が期待される次世代の移動通信システム（5Gに相当）のITUにおける呼称で、2014年頃からITU-Rの作業部会がIMT-2020の無線インタフェースに関する勧告（Recommendation、国際的標準）の策定を進めてきた。

跨ったエコシステムの構築も必要不可欠である。

　また、ITU-R は、上述した IMT2020 の利用シナリオを具現化するために必要となるシステムの要求性能（ITU(2015) の FGURE3）も勧告化した。IMT-2020 の要求性能として、最高伝送速度 20 Gbps、伝送遅延 1 ms、接続端末密度 100 万台/1 平方キロメートル、移動性能 500 km/h など計 8 項目を、IMT-Advanced[*4]（4G 相当）の要求性能とともに示しているが、すべての項目において IMT-2020 の性能が上回っており、その差分は1桁から大きいものでは2桁となる。これらの要求性能は 5G の最終目標ともいえ、項目により、5G の普及・拡大にともなって段階的に達成される。

　上述した要求性能を実現するため、当初、セルラー・システムとしての新たなアーキテクチャや周波数利用コンセプトなどが検討され、Beyond 4G の基本的なシステムイメージが固まってきた 2014 年頃までには、国内外において「5G」と呼称されるようになった。国内では、2014 年 9 月に、5G の通信技術確立と高度化、地域利用や産業・公共利用、社会課題解決に向けた応用事例の普及・展開などを促進することを目的として、産学官のメンバで構成される第 5 世代モバイル推進フォーラム（5GMF：The Fifth Generation Mobile Communication Promotion Forum)[*5] が設立された。

2-2　高周波数帯の開拓

　移動通信システムの容量拡大に必要な電波の周波数帯が逼迫状態となりつつあるなか、5G に向けて、従来の移動通信システムにおいて使用が想定されていなかった高い周波数帯である 6 GHz（ギガヘルツ、10 億ヘルツ）を超える周波数帯の開拓が行われた。4G の 10 倍を超える超高速通信の実現にあたり、低い周波数帯では既存の無線通信システムそれ以外のシステムを含む）とその無線局が多数存在し、新たなシステム向けに広い周波数帯域を確保することが難しく、高周波数化が必須となった。高周波数化にあたっては、電波伝搬の解明、無線装置のマルチバンド化がなどの技術課題に加えて、事業者の運用・エリア展開上の課題、行政（周

[*4]　IMT-Advanced：IMT-2020 の前世代の移動通信システム（4G に相当）の ITU における呼称。

[*5]　https://5gmf.jp/outline/index/.

波数割当て見直し、国内法規改定など）における課題があり、研究機関、装置ベンダ、事業者、国が連携して解決することが求められ、国内では 5GMF による支援が大きく寄与した。

5G では、高周波数化に向けた新しい周波数利用コンセプトとして、従来移動通信に割当てされている周波数帯である UHF（Ultra High Frequency）帯（300 MHz ～ 3 GHz）を使用しつつ、新たに同周波数帯よりも高い周波数帯である SHF（Super High Frequency）帯（3 ～ 30 GHz）や EHF（Extra High Frequency）帯（30 ～ 300 GHz）を追加導入して複数の周波数帯を同時使用することが考えられた。ここで、低周波数帯では、周波数利用効率を向上させるため、従来用いられてきた周波数や時間の領域で分割された無線リソースのなかから端末ごとに異なるリソースを割り当て使用する直交多元接続（OMA: Orthogonal Multiple Access）に対し、同一の無線資源を複数の端末で共用する非直交多元接続（NOMA: Non-Orthogonal Multiple Access）が適用可能である。一方、高周波数帯では、高周波数化によって増大する電波伝搬損失を補償する技術である Massive MIMO（後述）の導入や、複数のサブキャリア間隔を有する OFDMA の採用などにより、システム性能向上と対応周波数帯の拡大が可能である。

2-3　電波防護指針の策定

電波（電磁波）の健康影響は移動通信の発展の歴史とともに長期に検討がなされてきた。わが国では、1990 年に、郵政省（現総務省）の電気通信技術審査会が過去 40 年以上にわたる国内外の研究成果に基づいて電波の人体に対する安全性の基準となる電波防護指針を定め、その後、必要な改定が行われてきた。5G に向けては、6 GHz を超える高周波数の使用および 6 GHz 以下と 6 GHz 超の周波数帯の同時使用や、後述するビームフォーミングによる特定方向への電波発射など、電波が人体へばく露される条件が変わることを想定した検討が進められ、2018 年 9 月に、総務省の情報通信審議会から諮問第 2035 号「電波防護指針の在り方」のうち「高周波領域における電波防護指針の在り方」に関する一部答申（総務省 2018）が出された。これを受けて同年 5 月に施行された改定無線設備規則では、高周波数化により電波の波長が短くなることで人体表面に電波が集中する場合の熱作用を考慮し、無線局から人体にばく露される電波の周波数が 6

GHzを超える場合の測定項目として入射電力密度を新たに設け、その許容値などを規定するとともに、同一筐体の無線設備から複数の電波が同時に発射される場合は総合照射比により評価することを規定した。

3　5Gの研究開発加速と国際標準化推進【2015〜2016年】

3-1　5Gの性能向上アプローチとキー技術の研究開発

　高速・大容量通信、超高信頼・低遅延通信、多数端末同時接続他の特長を有する5Gは、経済成長に不可欠なICT基（Information and Communication Technology）盤として早期の実用化をめざした研究開発と国際標準化が進められた。4Gの高度化が進むとともに、4Gから5Gへのマイグレーションパスも考慮したノン・スタンドアローン（NSA）構成の検討がなされた。5Gの無線アクセスでは、2-1節で述べた要求条件を達成するため、「LTEとの後方互換性を維持したeLTE（enhanced LTE）による継続的（compatible）進化」および「新たな無線アクセス技術（New RAT/NR: New Radio）による飛躍的（remarkable）進化」の両アプローチを組合わせている（図3-1）。とくにNRでは後方互換性による制約を排除し、高周波数帯をサポートすることで大きな性能向上を図る。具体的な無線アクセス性

図3-1　5G無線アクセスの性能向上アプローチ

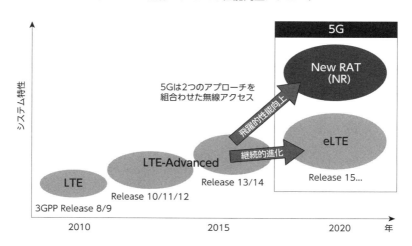

能向上の方法として、進化した無線アクセス技術や無線伝送技術の採用による周波数利用効率の向上、高い周波数帯の採用による周波数帯域幅の拡張、多くの基地局配置による高密度ネットワーク対応があり、これら複数の方法を組み合わせ、あるいは併用することによりシステムの性能目標を達成する。

5G無線アクセス技術のキー技術のひとつにMassive MIMOがある。Massive MIMOは、超多数素子のアンテナを用いるMIMO伝送方式で、高周波数帯の使用によってアンテナ素子が小型化し、同一面積あたりの素子数を大幅に増やして鋭いビームを生成するビームフォーミング（BF: Beamforming）の実現により、電波伝搬損失の補償による通信エリアの拡大が可能である。また、各ユーザに対して異なるBFを生成することができ、超多数素子アンテナがもつ空間的自由度を多数ユーザの同時接続に活用してシステム容量の増大が可能である。なお、国内における5Gの研究開発にあたっては、国（総務省）による研究開発委託事業（電波利用料を財源とする「電波資源拡大のための研究開発」）により移動通信事業者、移動通信ベンダ、研究機関および大学による技術開発が加速された。また、2016年には、5GMFが、5Gを支える技術や5Gの典型的利用シナリオなどを取りまとめたホワイトペーパー（5GMF 2016）を発行した。

3-2　5Gの国際標準化

本章1節で述べたように、1G/2Gは、世界的に技術・方式またはシステムが乱立していたのに対して、3Gからは無線インタフェースの国際標準化が行われ、複数の技術提案（候補）に対して、性能面だけでなくコスト面、継続性／互換性（コンパチビリティ）や運用面も含めて、総合的な最適解を専門家会合において議論し、コンセンサスベースで仕様策定する形に移行した。

5Gの国際標準化においては、2020年の商用化をターゲットとした仕様策定作業が、引き続き3GPPを中心として進められた。途中、各国の思惑から予定通り進まない状況に陥ったことがあり、当該状況から脱却するための動きと新たなシナリオが適用された。3GPPにおける5Gの初版標準仕様Release 15では、無線アクセスの主要技術として超高速・超低遅延を意識した技術を中心に仕様化され、5Gのさらなる発展に向けた後継仕様のRelease 16では、IoTデバイス、多数端末接続を意識した技術を中心に仕様化が進められた。2020年代になると、コン

シューマ向け端末数は頭打ちとなりつつあるのに対して、5Gの普及・拡大とともに、モバイルネットワークにおけるユーザ数／端末数のさらなる増加はIoT端末が牽引するものと期待される。

3-3 5Gプロトタイプ装置による応用実証

　1Gから4Gにいたる移動通信システムでは、当該世代の実用化の過程において、完成形に近いシステム・装置の性能を評価する観点で典型的な応用サービスを中心に開発者・事業者による実証（システム実験）が行われ、商用化後に、ユーザの利用数の増大にともなって応用サービスの領域が拡がっていった状況であった。

　これに対し、5Gでは、その特長を活かした多様な新サービス・新産業の創出について商用化開始以前より活発に議論・検討されるようになり、社会的課題の対策に資する応用への期待も早くから高まった。2016年頃からは、多岐にわたる領域・分野のプレイヤ（Vertical Player）が移動通信事業者と連携して、プロトタイプの5G端末・基地局装置を用いた実証試験／システムトライアルに着手し、推進した。また、事象者を中心に、これらの実証を行うための共用検証環境も提供されるようになり、全国に検証環境が拡がった。一方、5GMFも、無線・ネットワーク・アプリケーションおよび端末を連携させた総合的な実証試験を2017年度から開始する計画（5GMF 2015）を発表した。

4　5Gの応用サービスの開拓と商用化への道のり【2017〜2020年】

4-1 5G総合実証試験

　2017年からは、5Gの実現による新たな市場や新しいサービス・アプリケーションの創出に向けて、さまざまな利活用分野の関係者が参加する総務省の「5G総合実証試験」（総務省2017, 奥村他2018）が2020年にかけて実施された。同実証試験は、5GMFにおいて計画された内容も加味して具体化された試験（奥村他2020）で、6試験グループが、eMBB、URLLC、mMTCの3つの技術分類に対して、各々特徴あるユースケースの実証を全国で実施した（奥村・須山2020a, 奥村・須山b, 5GMF 2021）。総務省の主導による同実証試験は、従来、新しい無線システムに対する国内法制度整備のために実施されていた「技術試験事務」

（電波利用料財源）を、システムの応用面を検討するために拡大実施したものである。2019年1月には、地方が抱えるさまざまな課題の解決につながる地方発のユニークなアイデアを発掘することを目的として、総務省は「5G利活用アイデアコンテスト」（総務省 2018）を開催し、2019年度の5G総合実証試験では、同コンテストの結果も踏まえ、地域課題の解決に資する利活用モデルに力点を置いた実証試験（総務省 2019）が実施された。

5Gを応用する新サービスが期待される分野に医療への応用が挙げられるが、なかでも、医療機関や医師の偏在による都市部と地域との医療格差の拡大や、新型コロナウイルスの感染拡大などを背景として、人の移動や接触の機会を減らし、より広範囲に効率的な医療を提供可能な遠隔医療に対する5Gの応用が期待され、5G総合実証試験においても、5Gを医師対医師の遠隔医療に応用する事例として、地方創生を支える地域／僻地医療や救急医療の高度化ソリューションの実証（奥村他 2020）が行われた。

4-2　5G商用サービスの開始

5G商用サービスの開始に向け、国内では2019年4月に5G用周波数の各事業者への割当てが総務省により実施された。既存の移動通信（3G/4G）用周波数帯（700 MHz帯から3.5 GHz帯の7周波数帯）に加えて、5G用に3.7 GHz帯／4.5 GHz帯（それぞれ100 MHz帯域幅）および28 GHz帯（400 MHz帯域幅）が事業者割当てされ、最大で4Gの4倍となる広い帯域幅による高速無線データ伝送が可能となった。4G（LTE-Advanced）における最大100 MHz帯域幅による無線伝送は、CAを用いて複数の20 MHz帯域幅のキャリアを束ねて実現するのに対して、5Gにおける100 MHz帯域幅（Sub6帯使用時）による無線伝送は一つのキャリアによって実現する。ここで、3.7 GHz帯/4.5 GHz帯を総称してSub6帯（6 GHz未満を意味する），28 GHz帯をミリ波（mmW）帯とそれぞれ呼称・表記することがある。また、Sub6帯の2つのキャリアに対してCAを用いて束ねることで、200 MHz帯域幅による高速無線伝送が可能であり、これをSub6-CAとよんでいる（国内では、2020年12月にSub6-CAを世界に先駆けて導入され、下り最大4.2 Gbpsを実現した）。なお、国内では、従来4Gで使用されてきた周波数帯を5Gでも使用できるように2020年8月に関連する法令の改定が行われ、5Gとして

使用できる周波数帯域が柔軟に追加可能となった。

5G用周波数の事業者への割当て後、商用サービス開始に向けては国内の主要イベント（ラグビーワールドカップ、東京オリンピック・パラリンピック）がマイルストーンになった。ラグビーワールドカップが開幕した2019年9月20日には、5Gの先行サービスに相当する「5Gプレサービス」がNTTドコモにより開始され、全国のラグビーワールドカップ会場およびライブビューイング会場においてマルチアングル視聴などの新しい観戦スタイルを提供した。東京オリンピック・パラリンピックの開催に間に合わせる形で、国内の各事業者が2020年3月下旬に「5G商用サービス」を全国でスタートした。ドコモを例にとると、サービス開始当初はSub6帯を使用して下り最大3.4 Gbpsの高速通信を提供し、同年6月には北海道から沖縄まで約300におよぶ5Gエリアを展開した。さらに、5G対応移動端末の機種数も増やしつつ、同年9月には28 GHz帯を使用した下り最大4.1 Gbpsのサービスを開始した。

国内における移動通信サービス各世代のエリア構築と展開については、1Gにおいて当初東京23区からスタートして大阪地区へ展開したが、その後の2G〜4Gにおいても、基本的に潜在的なユーザ数（あるいはトラフィック需要）が相対的に大きいとされる東名阪エリアを当初のサービスエリアとして優先的かつ集中的に展開することが行われてきた。これに対して5Gでは、商用化の段階から東名阪のみならず全国を対象として必要なところに基地局を分散設置し、スポット的なエリアも含めて全国に早期展開することを行った。

このような5Gの実用化・商用化が進められる一方で、4Gシステムにおいては、マルチバンド・マルチアンテナの拡張、多値変調の高次化などの無線アクセス技術の導入により、2020年3月には、4G商用サービスの通信速度はサブ・ギガクラスからギガ・クラスの最大1.7 Gbpsを達成している。4G高度化に向けた各技術は5Gにおける技術と基本的な機能面で共通性があり、5Gを含めた端末・基地局トータルの効率的な商用開発にも寄与している。

4-3　ローカル5G

国内外で展開されている5Gサービスは、移動通信事業者が、一般公衆向けに公平かつ一律のサービスをめざして、いわゆる公衆ネットワーク（Public Network:PN）により提供するもので、国内においては急ピッチでエリア拡大が進んでい

る．これに対して，特定のユーザ，グループを対象に，非パブリックネットワーク（Non Public Network：NPN）により限定された場所や狭いエリアで提供する 5G サービスも国内外において導入がはじまっている．ここで，PN を用いる 5G は，キャリア 5G または全国 5G，NPN を用いる 5G は，プライベート（自営）5G またはローカル 5G とよばれる．

　国内で実導入されている全国 5G とローカル 5G（奥村 2024）の各システムは，ともに 3GPP の 5G 仕様に準拠するが，全国 5G は移動通信事業者が文字通り全国あまねくサービスエリアを構築しているシステムであるのに対し，ローカル 5G は地域の企業や自治体などのさまざまな主体が自らの建物や敷地内でスポット的に柔軟にネットワークを構築し利用可能なシステムとであり，総務省が 2019 年度に制度化した．ローカル 5G は，全国 5G が使用する周波数帯とは別の専用の周波数帯が割り当てられている．また，システムとしての主要な特長には，全国 5G の既存エリアやエリア拡大状況とは関係なく，必要な場所，タイミングで 5G ネットワークを構築可能，ネットワークの用途に応じて必要な通信性能を設定・カスタマイズ可能，他のネットワークにおける通信障害や災害などの影響を受けにくく，通信サービスの継続性を得やすいことなどがある．

5　5G の普及および将来展望【2021 〜 2024 年】

5-1　5G のサービスエリア拡大と端末普及

　商用サービス開始後の日本全国における 5G 基地局数（4 事業者合計）は，2020 年度・2.1 万局，2021 年度・8.8 万局，2022 年度・17 万局と急速に増加し，2023 年度末には，全 1741 市区町村のうち 1731 市区町村に 5G 基地局が整備され，全国の 5G 人口カバー率が 98.1% に達している（総務省 2024）．これは，デジタル田園都市国家インフラ整備計画の 5G 整備目標を 2 年前倒しで達成したことに相当する．また，国内の 5G 対応スマートフォンの出荷台数は，2020 年度・1054 万台，2021 年度・1753 万台（前年比 67.7%増）となり，2025 〜 2026 年度にかけて 3000 万台を超すものと予測されている（総務省 2023）．なお，5G 対応端末のうち，ミリ波（28 GHz 帯）対応端末の割合が少なく，販売価格が 10 〜 15 万円の端末に限定されている状況であるため，基地局の整備とともに，端末の

機種増加・価格引下げが課題である。

5-2　将来展望

　日本における 5G 商用化の約 1 年前に、海外の複数事業者が世界初の 5G 商用サービスを開始したとして名乗りを上げたが、この状況に対し、日本は 5G で世界に後れを取っていると指摘されることがあった。しかしながら、10 年ごとに繰り返されてきた移動通信システムの世代交代を考えると、5G も商用化後 10 年近くは世代が継続することが想定され、その間、上述した 5G 総合実証試験などの先行的な取組みの成果が原動力となって、5G を応用するサービスの国内外における普及・拡大に貢献することが期待される。これらが実現するかは業界の垣根を超えた協力が重要である。

　また、次世代移動通信に向けては、ビッグデータ、クラウド、AI の普及にともないサイバー・フィジカル融合（日本政府提唱の Society 5.0 を実現するシステム）への関心が高まってきた。このサイバー・フィジカル融合に、5G の進化形である 5G Evolution からさらに Beyond 5G すなわち 6G を適用することが考えられている（NTTドコモ 2022）。6G では、5G の特長に収まらない新しい組み合わせの要求条件や 5G でも達成できない超高性能を必要とするユースケースを想定した要求条件として「超高速・大容量通信」「超カバレッジ拡張」「超低消費電力・低コスト化」「超低遅延」「超高信頼通信」「超多接続&センシング」などが考えられ、2030 年代の社会や産業を支える基盤技術・システムになるものと期待されている。具体的なサービス応用面でも先進的なソリューションの検討が進んでおり、たとえば、医療分野での応用では遠隔手術支援（奥村 2019）、遠隔ロボット手術（奥村 2023）の実証もはじまっている。

　移動通信ネットワークの将来に向けた進化においては、マーケティング戦略に惑わされることなく、持続的に技術を進化させ続けることが重要であると考えられる。特に国際標準化においては、日本を含む先進国が技術をリードしていくことが重要であり、技術の広範な普及は全世界に利益をもたらすことになる。1G を世界に先駆けて実用化した日本が、5G の発展と 6G 以降も、移動通信ネットワークを支える技術を牽引し続けることを切に願いつつ、本章を終えたい。

3-4　移動通信ネットワークの進化

【参考文献】

(※ URL の閲覧日は、2025 年 2 月 1 日である)

5GMF(2015)「5Gシステム総合実証試験実施計画」, https://5gmf.jp/wp/wp-content/uploads/2016/07/poc_1506_j.pdf.

5GMF(2016) "White Paper: 5G Mobile Communications Systems for 2020 and beyond" 第 1.01 版 https://5gmf.jp/whitepaper/5gmf-white-paper-1-01/.

5GMF(2021)「5G システム実証試験報告書（総括版）：General Report on 5G System Trials in Japan from 2017 to 2020」https://5gmf.jp/wp/wp-content/uploads/2021/07/5G-TPG_General_Report_2020_R2.pdf.

ITU(2015) "Recommendation ITU-R M2083-0".

NAE(2013) "2013 Charles Stark Draper Prize for Engineering Recipients", https://www.nae.edu/67245/2013-Charles-Stark-Draper-Prize-for-Engineering-Recipients.

NTTドコモ (2022)「6G ホワイトペーパー：5G の高度化と 6G」第 5 版, https://www.docomo.ne.jp/corporate/technology/whitepaper_6g/.

伊藤貞男 (1980)「我が国の移動通信小特集 自動車電話方式」『電子通信学会誌』Vol.63, No.2, 122-127.

奥村幸彦・中村武宏 (2013)「将来無線アクセス・モバイル光ネットワーク 〜その1〜 / 〜その2〜」『信学技報』RCS2013-231/232, 149-160.

奥村幸彦 他 (2018)「オールジャパンによる 5G システムトライアル」『電子情報通信学会誌』Vol.101, No.11, 1058-1065.

奥村幸彦 (2019)「第 2 編 スマート手術室と手術デバイス開発・第 1 章 スマート治療室 SCOT の構築・第 10 節 SCOT のモバイル化」『スマート医療テクノロジー』エヌ・ティー・エス.

奥村幸彦・須山聡 (2020a)「第 5 世代移動通信システム—スマート社会の実現—」『電子情報通信学会誌』Vol.103, No.2, 142-148.

奥村幸彦・須山聡 (2020b)「5G 時代のサービス協創とシステムトライアル —幅広い業界における新たなパートナーシップと地方創生・社会課題解決にも繋がる 5G サービスの実証試験—」『情報処理学会誌（情報処理）』Vol.61, No.3, 243-249.

奥村幸彦 他 (2020a)「5G 総合実証試験の推進と振り返り〜 5GMF・5G 実証試験推進グループの国内外における活動の軌跡〜」『ARIB 機関誌』No.111, 54-61.

奥村幸彦 他 (2020b)「5G を活用する遠隔診療システムの実証試験」『電子情報通信学会通信ソサイエティマガジン』No.55, 186-199.

奥村幸彦編著 (2022)『5G の本』電気書院.

奥村幸彦 (2023)「5G 遠隔ロボット手術支援ソリューション」『ITU ジャーナル』Vol.53, No.11, 3-7.

奥村幸彦 (2024)「ローカル 5G の技術動向」『映像情報メディア学会誌』Vol.78, No.1, 9-20.

尾上誠蔵 他 (2008)「定額制時代の大容量・高効率通信を支える技術特集」『NTT DOCOMO テクニカルジャーナル』Vol.16, No.2.

尾上誠蔵 (2014)「W-CDMA 方式の研究から商用システム開発まで」『電子情報通信学会通信ソサイエティマガジン』No.30, 106-109.

城田雅一・石田和人 (2014)「衛星通信への拡張も始まった 3GPP2 の携帯電話システム開発」『電子情報通信学会通信ソサイエティマガジン』No.30, 123-126.

木下耕太 他 (1994)「ディジタル移動通信方式」『電子情報通信学会誌』Vol.77, No.2, 161-173.

倉本実 他 (1988)「大容量自動車電話方式」『電子情報通信学会誌』Vol.71, No.10, 1011-1022.

総務省 (2017)「報道資料：5G 総合実証試験の開始」http://www.soumu.go.jp/menu_news/s-news/01kiban14_02000297.html.

総務省 (2018a)「報道資料：高周波領域における電波防護指針の在り方」https://www.soumu.go.jp/menu_news/s-news/01kiban16_02000185.html.

総務省 (2018b)「報道資料：「5G 利活用アイデアコンテスト」の開催」https://www.soumu.go.jp/menu_news/s-news/01kiban14_02000362.html.

総務省 (2019)「報道資料：令和元年度 5G 総合実証試験の開始」https://www.soumu.go.jp/menu_news/s-news/01kiban14_02000390.html.

総務省 (2023)『令和5年版情報通信白書』第 2 部, 111, https://www.soumu.go.jp/johotsusintokei/whitepaper/ja/r05/pdf/n4500000.pdf.

総務省 (2024)「報道資料：5G の整備状況（令和 5 年度末）の公表」https://www.soumu.go.jp/menu_news/s-news/01kiban14_02000658.html.

Column

「通信と放送の融合」の科学技術史的教訓

林　紘一郎

問題の視角

　通信と放送の融合とは、電気通信網のブロードバンド化・放送インフラのデジタル化・衛星放送等の普及にともない、通信と放送の連携サービスや相互参入が進展する現象を指す。融合論は 1980 年代後半のマルチメディア化とともにはじまり、2001 年末に当時の IT 戦略本部が、〈水平分離〉（レイヤ別分離）を提言し、2006 年に通信と放送の在り方に関する懇談会がその具体化を提案した時点までは[*1]、産業秩序の在り方を中心に議論が進んだ。

　2010 年代に入ると議論は収斂しないまま、意外な展開を遂げた。移動通信網の高度化・広帯域化が進んで、スマートフォンでテレビを含めた映像を無理なく受信できるようになり、伝送路と受信機の融合が事実上達成された。また免許を受けた大企業や専門家でなくても、映像情報を発信することが可能（いわば誰でも臨時放送局になれる状況）となった。そこで民放テレビ局は 2015 年にインターネットによる見逃し番組配信を、2022 年までに同時配信を開始し、NHK も放送法の改正を受けて 2020 年に常時同時配信をはじめた。

　総務省は、デジタル時代における放送制度の在り方に関する検討会（2022）において、レイヤ別分離の原則を再確認し、インターネット配信や番組関連情報の提供を NHK の必須業務（放送法 20 条 1 項）とし、業務規程の策定と総務大臣へ

[*1] 〈水平分離〉とは、IT で一般化した〈ネットワークとコンテンツ〉というレイヤ区分で産業組織をとらえる考え方。2000 年代末以降はプラットフォームを加えた 3 分法が一般的。〈水平分離〉という表現は、競争法の通常の語法に反するため、林（2005）以降、筆者は〈レイヤ別分離〉に改めた。

の届け出を義務化する放送法の改正を行った。しかし NHK の存在の大きさから肥大化批判が残るなど、未解決の課題も多い。

この長い期間に何が実現され何が実現されなかったのか、それはなぜか、各プレイヤーの認識や立ち位置を含めて記録しておくことは、科学技術史の素材として有益だろう。

メディアとメッセージのルース・カップリング

電子メディアは、電気通信(パーソナル・メディア)とラジオ・テレビ(マス・メディア)に大別され、20世紀前半には前者がケーブル(有線)を後者が電波(無線)を使い、棲み分けていた。当時の技術では、ケーブルは伝送品質が高く秘匿性があるが映像を送るには帯域が不足するため、音声中心で1対1の双方向通信に向いており、電波は大量情報の送信は得手だが、秘匿性がなく伝搬範囲がかぎられるので1対多で片方向の放送に向いていた。この特性から、それぞれの代表格である電話とテレビの融合はありえないと考えられた。

ところが20世紀中葉から、コンピュータとデジタル技術の驚異的発展がはじまり、1980年代には通信・放送・コンピュータの3産業が、「産業融合」を起こす可能性が高まった(林1984)。同時に、技術的制約で生じた産業の分界点が不明確になり(たとえば通信衛星と放送衛星)、融合領域をどう整理するかという「産業秩序」をめぐる問題が発生した。[*2]

1990年代には、ネグロポンテ(1993:40-41)が「いずれ電話が無線で、テレビが有線で運ばれる」と予言し、「マルチメディアはメディアとメッセージのルース・カップリングを可能にする」という明確な宣言となった(林2005:11-15)。その際は、メディアが違ってもメッセージが容易に伝送されるよう、手順が標準化されている必要があるが、インターネットの普及拡大を前提にすればIP(Internet Protocol)に合わせ

---

*2 　伝送速度が遅く実用化に程遠かったビデオテックス(わが国では1984年開始のCAPTAIN)をめぐって展開された先陣争いが、そのはしりと考えられる。またNTTが1989年に開始したダイヤルQ2に関する事件(電話による有料情報サービス料を電話料金と一緒に回収するもので、未成年者が親に内緒で利用し多額の料金を請求される事例が問題になった)は、コンテンツの編集責任は誰が負うのかという(次節で述べる)社会的論点を含むものであった。

コラム──「通信と放送の融合」の科学技術史的教訓

ていく（Everything over IP）のが近道である。そこで 2010 年代以前の融合論争は、〈放送番組の IP マルチキャストによる同時配信〉の是非を中心に展開された。

融合する部分と融合しない部分

　融合が時代の大きな流れであるにしても、超えなければならない壁もある[*3]。それを、6 局面に分けて整理したのが次表であり、通信と放送が技術的に近づいていくことは確実で、①〜③は特に融合しやすいことが読み取れる。2010 年代に入っておきたのはまさにこの現象で、利用者側からみれば a) 伝統的な地上波放送の受信、b) 衛星放送の直接受信、c) CATV 経由の受信、d) 移動通信による受信、e) ウェブを利用した映像情報へのアクセスどころか、f) 利用者自身が映像情報を作成し流通させることまで可能になる。CGM（Consumer Generated Media）の語は、主として f) に与えられた名称である。
　その反面、ビジネス的・産業秩序的にも通信と放送が融合したといえるためには、④〜⑥に掲げたコンテンツ産業とコモン・キャリア産業の本質的差異（コンテンツ編集責任の有無）を、解決しなければならないことがわかる。⑥は融合論に特有の現象ではないが、情報という財貨に法的権利を設定すると、言論の自由（情報の自由な流通）を促進する面と制限する面の両面があることを知らしめた点で、制度設計には欠かせない要素となった。

縦割り法制の融合と通信の文化・放送の文化

　通信と放送の融合分野が次第に広がる可能性があるなら、各業界の秩序が縦割りで細切れなのは煩雑だし、競争政策の面でも対等な競争条件（level playing field）が整っているとはいいがたい。現状では有線電気通信法と電波法という基本的法律と、電気通信事業法・放送法・有線テレビジョン放送（CATV）法という業

＊3　法的には、「電気通信役務」は「電気通信設備を用いて他人の通信を媒介し、その他電気通信設備を他人の通信の用に供すること」（電気通信事業法 2 条 3 号）であり、「放送」は「公衆によって直接受信されることを目的とする電気通信の送信」（放送法 2 条 1 号）」であるから、技術的には前者が後者を包摂するが、行政の関与（規制）はコンテンツ規制を含むため、後者を念頭において設計する必要がある。

表　通信と放送の融合の6局面

		電気通信	放送	融合の可能性
①	サービス	1対1のほか1対多の送信が可能になり、広帯域化で映像も送れるようになった	IPマルチキャストによるインターネット放送や、加入方式の有料放送が可能になった	通信衛星と放送衛星、電気通信役務利用放送など、融合の可能性が高い
②	伝送路	長距離伝送は光ファイバ、加入者線は無線という形でハイブリッドな組み合わせが可能になった	無線伝送の代表格であったが、インターネットによる送信(同時送信を含む)やアクセスが可能になった	注3における放送法の定義に合致すれば、インターネット放送も可能になるが、④〜⑥の規制には従わなばならない
③	受信機	ラジオ・テレビ専用の受信機が必要	スマートフォンで受信できる	アクセシビリティの点を除けば、スマートフォンでほぼ完全に融合する
④	経済的規制	参入・退出規制や料金規制があるが、規制緩和の流れに沿って次第に緩やかになった	周波数の有限性などの制約から、参入規制(外資規制を含む)が厳しい。さらにNHKについては公共性確保のための規律がさらに厳しい	伝統的なPBC分類[*a]により3つの態様が融合しないまま存続する(別に1型というインターネットに特有の規制が成り立つかもしれない)
⑤	コンテンツ規制	「通信の秘密」が第一義であり、コンテンツには原則的にはノータッチ。しかしプロバイダ責任(制限)法のnotice-and-takedownの義務はある	放送法が定める「番組編集準則」「調和原則」に従う義務があり、第三者による番組審査(BPO=Broadcasting Ethics and Program Improvement Organization)も運用されている	コンテンツに関して編集権・編成権をもつB型と、情報の媒介者にすぎず通信内容に関与しないC型は、基本的な機能の部分で融合しようがない
⑥	著作権処理[*b]	コンテンツ・ビジネスに参入した場合は、著作権の個別処理が必要になる(この点が大きな参入障壁になる)	自社制作番組の著作者になるほか、著作隣接権も保有。音楽CD等の利用に関して、JASRAC等との包括協定により個別の許諾を要しない	上述の差が著作権の扱いの差となって表れるので、level playing fieldの整備が必要になる

*a　経済的規制とコンテンツ規制のマトリクスによって、両者とも「なし」のP型(PressまたはPublishing)・ともに「あり」のB型(Broadcasting)・前者のみ「あり」のC型(Common Carrier)に分ける考え方(林(2005)。ただし、その源流はPool(1983))。

*b　この問題は法律実務的にも相当入り組んでおり、たとえば「電気通信役務利用放送」は、行政規制上は「放送」だが著作権法上は「通信」というねじれを生じさせた。細部は山崎(2006)、池田ほか(2006)の林執筆部分、田村(2019:288-296)における判例の解説等を参照されたい。

コラム――「通信と放送の融合」の科学技術史的教訓

図　IT戦略本部(2001)における「水平分離」の提案

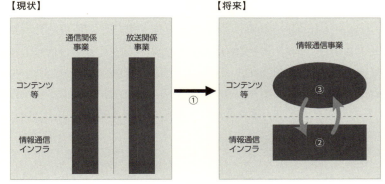

法、[*4]さらに著作権法などの個別法が〈縦割り行政〉を形成し、融合分野で問題が発生したら個別対応するしかない。

そこで〈あるべき法〉が、ゼロ・ベースで議論されたが、なかでも最も影響力があったのは、通信と放送の在り方に関する懇談会（竹中平蔵総務大臣の私的懇談会）の最終報告書（同懇談会 2006）であった。そこで提案された新しい産業秩序は、次図のような姿で IT 戦略本部が検討していたもの（IT 戦略本部 2001）を念頭に、これまでの縦割りを水平分離に転換するという画期的なものだった。[*5]

実は筆者は、IT 戦略本部の検討に先駆けて「通信・放送融合法」の思考実験を行っており、その要点は著作権法に導入された「公衆送信・送信可能化」の概念を生かした「電子公衆送信法」であった（林 2002）から、IT 戦略本部の発想と親和性をもっていた。その中心をなす「放送は無線で」という固定観念を捨てるという提案が、2010 年の放送法改正に盛り込まれたのは、画期的なことであった。[*6]

しかし産業秩序をインターネットのレイヤ構造に合わせることは、業界人（特に放送

* 4 　有線テレビジョン放送法は、放送法に吸収統合され、2011 年 6 月 30 日に廃止された。
* 5 　懇談会 [2006] には図そのものは登場しないが、本文は明らかにこの図を念頭に置いている。
* 6 　実は注 3 に掲げた「放送」の定義は 2010 年改正法で実現したもので、それ以前の規定は「公衆によって直接受信されることを目的とする無線通信の送信」であった。旧法のこの規定こそ「放送は電波で送るもの」という当時の技術的制約を法的に保障し、「放送の文化」を固定する上で大きな役割を果たした。

人)に、発想の転換を求めるものであった。「メディアはメッセージである」と、両者の関係性を重視するマクルーハンを一方の極(放送の文化)とし、メディアはメッセージとは截然と区別された「媒体にすぎない」ととらえる派を他方の極(通信の文化)とする、見解の相違が横たわっているからである。

　前者の見方は、メディアは伝達の手段であるというより、身体が世界に係わる方法を構造化する制度なのだという理解に近い。「人間拡張の原理」という書名McLuhan(1964)は、これを端的に示している。確かに同じ映画でも映画館で見るのとDVDで見るのでは印象が違うのは、ある年齢以上の観賞者に共通で、メディアのメッセージ性は顕著である[*7]

　しかし後者の見解も無視できない。電話とテレビが融合しない主因は、上述のとおり技術的制約にあるから、デジタル化で制約が解消されれば融合が生ずるのは自然の流れであり、これを阻害する制度は時代に合わない。

デジタル化は強制できてもDXは強制できない

　上記のような小史から学ぶべき点は何だろうか？　紙幅の関係上、第3部のテーマに関係が深い事項にかぎり簡潔に箇条書きにすれば、以下のようになるだろう。

　(1)　融合の推進力は技術革新であり、通信ネットワークのデジタル化(NTTの場合1997年12月に完了)、地上波放送のデジタル化(2003年12月〜2011年7月にエリアごとに移行)、受信機(端末)のスマートフォン化の3つが大きなイベントであった。

　(2)　デジタル・トランスフォーメーション(DX)をも目指すか否かに関して、通信各社はデジタル技術の驚異的な発展を身近で感じていたので、その波に乗る気になったのに対して、放送業界はデジタル化には積極的に協力したものの「放送は電波[*8]

---

*7　筆者は、マルチメディア・フィーバーの渦中にあった1990年代中葉にニューヨークで勤務していたが、その間に日米ともに若者の映画視聴態様が変化し、「シンドラーのリスト」といったシリアスな作品もCDで見る人が増えた。デジタル2世とそれ以前の世代とのメディア・リテラシーの差は顕著である。

*8　実は民営化(1985年)当初のNTTの交換技術者の間では、回線交換が圧倒的主流であり、インターネットの基本技術であるパケット交換は亜流にすぎなかった。しかし、1960年代からデータ通信分野に進出していたので、これら少数の技術者を中心にパケット交換に円滑に移行することができた。

コラム――「通信と放送の融合」の科学技術史的教訓

で送るもの」という固定観念から逃れられなかった。暗黙知として電波がもたらす産業的優位性（あるいは利権?）を信じていたからかもしれない。[*9]

(3) 技術開発において、自社開発にこだわりすぎて失敗する NIH（Not-Invented-Here）症候群が広く知られているが、インターネットは Open Innovation の代表格であるから、それに対する反感が強いのもわからないではない。しかし技術者集団ではなく、経営層まで同じメンタリティであれば、経営を危うくするリスクがある。[*10]

(4) なお、公共放送である NHK の存在が大きいため、民放との間で見解が対立することがある。NTT の分割論も 15 年以上かかった（1981 年の第 2 次臨時行政調査会（以下、臨調）の設置～1997 年の持ち株会社による再編まで）が、NHK 問題がなお尾を引く懸念がある。

(5) 日米を比較してみると、米国の放送業者（CATV 事業者を含む）がインターネットを積極的に活用した（同時再送信やインターネット接続サービス）のに対して、わが国の放送業界にはアレルギーがあった。コンピュータ・リテラシーの差などの要因もあろうが、規制産業の代表格である放送事業者に〉〈経営判断はまず市場原理に従う〉〈テクノロジー・ドリブン〉とは、実は利用者目線」という基本的視点に欠けていたことも否定できない。[*11]

(6) この点に関して西村（2019：50-70）は、イノベーションそのものは利益を生

---

* 9 ソフトバンク・ライブドア・楽天といった新興 IT 企業により、テレビ朝日（1996 年 6 月）・フジテレビ（2005 年 2 月）・TBS（2005 年 10 月）といったテレビ局が M＆A のターゲットになった（いずれも失敗）ことのほうが、インパクトが大きかっただろう。米国のようなメディア買収劇を経験していない（護送船団行政の代表格である放送業界で内部昇進した）わが国の経営者は、買収防衛策のほうに関心が向いてしまったからである。テレビ局と資本的・人的に関係の深い新聞社の態度や、YouTube（2007 年日本語対応）・Netflix（2015 年日本上陸）などの「黒船」が意思決定に影響を及ぼしたことも否定できまい。
* 10 1990 年初頭のバブル崩壊後、日本経済は全体としてゼロ成長だったが、地上波テレビの広告収入は、2013 年～2023 年の 10 年では、179 億円から 161 億円へと約 10％減少している。種々の要因があるにせよ、テレビ局の経営者が減収を穴埋めする努力と能力に欠けているとみられても仕方がない。
* 11 「水平分離になれば、番組制作と伝送部門を別会社にしなければならなくなる」といった被害者意識が先行したのも、競争政策に関する基礎的知識に欠けていたことを示している。構造分離（会社分割）は、会計分離、資本・人材分離では解消できない「独占の弊害」を除去するための、最後の手段である。

まず、「安く買って高く売る」こと（差異）だけが利益の源泉である点を強調し、ムーアの法則が支配するICT分野では、差異は時間的・空間的に消滅しやすい反面、ネットワーク効果により「独り勝ち」にもなりやすい点を指摘している[*12]。

（7）　通信と放送の融合のDX的効果として最も期待されるのは、電波という希少資源に関して、従来のいわゆる'Beauty Contest'（電波監理当局が申請者の優劣を判断する）に代えて（あるいは並行的に）、オークション方式を導入するなど抜本的な変革により、より効率的な資源配分を実現することであった。OECD加盟国35か国中34か国は何らかの形でオークションを導入したが、わが国だけは伝統的な周波数割り当てに固執している。

（8）　これらを総合して別の言葉でいえば、デジタル化は強制されても成果は出るが、DXは当事者がその気にならなければ、成果が期待できないばかりか、場合によってはマイナスの結果も招来しかねない、ということではないかと思われる。

【参考文献】

（※URLの最終確認日は、2025年1月26日）

デジタル時代における放送制度の在り方に関する検討会（2022）「デジタル時代における放送の将来像と制度の在り方に関する取りまとめ」https://www.soumu.go.jp/menu_news/s-news/01ryutsu07_02000236.html

林紘一郎（1984）『インフォミュニケーションの時代』中公新書.

林紘一郎（2002）「通信・放送分野における競争政策上の諸問題」『法とコンピュータ』No. 20. 113-120.

林紘一郎（2005）『情報メディア法』東京大学出版会.

池田信夫・西和彦・林紘一郎・原淳二郎・山田肇（2006）『ネットがテレビを飲み込む日』洋泉社.

IT戦略本部（2001）「IT分野の規制改革の方向性」https://warp.ndl.go.jp/info:ndljp/pid/12251721/www.kantei.go.jp/jp/singi/it2/dai8/8siryou1.html

McLuhan, Marshal（1964）"Understanding Media—The Extension of

[*12]　そこでは「因果から相関へ」「演繹から帰納へ」という、近代科学の方向とは逆向きの動きがあるという指摘も含まれており、本書のテーマからみて興味深いが、今後の課題としたい。

Man", *McGraw Hill* =（1987）栗原裕・河本伸聖（訳）『メディア論』みすず書房.

ネグロポンテ, ニコラス（1995）=（1995）『西和彦（監訳）・福岡洋一（翻訳）『ビーイング・デジタル ビットの時代』アスキー.

西村吉雄（2019）『イノベーションは万能ではない』日経 BP.

Pool, Ithiel de Sola（1983）"Technology of Freedom", *Harvard University Press* =（1988）堀部政男（監訳）『自由のためのテクノロジー』東京大学出版会.

田村善之（2019）『知財の理論』有斐閣.

通信と放送の在り方に関する懇談会（2006）「通信と放送の在り方に関する懇談会・報告書」https://www.soumu.go.jp/main_sosiki/joho_tsusin/policyreports/chousa/tsushin_hosou/pdf/060606_saisyuu.pdf

山崎卓也（2006）「放送・通信融合と著作権問題」『インターネット白書 2006』㈱インプレス R&D.

3-5 インターネット上の情報の自由な発信・流通と信頼
The Free Dissemination and Circulation of Information on the Internet and Trust

山口真一

1　1995年～1998年のネット楽観時代から現代の失望期へ

　インターネット元年という言葉には様々な解釈があるが、一般的に1995年、Windows95の発売とともにインターネットが普及しはじめた年を指すことが多い（とくに日本では）。同年には米国でYahoo!が誕生し、翌年にはYahoo! Japanが登場。さらに1999年には米国でBloggerが、日本では2ちゃんねる（現5ちゃんねる）がはじまり、ソーシャルメディアが一般に浸透していく。このように、誰もが自由に情報を発信できる時代が到来した。以前は不特定多数への情報発信は著名人やマスメディアにかぎられていたが、ソーシャルメディアの出現により人類総メディア時代が幕を開けた。

　この頃、インターネットやソーシャルメディアの肯定的な側面が多く取り上げられ、未来への期待が語られていた。たとえば、Rheingold（1993）やHauben and Hauben（1997）は、インターネットが個人と社会をつなぎ、民主主義の促進に貢献すると述べている。古瀬・廣瀬（1996）も、双方向性をもつインターネットがコミュニティ形成に大きな影響を与える可能性を示唆している。

　要するに、この時期は、誰もが自由に発信できるという画期的な機能に多くの人が期待を寄せたインターネット楽観期といえる。当時、一部には「素朴で楽観的な技術決定論[*1]」（廣瀬 1998:155）という懐疑的な見解もあったが、インターネットやソーシャルメディアの問題点を指摘する声はほとんど聞かれなかった。

＊1　技術革新がその社会の社会構造や文化的価値観を決め、変化させるという考え方。

しかし、2000年代以降、「誰もが自由に発信できる」ことの問題点が徐々に明らかになり、2000年代後半にはインターネット悲観論が主流となった。主な問題は、①情報の偏りや意見の極端化、社会の分断、②フェイクニュースの拡散、③ネット炎上や誹謗中傷、ヘイトスピーチの増加、という3つに集約される。

本章では、そのようにインターネットがもたらした情報の自由な発信・流通と信頼について、その歴史をまとめる。時代は大きく〈1995年～1998年：ネット楽観時代〉〈1999年～2010年：ソーシャルメディア登場とネット失望時代〉〈2011年～2015年：ソーシャルメディアの一般化とネット炎上時代〉〈2016年～：フェイクニュースの拡散と政策的対処検討時代〉の4つの時代区分に整理できる。このうちネット楽観時代についてはここでまとめたため、次節からは残りの3つについて、上記の諸課題に沿って記していく。

2 1999年～2010年：ソーシャルメディア登場とネット失望時代

2-1 普及していくソーシャルメディア

1999年には、電子掲示板〈2ちゃんねる〉が登場し、ADSLやiモードも開始された。2ちゃんねるは日本にソーシャルメディアが広まるきっかけとなったが、規模が拡大するにつれて問題も増加した。代表的な問題には、日常的な誹謗中傷、薬物密売の情報交換、個人情報や著作物の不適切な投稿、犯行予告による逮捕者の発生がある。とくに、西鉄バスジャック事件は黎明期の有名な犯行予告事件である。平井（2007）は、2ちゃんねるなどでの犯行予告事件が報道され、「犯罪の温床」としての無法地帯イメージが形成されたと指摘している。

2004年にはmixiやGREEといったいわゆるSocial Networking Service（SNS）[*2]が登場し、さらにニコニコ動画（2006年）やYouTube日本語版（2007年）、食べログ（2005年）、アメーバブログ（2004年）、Yahoo!知恵袋（2004年）など、多くのソーシャルメディアが普及した時期でもある。この頃、インターネットへの楽観

---

*2　人と人とのコミュニケーション・つながりをサポートするコミュニティ型のウェブサイト・アプリのこと。定義が曖昧なので用語の扱いが難しいが、ここではソーシャルメディアのなかでも、Facebook、mixi、Instagramなどの、オープンで人と人とがつながるネットワークを形成する、会員制のコミュニティウェブサービスとなっているものをSNSと定義する（狭義のSNS）。

論はまだ存在しており、Bimber（2003）は、インターネットが情報取得や社会参加を促進すると述べ、梅田（2006）は、インターネットの開放性とテクノロジーが知的貢献を広めていると論じている。

2-2　ネット炎上黎明期から増加へ

東芝クレーマー事件は、1999年に東芝のカスタマーサポート対応が録音・公開され、企業の顧客対応が公に批判された騒動で、初めて大きな社会的影響を与えたネット炎上として知られる。消費者への高圧的な対応がネット上で拡散し、東芝は謝罪に追い込まれた。本件は、インターネットが個人の主張を広く発信する強力なツールであることを明らかにし、多くの企業が顧客対応の見直しを迫られるきっかけとなった。

その後、類似の事例がたびたび起こり、とくに2004年に無料ブログやSNSが普及してからはその頻度が増加（田代・折田 2012）。2005年頃から〈ネット炎上〉という言葉が一般化したといわれている（小林 2015）。炎上に関する書籍も多く出版され、荻上（2007）の『ウェブ炎上』や中川（2010）の『ウェブを炎上させるイタい人たち』などがその例だ。

また、〈スマイリーキクチ中傷被害事件〉では、19人の投稿者が書類送検され話題となった。この事件は、お笑いタレントのスマイリーキクチが無関係な女子高生コンクリート詰め殺人事件の犯人だというデマを長年流され、1999年から10年以上にわたって誹謗中傷を受け続けたものである（スマイリーキクチ 2011）。

2-3　選択的接触による意見の極端化と社会の分断

インターネット上には無数の情報があり、無数の人がおり、無数のコミュニティがあり、人は常にフィルタリング（選択）しながらそれらに接触している。しかし、人には同類性（homophily）とよばれる性質があるために、選択過程で自分好みの人や情報とばかり接触（選択的接触）してしまうことが指摘された（Adamic and Glance 2005）。そしてこのような選択的接触は、エコーチェンバー現象[*3]を引き起こし、自

[*3]　エコーチェンバーとは残響室のことを指し、直訳すると「残響室現象」といえる。つまり、選択的接触によって自分と同じ意見の人ばかりと交流をし、自分と同じ意見ばかりがあらゆる方向から返ってくる閉じられたコミュニティでコミュニケーションをくり返すし、集団極性化に

分と同じ意見ばかりに接して、視野が狭くなり、集団極性化*4を引き起こすとされる。Sunstein（2001）は選択的接触による意見の増幅・強化は民主主義を危機にさらすと警告しており、2000年代初頭からこのようなインターネットの特性の危うさが指摘されていた。

3　2011年～2015年：ソーシャルメディアの一般化とネット炎上時代

3-1　ソーシャルメディアの一般化

2011年から2015年は、ソーシャルメディアが日本で急速に普及し、一般化した時期である。2010年にTwitter（現X）の国内利用者数が急増し、2011年の東日本大震災では、電話がつながりにくいなかで、情報収集や被災状況の報告、コミュニケーションの手段として広く活用され、日本国内での利用がさらに増加した。

同時期に、スマートフォンの普及率も急上昇し、2010年の9.7％から2011年には29.3％、2012年には49.5％にまで拡大した（総務省2017）。また、メッセージアプリLINEも2011年に登場し、1年後には国内で2000万人以上のユーザーを獲得。2014年にはInstagram日本語版も登場し、瞬く間に人気を博した。

こうしたソーシャルメディアの普及により、社会全体での利用が一般化。海外では、2010年から2012年のアラブの春でも、ソーシャルメディアが民主化運動の動員に大きく寄与した（津田2012; 藤山2012）。

しかし、ソーシャルメディアの普及とともに問題も深刻化していった。ネット炎上や誹謗中傷が急増し、LINEいじめのような新しい社会問題も浮上した。また、クチコミサイトではステルスマーケティングややらせレビューが問題視された。たとえば、人気クチコミサイト食べログにおいて、飲食店に対する好意的なクチコミ投稿を有料で請け負う業者の存在が2012年に露呈し、大きな問題となった。

この時期は、ソーシャルメディアが普及して恩恵を受ける一方で、情報の信頼性や悪用の問題が本格的に注目されはじめた時期であった。

　　よって意見がより強くなっていくことを指す。
* 4　4.集団極性化とは、集団で討議した結果、討議前の各個人の意見よりも、より先鋭化した決定がなされることを指す。たとえば、左翼の人々が討議した場合は、より一層左翼的に、右翼の人々が討議した場合は、より一層右翼的になる現象であり、インターネット関係なく心理学の分野で古くからみられていた現象である（Brown 2003; Arima 2012）。

3-2　炎上の過激化・大規模化

　この時期、炎上の件数は急増した。エルテス社のデータによると、2010年には102件だった炎上が、2011年には341件に急増している（総務省 2019）。SNSやスマートフォンの普及は、従来の電子掲示板中心の炎上を根本的に変え、炎上が一般化していった。とくに2013年頃には、いわゆる「バカッター」や「バイトテロ」と呼ばれる、バイト店員や客が不適切な行為をSNSに投稿し、批判される炎上が多発した。また、炎上の規模も大きくなり、社会的な意思決定に影響を及ぼす事例も増加した。

　その代表例が、2015年の五輪エンブレム騒動である。本件は、五輪エンブレムのデザインが盗作だと訴えられ、インターネット上でデザイナーの過去のデザインが広くシェアされ、マスメディアも報道を加熱させたことで批判が拡大した。専門家のなかには著作権違反に当たらないという意見もあったが、擁護者までが攻撃対象となり、結果的にデザイナーが個人情報の拡散や家族への誹謗中傷を受け、人間として耐えられないとしてデザインを撤回する事態にいたった。

3-3　炎上の特徴と社会的影響

　炎上がインターネット普及前の批判や中傷と異なり、大規模化しやすい理由として、可視性（誰にでも見える）、持続性（内容がインターネット上に残り続ける）、拡散性（情報が容易に広がる）が挙げられる（山口 2018）。これにより、炎上は一度はじまると大規模に広がりやすい。

　炎上の社会的影響としては、企業や自治体などの不正行為に対して消費者の声が通りやすくなり、不適切な契約や食材偽装、女性蔑視的な広告が是正された例も多い。これは企業に対する抑止力としても機能している。一方で、ネガティブな影響としては、炎上対象者が心理的に大きな負担を負い、社会生活に支障をきたすケースや、企業であれば株価の下落やイメージダウンが起こる。田中（2017）によると、中規模以上の炎上では平均で株価が0.7%下落し、大規模な炎上では5%程度の下落がみられた。

　さらに、炎上は表現の萎縮も引き起こす。とくに政治、ジェンダー、宗教、安全保障などのセンシティブな話題ほどソーシャルメディア上に投稿すると攻撃を受けやすく、発言しにくくなっている（田中・山口 2016）。

3-4　エコーチェンバー現象・フィルターバブルと社会の分断

　この期間において、社会の分断が進んでいることが実証的に警告された。米国のPew Research Center（2014）の調査によれば、1994年には民主党を「非常に好ましくない」と考える共和党員は16%、逆に共和党を「非常に好ましくない」と考える民主党員は17%であったが、2014年にはそれぞれ43%と38%に増加し、インターネットの普及とともに対立が深まっていることが明らかになった。カナダ連邦選挙を分析したGruzd and Roy（2014）は、Twitterがエコーチェンバー現象により二極化を促進し、政治的な偏極を引き起こすことを示している。

　また、Pariser（2011）は、ソーシャルメディアや検索エンジンのアルゴリズムが、こうした極性化と分断をさらに加速させていると指摘している。ソーシャルメディア上で表示される投稿やニュース、広告、検索結果などは、ユーザーの所在地や履歴に基づいたアルゴリズムで個別に決定されるため、ユーザーは異なる意見に触れる機会が減少し、自分と同じ意見をもつ人々に囲まれるフィルターバブルに陥ることが多くなる。

3-5　プラットフォーム事業者の責任を問う声の高まり

　インターネット上の誹謗中傷やヘイトスピーチは世界的な問題となっていたが、ソーシャルメディア運営企業は、言論の場を提供するだけで投稿内容には責任を負わないという立場を取っていた。しかし、この状況が大きく変わったのが2012年のフランスにおけるTwitter裁判である。この裁判では、Twitterに書き込まれたユダヤ人差別的な投稿に対し、匿名の投稿でも人種差別禁止法が適用され、Twitterはユーザーデータを司法省に提出することになった。これを契機に、世界中でプラットフォーム事業者の責任が問われるようになり、ニュージーランドの有害デジタル通信法案（2015年）など、法規制が進展していった。

　一方で、韓国が2007年に導入したインターネット実名制（制限的本人確認制度）は、2012年に違憲とされ廃止された。この制度の下でインターネット上の投稿は全体的に減少したが、悪意あるコメントの抑止効果は限定的であったことが実証研究で示されている（柳2013）。この事例は、インターネットに対する厳しい規制が表現の自由を抑制する一方で、情報流通の改善には限界があることを示唆している。

4 2016年〜：フェイクニュースの拡散と政策的対処検討時代

4-1 ソーシャルメディアの高普及と問題の噴出

2017年にTikTokが登場し、2020年には世界で最もダウンロードされたアプリとなり、急速に成長を遂げた。同じく2017年には、日本で〈インスタ映え〉[*5]が流行語大賞となり、ソーシャルメディアが人々の発信ツールとして支配的な役割を果たすようになった。

この状況下で、インターネット上の情報発信や流通が経済にも大きな影響を与えた。たとえば、〈インスタ映え〉による消費が年間約7700億円の効果をもたらし（山口2020a）、クチコミによる消費喚起効果は年間1兆円以上と推計されている（Yamaguchi et al. 2018;山口 2020a）。また、ソーシャルメディアの無料利用によるGDPに反映されない価値（消費者余剰）は、年間約15.7兆〜18.3兆円と試算されている（山口ほか 2018）。

一方で、ソーシャルメディアをめぐる問題も深刻化していった。2016年はフェイクニュース元年とされ、フェイクニュースやネット炎上、誹謗中傷、情報の極端化と選択的接触が大きな社会問題となった。2021年には、ドナルド・トランプ支持者による米国議会議事堂襲撃事件が発生し、その背後にはQアノン[*6]という陰謀論があったとされる。

さらに、個人データの取扱いでも問題が発生。Facebookでは2018年に5000万人、2021年には5億人以上のデータ漏洩が起こり、LINEでも2021年に中国と韓国の関連企業が利用者データにアクセスできる問題が浮上した。LINEは公共サービスとも連携しており、利便性向上に寄与していたが、安全保障上のリスクが指摘された（城内 2021）。

[*5] Instagramに写真を投稿した際に、見栄えが良くて映えることを指す。SNS全体を指し、SNS映えということもある。

[*6] 〈米国の政財界やメディアは"ディープ・ステート（闇の政府）"に牛耳られており、トランプ氏がこの闇の政府と戦っている〉〈世界規模の児童売春組織を運営している悪魔崇拝・小児性愛者・人肉嗜食者の秘密結社が存在し、トランプ氏はその秘密結社と戦っている〉などの陰謀論、およびそれを唱える者たちのこと。米国だけで数百万人いるともされ、日本を含む70以上の国に広がっているともいわれる（NHK, 2021）。

4.2. フェイクニュースと社会の分断

2016年はフェイクニュース元年であるといわれる理由は、2016年の米国大統領選挙直前に、主要メディアのニュースよりも偽の選挙ニュースがFacebook上で多くのエンゲージメントを獲得し、広く拡散されたことにある（Allcott and Gentzkow 2017）。具体的には、トランプに有利なフェイクニュースは約3000万回、ヒラリー・クリントンに有利なものは約760万回、合計で約3760万回もシェアされたという。これは事実のニュースがシェアされた回数よりも多かったとされる。

その後も、世界各国の選挙において政治的なフェイクニュースが拡散されたり、インドやメキシコではメッセージアプリを通じて拡散されたフェイクニュースが殺人事件に発展するケースもみられた。フェイクニュースや虚偽情報は昔から存在していたが、ソーシャルメディアの普及にともない、その頻度と規模が急増したのである。

日本では言語の壁[*7]や政治が安定していること[*8]から、欧米ほどフェイクニュース問題に晒されていないとされる。しかし、2018年沖縄県知事選挙において、候補者を貶めるようなフェイクニュースが多数拡散されたことが確認されている。本件では、沖縄タイムスや琉球新報がマスメディアとしてファクトチェック[*9]に取り組んでいる（藤代 2019）。

2020年に入ると、新型コロナウイルスに関するフェイクニュースが大きな問題となった。世界中で新型コロナウイルスやワクチンに関するデマや陰謀論が広まり、世界保健機関（World Health Organization：WHO）はこれをインフォデミック（infodemic）とよび、警鐘を鳴らした。infodemicは情報（information）とパンデミック（pandemic）を組み合わせた造語で、フェイクニュースが急速に広まり社会に大きな影響を及ぼすことを指す。

日本でも新型コロナウイルスやワクチン関連のフェイクニュースが広く拡散された。Vosoughi et al.（2018）によれば、真実が1500人以上にリーチするのにフェイク

---

*7 多くの日本人は通常、英語のニュースを日常的に読まないので、英語で作成されたフェイクニュースをほとんど読むことがない。また、日本語で自然なニュースを作るのが困難なため、他国の介入も相対的に少ない。

*8 両陣営が競っているからこそ、フェイクニュースで勝利しようとする（英国のEU離脱国民投票や米国大統領選挙など）。ひとつの政党が強く、ほとんど政権交代の起こらない日本では、フェイクニュースによって人々の投票行動を変えるインセンティブが相対的に小さい。

*9 社会に広がっている情報・ニュースや言説が事実に基づいているかどうかを調べ、そのプロセスを記事化して、正確な情報を人々と共有する営みのこと。

ニュースの約 6 倍の時間がかかり、フェイクニュースは真実よりも約 70% 拡散されやすいとされる。フェイクニュースのほうが目新しさが高く、人々が目新しいニュースを拡散しやすいことが主な理由だ。また、メディアリテラシーや情報リテラシーの低い人ほど、フェイクニュースを拡散しやすいことも指摘されている（Yamaguchi & Tanihara 2023）。

さらに、フェイクニュースに接触した人の約 77.5% は、それを誤情報と気付いていないことが明らかになっている。また、政治家に不利なフェイクニュースは、その政治家の弱い支持層の考えを特に変えやすく、不支持にする効果が大きいこともわかり、選挙結果を大きく左右する可能性が示唆された（山口 2022）。

このような状況で、Facebook などのプラットフォーム事業者は外部のファクトチェック機関と連携し、ファクトチェック済みのニュースにラベルを付け、追加の情報を提供するなどの対策を取っている。しかし、対策が不十分だというリベラル層からの批判や、言論統制だという保守層からの批判があり、対応の難しさが浮き彫りになっている。さらに、2021 年 12 月には、Instagram の陰謀論対策が米国では実施されていた一方で、日本では対応が行われていないことが内部リーク文書から明らかとなり、問題視された（日本経済新聞 2021）。また、2025 年 1 月には、Meta が前述のファクトチェック機関との連携を米国でやめると発表した。

加えて、生成 AI の普及によって、個人が簡単に AI を使った偽画像や偽動画を作ることができるディープフェイクの大衆化が起こった。既に、2022 年 6 月から 2023 年 5 月までの間に、少なくとも 16 か国で AI ベースの生成ツールが政治や社会問題に関連する情報を歪曲するために使用されたと報告されている（Funk et al. 2023）。今後、フェイクニュースを含む AI によって生み出される情報やコンテンツの量は急増すると予想される。

4-3　ネット炎上・誹謗中傷問題への社会的認知の高まりと実態解明

この時期にも、炎上が社会に大きな影響を与える事例が続いている。たとえば、2016 年に「保育園落ちた日本死ね!!!」というブログがきっかけとなった炎上は、インターネット署名や国会議事堂前デモにまで発展し、厚生労働大臣が母親たちと面会し緊急対策を策定する事態にいたった。

また、新型コロナウイルスの影響で炎上件数が増加した。シエンプレ デジタル・

クライシス総合研究所（2021）によると、2020年には2019年と比べて約200件の炎上が増加し、とくに緊急事態宣言が出された4月・5月には炎上件数が急増（4月は前年同月比で3.4倍）した。この増加の理由としては、ソーシャルメディアの利用時間の増加、社会全体が不安になると少しのことでネット炎上が起きやすくなること、監視と同調圧力の強化、の3点が挙げられる。2020年にはリアリティ番組出演のプロレスラーが、ネット上の誹謗中傷を背景に亡くなった事件も発生し、この問題が社会の注目を集めた。この事件を契機に、侮辱罪の厳罰化が進んだ。

また、この時期には炎上の実証的研究も進んだ。田中・山口（2016）の研究では、炎上参加者はネットユーザーの約0.5%にすぎないことが明らかになった。また、炎上1件につきネガティブな投稿をTwitter上でしているユーザーは、ネットユーザーの約0.00025%であることもわかった（山口2022）。さらに、少数の人が多くのアカウントを使って大きな声を上げていることや、男性で主任・係長クラス以上の高所得者が炎上に参加しやすい傾向が示された。炎上参加の動機としては、約60〜70%の人が個人の正義感であることも指摘されている（山口2017; 山口2020b）。

4-4 情報の偏り、選択的接触と極端化の日本での問題化

この時期には、日本でも選択的接触と極端化、そしてインターネット上の情報の偏りの問題が盛んに議論されるようになった。

2020年の東京都知事選についてTwitterを分析したところ、Twitter上には小池百合子都知事を支持する投稿は10%以下であったが、小池が366万票を集めて圧勝した。このことから、Twitterの言説が世論を反映していないことが示された（鳥海2020a）。また、Yamaguchi（2020）は、憲法改正というトピックについて意見を分析し、「非常に賛成である」「絶対に反対である」といった極端な意見の人は合計14.5%しかいなかったのに対し、ソーシャルメディア上に書き込んでいる回数では46.1%を占めることを明らかにしている。さらに、インターネットでのニュース接触が、排外主義態度の極性化を引き起こしていることも示された（辻・北村2018）。

鳥海・山本（2022）は、「デジタル・ダイエット宣言」という提言書をまとめている[10]。この提言書では、情報が爆発的に増えたことで摂取する情報のバランスが崩れて

＊10　筆者も賛同者として関与している。

いることを問題視し、情報的健康を実現することを提言している。情報的健康とはすなわち、多様な情報をバランスよく摂取している状態のことを指す。

4-5　アテンションエコノミーとメディア

　ネット炎上や誹謗中傷、フェイクニュースといった諸課題に、アテンションエコノミー[*11]とマスメディア・ミドルメディア[*12]が深く関わっていることが指摘されている。たとえば、テレビなどのマスメディアが、ある新型コロナウイルス感染者個人の行動を痛烈に批判したことで、インターネット上で当該個人の個人情報が特定・拡散されて大量の誹謗中傷が投稿されるという事例が 2020 年に発生した。。

　このような現象について、吉野（2016）では、炎上を知る経路として最も多いのはテレビのバラエティ番組（58.8％）で、Twitter は 23.2％ であることを明らかにしている。炎上とはインターネット上の現象にもかかわらず、実際にはマスメディアが最も広く拡散させているといえる。さらに、Twitter で話題のものをミドルメディアやマスメディアが取り上げ、それがまた Twitter で引用されて広まるといった、共振現象による大規模化も起きている（藤代 2016）。

　フェイクニュースについても、藤代（2019）では、ミドルメディアがするようなオンラインニュースの生態系が、フェイクニュースを広く拡散させていると指摘している。さらにマスメディアでも、ほとんど大きくなっていないいくつかの批判を、炎上と取り上げて報じるようなケース（非実在型炎上）が指摘されている（鳥海 2020b）。

　背景にあるのがアテンションエコノミーだ。情報過多になっている状況で、少しでも他社より注目されることが PV 数増加や視聴率増加といった収入につながるため、多くのメディアが見出しでインパクトを出そうと躍起になっている。とくにミドルメディアではその傾向が強く、ソーシャルメディアでシェアされやすいような極端なタイトル（ともすればほとんど本文と整合性が取れていない）ものが目立つようになってきた。その結果、批判を煽って炎上を拡大したり、非実在型炎上をしたり、偏ったフェイク

---

*11　「関心経済」のこと。情報が指数関数的に増加してとても人々が読み切ることができない時代において、情報の質よりも人々の関心をいかに集めるかが重視され、その関心や注目の獲得が経済的価値をもつことを示す（Goldhaber 1997）

*12　ミドルメディアとは、マスメディアとパーソナルメディア（ソーシャルメディアなど、個人が発信するメディア）の中間的存在を指す。インターネット上の話題や反応を取り上げるニュースサイト、まとめサイト、トレンドブログなど。（藤代 2019）。

ニュースを流したりといったことに繋がっているのである。

4-6　ソーシャルメディアへの政策的対処議論の過熱

　第4期には、民主主義国家においても、表現の自由を確保しながら、誹謗中傷やフェイクニュースといった社会的課題の解決をめざす政策についての議論が進展した。表現の自由を重んじる米国でも、プラットフォーム事業者およびインターネットサービスプロバイダに広範な免責が認められている通信品位法230条の改革や廃止が議論されるようになった。

　ドイツはネットワーク執行法を施行し、プラットフォーム事業者に対して違法と申告されたコンテンツの違法性を迅速に審査し、明らかに違法なコンテンツについては24時間以内に削除またはアクセスをブロックする義務を課した。この義務に違反すると、最大5000万ユーロという高額な罰金が科される可能性がある。しかし、この法律に対しては、プラットフォーム事業者が罰金を避けるために過剰にコンテンツを削除してしまうオーバーブロッキングの問題が懸念されている[13]。同様に、フランスでも類似の法改正が検討されたが、通報から24時間以内の削除義務や違反者への罰金が憲法評議会で違憲とされ、該当条項は削除された。

　日本では、表現の自由に配慮してプラットフォーム事業者などによる自主的な対応に期待しながらも、適切な制度設計の検討および社会実装を進めている。2024年に成立した情報流通プラットフォーム対処法は、権利侵害情報について、大手プラットフォーム事業者に被害者からの削除申出に対する迅速な対応と、運用状況の透明化を求めている。また、筆者も委員を務めたデジタル空間における情報流通の健全性確保の在り方に関する検討会のとりまとめでは、総合的な対策として①普及啓発・リテラシー向上、②人材の確保・育成、③社会全体へのファクトチェックの普及、④技術の研究開発・実証、⑤国際連携・協力、⑥制度的な対応の6つを示した（総務省2024）。

＊13　ただし、ドイツが2020年に公開した評価レポートでは、オーバーブロッキングへの懸念については、現時点ではその兆候がみられないとしている。

【参考文献】

Adamic, L., and Glance, N. (2005) "The Political Blogosphere and the 2004 U.S. Election: Divided They Blog," *Proceedings of the 3rd international workshop on Link discovery (LinkKDD '05)*.8(21 August 2005),36-43. https://doi.org/10.1145/1134271.1134277

Allcott, H., and Gentzkow, M. (2017) "Social Media and Fake News in the 2016 Election," *Journal of Economic Perspectives,* 31 (Spring 2017), 211-236. https://doi.org/ 10.1257/jep.31.2.211

Arima, Y. (2012) "Effect of group means on the probability of consensus," *Psychological Reports.* 110(1 April 2012), 607-623. https://doi.org/10.2466/01.11.17.21.PR0.110.2.607-623

Bimber, B. (2003) *Information and American Democracy: Technology in the Evolution of Political Power (Communication, Society and Politics).* Cambridge University Press.

Brown, R. (2003) *Social Psychology* (2nd Ed). Free Press.

Funk, A., Shahbaz, A., and Vesteinsson, K. (2023) *The Repressive Power of Artificial Intelligence,* Freedom House. https://freedomhouse.org/report/freedom-net/2023/repressive-power-artificial-intelligence.

Goldhaber, M. H. (1997) "The attention economy and the Net," *First Monday, 2* (Apr. 1997), https://doi.org/10.5210/fm.v2i4.519

Gruzd, A., and Roy, J. (2014) "Investigating political polarization on Twitter: A Canadian perspective," *Policy & internet, 6*(16 May 2014), 28-45. https://doi.org/10.1002/1944-2866.POI354

Hauben, M., and Hauben, R. (1997) Netizens: On the history and impact of Usenet and the Internet, Wiley-IEEE Computer Society Press.

NHK (2021)『WEB特集"危険なうそ"がもたらす世界』, https://www3.nhk.or.jp/news/special/international_news_navi/articles/feature/2022/08/30/24778.html（※URLの閲覧日は、2022年1月5日である）.

Pariser, E. (2011) *The filter bubble: How the new personalized web is changing what we read and how we think,* Penguin.

Pew Research Center. (2014) "Political Polarization in the American Public:

How Increasing Ideological Uniformity and Partisan Antipathy Affect Politics, Compromise and Everyday Life," https://www.pewresearch.org/politics/wp-content/uploads/sites/4/2014/06/6-12-2014-Political-Polarization-Release.pdf（※ URL の閲覧日は、2022 年 1 月 5 日である）.

Rheingold, H. (1993) *The Virtual Community: Homesteading on the Electronic Frontier,* Addison-Wesley.

Sunstein, C.R. (2001). *Republic.com.* Princeton University Press.=(2003) 伊達尚美訳『インターネットは民主主義の敵か』毎日新聞社 .

Adamic, L., and Glance, N. (2005) "The Political Blogosphere and the 2004 U.S. Election: Divided They Blog," Proceedings of the 3rd international workshop on Link discovery (LinkKDD '05).8(21 August 2005),36-43. https://doi.org/10.1145/1134271.1134277

Allcott, H., and Gentzkow, M. (2017) "Social Media and Fake News in the 2016 Election," Journal of Economic Perspectives, 31 (Spring 2017), 211-236. https://doi.org/ 10.1257/jep.31.2.211

Arima, Y. (2012) "Effect of group means on the probability of consensus," Psychological Reports. 110(1 April 2012), 607-623. https://doi.org/10.2466/01.11.17.21.PR0.110.2.607-623

Bimber, B. (2003) Information and American Democracy: Technology in the Evolution of Political Power (Communication, Society and Politics). Cambridge University Press.

Brown, R. (2003) Social Psychology (2nd Ed). Free Press.

藤代裕之 (2016)「テレビが"ネット炎上"を加速する」『GALAC』第 596 号 , 2016 年 10 月号 , 12-15.

藤代裕之 (2019)「フェイクニュース検証記事の制作過程〜 2018 年沖縄県知事選挙における沖縄タイムスを事例として〜」『社会情報学』第 8 巻 , 第 2 号 , 143-157. https://doi.org/10.14836/ssi.8.2_143

藤代裕之 (2019)「フェイクニュース生成過程におけるミドルメディアの役割〜 2017 年衆議院選挙を事例として〜」『情報通信学会誌』第 37 巻 , 第 2 号 , 93-99.

藤山清郷 (2012)「圧政と失業そしてネットの情報力：何が「アラブの春」を生んだのか」『国際文化学部論集』第 12 巻 , 第 4 号 , 295-313.

藤山清郷 (2012)「圧政と失業そしてネットの情報力：何が「アラブの春」を生んだのか」『国際文化学部論集』第 12 巻, 第 4 号, 295-313.

Funk, A., Shahbaz, A., and Vesteinsson, K. (2023) The Repressive Power of Artificial Intelligence, Freedom House. https://freedomhouse.org/report/freedom-net/2023/repressive-power-artificial-intelligence.

古瀬幸広・廣瀬克哉 (1996)『インターネットが変える世界』岩波書店.

Goldhaber, M. H. (1997) "The attention economy and the Net," First Monday, 2 (Apr. 1997), https://doi.org/10.5210/fm.v2i4.519

Gruzd, A., and Roy, J. (2014) "Investigating political polarization on Twitter: A Canadian perspective," Policy & internet, 6(16 May 2014), 28-45. https://doi.org/10.1002/1944-2866.POI354

Hauben, M., and Hauben, R. (1997) Netizens: On the history and impact of Usenet and the Internet, Wiley-IEEE Computer Society Press.

平井智尚 (2007)「2 ちゃんねるのコミュニケーションに関する考察」『メディアコミュニケーション』第 57 巻, 163-173.

廣瀬克哉 (1998)「『情報革命』と権力：覇権化・アナキー化・民主化の相克」野家啓一他 (編)『新・哲学講義 7：自由・権力・ユートピア』岩波書店.

城内実 (2021)『LINE 問題は安全保障上のリスクを浮き彫りにした』(毎日新聞), https://mainichi.jp/premier/politics/articles/20210409/pol/00m/010/002000c（※ URL の閲覧日は、2025 年 2 月 4 日である）.

小林直樹 (2015)『ネット炎上対策の教科書』日経デジタルマーケティング.

中川淳一郎 (2010)『ウェブを炎上させるイタい人たち - 面妖なネット原理主義者の「いなし方」』宝島社.

NHK (2021)『WEB 特集 "危険なうそ" がもたらす世界』, https://www3.nhk.or.jp/news/special/international_news_navi/articles/feature/2022/08/30/24778.html（※ URL の閲覧日は、2022 年 1 月 5 日である）.

日本経済新聞 (2021)『不適切投稿、日本では対策不備　SNS 巡りメタ内部文書』https://www.nikkei.com/article/DGXZQOGN259WP0V21C21A1000000/（※ URL の閲覧日は、2025 年 2 月 4 日である）.

荻上チキ (2007)『ウェブ炎上——ネット群集の暴走と可能性』筑摩書房.

Pariser, E. (2011) The filter bubble: How the new personalized web is

changing what we read and how we think, Penguin.
Pew Research Center. (2014) "Political Polarization in the American Public: How Increasing Ideological Uniformity and Partisan Antipathy Affect Politics, Compromise and Everyday Life,"
https://www.pewresearch.org/politics/wp-content/uploads/sites/4/2014/06/6-12-2014-Political-Polarization-Release.pdf（※ URL の閲覧日は、2022 年 1 月 5 日である）．
Rheingold, H. (1993) The Virtual Community: Homesteading on the Electronic Frontier, Addison-Wesley.
総務省 (2017)『情報通信白書 平成 29 年度版』ぎょうせい．
総務省 (2019)『情報通信白書 令和元年版』ぎょうせい．
総務省 (2024)『デジタル空間における情報流通の健全性確保の在り方に関する検討会とりまとめ』, https://www.soumu.go.jp/main_content/000966997.pdf（※ URL の閲覧日は、2025 年 2 月 4 日である）．
スマイリーキクチ (2011)『突然、僕は殺人犯にされた〜ネット中傷被害を受けた 10 年間』竹書房．
Sunstein, C.R. (2001). Republic.com. Princeton University Press.=(2003) 伊達尚美訳『インターネットは民主主義の敵か』毎日新聞社．
田中辰雄 (2017)「Effect of Flaming on Stock Price: Case of Japan（炎上の株価への影響：日本のケース）」『慶應義塾大学経済研究所 IES Keio DP』2017 年第 3 号．
田中辰雄, 山口真一 (2016)『ネット炎上の研究：誰があおり、どう対処するのか』勁草書房．
田代光輝, 折田明子 (2012)「ネット炎上の発生過程と収束過程に関する一考察〜不具合に対する嫌がらせと決着による収束〜」『情報処理学会研究報告, EIP（電子化知的財産・社会基盤）』2012 巻，第 6 号，1-6.
鳥海不二夫 (2020a)．『2020 都知事選はツイッター上でどのように扱われていたか』（Yahoo! JAPAN ニュース），https://news.yahoo.co.jp/expert/articles/76bf9e0c3e38bc15bc2bd789967a46d2c335ceaf（※ URL の閲覧日は、2025 年 2 月 4 日である）．
鳥海不二夫 (2020b)『4 月 26 日のサザエさんが不謹慎だと言った人は 11 人しかい

なかった話』（note），https://note.com/torix/n/n0f3c61300ac4?fbclid=IwAR2LouJGgJ5UusNxjtCGMKzCopJ9iT9KxYwbs0aWZQhA4Z6Dr-cJZq4wKF0（※ URLの閲覧日は、2025年2月4日である）．

鳥海不二夫, 山本龍彦 (2022)「共同提言「健全な言論プラットフォームに向けて—デジタル・ダイエット宣言 ver.1.0」」『KGRI Working Paper』第2巻, 1-21. https://www.kgri.keio.ac.jp/docs/S2101202201.pdf（※ URLの閲覧日は、2025年2月4日である）．

津田大介 (2012)『動員の革命：ソーシャルメディアは何を変えたのか』中央公論新社．

辻 大介, 北村 智 (2018)「インターネットでのニュース接触と排外主義的態度の極性化」『情報通信学会誌』第36巻, 第2号, 99-109.

梅田望夫 (2006)『ウェブ進化論：本当の大変化はこれから始まる』筑摩書房．

Vosoughi, S., Roy, D.K., & Aral, S. (2018) "The spread of true and false news online," Science, 359(9 Mar 2018), 1146-1151. https://doi.org/10.1126/science.aap9559

Yamaguchi, S. (2023) "Why are there so many extreme opinions online?: An empirical, comparative analysis of Japan, Korea and the USA," Online Information Review, 47(18 January 2023), 1-19. https://doi.org/10.1108/OIR-07-2020-0310

Yamaguchi, S., Sakaguchi, H., and Iyanaga, K. (2018) "The Boosting Effect of E-WOM on Macro-level Consumption: A Cross-Industry Empirical Analysis in Japan," The Review of Socionetwork Strategies, 1(27 October 2018), 167-181.https://doi.org/ 10.1007/s12626-018-0027-4

Yamaguchi, S., and Tanihara, T. (2023) "Relationship between misinformation spreading behaviour and true/false judgments and literacy: an empirical analysis of COVID-19 vaccine and political misinformation in Japan," Global Knowledge, Memory and Communication, 74(28 February 2023) https://doi.org/10.1108/GKMC-12-2022-0287

山口真一 (2017)「炎上に書き込む動機の実証分析」『InfoCom review』第69号, 61-74.

山口真一 (2018)『炎上とクチコミの経済学』朝日新聞出版．

山口真一 (2019)「ネット言論の実証研究から解き明かす フェイクニュースの正体と情

報社会の未来 (特集 フェイクニュース)」『Harvard business review= Diamond ハーバード・ビジネス・レビュー』第 44 巻, 第 1 号, 62-73.

山口真一 (2020a)『なぜ、それは儲かるのか:〈フリー＋ソーシャル＋価格差別〉×〈データ〉が最強な理由』草思社.

山口真一 (2020b)『正義を振りかざす「極端な人」の正体』光文社.

山口真一 (2022)『ソーシャルメディア解体全書：フェイクニュース・ネット炎上・情報の偏り』勁草書房.

山口真一, 坂口洋英, 彌永浩太郎 (2018)「インターネットをとおした人々の情報シェアがもたらす消費者余剰の推計」『InfoCom review』第 70 号, 2-11.

柳文珠 (2013)「韓国におけるインターネット実名制の施行と効果」『社会情報学』第 2 巻, 第 1 号, 17-29. https://doi.org/10.14836/ssi.2.1_17

吉田明弘, 坂間千秋 (2013)「ネット商取引のゲーム理論的解析：カスタマーレビューが購買活動に与える影響について (システム数理と応用)」『電子情報通信学会技術研究報告：信学技報』第 112 巻, 第 383 号, 5-9.

吉野ヒロ子 (2016)「国内における「炎上」現象の展開と現状：意識調査結果を中心に」『広報研究』第 20 号, 66-83.

3-6 ニュースメディアとプラットフォームの攻防

News Media vs. Platforms: Power Dynamics in the Digital Age

平　和博

　本章は、デジタルプラットフォームの隆盛による情報環境の変化と、これを受けたマスメディア、ネットメディアの攻防を、日本と米国のニュースメディアを中心に、報道とビジネスの両面から論じる。

　新聞、放送などのマスメディアは、インターネット空間の拡大、ブログやソーシャルメディアなどの簡易な情報発信プラットフォームの普及によって、役割の再定義、ビジネスモデルの再構築を迫られた。最大の変化は、情報の流通路と発信者の多様化だ。

　従来、ニュースなどの情報伝達は、発信手段をもつかぎられたマスメディアから多数の受信者に向けた一方向の流通（一対多）が主流を占めた。だがソーシャルメディアなどの普及によって誰もが発信者となり、多方向の情報流通（多対多）が席巻する（Gillmor 2004=2005:47,66）。その中でマスメディアの存在は、数ある発信者のひとつとして相対化され、ビジネスにおいても存在感が薄れていった（図1）。

　一方のネットメディアは、デジタルプラットフォームの広がりとともに勃興していった、情報空間の新たなプレイヤーだ。新聞における輪転機などのレガシー資産がない身軽さと、ネットの特性を生かした機敏な展開によって急速に存在感を増す。

　グーグル（Google）、フェイスブック（Facebook、現・メタ・プラットフォームズ［Meta Platforms］）に代表される、地球規模のユーザーを抱えるプラットフォームは、巨大テクノロジー企業であると同時に、巨大メディア企業としての側面ももち、多額の広告収入を稼ぎ出す。急成長するプラットフォームは、マスメディアに対する脅威であると同時に、情報発信とビジネスに不可欠な存在でもある「フレネミー（Frenemy、

3-6 ニュースメディアとプラットフォームの攻防

図1 日本の媒体別広告費の推移

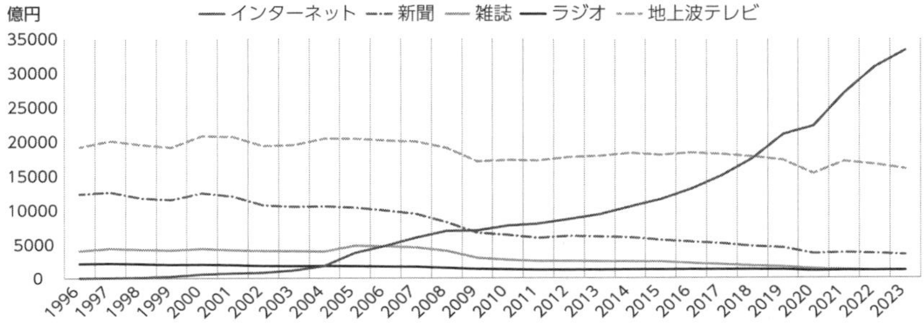

― インターネット --- 新聞 ― 雑誌 ― ラジオ --- 地上波テレビ

（億円）

＊電通「日本の広告費」のデータを基に筆者作成。
2007年に05年に遡及して改訂

友であり敵）」としての緊張関係が続く。

1　1995年〜2009年　ウェブ勃興期（ウェブの登場とメディアの多様化）

1-1　「インターネット元年」とマスメディアの対応

　1995年は、インターネット接続機能を実装したマイクロソフトの基本ソフト（OS）「Windows 95」の発売をきっかけとして、「インターネット元年」と呼ばれる。内外のマスメディアはこの前後に相次いでウェブサイトを立ち上げた（平2020）。

　米国では同年1月、サンノゼ・マーキュリー・ニュース（San Jose Mercury News、現・The Mercury News）が米国の新聞社としては初のウェブサイトを開設、当初は有料とした（1998年に無料化）。ウォールストリート・ジャーナル（The Wall Street Journal）も1996年4月に本格的にオンライン化し、同年8月からは有料とした。

　だが有料のニュースサイトはむしろ例外で、ネットで主流を占めたのは広告収入で支える無料サイトだ。1994年10月には米雑誌、ワイアード（Wired）のウェブサイト「ホットワイアード（HotWired）」でAT＆Tなどを広告主とする初めてのネット広告（バナー広告）が掲載された。

　日本でも朝日新聞出版局が1995年3月に、新聞社としては初めてのウェブサイト「Open Doors」を立ち上げた。さらに6月に読売新聞が「YOMIURI ONLINE

（現・読売新聞オンライン）」、8月に毎日新聞が「Jam Jam（現・毎日新聞デジタル）、朝日新聞が「asahi.com（2025年1月より朝日新聞）」を相次いで開設。翌1996年4月には日本経済新聞が「NIKKEI NET（現・日本経済新聞 電子版）」、5月に産経新聞が「産経Web（現・産経ニュース）」をはじめている。いずれも閲覧は無料だった。日本新聞協会の調べでは、新聞社・通信社のウェブサイトは、1995年8月には8サイトだったが、1996年1月には20サイト、同年9月までには北海道新聞から沖縄タイムス、琉球新報までの主要紙を網羅する48サイトにまで拡大していた（Doors 特別編集 1995:12-13）。背景には新聞の部数減も影を落としていた。新聞発行部数は、米国では1984年の6334万部（平日）、日本でも1997年の5377万部でピークを迎え、以後は右肩下がりに減少傾向を続けた。

日本ではモバイルインターネットも利用者を獲得する。NTTドコモは1999年2月から世界初の携帯電話によるインターネット接続サービス「iモード」を開始。コンテンツ料金は携帯電話利用料と合算した決済で、先駆的な課金モデルとなった。朝日新聞の「朝日・日刊スポーツ」は月額100円で、2000年の有料化初日に1万人、2001年には50万人、2002年には100万人を超す急拡大をした（伊藤2015）。

米国ではネットバブルが頂点に向かう2000年1月、ネット大手のアメリカ・オンライン（America Online［AOL］）とメディア大手の老舗、タイム・ワーナー（Time Warner）が「世紀の合併」を発表。情報空間の激変の時代を印象付けた（2009年に分離）。

1-2 「バイラルメディア」の台頭

1999年ごろからウェブログ（Weblog、略してブログ［Blog］）と呼ばれる簡易コンテンツ管理システム（Content Management System［CMS］）が登場し、個人による手軽な情報発信を可能とする「個人メディア（Personal Media）」の動きを生む。さらに2004年から、ユーザー参加型のウェブサービスの潮流「Web 2.0」が顕著になる。この潮流には、1998年創設のグーグルをはじめ、2004年創設のフェイスブック、2005年創設のユーチューブ（YouTube、2006年にグーグルが買収）、2006年創設のツイッター（Twitter、現・X）なども含まれる。米雑誌、タイム（TIME）は2006年の「パーソン・オブ・ザ・イヤー（Person of the Year）」を「YOU（あなた）」とした。この情報環境の変化は、マスメディアのデジタル移行だけでなく、ネットメディ

アの勃興、そしてユーザーがメディアに比肩する存在感をもつ背景となった。

　米国では 2005 年に「ハフィントン・ポスト(The Huffington Post, 現・ハフポスト[HuffPost])」、2006 年に「バズフィード(BuzzFeed)」といった、ソーシャルメディアでの拡散に優れたブログスタイルの「バイラルメディア(Viral Media)」が相次いで開設された。

　日本でも 2003 年、市民参加型ニュースサイト「JanJan(ジャンジャン)」、2006 年にはソフトバンクとの合弁で韓国の市民参加型サイト「オーマイニュース(OhmyNews)」の日本版も開設されている。

　日本のネット空間で突出した存在感をもったのは、1996 年開設のポータルサイト「ヤフー(Yahoo! JAPAN)」だ。ヤフーの存在感に対し、日本経済新聞、朝日新聞、読売新聞の 3 社は 2008 年 1 月、共同で社説や主要記事の読み比べニュースサイト「新s あらたにす」を開設、対抗の構えをとる。だがページビューは振るわず、2011 年 11 月には終了を発表している。

　2008 年のリーマンショックによって、米国では名門紙などの休廃刊や統合が相次ぎ、マスメディアの地盤沈下は深刻度を増す。米新聞業界の広告収入は 2007 年の 454 億ドルから 2009 年の 276 億ドルへ約 40%減という急落を見せ、以後も右肩下がりの傾向が続いた(Pew Research Center 2023)。

　日本の新聞業界の広告収入も 2007 年の 9462 億円から 2009 年の 6739 億円へと 30%近く落ち込んだ。また 2009 年にはネット広告費(7069 億円)が新聞広告費(6739 億円)を初めて上回った(電通 2010)。

2　2010 年〜 2014 年　メディア地殻変動期(デジタルファーストの時代)

2-1　「デジタルファースト」の広がり

　2010 年からの時期を特徴づけるのが、マスメディアもネットを主戦場としてとらえる「デジタルファースト(Digital First)」の動きだ(平 2020)。

　背景には、プラットフォームとネットメディアの伸張があった。フェイスブックは設立当初の 2004 年末には月間ユーザー数 100 万人だったのに対して、2010 年末には 6 億人超に急拡大。同年末から翌 2011 年にかけて起きた中東・北アフリカの民主化運動「アラブの春」は、フェイスブックやツイッターが情報共有や動員に活用

され、「ソーシャルメディア革命」とも呼ばれた。

また、2000年代に相次いで登場したネットメディアは、検索サービスで上位に表示されるための手法「検索エンジン最適化（Search Engine Optimization［SEO］）」や、ソーシャルメディアで「いいね」や共有、コメントなどの「エンゲージメント（Engagement）」を獲得して広範にコンテンツを拡散させる手法を武器に、急速にユーザーを獲得した。

情報環境の激変の中で、マスメディアが掲げたのがデジタル移行推進の旗印「デジタルファースト（Digital First）」だった。朝日新聞は2010年1月11日未明、同日付朝刊1面で掲載したスクープ「日航　上場廃止へ」を、紙面での公開に先立ってツイッターで事前予告する初の試みを行った（服部2010）。同社は2013年5月、米ハフィントン・ポストとの合弁でハフィントン・ポスト日本版も立ち上げ、デジタルファーストに注力する。

英国でデジタルファーストの取組みを進めたのは老舗、ガーディアン（The Guardian）だった。2011年6月、従来の紙の新聞から、ネットでの情報発信へと主軸を移すと宣言し、ツイッターなどのソーシャルメディアも積極的に取材に活用する戦略に乗り出す。米国では同年9月、第2位の新聞チェーン、メディアニュース・グループ（MediaNews Group）とジャーナル・レジスター（Journal Register）を傘下に置くデジタルファースト・メディア（Digital First Media）が設立され、その名の通り、デジタル移行を加速した。だが2014年、リストラなどにより即効性のあるコスト削減を求める大口投資家の意向で、プロジェクトは打ち切られる。以後、同様のコスト削減圧力がメディア業界全体に影を落とす。

ニューヨーク・タイムズ（The New York Times）は2014年3月、後に会長となるA.G. サルツバーガー（Arthur Gregg Sulzberger）ら編集局の若手チームを中心に、デジタルファーストの社内改革レポート「イノベーション（Innovation）」を作成。デジタルに大きく舵を切る。

業界外からも波は押し寄せた。2013年8月には、eコマース大手、アマゾン（Amazon.com）創業者のジェフ・ベゾス（Jeff Bezos）が米名門紙、ワシントン・ポスト（The Washington Post）を2億5000万ドルで買収。デジタル移行を推進した。

2-2　相次ぐネット有料化

　ニュースメディアのデジタル移行は、ビジネスモデルの転換という形でも展開される。ネット有料化（Paywall）の導入だ。それまで本格的な課金制をとっていたのは、米ウォールストリート・ジャーナル（1996年）、英フィナンシャル・タイムズ（Financial Times, 2002年）などかぎられた経済メディアだった。だがリーマンショックによる深刻な広告収入の落ち込みで、他のメディアも方針転換を迫られた。

　日本でまず有料化に動いたのは日本経済新聞だ。2010年3月、無料の「NIKKEI NET」を統合し、有料サイト「日本経済新聞　電子版」を開始した。朝日新聞も2011年5月に「朝日新聞デジタル」を立ち上げてネット有料化に踏み出し、2012年1月に「asahi.com」を統合した。

　米国ではニューヨーク・タイムズが2011年3月、本格的なネット有料化に踏み切った。ワシントン・ポストも買収発表直前の2013年6月に、ネット有料化を発表している。

2-3　「フレネミー」への警戒

　急速に膨張するグーグルなどのプラットフォームは、マスメディアにとってコンテンツ拡散の伝送路である一方、コンテンツへの「タダ乗り」で巨額の広告収益を得ているとも映り、好悪相反する「フレネミー」として警戒感が高まる（平2022）。

　ドイツでは2013年、スペインでは2014年に著作権法を改正し、プラットフォームによるニュースの掲載に対して、メディアに報酬請求の権利を認めた。だがドイツでは、グーグルが使用料支払いを拒否し、検索結果にはニュースの見出しのみを表示して、本文の抜粋や画像は非表示とする対抗策を実施。アクセス激減にメディア側は報酬請求について白旗を掲げた。

　スペインの法改正では、プラットフォームに対するニュースの使用料支払い義務化と最高60万ユーロの罰金を盛り込んだ。これを嫌ったグーグルは法施行を翌年に控えた2014年末、スペイン版グーグルニュースを閉鎖。やはりメディアはアクセス激減の打撃をこうむった（2022年に再開）。

2-4　多様化するジャーナリズム

　ネットメディアの存在感は、調査報道などの分野でも示された。米ピュリツァー賞（Pulitzer Prize）は、2009年からオンラインのみのニュースメディアにも門戸を開

放。翌2010年にはネット専業の調査報道メディア、プロパブリカ（ProPublica）がネットメディアとして初受賞した。2012年には、ハフィントン・ポストが国内報道部門で、政治報道専門のネットメディア、ポリティコ（Politico）も時事漫画部門で、それぞれ初受賞を果たした。

調査報道や機密情報の告発でも、ネットメディアは存在感を示す。2010年には、告発サイト「ウィキリークス（WikiLeaks）」が、イラク戦争、アフガニスタン戦争の米軍機密文書などを相次いで公開。ニューヨーク・タイムズや各国の主要メディアも「ウィキリークス」と連携した調査報道として、このニュースを伝えた。日本でも朝日新聞が2011年5月、「ウィキリークス」が公開した米外交公電を分析し、調査報道を行った。

テクノロジーを活用したジャーナリズムの取組みもはじまる。多様なウェブ表現を駆使した「イマーシブ（没入型）ジャーナリズム（Immersive Journalism）」やビッグデータを活用した「データジャーナリズム（Data Journalism）」だ。

日本では朝日新聞デジタルが2014年2月、ソチ五輪・フィギュアスケート女子に出場した浅田真央選手の軌跡をまとめたアニメーションや動画、テキストなどによるマルチメディアコンテンツ「浅田真央　ラストダンス」を公開。3日間で100万ページビューを超え、フェイスブックでの共有も7万件を超える注目を集めた（入尾野 2015）。

ニュースの現場にいるような臨場感を体験させる「イマーシブジャーナリズム」の先行例が、ニューヨーク・タイムズが2012年12月に公開し、2013年のピュリツァー賞を受賞した「スノーフォール（Snow Fall）」（Branch 2012）だ。米ワシントン州で起きた雪崩事故を検証する1万7000語の記事に、インタビュー動画、地形データ、雪崩のシミュレーションデータで作成した3DCG（Three-Dimensional Computer Graphics）アニメーション、衛星画像などを組み合わせた全く新しいマルチメディア報道であり、ビッグデータを視覚化した「データジャーナリズム」でもあった。

人工知能（Artificial Intelligence：AI）を使ってデータから記事を自動生成する「ロボットジャーナリズム（Robot Journalism）」の試みも広がった。AP通信（Associated Press）は2014年、AIによる決算短信記事の自動生成をはじめている。

この時期、ニュースアプリの動きも活発になる。日本では2013年にスマートフォンの世帯保有率が62.6%となり、初めて5割を超えた（総務省 2017）。前年末には

スマートニュース、年明けにグノシーが、相次いでスマートフォンに特化したニュースアプリを公開。ニュース接触の主舞台は、スマートフォンに移行しはじめた。

3 2015年〜2019年 メディアサバイバル期（淘汰の時代）

3.1 ネット戦略の明暗

　この時期を特徴づけるのは、急拡大したプラットフォームをめぐる軋轢だ。ニュースメディアを取り巻く環境は厳しさを増し、サバイバルに向けた動きが本格化。国境や業態を越えた大型買収が相次ぐ一方、新興のネットメディアの減速が明らかになる。また、メディア不信とフェイクニュース（Fake News、偽情報・誤情報）が社会に深刻な影を落とす。

　日本では2015年7月、日本経済新聞が英フィナンシャル・タイムズを1600億円で買収すると発表。日本のマスメディアの、生残りをかけたグローバル戦略として注目を集めた。

　ネット有料化でも明暗を分けた。2010年に「電子版」でネット有料化に踏み切った日経は、翌2011年には10万人、2013年には25万人、2017年には50万人を突破し、着実にネットの有料読者を増やした。一方、2011年にネット有料化に乗り出した朝日新聞は、有料読者数が2013年に10万人、2014年に16万人、2019年でも30万人と伸び悩んだ。

　やはり2011年にネット有料化を行ったニューヨーク・タイムズは、2015年にはネットの有料読者が100万人を超え、2017年に200万人、2019年には400万人超と、勢いが加速する。

　一方、米国ではローカル紙が相次ぎ消滅し、地域のニュースを報じるメディアがない「ニュースの砂漠（News Desert）」の拡大が指摘される。Abernathy (2018) によれば、米国では2004年以降、日刊紙、週刊紙合わせて約1800が廃刊などで消滅し、3143の郡のうち約200郡で地元紙がなく、1449郡では地元紙が1紙しかなかった。

　ネットメディアでは、サバイバル戦略として国際展開が続いた。米バズフィードは2016年1月、日本のヤフーとの合弁で、バズフィードジャパン（BuzzFeed Japan）を開設する。海外の有力ネットメディアの日本進出は、1990年代後半から主にテク

ノロジーニュースの分野で広がり、CNET 日本版（1997 年）、ZDNet Japan（同）やエンガジェット日本版（2005 年）、TechCrunch Japan（2006 年）などの先例があった。だが、調査報道までをカバーするブログスタイルのニュースメディアとしては、バズフィードジャパンはハフィントン・ポスト日本版に次ぐものとなった。

3-2　モバイル移行と「分散コンテンツ」

　この時期は、モバイルがメディアビジネスの主戦場となる。その中で、プラットフォーム間の競争も激化し、メディアのコンテンツを自社サービス内に抱え込む動きを見せる（平 2015）。

　フェイスブックは 2015 年 5 月、「インスタント記事（Instant Articles）」という新たな取組みをはじめた。プラットフォームでのメディアのコンテンツ掲載はそれまで、リンクを掲載し、ユーザーを自社サイトに誘導するのが一般的だった。だが「インスタント記事」は、コンテンツを同社のサーバーに置くことで、モバイル環境でも 10 倍の高速表示を可能にする、という触れ込みだった。

　この当時、第 4 世代移動通信システム（4G）の普及は世界的にはなおかぎられ、第 3 世代（3G）や第 2 世代（2G）が大きな割合を占めていたため、表示速度を底上げする必要もあった。加えて、「分散コンテンツ（Distributed Content）」という新たな潮流も後押しした。バズフィードなどのネットメディアは拡散の加速に注力するため、各ソーシャルメディア上にコンテンツそのものを掲載するようになっていた。だが一方で、「インスタント記事」のような取り組みは、コンテンツとユーザーのデータがメディアの手を離れ、プラットフォームがさらに大きな主導権を握ることを意味した。

　同様の取り組みは一気に広がる。同年 7 月にはアップルが「アップル・ニュース（Apple News）」、10 月にはグーグルの「AMP（Accelerated Mobile Pages：アンプ）」が続いた。日本でも、2016 年 2 月から「AMP」が開始（朝日、毎日、産経などが参加）。4 月には「インスタント記事」がはじまっている（朝日、読売、毎日、日経、産経、東洋経済が参加）。

3-3　「コンテンツバブル」とその崩壊

　米国では 4G の本格普及に向けて、通信業界がコンテンツ確保に乗り出し、メディア再編の動きに拍車がかかる。2016 年には、米通信大手ベライゾン（Verizon）が、

ハフィントン・ポストなどを傘下に収めていた AOL を約 44 億ドルで買収。翌年には米ヤフーを約 48 億 3000 万ドルで買収し、メディア戦略を推進する。AT ＆ T も、2015 年にディレク TV を 490 億ドル、2018 年にはタイム・ワーナーを 850 億ドルで買収するなどの動きをみせている。

多額の資金がメディアに流れ込み、大型の買収劇が相次ぐ状況は「コンテンツバブル（Content Bubble）」と呼ばれた。Doctor（2015）はその渦中で、崩壊の兆しを指摘した。ネットメディアは広告収入に依存するため、規模拡大が至上命題となる。だがプラットフォームのビジネスと違い、人手に頼るニュースメディアは急激な拡大に対応できず、成長の限界がみえはじめる。さらにデジタル広告市場のシェアの大半は、グーグル、フェイスブックの 2 大プラットフォームに握られるという状況が続く。

情報空間のプラットフォーム依存の高まりにより、その方針がメディアの生殺与奪も握る。2018 年 1 月に、フェイスブックは大規模なアルゴリズム変更を実施。ニュースコンテンツよりも、家族・友人の投稿表示を優先する。ニュースコンテンツの割合は、全体の 5％から 4％へと低下した。フェイスブックは、2016 年米大統領選でのフェイクニュース拡散をめぐり、その舞台として批判の矢面に立たされた。ニュースコンテンツから距離を置くアルゴリズム変更は、その批判の高まりの中で打ち出された。これにより、アクセス急落を被るメディアが相次いだ（Chaykowski 2018）。

2019 年に入ると、「コンテンツバブル」崩壊が加速する。1 月には、米ヤフー、AOL、ハフポストを傘下に収めたベライゾン・メディア（Verizon Media）の約 800 人のリストラ計画が表面化し、ネットメディアの雄と目されたバズフィードも約 200 人のリストラが報じられた（Waterson 2019）。

3-4 信頼低下とファクトチェック

さらにこの時期、メディアへの信頼低下が顕著となる。2016 年 6 月の英国の欧州連合（EU：European Union）離脱をめぐる国民投票、11 月の米大統領選をめぐっては、フェイクニュースの氾濫が世界的な注目を集めた。背景として指摘されたのがメディアへの信頼低下だ。ドナルド・トランプ（Donald Trump）大統領が誕生した 2016 年米大統領選の投開票 2 カ月前、同年 9 月に発表された米ギャラップ（Gallup）の調査では、マスメディアへの信頼度は史上最低の 32％に落ち込んで

いた (Swift 2016)。

　同様の傾向は日本でもみられた。新聞通信調査会 (2016) の「メディアに関する全国世論調査」における信頼度は、NHK が 100 点満点中 69.8 点、新聞が 68.6 点。2008 年（NHK74 点、新聞 72 点）から漸減傾向にあった。新聞の信頼度低下の理由については、「報道の偏り」「モラルの低下」などが挙げられた。

　信頼回復に向けてニュースメディアが注力した取組みのひとつが、フェイクニュースの検証報道、ファクトチェック (Fact Check) だった。米国では、2017 年に就任したトランプ大統領が、メディアへの攻撃や事実に基づかない発信を繰り返した。その中で、ファクトチェックや権力批判報道を根強く続けたニューヨーク・タイムズなどのニュースメディアの取組みが有料購読者急増の後押しとなった。

　日本でも同様の取組みが広がる。朝日新聞は 2016 年 10 月から、政治家の発言やネット上の言説を対象としたファクトチェックを開始する。2017 年 6 月には、ファクトチェック団体の連携組織「ファクトチェック・イニシアティブ」が設立された。

　テクノロジーを活用したジャーナリズムも加速する。国際調査報道ジャーナリスト連合 (International Consortium of Investigative Journalists：ICIJ) は 2016 年 4 月、国際的な租税回避の実態を暴く秘密文書「パナマ文書 (Panama Papers)」の調査報道を公開した。これは同連合の約 80 か国、100 余の報道機関が参加し、1150 万件という膨大な流出データをアマゾンのクラウドサービスなどを活用しながら共有し、取材を進めたプロジェクトだった。日本からも朝日新聞、共同通信が参加した。

4　2020 年〜　メディア新秩序期（新型コロナ、戦争が示すメディアの位置）

4-1　デジタルメディアへの逆風

　2020 年からの新型コロナウイルス感染拡大と、2022 年にはじまったロシアによるウクライナ侵攻などの世界的な混乱を背景に、情報の信頼性の担保とメディアの役割が社会課題として浮上した。

　新型コロナの感染対策にともなう社会の混乱と在宅時間の増加は、ニュースの需要を後押しした。米国では、新型コロナ流行と 2020 年大統領選が重なり、改めてフェイクニュース拡散とファクトチェック、権力監視報道がクローズアップされた。これ

がマスメディアのデジタル契約を後押しした。ニューヨーク・タイムズは、2019年末時点のネットの有料読者が500万人を超え、2020年第2四半期にはデジタルが紙の収入を上回る。2022年2月には紙とデジタルの有料購読者数が1000万人を達成したと発表（Tracy 2022）し、ネット有料化とデジタルファーストの成功例を打ち立てた。

一方、デジタルメディアに対し、投資元は手じまいをはじめる。AOL、米ヤフーを傘下に収めたベライゾンは、モバイル第5世代（5G）などの投資に舵を切り、デジタルメディア部門の大幅リストラを断行。2020年11月には、ハフポストをバズフィードに売却する。さらに2021年5月には、AOL、米ヤフーなどを擁するメディア部門を、50億ドルで米投資会社「アポロ・グローバル・マネジメント（Apollo Global Management）」に売却している。また、ハフポストを買収したバズフィードも、2021年12月に実施した株式公開の失敗が響き、同年のピュリツァー賞を受賞した調査報道部門を、翌年にはリストラ。2023年4月には報道部門であるバズフィード・ニュースを閉鎖し、エンターテインメント路線に注力する。

日本でも米国に連動する再編が行われた。バズフィードジャパンは2021年3月、ハフポスト日本版を合併し、これに合わせて朝日新聞が資本参加。さらに2022年5月には、ヤフーの親会社のZホールディングス（ZHD、後にLINEヤフー）に代わって、朝日放送グループホールディングス、ZHD傘下のバリューコマースが資本参加することとなった。また米国の動きと連動し、2023年5月にはバズフィードジャパン・ニュースをハフポスト日本版に統合した。このほか2022年5月、ベライゾンのメディア部門売却の影響から、渦中の米ヤフー傘下にあったTechCrunch Japanとエンガジェット日本版がともに閉鎖となった。

4-2　ニュース使用料の法規制

プラットフォームとニュースメディアの「フレネミー」の関係は、この時期に改めて鮮明となる。焦点はプラットフォームからニュースメディアへの、ニュース使用料支払いの問題だ。プラットフォームへの法規制によって、メディアとのニュース使用料交渉を後押しする新たな動きが注目を集めた（平 2022）。

EUでは2019年4月に「デジタル単一市場における著作権指令（Directive on Copyright in the Digital Single Market）」が成立し、これに基づいてフラン

スなどで著作権法が改正される。また 2021 年 2 月にはオーストラリアで「ニュースメディア・デジタルプラットフォーム契約義務化法（News Media and Digital Platforms Mandatory Bargaining Code）」が成立。2023 年 6 月には、カナダでも同様の「オンラインニュース法（Online News Act）」が成立した。

プラットフォームは、メディアへの懐柔策を打ち出す。フェイスブックは 2019 年 10 月、ニュース専用の新コーナー「フェイスブック・ニュース（Facebook News）」の立ち上げを発表。主要メディアを対象にコンテンツ提供への使用料支払いを行うモデルで、米国を皮切りに、2021 年には英国、ドイツ、豪州に拡大し、3 年間で 10 億ドルの予算を掲げた。2022 年 2 月にはフランスでも開設した 。ただ、豪州などのニュース使用料の法制化の動きに反発を強めるとともに、メディア支援からは距離を置くようになり、2024 年 4 月までに英国、ドイツ、フランス、さらに米国、豪州でのサービスを終了した。また、カナダの「オンラインニュース法」成立を受けて、メタは 2023 年 8 月、同国内におけるフェイスブック、インスタグラムでのニュース配信を停止する、と発表した。

グーグルも 2020 年 10 月、同様の「グーグル・ニュースショーケース（Google News Showcase）」を 3 年間、10 億ドルの予算で立ち上げる。2023 年 6 月までに 22 か国 2300 超のメディアと契約。日本では 2021 年 9 月、全国紙・地方紙 40 社以上の報道機関と契約し、サービスを開始した。

ただし、フランスの競争委員会は、グーグルの「ニュースショーケース」による契約の仕組みが、メディアのニュース使用料請求権を事実上放棄させていると認定。5 億ユーロという空前の罰金を科し、2022 年 6 月に確定した。

4-3　メディアの担うべき役割

新型コロナ、ウクライナ侵攻をめぐるフェイクニュースの氾濫により、メディアやプラットフォームの役割が、民主主義社会の存立にかかわる課題として再認識された。欧州委員会は 2020 年 12 月、2024 年の欧州議会選挙に向けた「欧州民主主義行動計画（European Democracy Action Plan）」を発表。「自由で公正な選挙の推進」に加えて「メディアの自由の強化」「偽情報対策」を 3 本柱とした。これに基づき 2024 年 5 月には、メディアの多様性と独立性を保護する「欧州メディア自由法（European Media Freedom Act）」が発効。また、同年 2 月には違法・

3-6 ニュースメディアとプラットフォームの攻防

有害情報へのプラットフォームの義務などをまとめた「デジタルサービス法（Digital Services Act）」が全面施行された。

日本でも情報環境が急速にデジタルに移行するなかで、マスメディアの在り方が改めて問われた。2022年、メディア接触時間で携帯電話／スマートフォンが初めてテレビを上回った（博報堂DYメディアパートナーズ2022）。また広告費においても2021年、インターネットがマスコミ4媒体（新聞、雑誌、ラジオ、テレビ）を初めて上回った（電通2022）。

鳥海・山本（2023）は、デジタル移行によってユーザーが置かれた情報環境に偏りが生じていることに着目し、「一人ひとりがさまざまな情報を摂取することで、フェイクニュース等に対して一定の『免疫』（批判的能力）を有している状態」としての「情報的健康（インフォメーション・ヘルス）」を提唱。その実現に向けて、プラットフォームにはフェイクニュース対策や多様な情報の提示、マスメディアにはアクセス重視に偏ったインターネットの傾向（アテンション・エコノミー）からの距離の確保と信頼性確保の取組みを求めた。

スマートフォンとソーシャルメディアの普及によって、誰もがニュースメディアに匹敵する情報発信力を手にし、情報量の増大とその多様性をもたらした。また、2022年11月末に米AIベンチャー、オープンAI（OpenAI）が公開した生成AI（Generative AI）、チャットGPT（ChatGPT）が社会に急速な広がりをみせ、その影響はニュースメディアにも押し寄せた。

報道部門を閉鎖した米バズフィードは、2023年2月からチャットGPTと連動したクイズコンテンツなどを導入。同年3月には、ブルームバーグ（Bloomberg）が金融情報に特化した独自の生成AI「ブルームバーグGPT」を発表した。生成AIの広がりに対して、メディア業界からは、ニュースコンテンツが開発用の学習データとして流用されることに著作権侵害を懸念する声が上がった。ニューヨーク・タイムズは同年12月、オープンAIおよび同社と提携するマイクロソフトを著作権侵害で提訴した。一方でAP通信は同年7月、同社のニュースコンテンツのアーカイブを、オープンAIのチャットGPTなどの大規模言語モデル（Large Language Model）開発の学習データとしてライセンス供与する契約締結を発表している。

ソーシャルメディアや生成AIの普及は、情報の作成や拡散のあり方を根本から変えつつある。しかし、民主主義社会の基盤となるジャーナリズムを、誰もが担える

わけではない。Rosenstiel（2024）は、ジャーナリズムの目的を「市民が自らの生活、コミュニティ、社会、政府について最善の判断をするために必要な情報を提供すること」と定義する。Kovach, Rosenstiel（2001 = 2002）はそのためのジャーナリズムの原則として、「検証による正確性」「透明性」「権力監視」「声なき人々の代弁」「取材対象からの独立」などを挙げる。これらの原則を組織的、継続的に担保していく機能は、なおニュースメディアが担うべき役割として残っている。

【参考文献】

（※ URL の閲覧日は、2024 年 10 月 6 日である）

Abernathy, Penelope Muse（2018）"The Loss of Newspapers and Readers," The Expanding News Desert, https://www.usnewsdeserts.com/reports/expanding-news-desert/loss-of-local-news/loss-newspapers-readers/.

朝日新聞デジタル（2014）「浅田真央　ラストダンス」2 月 22 日, http://www.asahi.com/olympics/sochi2014/lastdance/.

Branch, John（2012）"Snow Fall: The Avalanche at Tunnel Creek," *The New York Times,* December 20, https://www.nytimes.com/projects/2012/snow-fall/index.html.

Chaykowski, Kathleen（2018）"Facebook's Latest Algorithm Change: Here Are The News Sites That Stand To Lose The Most," *Forbes,* March 6, https://www.forbes.com/sites/kathleenchaykowski/2018/03/06/facebooks-latest-algorithm-change-here-are-the-news-sites-that-stand-to-lose-the-most/.

電通（2010）「2009 年の日本の広告費は 5 兆 9,222 億円、前年比 11.5%減」プレスリリース、2 月 22 日, https://www.dentsu.co.jp/news/release/pdf-cms/2010020-0222.pdf.

電通（2022）「2021 年 日本の広告費」2 月 24 日, https://www.dentsu.co.jp/news/release/2022/0224-010496.html.

Doctor, Ken（2015）"Newsonomics: The Vox/Recode deal is a sign of more consolidation to come," *NiemanLab,* May 28, https://www.niemanlab.org/2015/05/newsonomics-the-voxrecode-deal-is-a-sign-of-more-consolidation-to-come/.

Doors 特別編集（1995）『インターネットの理解　ASAHI パソコン』朝日新聞社 .

Gillmor, Dan（2004）*We, The Media: Grassroots Journalism by the People, for the People,* Oreilly & Associates Inc.＝（2005）平和博訳『ブログ　世界を変える個人メディア』朝日新聞社 .

博報堂 DY メディアパートナーズ（2022）「メディア定点調査 2022」5 月 25 日，https://mekanken.com/contents/2142/.

服部桂（2010）「（メディア激変：15）現場から—2「特ダネ」を予告する」朝日新聞夕刊・夕刊連載，4 月 16 日，http://www.asahi.com/special/gekihen/TKY201004160594.html.

入尾野篤彦（2015）「『ラストダンス』をもう一度　スポーツ表現への挑戦」朝日新聞デジタル，9 月 7 日，https://www.asahi.com/special/timeline/asahicom-chronicle/lastdance.html.

伊藤恭子（2015）「狭い画面にコンテンツ咲き誇る　ケータイ黄金時代（朝日新聞デジタル 20 周年特集）」朝日新聞デジタル，8 月 11 日，https://www.asahi.com/special/timeline/asahicom-chronicle/mobile.html.

Kovach, Bill & Rosenstiel, Tom（2001）*The Elements of Journalism, Revised and Updated: What Newspeople Should Know and the Public Should Expect,* Crown Publishers. ＝（2002）加藤岳文、斎藤邦泰訳『ジャーナリズムの原則』日本経済評論社 .

Pew Research Center（2023）"Newspapers Fact Sheet," https://www.pewresearch.org/journalism/fact-sheet/newspapers/.

Rosenstiel, Tom（2024）"What is the purpose of journalism?" His own site, https://www.tomrosenstiel.com/essential/what-is-the-purpose-of-journalism/.

新聞通信調査会（2016）「第 9 回メディアに関する全国世論調査（2016 年）」10 月 23 日，https://www.chosakai.gr.jp/wp/wp-content/themes/shinbun/asset/pdf/project/notification/jpyoronreport09-2016.pdf.

総務省（2017）「数字で見たスマホの爆発的普及（5 年間の量的拡大）」平成 29 年版情報通信白書，https://www.soumu.go.jp/johotsusintokei/whitepaper/ja/h29/html/nc111110.html.

Swift, Art (2016) "Americans' Trust in Mass Media Sinks to New Low," *Gallup,* September 14, https://news.gallup.com/poll/195542/americans-trust-mass-media-sinks-new-low.aspx.

平和博（2015）「『グーグルHTML』ニュースのルールを決めるのは誰か?」ハフポスト日本版，10月13日，https://www.huffingtonpost.jp/kazuhiro-taira/google-html_b_8278542.html.

平和博（2020）「新聞事業のイノベーション——海外における事例から」「ビッグデータ・AI・VRによる調査報道とフェイクニュース——先端技術が競争力に」，湯淺正敏編『メディア産業論　デジタル変革期のイノベーションとどう向き合うか』ミネルヴァ書房，103-115.

平和博（2022）「ニュース使用料に広がる法整備　メディア自身の改革こそ急務」月刊Journalism，10月号 No.389，朝日新聞社．

鳥海不二夫、山本龍彦（2023）共同提言「健全な言論プラットフォームに向けて ver2.0—情報的健康を、実装へ」*KGRI Working Paper No.1,* 5月，https://www.kgri.keio.ac.jp/docs/S0120230529.pdf.

Tracy, Marc (2022) "The Times hits its goal of 10 million subscriptions with the addition of The Athletic," *The New York Times,* February 2, https://www.nytimes.com/2022/02/02/business/media/nyt-earnings-q4-2021.html.

Waterson, Jim (2019) "As HuffPost and BuzzFeed shed staff, has the digital content bubble burst?" *The Guardian,* January 24, https://www.theguardian.com/media/2019/jan/24/as-huffpost-and-buzzfeed-shed-staff-has-the-digital-content-bubble-burst.

3-7 UGC・CGMの隆盛と既存メディアの退潮

The Rise of UGC/CGM and the Decline of Traditional Media

吉田　達

　コンピュータやスマートフォンといった情報端末は、それらを接続する電子ネットワークとともに、私たちの日常に欠かせない必須基盤（インフラ）のひとつとなった。そこで重要な役割を担ってきたのが、2000年代におけるコンピュータとネットワークの高性能・多機能化の動きである。これは、オライリー社の創業者ティム・オライリーが2005年に提唱した〈Web 2.0〉というキーワードに象徴され（O'Reilly2005）、この語を日本に広く知らしめた梅田望夫は、その本質を、「ネット上の不特定多数の人々（や企業）を、受動的なサービス享受者ではなく能動的な表現者と認めて積極的に巻き込んでいくための技術やサービス開発姿勢」だと説明している（梅田 2006：120）。

　UGC（User Generated Content）とCGM（Consumer Generated Media）は〈Web 2.0〉の概念とともに登場してきた術語で、〈不特定多数の人々〉が〈能動的な表現者〉として生成・発信するコンテンツやそれらの集積・閲覧環境をさす。

　UGCは、読んで字のごとく〈利用者が生成するコンテンツ〉であり、文字・音声・画像・映像といった各領域に存在する。

　また、CGMは、そうしたUGCによって形成・構築されるメディア・サービス全体をさす。

　私たちが一個人の考えや表現をマス・メディアによることなく世に送り出せる〈誰もが情報を発信し得る〉環境を現実的に獲得した端緒は、1990年代後半における個人ホームページのブームに見出せる。しかし、各個人のウェブページにそれぞれの生成コンテンツが散在する形式は、情報発信者としての〈私〉を際立たせる意味

では有効でも、《ノンプロ》な一個人の作品（生成コンテンツ）に広く一般の耳目を集めるという意味ではあまり効率がよくなかった。また、インターネット・サービス・プロバイダ（ISP：Internet Service Provider）が各ユーザに提供するウェブページの環境は、テキストや静止画に比べはるかに大容量な音声や映像といったリッチ・コンテンツを配置・発信するのが困難な環境であり、そうしたコンテンツの発信や流通には、専用のデータ流通環境やストリーミング・プラットフォームの利用が欠かせなかった。

　こうした諸事情により、個人のコンテンツ発信は、2000年前後から徐々に、個人サイトから各種の投稿サービスへ軸足を移行していくことになり、その環境がコンテンツの受け手（視聴者）にCGMという新たな〈メディア〉と認識される過程で、ネットはようやく〈誰もが情報を発信しうる〉場としての一般的認知を得た。

　以上の基本認識を踏まえ本章では、Web 2.0の概念が登場した2005年頃と、UGCとCGMが同一現象の2つの側面と理解されるようになった2015年頃を2つの画期ととらえ、できるだけWeb 2.0の概念の登場以前・CGM先行期・両者の融合期の3期に区分して記述する。また、取り上げる主体もできるだけ官・民・学・個人などの属性に注目して記述する。しかしインターネット関連事象の常として、技術革新はこうした境界をやすやすと越え、時系列的にも〈行きつ戻りつ〉を繰り返しているので、画期や区分といっても明確な線引きが難しい点をご理解願いたい。

1　UGCとCGM——CGM概念の先行

　日本ではCGMという用語は普及したものの、UGCという用語はあまり使われることはなく、ユーザー発の作品やコンテンツを集積・発信する《場》のみならず、〈利用者主体の生成コンテンツ〉をさす語としてもCGMを用いる事例が多くみられた。

---

*1　検索エンジンが登場するまでのウェブ環境は、個々のウェブページに貼られた参照リンクや個人によるおすすめサイトのリンク集、あるいはYahoo!に代表されるディレクトリ型検索といった人力ベースの情報整理・分類に依存しており、不完全なサービスの域を脱せなかった。

*2　初期のリッチ・コンテンツは、各種音楽配信サービスのように〈大容量〉のデータ伝送と保存ができる環境や、NapstarのようなP2P型のデータ流通環境を通じて、各視聴者がダウンロードして再生・視聴するものだった。しかし、〈Winny事件〉が象徴するように、P2P型のデータ共有には、違法コンテンツの流通を幇助してしまう側面があった

3-8 UGC・CGM の隆盛と既存メディアの退潮

逆に、欧米ではもっぱら UGC の語が用いられ、CGM という語は 2010 年代の半ば頃まであまり使われてこなかった。2020 年代になって〈利用者主体の生成コンテンツ〉をさす語として UGC を、UGC によって形成される〈サービス〉をさす語として CGM を使う用法が一般的になってきている。しかし、〈利用者主体の生成コンテンツ〉の実体を整理していくと、〈UGC・CGM〉の間には、一言では整理しがたい複雑な関係性がみえてくる。

　YouTube を例に〈UGC・CGM〉の概念を整理すると、YouTube に投稿されている《個々の動画》が〈UGC〉になり、そうしたコンテンツ群を掲載・提示している YouTube の《サービスそのもの》が〈CGM〉ということになる。しかし、一般に UGC として取りまとめられる〈利用者主体の生成コンテンツ〉群のなかには、テキストベースの情報コンテンツから、イラストや写真、マンガといった画像ベースのコンテンツ、インターネットラジオや楽曲、あるいは、日常の 1 コマやハプニングの瞬間を切り取ったショートムービーや個人制作の映画などといったリッチ・コンテンツ群にいたる、多種・多様なコンテンツ群が含まれる。

　また、テキストベースの情報コンテンツと括ったもののなかには、小説など執筆の主体が特定個人で完結するコンテンツだけでなく、2 ちゃんねるや発言小町といった電子掲示板サービス、人力検索はてなや Yahoo 知恵袋などのような Q&A サイト、価格.com やアットコスメ、食べログなどに代表されるレビュー（口コミ）サイト等々のように、複数個人の知恵や知識を集積して形作られる複合コンテンツ群が含まれる。こうした複合コンテンツ群には、各種 Wiki やニコニコ動画の弾幕コメントつき動画のように CGM の環境を前提とした協業型の UGC も存在する。

　このように、UGC には複数の属性のコンテンツが包括され、〈コンテンツだから UGC、メディアだから CGM〉という単純な 2 項分類より、作る側と享受する側のいずれの側からそれらと向かい合うかという〈立ち位置〉に基づく区分を用いることが有用だった。これに加え、次節で触れる日本と欧米それぞれのメディア環境に起因する文化的なメディア・コンテンツ観の違いもあり、日本では UGC ではなく CGM が〈利用者主体の生成コンテンツ〉をさす術語としてもっぱら用いられることとなった。

143

2 UGC・CGM の射程——プロとアマの相対化

　Web 2.0 で〈利用者主体の生成コンテンツ〉が注目された最大の理由は、はじめて《ノンプロ》発の情報・コンテンツがメディア企業の手を介さずに流通する構図ができあがった点にある。20 世紀のマス・メディア群や〈Web 1.0〉の情報環境において、一般の人びとは原則、メディア企業に代表される《プロフェッショナル》が制作・発信する情報コンテンツを受け取る〈受動的なサービス享受者〉にすぎなかった。日本語で〈メディア〉といったとき、多くの場合それがマス・メディアを想起させ、多くの人びとに、とくに違和感なく受け入れられたことは、情報やコンテンツが視聴者へ単方向に伝達される構図が、ごくごく当たり前のものであったことの証左である。

　もちろん、20 世紀の昔から、読者投稿などの形で一般の人びとの意見がメディアに載ることはあったし、フリー・ジャーナリストや小説家、漫画家のようにメディア企業から独立した個人として情報やコンテンツの生成・発信を生業とする人びとも存在した。しかし、そうした情報の流通には新聞・雑誌やラジオ、テレビといったマス・メディアの介在が事実上不可欠であり、さらに各情報・コンテンツが発信される手前で必ず、どれを載せるかというメディア事業者による取捨選択が大なり小なり機能してしまう点で（田崎ほか 2003 など）、それらはすべからくメディアというプロの情報発信の一環に組み込まれてしまう構図を脱せなかった。

　このような事情から、日本では〈メディア〉は、情報媒体と情報内容（コンテンツ）にまたがる包括的概念として理解されてきた。また、新聞社やテレビ局といった企業体が情報群の発信主体になっていて、記者の表記がない記事を主軸に展開してきたり、テレビやラジオの放送事業が、〈番組制作〉と〈放送事業〉の上下機能を垂直統合した事業体制を堅持して、自社の制作コンテンツ群を自社の放送設備で独占的に配信する形態を主軸に展開してきたりといった、欧米とは異なるメディア事情があった[*3]。こうした諸々の事情が、〈利用者主体の生成コンテンツ〉を、UGC と[*4]

＊3　この点については、第 3 部コラム「通信と放送の融合の科学技術史的教訓」を参照。

＊4　米国で、利用者生成コンテンツをさす語として UGC という言葉が用いられてきた背景には、CATV（Cable Television）や衛星放送が早期に発達したことで、放送局が自社の制作番組を自社の地上波設備で放送することにこだわらず、メディアがコンテンツと密に結びつかない状況が一般的だったこと、またその背景に 3 大ネットワークの番組支配を禁ずる

3-8 UGC・CGM の隆盛と既存メディアの退潮

いうコンテンツを基軸とした捉え方ではなく、CGM というメディアが前面に立つとらえ方でみるという、Web 2.0 や UGC・CGM に関する 2010 年前後の日本の状況を導いた。

　放送番組を視聴する行為を〈テレビをみる〉というが、ネット社会の発展とともに、WWW（World Wide Web）をプラットフォームとして情報端末の画面に映し出される文字や画像、音楽、動画といった諸コンテンツを、テレビと同じ感覚で〈視聴〉する人が増えている。〈ネットをみる〉というとき、インターネット利用者の意識は、情報を受信・消費する側に立っている。2010 年代にロボット型の全文検索サービスの機能・能力が躍進・向上し、インターネットの情報空間全体をひとつの情報メディアとして利用する状態が現実のものになっていったことで、ネットはテレビなどと同列の〈メディア〉になり、〈ネットをみる〉という感覚もより一層、一般化していった。UGC はそうした機運のなかで増加したネット・コンテンツであり、それらを他の情報コンテンツに埋没・散逸させずに取りまとめる〈場〉として整備されたのが CGM という UGC の集積場である。いってみれば、CGM は UGC を扱う専門ポータルということになる。

　コンピュータにとって、テキスト以外の画像や音声といったコンテンツは大容量なので、その蓄積・配信にはサービスとネットワークを運用する資金力が必要となる。この運用コストをネット広告によって確保するためには、コンテンツ・ポータルには一定レベル以上の安定したアクセスの確保が必須になる。こうした事情は、サービス提供者の側に、〈利用者主体の生成コンテンツ〉の視聴・閲覧の場を新たな〈メディア〉として盛り立て、視る専（古いいい方をするなら ROM：Read Only Member）と呼ばれる、視聴専門のユーザを確保して収益の安定を図りたいという思惑を生んだ。

　このサービス提供者側の思惑と日本の伝統的なメディア観が相まって、コンテンツ・ポータルは、ネットにおける投稿系の雑誌やテレビ番組的に〈UGC〉を摂取できる〈CGM〉という新たなメディアとして一般に認識されることとなった。そして、メディア的情報空間に親しむなか、そこで、自分と同じ《ノンプロ》が《プロフェッショナル》のように情報やコンテンツを発信している姿に気が付き、あこがれて、自らも情報発信者になろうとする循環が Web 2.0 のパラダイムシフトを駆動していく原動力となっ

　　FCC（Federal Communication Commission：米国連邦通信委員会）の規制（FinSyn Rule）があったことが影響したと考えられる。

ていったのである。

　ここで気を付けなければならないのは、CGM は UGC を集積する場として整備されたものであり、UGC に先んじて登場するものではないということである。CGM が取り扱う〈利用者主体の生成コンテンツ〉たる情報やコンテンツは、Web 2.0 の動きで注目され UGC という枠組みを与えられ切り出される以前から世に存在していた。そうした Web 2.0 以前の諸々が、インターネットという足回りや各種のデジタル情報機器の発達の恩恵を受けてコンテンツ生成と発信のコストを段階的に減じてゆき、Web 2.0 の機運とともに〈利用者主体の生成コンテンツ〉に取り組まんとする人びとの数を増やしていったのである。

3　《CGM》以前の CGM──データベースとしての相互交流空間

　2020 年代の時点でネットの概要を振り返ると 2000 年前後からの動きに目を取られがちになるが、コンピュータとネットワークの歴史において、個々人がもつ知恵や知識をデータベース的に集積・活用しようとする試みは、1980 年代に遡ることができる。

　マス・メディアに接する場合、視聴者は受動的な情報享受者になりがちである。そうした発信者優位の状況に私たちが対抗する技術として、メディア・リテラシーが提唱されてきたが、コンピュータ・ネットワーク上の情報環境には、パソコン通信の時代からミニコミなどと並んでマス・メディアを補完するオルタナティブ・メディアのひとつとして期待されてきた側面がある。阪神・淡路大震災当時のパソコン通信と情報ボランティア、1990 年代後半の初期ホームページ・ブーム、そして Web 2.0 の状況での〈UGC・CGM〉といったものへの注目には、20 世紀における、一般には手が届かない存在としてのメディアへの憧れが少なからず含まれていた。[*5]

　パソコン通信の電子会議室は、一定のテーマに関する会議室単位で複数参加者の意見交換や質疑の記録を集積する〈場〉である。交換情報の蓄積は、アーカ

[*5]　20 世紀前半において、一個人が意見や表現を世に送り出すための現実的な表現手段は、ミニコミや同人誌、市民新聞といった印刷メディアしか存在しなかった。しかし、インターネット普及によってマス・メディアによらない情報発信手段を得たことは、2000 年代に UGC や CGM が〈見出される背景のひとつ〉として重要なものである。

3-8 UGC・CGM の隆盛と既存メディアの退潮

イブされて後から読み返せるナレッジベースとして提供されることも多い。それゆえ、電子会議室のコミュニケーションでは、テーマから派生・逸脱した話題を会議室参加者たちが自治的に、主題から外れた〈外話〉といったノイズとして雑談部屋などの別空間へ誘導・排除する動きがよくみられた。*6 こうした自治的行動は、2 ちゃんねるにおける〈スレ違い〉のように、インターネット上に構築されたコミュニケーション空間でも継続して観測できるもので、参加者の相互交流空間が本質的に、コミュニケーション空間としてだけでなく、集合知を編纂して読み物的に提供する CGM 的な側面を強く有していたことをうかがわせる。コンピュータの情報蓄積と処理双方に関する性能的限界から、電子会議室などに分散する形で構築されてきたネット上の情報集積を横断的に活用し、インターネットをひとつの巨大な情報空間として活用できるものにしたのが、2000 年代以降のネット検索の発展であった。

　ネットの利用が一般化していくなか、ネットの情報空間には、既存のマス・メディア環境がカバーしきれない小規模から中規模のスケールに属する情報を含む多様な情報が蓄積されていった。検索サービスの発展を背景に、それらが相互に、かつ多層的に結合しあった情報の集積が、〈集合知〉として機能するようになり、インターネットは既存メディアのオルタナティブという域を超え、独自のメディア的価値をさらに強めた〈リッチなインターネット〉として、その存在感と利用価値を増していく。その過程で、WWW の情報環境を、人びとが自身の生み出す情報やコンテンツをより手軽に世に問うための〈場〉として利用する動きや、読み手たる人びとが、既存メディア+αの情報やコンテンツを安価に享受・消費できる〈場〉として認知・利用しはじめ、WWW の環境は娯楽消費に関する新たな〈場〉としても機能するようになった。

4　常時接続環境がもたらしたもの

　日本におけるインターネットへの常時接続環境、ブロードバンド環境利用の一般化は、1998 年前後にはじまり、2000 年前後から本格化した。CATV（日本の都市型ケーブルテレビ事業）のフルサービス展開と、1999 年前後から提供がはじまった

＊6　特定のテーマに沿って、そこから逸脱せずに話題を展開させるため、電子会議室はシスオペやシグオペと呼ばれる管理人やその補佐（いわゆるサブシス）といった話題の整理・誘導を行うスタッフによる緩やかな統制が行われるのが常であった。

ADSL（Asymmetric Digital Subscriber Line：非対称デジタル加入者線）環境や2001年前後に正式に展開をはじめたFTTH（Fiber to the Home：光通信）の事業群が、一般家庭へ常時接続・定額制の情報通信環境をゆるやかに導き、インターネットの利用意識を〈必要があるときだけ、利用料を気にしながらミニマムに使う〉[7]ものから、〈好きな時に好きなだけ手軽に使える〉ものへと転換・変容していった。

平成13（2001）年版の情報通信白書は、2001年の状況を〈ブロードバンド元年〉ともいうべき状況だと評している。その後、平成23年（2011）版の情報通信白書では、2003年には家庭からのインターネット接続環境で、ナローバンド回線（アナログ電話やISDN（Integrated Services Digital Network：サービス総合デジタル網）を使ったダイヤルアップ接続）とブロードバンド回線の利用がほぼ拮抗し、2010年にはDSL（Digital Subscriber Line：デジタル加入者線）、FTTHやケーブルインターネットなどのブロードバンド回線利用率が77.9%に達したことが紹介されている。[8]

しかしネットの常時接続環境は、Web 2.0によって作り出されたものではない。たとえば、1999年頃の日本には既に、〈いつでも、どこでも、何でも、誰でも〉がつながる環境を示すキーワードとして、ラテン語で〈遍在〉を表す〈ユビキタス〉という言葉が存在した。[9]しかし、〈ユビキタス〉は情報享受の面からみた遍在のニュアンスが少なくなく、利用者の誰もが多様な情報コンテンツを気軽に投稿し、それらを相互に消費しあえる、UGC・CGMの環境が成立するには、2007年のいわゆる〈iPhoneショック〉を経た、スマートフォンの普及を待たねばならなかった。

こうしたブロードバンド回線の普及率向上は、既存のマス・メディア群が提供する情報やコンテンツへの不満を解消していく一方で、より多様な情報やコンテンツへの渇望という新たな欲求を生みだした。人びとがブロードバンド回線をこぞって家庭に導入したことで、インターネットの情報基盤化が回帰的に促進されただけでなく、イン

---

* [7] 米国では、公民権運動などの影響で1970年代から市内通話の料金定額が実現していたが、日本ではNTTがテレジョーズ（1992年：通話料割引サービス）やテレホーダイ（1995年：番号指定の定額通話サービス）を提供するまで、各種電話の通話料金は完全従量課金制だったので、ネット接続の時間は通信費に直結する頭の痛い問題であった。
* [8] 総務省の「電気通信サービスの契約数及びシェアに関する四半期データの公表（令和4年度第4四半期（3月末）によると、2023年3月末）における日本の固定系ブロードバンドサービスの契約数は、4470万（前期比+0.2%）である。
* [9] Web2.0の概念は〈ユビキタス〉を置き換える形で日本の社会に浸透していくことになる。

ターネットという新たな〈メディア〉の閲覧・消費の高まりが、提供コンテンツの拡充要求という切実な問題を生んで、Web 2.0 的状況を展開する強力な牽引力に、そして、UGC や CGM を展開・普及する強い足掛かりになっていった。

5 インターネットのメディア的展開

1995 年は、同年 1 月に生じた阪神・淡路大震災における情報ボランティアへの注目や年末におけるインターネットへの接続機能を標準搭載した Windows95 の国内販売開始といった一連の出来事を踏まえて、〈インターネット元年〉とされている。[*10] しかし、1990 年代後半の日本のインターネット環境は、企業や行政から個人にいたる広範な対象が提供する無料のホームページ群を壁新聞的なコンテンツとして閲覧・消費する、Web 1.0 の単方向的なものでしかなく、既存メディアの代替(オルタナティブ)としての機能は備わっていたが、その影響力は限定的なものにとどまっていた。[*11]

ただ、当時の情報コミュニケーションの主体だったパソコン通信の情報空間がサービスの提供者単位で〈閉じた〉ものであったのに対して、インターネットの情報空間はプロバイダー(インターネット接続事業者)の枠を超え、接続できる人のすべてが交流の対象になりうる〈場〉であったことから、情報発信・交流の場は、1997 年前後からパソコン通信上の電子会議室からインターネット上の電子掲示板へと移行・拡大していった。日本では 1996～7 年頃から、個人が継続的に発信しうる〈手軽〉なコンテンツとしていわゆるウェブ日記が一定の地位を築き、電子掲示板群で展開される実名から匿名まで様々なモードでの双方向の情報交流とともに、利用者主体の情報発信や消費の環境を、緩やかに、しかし着実に、形成していくことになった。

ネット系の雑誌などが 2000 年前後に、ホームページがもつ〈既存のメディアでは

---

* 10 ネットの情報環境が一般的な注目を広く獲得した最初の出来事は、1995 年春期における阪神・淡路大震災関連の情報ボランティアの活躍であるが、この時点での「ネット」は nifty-serve と PC-VAN を主軸としたパソコン通信群をさしており、インターネットの関わりは、神戸市外国語大学のサイトなどでの情報発信や、慶応義塾大学・金子研を軸とした InterV の活動といった限定的なものでしかなかった。

* 11 1998 年前後には、ホームページを使った情報発信で一般個人が既存メディアを介さずに世論を喚起しようとする動きが複数観測され、電子掲示板などで賛否さまざまな関連議論を生んでいた。1999 年に生じた後に〈東芝クレーマー事件〉と呼ばれる Akky 氏の情報発信はその代表的事例である。

カバーしきれない情報の集積〉や、掲示板などのコミュニケーション環境がもつ〈時間や空間の枠にとらわれない交流の場〉といった新しい情報環境の可能性や利便性を喧伝したことで、インターネットのメディア的な魅力がネット利用者に留まらない幅広い層の耳目を集めていった。また、1999年にはじまったNTT DoCoMoのiモードサービスに代表される日本独自の〈ケータイ・インターネット〉が、パソコンによらない手軽な情報環境として非パソコンユーザーに普及し、電子的な情報発信や交流がもつ魅力がより多くの人に知覚されるようになった。

　ネット小説、イラストCG、テキストサイトなどといった各種の個人発コンテンツが2000年前後のウェブ空間を賑わし、欧米で展開したブログの文化が、日本でも既存のウェブ日記文化などを吸収しつつブームになったりするなか、無料で手軽に閲覧可能なコンテンツを消費・摂取したい人びとのネットへの流入が増加して、インターネットの一般化拡大の流れが本格化する。ネット利用者の一般化と多層化が行政サービスなどのネットへの展開を推進し、サービス拡充の動きが見込み利用者への訴求力を高めてインターネットの一般化をさらに推し進めるというプラスの循環が導かれ、情報基盤（インフラ）としてのインターネットの魅力と重要性は2000年代に急速に増加していくことになる。

　2000年代中盤からのSNS（Social Networking Service：ソーシャルネットワーキングサービス）の流行や2000年代末頃以降のソーシャルメディアのブームは、こうした流れのなかで生じた展開の一部であり、2000年代半ばからのモバイル・コンピューティングの隆盛や2007年のiPhoneショックに端を発するスマートフォン・ファーストの潮流といったうねりとともに、2010年代以降の〈ネット社会〉的状況を形成していくものになった。1節であげた価格.comやアットコスメ、食べログのような消費者主体のコミュニティ・サービスを含め、さまざまな意見交換の場がネット上にたちあがったことは、2000年代以降の企業が、従来のマス型マーケティングとは異なる、ネット上の口コミを利用するバイラル・マーケティングのような新たな形のマーケティングに取り組み、テレビや雑誌といった既存メディアの影響力を相対的に減じる力のひとつになった。

　また、ネット利用者の増加にともなって、特定興味に関連する情報コンテンツが工夫を凝らして特定サイトに集積されている状況が一般化したことは、従来の口コミ（レビュー）サイトや小説、イラスト、動画などの投稿サイトのようなCGMを含む、ネット

3-8 UGC・CGMの隆盛と既存メディアの退潮

独自の情報メディアサイトやコンテンツ・ポータルへの注目と認知、あるいは親和性を高める上で少なくない役割を果たしている。既存メディアとは異なる観点からの情報発信が拡充していく流れは、視聴者の側に、自分も何らかの情報発信をしてみたいという欲求を醸成する機運にもつながる意味で、UGCやCGMの在り方やとらえられ方を考える一助になる。

6 デジタル技術のUGCへの寄与

こうした知識の集積と編纂はもちろんのこと、音楽や映像といったリッチ・コンテンツも、利用者主体の、つまりアマチュア活動として生成されるものとして、2000年代以前から長い歴史をもっている。たとえば、1970年代前後のフォークグループやシンガーソングライターによる自主制作アルバムや、マンガの同人誌のような事例があるし、映像作品に関しても、8mmカメラなどでの自主制作や1990年頃からブームになるバラエティ番組などの視聴者コーナーへのビデオ動画の投稿といった活動があげられる。

ただ、こうしたアマチュアでの作品制作には時間的・金銭的なコストが発生するので、よほどの熱意や思い入れがなければ継続が困難な活動でもあった。たとえば1980年代後半に登場し爆発的に市場を形成したSONYのHandycamシリーズは、家庭でのビデオ収録を一般化するうえで大きな力をもったが、カメラ単体では単なる〈撮って出し〉を超えた編集・制作を行うことができず、本格的な作品制作には編集用機材等への投資や手間そして熱意が必要だった。しかし、音声や映像を収録するという習慣そのものが、1970年代のコンパクトカメラやカセットデンスケのブーム、1980年代後半のレンズ付きフィルムカメラや8mmビデオの家庭への爆発的普及によって大衆化されていったことは、UGCというコンテンツにいたるそもそもの出発点として欠くことのできないものである。

1980年代後半から90年代前半にネット上での交流を主導したのは電子メールやパソコン通信、ネットニュースであり、そのほとんどが、画面に表示されるテキストだけで構築されてきた文字コミュニケーションだった。文字ベースの情報受発信には、リテラシーの不足などに端を発した誤解や誤読に基づく炎上（フレーミング）のリスクが付きまとう。パソコン通信などでは、こうした感情のすれ違いなどを防ぐため、〈顔

文字〉（エモティコン）やアスキーアートの文化が形成されたが、当時の視点からしても、それらはあくまで代用品でしかなく、表現力にも明確な限界があった。

　しかし、1990年代前半にJPEG・MPEGなどの圧縮技術による画像や音声のデジタル・フォーマットが固まってくると、イラストや効果音といった要素でテキスト情報を装飾することが可能になる。とくに、デジカメの登場で、写真という強力な情報伝達手段が現像、プリント、スキャンという手順を省いて利用可能になったことは、デジタルの情報環境を〈文字＋画像〉のフェーズに移行する決定的な力となった。デジカメの登場と並行して、わかりやすいGUI（Graphical User Interface）を備えネットワーク機能が充実したWindows95の普及や、通信回線の高速・大容量化によってWWWというマルチメディア環境が身近なものになったことも、〈文字＋画像〉による情報発信が普及する契機になった。なお、効果音などの音声データは写真に比べると利用シーンが限定されており、〈音〉が情報発信手段としての地位を確立するのは動画の時代を待たねばならなかった。[*12]

　動画に関しては、主に記録媒体の都合から、ファイルベースのフル・デジタル環境への移行は2000年代の半ばまで進展しなかった。しかし、2000年代後半における半導体メモリの大容量・低価格化によって、テープを使ったビデオ記録は2010年代にはおおむね駆逐されることになる。テープからの脱却はビデオカメラの小型化をもたらし、2010年代の半ば以降、アクションカムやドローンによる、手持ちのカメラでは実現困難な映像の収録が可能となっている。

　このように、ハードウェア・ソフトウェアの両面のデジタル技術の発達が、プロ同等の各種表現をアマチュアの手が届くものにしてきた。2020年代を迎え、業務用の機材と民生用の機材の境界が融け合い、一般ユーザがプロ同等の表現環境を利活用できるようになったことは、UGCやCGMの隆盛を強く支えている。

7　スマートフォンがもたらしたパラダイムシフト

　2010年代においても、家族一人ひとりが独立したパソコンをもって自由にネットを

＊12　東芝クレーマー事件のように、録音データの公開が問題提起や追及の革新となった事例は少なくないが、画像データと比べるとその利用は少ない。その意味で、ネットは視覚優位の情報環境であるともいえる。

3-8 UGC・CGM の隆盛と既存メディアの退潮

閲覧できる環境にある家庭はそれほど多くなかった。多くの家庭は 1 台のパソコンを家族で共有していた。そうしたパソコンは、リビングにあるテレビのように、個人が自分の欲しい情報を完全に得ることはできず、使い勝手のよくないものであった。1998 年前後からのデジタル携帯電話の普及が電子メールに個人の連絡手段としての立ち位置を確立したように、ネットの閲覧においても 2000 年代のモバイル環境の発達は、情報空間の利用環境を個人化するうえで大きな役割を果たした。

　2000 年代におけるケータイ小説や〈ミニホムペ〉の流行は 3G 回線と多機能ケータイ(いわゆるガラケー)の存在なくしては成り立たないものだったし、多機能ケータイへのカメラの標準搭載化は、小型・高性能化の一途をたどっていたコンパクトデジタルカメラとともに、その場の何かをとりあえず記録しておく気軽な情報メディアとして、写真の日常化を促進した。こうした何気ない日常のデイリーな記録の習慣化を決定的にしたのが、2007 年の iPhone の発売、より正確にはその翌年 2008 年における iPhone 3G の登場である。手のひらサイズの情報端末ひとつで、写真が撮れて、音楽が聴けて、情報変換ゲートウェイを通すことなくパソコン同様にフルスペックのネット閲覧が可能で、スケジュールや位置情報などのチェックなどもできるという、それまでになかった情報環境を私たちに提供した iPhone は、その可用性と即時性をもってネット利用の世界にパラダイムシフトをもたらした。

　このパラダイムシフトは、2009 年の iPhone 3GS で動画の収録が可能になったことによって、さらにゆるぎないものになった。パソコンによるネット利用は WiFi 環境の無線接続を利用したとしても、特定の場所に留まって情報を発信・閲覧する静止・固定型の情報利用になる。旅行などの情報は、行動を開始する前の事前閲覧が利用の主体になるし、ブログや日記などへの記述は、帰宅後などのタイミングで記憶を確認しながら書き起こす、事後の作成・掲出が主体となる。現場で撮影したデジカメの画像なども、ネットなどに公開するには、パソコンへ画像を取り込んでからネットにアップするというステップを踏まねばならない点でリアルタイムの情報にはなりにくい。しかし、スマートフォンは、パソコンを使ったネット利用では実現困難だった〈イマ・ココ〉での情報収集や情報発信を可能にし、人びとのインターネット利用に真のリアルタイム性をもたらした。これは、UGC・CGM においても非常に重要な転換点になる。

　2010 年代は〈誰もが情報を発信しうる〉ネット社会の条件が整った、と現実的に

いえるようになった時代である。しかし、ここであえて〈しうる〉という表現を使っているように、実際の情報発信において、誰もが、多くの人が〈見たい・聞きたい・読みたい〉と思う有益な情報を発信できるわけではない。作家や記者をはじめ、情報コンテンツの提供者は、それぞれが日々の活動のなかで情報やコンテンツを編纂・生成する研鑽を積んでいるのであり、ずぶの素人がいきなりすごいコンテンツをひねり出せることは稀である。

しかし、目の前で起こっている〈常ならぬ何か〉を見たままに発信するという場合は、何よりも速報性が重要で、映像の力を借りることができるなら、発信者の表現能力は二の次にしてもよくなる。高速・大容量化したモバイル通信回線を使っていつでもどこからでもネットにアクセスでき、カメラやマイクロフォンを内蔵するスマートフォンは、私たちに等しくスクープハンターになれる可能性を与えてくれるのだ。

たとえば、2011年の東日本大震災における各種の投稿動画は、スマートフォンがもつリアルタイムな情報発信の優位性を証明した。テレビ各局は、東日本大震災の視聴者提供動画の利用を皮切りに、従来はバラエティ番組内の視聴者投稿コーナーといった特定用途単位で運用していた動画投稿の窓口を順次拡張し、2020年前後までに主要全局が包括的な情報提供・動画投稿の窓口を公式サイトに設置し終えている。

こうした情報発信の面だけでなく、スマートフォンの普及は、移動中などのすき間時間をネット上の情報閲覧でつぶす、細切れ型のネット視聴を一般化した。こうした、興味がないモノをどんどん飛ばしながらザッピングで情報コンテンツを消費していくような視聴スタイルでは、UGCを含む多様なコンテンツを大量に消費することになる。このような3Gや4G、あるいは5G、公衆無線LANといった大容量高速なモバイル通信環境を背景とする、人びとの情報摂取の形態変化も、UGCやCGMの隆盛の背景に少なからぬ影響を与えていると考えられる。

8　AI時代のUGC——その展望と課題

ネットの発達にともなって、既存メディアが報じきれない情報や多様な観点から提供される意見などに、私たちが接する機会は劇的に増加した。スマートフォンとソーシャルネットの一般化が進んだ2010年代以降、誰もが自らの意見を他者に投げか

3-8　UGC・CGM の隆盛と既存メディアの退潮

け、あるいは議論を戦わせることで、メディア情報の一方的な摂取では充当できない、より高次の満足を得られることが当たり前だと思える状況が一般化してきている。しかし、一方では行きすぎた多様化や偽・誤情報の氾濫が私たちの情報環境をかえって貧弱なものにしてしまっているという負の側面も否定できない。

　2020 年前後から、〈検索の機能不全〉という問題がネット界隈で話題になっている。各種のアフィリエイト機能を中心に、ネットでの情報活動によって生計を立てることが可能になったことで、さまざまな〈情報源〉が乱立して、それらが結果的に必要情報への到達を妨げる。ネットには豊かで有用な情報資源があるのに、一定レベル以上の検索リテラシーがなければ必要な情報にたどり着くことが困難になっているという矛盾した状況は、ネット上の情報の肥大化とともに個々の情報環境を複雑化し、結果的にマス・メディアを主たる情報源としていた時より、自分の得られる情報が貧しくなってしまうというリスクをもたらした。[*13]

　こうした状況を救済するため、2010 年代の半ばには、情報収集の簡便化を目指し、特定テーマに関する情報群を要約・まとめて説明する、まとめサイトやキュレーションサイトといったサービスが盛り上がりをみせた。こうした情報は UGC のひとつに数えられるものであるが、これらに依拠していく行為には、最終的に得られる情報が、自らが好ましく思う情報に偏重してしまう、エコーチャンバーやフィルターバブルと呼ばれる事象に陥る〈選好性〉のリスクが指摘されている。まとめや要約を閲覧する際には、自分が好ましいと思う方向で内容をまとめている発信者を選びがちである点と、情報をまとめ解説する発信者自身が無意識のうちに自分の好みや視点で情報を選別している可能性が排除できない点という二重の選好性が作用して、対抗意見などが排除されがちになる。[*14]

　＊ 13　インターネットには、新聞の紙面やテレビ・ラジオの割当て時間といった、情報内容に対する量的制約をかける枠組みが本質的に存在しないので、書きたいことを書きたいだけ書けてしまう。これは、内容の詳細性を高める長所もあるが、記述が冗長になり、内容の理解を難しくするという短所にもなりうる。

　＊ 14　まじめに誠実にと心がけて運営している発信者の情報でもこうしたリスクがあるうえに、まとめやキュレーションの情報作成者が悪意や善意に基づく恣意的な情報選択を行っている場合もありうる。また、収益性のみを重視して内容の正確性などを顧みず注目ワードを拾うことだけに専念する悪質なサイトの存在を否定できない。こうした指摘に加え、2017 年に発生した WELQ 問題で、SEO（Search Engine Optimization:検索エンジン最適化技術）の悪用により内容の正確性がなくとも検索結果の上位を獲得できてしまうという問題が発覚

2020年代の中頃には、AI技術を使った検索支援が急激な発展をみせているが、AIが私たちに提示してくる要約や情報の探索結果が、過程をともなわない〈結果としてのみの情報〉であるということを鑑みると、フィルターバブルが孕む全体認識の困難性、選好性のリスクは排除できていないように感じられる。

　AIの技術は、ディープフェイクのように一般の人びとの益にならない偽情報の流布などでも活用されていて、〈何が正しい情報なのか〉を判断する過程で個人にかかる情報関連のコストはますます増加の傾向をみせている。2020年代において私たちは、技術の支援がどのようなメリットとリスクを提供しているのかを改めて考えるべき局面にあるといえるだろう。

　また、報道人材が多数転職するなどして耳目を集めたトヨタが運営する「トヨタイズム」のように、企業が自らメディアを保有して自社のイメージやブランド周知の一環にするオウンドメディアへの取組みが2020年代に入って再燃し、私たちを取り巻く情報環境にさらなる波紋を投げかけている。UGC・CGMの登場が人びとの情報環境におけるマス・メディアの的地位を相対化したことが、巡り巡ってパンドラの箱をひっくり返し、2020年代を生きる私たちの情報環境をやせ衰えさせる一端となってしまったのだとすると、それは何とも物悲しい話である。

【参考文献】

イーライ・パリサー（訳：井口耕二）『"フィルターバブル―― インターネットが隠していること"』（2011=2016）早川書房.

遠藤薫（2013）『廃墟で歌う天使―― ベンヤミン『複製技術時代の芸術作品』を読み直す』現代書館.

飯田豊（2017）『メディア技術史――デジタル社会の系譜と行方：改訂版』北樹出版.

粟谷佳司・太田健二（2019）『表現文化の社会学入門』ミネルヴァ書房.

近藤淳也（2006）『「へんな会社」のつくり方』翔泳社.

し、まとめサイトやキュレーションサイトはかつての勢いを失うことになった。

＊15 オウンドメディアは、従来のペイドメディア（広告費を払って利用・出稿するメディア）に対置する、企業と消費者を結ぶネット時代のマーケティング手法のひとつとして2010年代前半に提案されたものである。これらと対比する場合、口コミ型のメディアはアーンドメディアと呼ばれる。

牧田徹雄・是永論・宮崎寿子（1992）「在来テレビへの情報発信――情報発信者としてのアマチュア・ビデオカメラマンの意識と行動」『第2群・高度情報化社会における人間行動の変化・合同成果報告集』平成4年度文部省科学研究費重点領域研究「情報化社会と人間」第II群事務局・総括班.

中島正之ほか（2013）『図解でわかるくちコミマーケティング』日本能率協会マネジメントセンター.

小川浩・後藤康成（2006）『Web 2.0 のビジネスルール』MYCOM 新書.

O'Reilly,Tim（2005）What is Web 2.0
　※ https://www.oreilly.com/pub/a/web2/archive/what-is-web-20.html に全文収録.

総務省『情報通信白書』平成2年度以降の各年度版.

鈴木謙介（2013）『ウェブ社会のゆくえ ＜多孔化＞した現実のなかで』NHK 出版.

竹下俊郎（2008）『メディアの議題設定機能［増補版］』学文社.

田崎篤郎・児島和人（2003）『マス・コミュニケーション効果研究の展開（改訂新版）』北樹出版.

梅田望夫（2006 年）『ウェブ進化論』ちくま新書.

3-8 人工知能
——機械学習、AI 倫理から生成 AI
Artificial Intelligence: Machine Learning, AI Ethics, and Generative AI

中尾悠里

1　第3次 AI ブーム以前：AI 冬の時代からビッグデータブーム

本章のはじめに、簡単に AI（Artificial Intelligence：人工知能）の2010年代以前の歴史を辿る。[*1]

1-1 第1次 AI ブーム——知能の本質を推論だと考える時代

AI を作ることは人間の手で「人間のような知能」を作ろうとする営みである。「人工知能」という名前は、1965 年に開かれたダートマス会議の提案書（McCarthy et al. 2006）のなかで誕生したといわれる。この名前の背後にあるのは、それまで人間にしか解けなかった問題をいずれ機械が解くことが可能になるだろう、という信条である。この会議では、専門家が集中的に議論を行えば今まで人間に解けて機械に解けなかった問題について大きな進展が得られるという目論見のもと、2 か月にわたって人工知能分野の専門家による議論が重ねられた。すでに会議の開催時点までには知的なタスクを行う技術の研究開発は行われていたが、ダートマス会議を経て知的なタスクを行う技術には人工知能の名が与えられ、その後の研究が進められていくことになる。初期の人工知能研究では、人間の知能の本質は推論や探索であると考えられ、チェッカーというボードゲームをプレイする AI や数学の定理を証明する Logic Theorist という AI が開発された（McCorduck 2004:123）。

この時点での AI の仕組みは考えうる選択肢をしらみつぶしに探索するというよう

---

*1　人工知能の歴史に関する記述は主に松尾（2015）と中島（2015）による。

な比較的単純なものだったため、しらみつぶしにする組み合わせが少しでも増えると天文学的な量の手数を計算しなければならない事態に陥る「組み合わせ爆発」が発生した。このため、コンピュータの能力の限界もあって解ける問題は小さい問題にかぎられていた。こうした問題から分野自体が次第に縮小し、加えてライトヒル報告書('Artificial intelligence: A general survey' (Lighthill 1973))とよばれる英国のAI研究に関する報告書でAIは当初の壮大な目標を達成していないと指摘されるなどの動きがあり、最初のAIブームは終わり、AI研究は冬の時代とよばれる時代を迎えた。

1-2 第2次AIブーム——専門知の移植への挑戦

人工知能の冬の時代の到来後、1980年代になって第二次AIブームが訪れた。実用的に企業で採用されるようになった「エキスパートシステム」と呼ばれるテクノロジーや、日本で進められた第5世代コンピュータプロジェクトを契機としたブームである。

エキスパートシステムは、概ね、様々な専門職の持つ知識を、「○○ならば□□する」というif-thenルールに従って記述することで、人間の専門家がする仕事をAIも行えるようにしようとしたものだ。たとえば、MYCINという病気の診断システムでは、患者の状態を症状ごとに分類していき、病名や原因を特定するようなプログラムが組まれていた。

しかし、エキスパートシステムは、確かに人間が明言できる知識を適用するには向いていたが、それだけでは人の専門知や判断を完全に模倣できなかった。人間の行動や判断基準は必ずしも人間が明に意識しているものだけではなく、自分でもうまく言えない勘のようなもの、文章や条件式で表すには複雑すぎる概念や手順を含むような暗黙知も多く含まれ、それが人間の仕事の中で決定的な役割を果たしていたのだ。[*2]

人間の暗黙知を一般的な環境でうまく定式化できないことや、AI専用ハードウェアが普及しはじめたパーソナルコンピュータの一般用チップに座を奪われて市場が縮小したことなどを原因に（McCorduck 2004:435）、AIブームは再び下火となり

＊2　後年になって、社会学の観点からは人文科学的なアプローチを使うことで暗黙知を機械に教え込みやすくなるのではないかという提言もなされた（Forsythe 1993）。

冬の時代が到来した。

2　2010年代以降——深層学習、機械学習の時代

2-1　背景：データドリブンアプローチの広がり

　2回目のAI冬の時代は2010年ごろまで続いたが、2011年頃から、インターネットや会社の内部にたまった膨大なデータを利活用することでビジネスにつなげる「ビッグデータ」ブームが到来し、同時期にデータサイエンス・AIへの注目も高まっていった。たとえば、2011年にはIBMのWatsonがクイズ番組Jeopardy!でクイズチャンピオンに勝利し、日本では、日本発のグランドチャレンジとして、国立情報学研究所の新井紀子が中心となり、人工知能プロジェクト「ロボットは東大に入れるか」が開始された（国立情報学研究所 2013）。

　AIのブームの兆候が顕著になったのは2012年である。この年の6月、Googleがディープラーニングを用いて猫を教師なしで認識するモデルの開発に成功し（Le 2013）、9月にはトロント大学のジェフリー・ヒントンを中心とする研究グループが作成したAlexNet（Krizhevsky, Sutskever and Hinton 2012）が画像認識のコンペであるILSVRC 2012で2位以下に圧倒的な差をつけて優勝した（Stanford Vision Lab 2012）。

　2012年にはじまるAIのブームは2024年6月時点でも後述の大規模言語モデルの発達へと続き、衰えをみせない。10年以上続く研究分野の隆盛はもはやブームというよりパラダイムに近いかもしれないが、ここでは第3次AIブームという言葉を使うことにする。

　第3次AIブームの特徴は、データを基に統計手法を用いたり、機械学習により予測モデルを構築したりして分析を行うデータドリブンなアプローチが主流となったことだ。これは、If-thenルールで記述しきることができない意思決定の根拠も画像や音声といったデータから自動的に読み取れるようにしようとするアプローチである。

　データドリブンなAI技術では観測可能なデータはすべて訓練用のデータとして利用できる。そのため、考慮されている変数の微妙な重みの違いを抽出したり、人の認知では扱いきれないほどの多次元データの分析を行ったりすることが可能であり[*3]、

---

　*3　実際には、2012年時点の技術では人間の手によって各種の変数の調整（パラメータ・

3-8 人工知能——機械学習、AI 倫理から生成 AI

人が明言できるよりはるかに多くの要因を考慮することが可能になった。

とくに、Google やトロント大学が用いたディープラーニングという技術は、データのなかの特徴量を自動で抽出することができるようになった点で画期的だとされた。特徴量とは特定のデータ群を他のデータ群から区別する特徴となる量のことであり、たとえば、犬の識別であれば、目、口、耳がこんな感じであるとか、全体的に丸みが少ないとかといった内容である。特徴量はこれまでは人手をかけて設計しなければならず、データドリブンのアプローチの限界であると考えられていた（松尾 2015）。しかし、深層学習は十分なデータさえあれば特徴量抽出を自動で行い、特定のものをデータのなかから判別するというタスクに対して一定の効果をあげた。次第に深層学習技術を中心とした機械学習技術は実環境でも使えるところでは使える技術として世の中に広く受け入れられていった。

2-2 日本国内の動き——研究開発

2012 年のディープラーニングのニュースを皮切りに、2016 年頃までに深層学習のインパクトが世界的に知られるようになり、国内外でのプログラミング用のライブラリのリリース、囲碁での世界チャンピオンへの勝利などの動きが相次いだ。日本国内の例としては、民間では人間の棋士と AI が戦う電王戦が 2012 年 1 月に初めて開かれ、その後 2016 年 5 月には 2 番勝負で 2 局とも人間の名人に勝利するという成績となっている[*4]。2015 年からは日本の Preferred Networks 社が Chainer とよばれる深層学習のフレームワークの開発を開始し、2019 年に開発を終了するまで、Caffe、Keras, TensorFlow 等、海外発の深層学習フレームワークとの開発競争を繰り広げた（中田 2019）。

日本国政府からの言及としては、2015 年頃から人工知能または AI の文言が各省庁の予算案のなかにみられるようになる。たとえば、経済産業省は 2015 年度（平成 27 年度）の産業技術関係予算案の次世代ロボット中核技術開発の項目において、人工知能を「未だ実現していない」「中核的な技術」と記している（経済産業

チューニングという）が必要な場合も多く、データを入力すればすべて AI が勝手になんでもやってくれるというわけではない。

[*4] 公益社団法人日本将棋連盟「棋戦一覧　電王戦」、https://www.shogi.or.jp/match/denou/

省産業技術環境 2015:93)。また、2015 年 1 月に総務省情報通信政策研究所が「インテリジェント化が加速する ICT の未来像に関する研究会」を開催、情報通信白書に AI の文言が 2016 年に記載されるにいたっている(総務省 2016)。

　2016 年度以降、2024 年時点にいたるまでは政府の予算案の概要のなかに人工知能または AI の文言がみられない年は存在しない。2024 年の内閣府の資料によると、政府の AI 関連予算は 2017 年度(平成 29 年度)に 575 億 5000 万円だったものが、2019 年度(令和元年)からはおよそ 1000 億円から 1200 億円弱で推移し、2024 年度(令和 6 年度)の概算要求では約 1640.9 億円という金額となっている(内閣府 2024)。AI 関連予算の中には研究開発、教育、ガイドラインの策定、国際的なプレゼンスの強化、医療・教育での他分野での AI の利用促進が含まれ、AI 技術の社会的な広がりが金額の増大からみて取れる。

　政府が関係する AI の取組みは多岐にわたるが、以下では研究開発とガイドライン形成についての取組みに焦点を絞る。まず、研究開発について。政府の研究開発資金である各省庁が所管する国立の研究所の運営資金と大学や企業の研究者に提供される競争的資金のうち、まず競争的資金として、とくに JST(Japan Science and Technology Agency：科学技術振興機構)がトップダウンにテーマ設定をする「さきがけ」と「CREST」についてみる。

　さきがけでは 2013 年に、2012 年以前にはみられなかったビッグデータという名前を冠したテーマ募集を開始しており(「ビッグデータ統合利活用のための次世代基盤技術の創出・体系化」)、その後、情報科学、情報基盤技術というような AI をはじめとした情報分野での公募が絶え間なく続く。CREST でも 2013 年にはビッグデータを冠したテーマでの公募がなされ、2014 年からは知的情報処理システムや人工知能基盤技術というような、より AI と関連する文言が並ぶ。つまり、2013 年にビッグデータ、2014 年からは AI が政府からの研究資金のキーワードになっている。

　次に、国立の研究機関について。各省庁が所管する代表的な研究機関として、文部科学省所管の理化学研究所(以下「理研」と略す)、総務省所管の NICT(National Institute of Information and Communications Technology：情報通信研究機構)、経済産業省所管の産業技術総合研究所(以下「産総研」と略す)を取り上げる。これらの研究機関の AI 関連部門を指して、AI 関連中核センターと呼称される場合もある(AI Japan 事務局 2020)。まず理研には 2016 年

3-8 人工知能——機械学習、AI倫理から生成AI

に革新知能統合研究センター（以下「AIPセンター」と略す。AIPはAdvanced Intelligence Projectの略）が設置された。これは54億5000万円*5を投じて発足した文科省のAIPプロジェクト（Advanced Integrated Intelligence Platform Project：人工知能／ビッグデータ／ IoT (Internet of Things：モノのインターネット）／サイバーセキュリティ統合プロジェクト）の一環として設置されたもので、2025年度末をゴールとしている（理化学研究所 2018）。AIPセンターはAIの基礎研究、応用領域研究、倫理的・法的・社会問題に関する研究を行うグループからなる。

次に産総研には情報・人間工学領域の研究ユニットとして、人工知能研究センター、人間情報インタラクション研究部門をはじめとした6つの研究部門があり、AIに関連する研究が行われている。産総研では2018年からABCI (AI Bridging Cloud Infrastructure：AI橋渡しクラウド）を運用しており、日本の企業や研究者が利用できる計算資源を整え、国内のAI開発に貢献している。

最後にNICTでは、従来ネットワークやサイバーセキュリティ等のインフラを支える研究を行っているが、そのなかでAI関連では多言語翻訳技術の高度化に対し10億円余りの投資が行われている（総務省 2020）。2024年度の予算要求では、NICTで整備された「大量・高品質で安全性の高い日本語を中心とする学習用言語データ」（総務省 2023:26）を民間企業からアクセス可能にすることで、日本におけるLLM (Large Language Model：大規模言語モデル）の研究開発に貢献する意向が記されている*6。

2019年には、理研、産総研、NICTがAI関連中核センターとして協力する体制がAI戦略2019で打ち出され、同年12月に、AIの研究開発に関する情報発信、研究者間の意見交換を目的として、人工知能研究開発ネットワークというコンソーシアムが設立されており、2023年4月からは民間企業を含めた会員が入会することが可能である。

2-3 日本国内の動き——AI戦略・ガイドライン

続いてガイドライン作成や、AI戦略についての政府の動きをみる。まず、内閣府の動きから。内閣府では、2018年度にイノベーション政策強化推進のための有識

---

*5 内示金額。うち理研分として14億5000万円。
*6 LLMについては4節で詳述。

者会議「AI戦略実行会議」と「人間中心のAI社会原則検討会議」を開始している。前者の「AI戦略実行会議」は2018年に閣議決定された「統合イノベーション戦略」推進のための調査を担う有識者会議のひとつである。2018年度から2023年までに11回開催され、その成果は約1年ごと（2020年のみ発行なし）にAI戦略という形で公表される。内容はAIに対する信頼性の向上や人材の確保、リテラシーの向上等、多岐にわたる。「AI戦略実行会議」は2023年度からは「AI戦略会議」として再編されている。

後者の「人間中心のAI社会原則検討会議」はG7（Group of Seven：先進7か国首脳会議）およびOECD（Organisation for Economic Co-operation and Development：経済協力開発機構）等の国際的な議論に供するための人間中心のAI社会原則の策定を狙ったものであり、2018年度で8回実施され「人間中心のAI社会原則」（以下「AI社会原則」と略す）が結果として公表された。OECDへのAI社会原則のインプット後、2019年に日本が議長国となったG20（Group of Twenty：金融・世界経済に関する首脳会合）の貿易・デジタル経済大臣会合でG20の場では初めてAIについて議論され、G20 AI原則への支持がG20大阪首脳宣言に盛り込まれる流れに繋がった（飯田2022）。「人間中心のAI社会原則検討会議」はAI社会原則の公表後、「人間中心のAI社会原則会議」と名前を変え内閣官房に設置されている。

内閣府では他にも、2021年からは新たなAI戦略を考える「新AI戦略検討会議」、AI戦略に基づくアクションプランを設定・実行するための「AIステアリングコミティー」の設置を行っている。

上述のAI原則を広めるために、日本は総務省を通じて2020年以降、一定額をOECDに対して拠出している[*7]。こうした動きに関連して、経産省と総務省はともに2020年6月15日に設立されたGPAI（Global Partnership on AI：AIに関するグローバルパートナーシップ）に参加。2023年には、生成AIについて議論するために、G7広島サミットの結果を踏まえて広島AIプロセスが立ち上がり、高度なAIシステムを開発する組織向けの国際行動規範と国際指針からなる「広島AIプロセス包括的政策枠組み」を承認した。その後、広島AIプロセス、OECDの

＊7　たとえば、総務省 2020：「令和2年度総務省所管予算の概要」, https://www.soumu.go.jp/mAIn_content/000660600.pdf（2024年6月9日閲覧）

AI 原則に基づく「責任ある AI」の開発・利用を推進するために進められていた GPAI 東京センターの設立の承認、総務省による AI セーフティ・インスティテュートの設立など、AI の安全性について専門人材の確保、技術的知見の集約等が進められている。

3　AI の倫理、社会、法的側面への注目

　ここからは AI の ELSI（Ethical, Legal and Social Issues：倫理、社会、法的な問題）または ELSA（Ethical, Legal and Social Aspects：倫理、社会、法的な側面）とよばれる領域についてみる。機械学習の時代となり、AI がより社会に普及することにともない、ESLI／ELSA が注目されはじめた。元々、AI や、人間のようなエージェントに関する倫理的な問題は、たとえばアシモフのロボット工学 3 原則をはじめとして、議論がなかったわけではない（久木田，神崎，佐々木 2017）。そもそも深層学習などの機械学習手法には学習過程や出力の根拠が人間に解釈できない問題があり、AI 技術が社会に広がるなか、事業者・運用者のアカウンタビリティ（説明責任や答責性とも訳される）の欠如や、意思決定の透明性の欠如につながるという懸念につながっていた。その最中、DARPA（Defense Advanced Research Projects Agency：米国国防高等研究計画局）が XAI（Explainable AI：説明可能な AI）の研究公募を 2016 年 8 月に開始した（DARPA 2018）。これ以来、AI の説明性の問題が一気に注目され、日本を含め各国で研究開発が進んだ。

　また同時期に、機械学習の訓練の仕方によっては、社会的に公平でない、あるいは、反社会的な出力をすることが話題に上がるようになった。以下にその代表的な出来事を述べる。2015 年 6 月、Google Photos の画像への自動タグ付け機能で黒人の男女が写った画像に「Gorillas」というタグがつけられグーグルの広報が謝罪した。2016 年 3 月、マイクロソフトが Twitter（当時）上に公開した、ユーザーとカスタマイズした会話ができる AI ボット「Tay」が差別的発言やナチの礼賛を行うようになり、停止された。2018 年 10 月、アマゾンが社内で利用している人事採用の AI ツールの中に女性差別が発見され利用が停止された。2019 年 8 月、apple card が性別以外同様の条件である男女について、女性の利用限度額を低くして

いたという事象が発生し、ニューヨーク州金融監督局による調査対象となった。

　これらの出来事を経て、AI倫理、責任あるAIなどのキーワードのもと、AIの社会的側面が注目されるようになった。日本では、2018年9月ごろからAI倫理に関する指針がソニー、NEC、富士通等企業から公表されるようになり、文科省が2020年3月に「信頼されるAI」を戦略目標に上げ、前節で述べたAI社会原則も出された。

　その他にも、日本の学術界からもAIの倫理的・社会的側面に対応する動きがある。たとえば、人工知能学会では、人工知能学会倫理委員会が2014年12月に設置され2017年2月28日に人工知能学会倫理指針（人工知能学会倫理委員会2017）を提示した。学会の他にも大阪大学（2020年）、中央大学（2021年）、新潟大学（2023年）、多摩大学（2023年）でELSIに関する研究センターが作られている。これらのセンターは必ずしも人工知能に関する課題を扱っているだけではないが、たとえば大阪大学のELSIセンターからは情報技術やロボティクスに関する情報発信が『ELSI NOTE』の形で積極的になされている。

　他にも、東京大学未来ビジョン研究センターにて江間有沙准教授を中心としてAIサービスのリスク低減を検討するためのリスクチェーンモデルなどのAIガバナンスに関する研究、東京大学国際高等研究所カブリ数物連携宇宙研究機構で横山広美教授を中心としてAI技術に対して人々が感じるELSIを数値的に測定し可視化する手法の研究などが行われている。また、先述の理研AIPセンターの内部には、基礎研究や応用研究の組織と並び、「社会における人工知能研究グループ」として、法制度や安全性・信頼性、科学技術と社会などの研究チームが立ち上げられ、個人データのプライバシーの問題や公平性の問題などに関する研究を行っている。

　2024年6月時点でAIのみに関するELSIの大きな研究拠点が国内に存在するわけではないが、各大学・研究機関のELSI関連の研究部門において各研究者がそれぞれの研究でAI技術のELSIに関して探究・社会活動を行っている。

　さらに、標準化活動の動きに関しては、AIに関する国際的な標準化がISO（International Organization for Standardization：国際標準化機構）／IEC（International Electrotechnical Commission：国際電気標準会議）やIEEE（Institute of Electronics Engineers：電気電子技術者学会）といった機関において行われている。標準化活動に対する日本からの貢献は、JEITA（Japan

Electronics and Information Technology Industries Association：電子情報技術産業協会）の標準化政策部会といった団体、産総研（杉村 2022）といった国の研究機関、また、NEC や富士通といった企業からなされている。特に情報技術にかかわる国際標準化を担う ISO ／ IEC の Joint Technical Committee （JTC）1 において、人工知能に関する Sub Committee（SC）42 が 2018 年 1 月に設置され、日本は 2022 年の時点において WG4（ユースケースと応用）、および JWG1（AI のガバナンス）の 2 つのワーキンググループ／合同ワーキンググループの議長国を務めている（鄭 2022）。日本国内の応答体制としては、国内専門委員会、各ワーキンググループの対応小委員会が情報処理学会の情報規格調査会に設置され、人工知能学会と連携して日本国内の AI 標準化への意見を集約し、SC42 へと提言する体制となっている。

4　生成 AI への注目

本章の最後の話題として、2015 年ごろから基礎技術が開発されはじめ、2022 年から一気に世界中で注目された生成 AI についての流れに触れる。

生成 AI とは主に文章による指示を人がすることで、その指示に近い画像や文章といったコンテンツを生成する AI 技術を指す。日本での生成 AI のブームは 2022 年半ばから画像生成 AI のサービスが続々と一般公開されたことに端を発する。2022 年 7 月 12 日に画像生成のアプリケーション、Midjourney が同名のシリコンバレーの独立系研究所から公開され、その直後、同年 7 月 20 日に OpenAI が DALL・E2 と呼ばれる画像生成のアプリケーションを一般に公開した。その後、同年 8 月 22 日には Stability AI、Runaway、ミュンヘン大学の CompVis グループの 3 者が Stable diffusion というモデルを公開した。これらは日本を含め、世界中で話題となった。その後、テキスト生成の領域で ChatGPT が 2022 年 11 月 30 日に OpenAI により公開された。ChatGPT はユーザーが自然言語で入力を行うと対話形式で AI が応えてくれるアプリであり、単にテキストを返すだけでなく、プログラミングコードや楽器演奏のための TAB 譜の生成などもでき、日本語に対応しているため日本でも大きな話題となった。

生成 AI の技術的なブレークスルーは深層学習、特に自然言語処理の研究の延

長線上で起こっている。まず2014年に注意機構（attention function）という、機械翻訳においてデータのどこに着目すればいいかを柔軟に決めることができる技術が提案された（Bahdanau, Cho, and Bengio 2014）。それまでの単純な機械翻訳であれば英語の一文、たとえば「She works for the project such as….」といった文章を日本語に翻訳する時、すべての単語を同じ手順でニューラルネットワークに入力していた。しかし、注意機構では、たとえば「project」という単語が出てきていることに反応して、彼女が一体どういった組織に所属しているか、どういった分野で仕事をしているか、といった重要度の高い情報を出てきた単語の中で割り出し、出力を返す。さらに、2017年には注意機構を用いたトランスフォーマー（Transformer）というモデルが提案され（Vaswani et al. 2017）、自然言語処理の精度が劇的に向上したことで、ChatGPTの中で動いているLLMの実現が可能になった。

なお、トランスフォーマーを基にした技術は2022年以前に専門家の間ですでに大きな議論をよんでいた。たとえば2019年にOpenAIが発表したGPT-2というモデルはあまりにも良質なフェイクのテキストを生成することができるため、危険すぎるとして当初リリースを延期するほどであり（Hern 2019）、2020年6月に作られた後継のモデルであるGPT-3は環境への懸念や、良質な文章が安価に生成されることへの多様な懸念を学会によび起こした。しかしながら、基本的にこれらの言語モデルは日本語を対象としていなかった。技術的には日本語も扱えるが基本的に英語を生成するのが主なタスクであったため、日本ではあまり議論されてこなかった。[*8]

生成AIブームは2024年6月時点で、日本において多くの議論と動きを生み出している。たとえば画像生成AIによる著作権侵害について。日本では2018年の著作権法改正により、著作権法30条の4にて、「著作物に表現された思想又は感情の享受を目的としない利用」で、著作権者の利益を不当に害さなければ著作物を自由に使ってよいということになっていた。そのため、AIの学習に画像や文章を使う場合は営利・非営利を問わず著作物を自由に使えることになっており、日本は「機械学習天国」ともいわれた（杉山2023）。しかし、2023年6月、文化庁著作権課は著作権セミナー「AIと著作権」にて、既存の著作物との類似性および依拠性が認められる場合は、AIを利用して生成した場合でも、著作権者の利用許諾なく著作物を生成した場合は損害賠償請求や差止請求、刑事罰の対象となると公的な考

＊8　もちろん日本でもまったく紹介されていないわけではない。たとえば、山本（2020）

3-8 人工知能——機械学習、AI倫理から生成AI

え方を示した（文化庁著作権課 2023）。生成 AI に起因する日本における著作権の問題は 2024 年 6 月時点でまだ決着をみているわけではなく、権利者や学者の間で様々な議論がなされている。

テキスト生成 AI については、2024 年 6 月時点で、企業や大学からの相次ぐ方針の発表、ChatGPT の開発元である OpenAI による日本へのロビイング、国内での日本製 LLM 開発といったものが大きな動きとしてみられる。DALL・E2 および ChatGPT の爆発的普及により日本での知名度が急激に高まった OpenAI の CEO（Chief Executive Officer）、サム・アルトマンは 2023 年 4 月 10 日に来日し、岸田文雄首相と面会、プライバシーや著作権等のリスク、国際的なルールづくりについての意見交換をした。この時点で、イタリア当局が一時的に ChatGPT の使用を禁止するなど、規制の動きがあったことをロビイングの動機と考える報道がある[*9]。衆議院議員の塩崎彰久によると、OpenAI からは「1 日本関連の学習データのウェイト引き上げ、2 政府の公開データなどの分析提供等」をはじめとした日本にメリットのある 7 つの提案があったという[*10]。

一方で、内閣総理大臣所轄の個人情報保護委員会は同年 6 月 2 日、OpenAI に対し注意喚起を行った。内容は、ChatGPT の利用者の人種や信条等の要配慮個人情報を本人の同意なしに取得しない事、また要配慮個人情報をできるだけ減じるような対策を講じること、さらに利用者および利用者以外の人の個人情報の利用目的を日本語で通知または公表することなどである（個人情報保護委員会 2023）。

世界的な生成 AI の動きを受けて、国内では、主に日本語に特化した大規模言語モデルを作ろうとする動きが進んでいる。ChatGPT の公開以前にも、オルツ株式会社（2021 年 9 月）、rinna 社（2022 年 1 月）、NTT（2021 年 9 月）が LLM を公開している。その後、2022 年 11 月 30 日に ChatGPT が公開されると、日本では日本語特化型の LLM の開発プロジェクトが各社で乱立しはじめた。NTT、NEC などの大手電機通信メーカー、サイバーエージェント、カラクリ、PFN、

---

*9 NHK 2023：「「ChatGPT」開発企業のアルトマン CEO 岸田首相と面会」, https://www.nhk.or.jp/politics/articles/lastweek/97968.html
*10 塩崎あきひさ【衆議院議員・愛媛 1 区】@AkihisaShiozaki（X post）2023：https://twitter.com/AkihisaShiozaki/status/1645320688746762242（2024 年 6 月 9 日閲覧）

ELYZA などのスタートアップ企業、国立研究所の NICT が独自の日本語 LLM を発表するほか、企業同士や公的機関とも連携して LLM を開発している例もある。[*11]

また、これらの開発には政府からも資金的・設備的な支援が幅広くなされており、たとえば先述の NICT で作られた日本語中心のデータセットを民間企業からアクセス可能にするという動きや、経済産業省が AI を開発するためのスーパーコンピュータの国内整備について、国内 5 社に最大 725 億円の補助を行うことを決定したという報道もある。[*12]

5　課題と展望

本章では 2010 年代以降の深層学習による技術的ブレークスルーを契機とした AI ブームを取り上げた。第 5 世代コンピュータプロジェクトが世界的に注目された第 2 次 AI ブームと違い、現在の AI ブームあるいは AI パラダイムでは技術革新の多くは米国を発信源とし、技術的には日本は後追いの傾向が強い。各研究機関・企業が絶えず研究開発を行い、世界的にも遜色ない技術を生み出し続けてはいるものの、2010 年代に世界的に大きなプレゼンスを発揮したものは PFN の Chainer のようなライブラリ開発など一部にとどまる。一方、政府を中心として、ガイドラインの制定の議論などで OECD の中で主導的な立場をとろうとするなど、日本の独自のポジションを確保しようという動きもある。日本には新たな技術の潮流をいち早くとらえ、政府や民間企業が素早く反応している部分もある。日本の AI への投資は 2024 年時点での推計でアメリカの約百分の一、世界 12 位と比較的小規模になっている（Stanford University, Human-Centered Artificial Intelligence 2024:247）が、日本語という独自言語への対応や企業へのカスタマイズという観点から、身の回りの技術ニーズを満たす技術を作って行く動きがある。

資金力について米国に大きな差をつけられている現状において、2020 年代およ

[*11]　東京工業大学、東北大学、富士通株式会社、理化学研究所、名古屋大学、株式会社サイバーエージェント、Kotoba Technologies Inc. 2024:「スーパーコンピュータ「富岳」で学習した大規模言語モデル「Fugaku-LLM」を公開」, https://pr.fujitsu.com/jp/news/2024/05/10.html

[*12]　日本経済新聞 2024:「AI スパコンに 725 億円補助　経産省発表、KDDI や GMO 向け」,

びそれ以降の時代に日本の存在感を高め、デジタル赤字[*13]を是正にするは、技術をどのように効果的に開発・展開するかをガバナンスを含めて戦略的に考えることが重要になる。たとえば、米国企業は規制を厳格には遵守していないという懸念が取りざたされている[*14]。一方で、日本からは激しい規制違反のニュースは出てこない。日本の行う、法律・規制の面から信頼できる技術開発をアピールすることで、EU AI ACT の可決などで米国企業への規制を強める EU 圏や、日本国内で使いやすい技術・サービスを提供が可能になるかもしれない。本章執筆後の日本での生成 AI の研究開発の潮流がどう進むかは正確にはわからないが、2024 年末の時点では日本は LLM や基盤モデルの国内市場や国内での研究開発投資の縮小・拡大が決まっていく岐路にある。政府だけでなく、実際の研究開発をリードし、展開する企業や大学、公的研究機関が技術の展開の戦略を見据えて、学際的な知見に基づいて研究テーマを設定する必要があると筆者は考える。

【参考文献】

（※ URL の閲覧日は、2024 年 6 月 8 日である）

AI Japan 事務局（2020）「中核会員（AI 3センター）」, https://www.AI-japan.go.jp/menu/AI-japan-rd-network/AI-48/.

Bahdanau, D., Cho, K., and Bengio, Y. (2014) "Neural machine translation by jointly learning to align and translate," *arXiv preprint arXiv:1409.0473*.

文化庁著作権課（2023）「令和 5 年度　著作権セミナー　AI と著作権」, https://

---

*13　海外の IT サービスに支払う金額が増大することによる日本の赤字（西角, 綿谷 2024）

*14　Google はページのランク付けに利用していないといっていた Chrome のデータが実際には利用されていたことが Google のアルゴリズムがリークされたことで判明した。（Gigazine 2024：「Google の検索アルゴリズムに関する内部文書が流出、Chrome のデータをページランク付けに利用するなど Google のウソが明らかに」, https://gigazine.net/news/20240529-google-internal-documents-api-content-warehouse/（2024 年 6 月 11 日閲覧））、OpenAI は AI モデルの訓練用に 100 万時間を超える分量の YouTube 動画をダウンロードして利用していた。YouTube のニール・モハン CEO も、YouTube のデータを AI のトレーニングに用いるのはルール違反であることを明言（Gigazine 2024：「100 万時間以上の YouTube 動画を OpenAI が AI モデルのトレーニングに利用していたことが判明」, https://gigazine.net/news/20240408-openAI-and-google-use-a-million-hours-of-youtube-videos/（2024 年 6 月 11 日閲覧））。

www.bunka.go.jp/seisaku/chosakuken/seidokAIsetsu/seminar/2023/pdf/93903601_01.pdf.

鄭育昌（2022）「AI の国際標準化活動と AI 事例集 ISO ／ IEC TR 24030」『日本ロボット学会誌』第 40 巻，第 3 号, 191-194.

DARPA (2018) " Broad Agency Announcement ExplAInable Artificial Intelligence (XAI) DARPA-BAA-16-53," https://www.darpa.mil/attachments/DARPA-BAA-16-53.pdf.

Forsythe, D. E. (1993) "Engineering knowledge: The construction of knowledge in artificial intelligence," *Social studies of science*, 23 (3), 445-477.

Hern, A. (2019) "New AI fake text generator may be too dangerous to release, say creators," https://www.theguardian.com/technology/2019/feb/14/elon-musk-backed-AI-writes-convincing-news-fiction.

飯田陽一（2022）「AI 原則に関する国際的議論の推移と CAI（欧州評議会 AI 委員会）オブザーバとしての立場」https://ifi.u-tokyo.ac.jp/wp/wp-content/uploads/2022/09/event-221011_iida.pdf.

人工知能学会倫理委員会（2017）「「人工知能学会　倫理指針」について」，https://www.AI-gakkAI.or.jp/AI-elsi/archives/471.

経済産業省産業技術環境局（2015）「平成27年度産業技術関係予算案の概要」，https://www.meti.go.jp/policy/newmiti/mission/2016/pdf/1_4_5.pdf.

個人情報保護委員会（2023）「生成 AI サービスの利用に関する注意喚起等について」，https://www.ppc.go.jp/files/pdf/230602_kouhou_houdou.pdf.

国立情報学研究所（2013）「［特集］人工頭脳プロジェクト「ロボットは東大に入れるか。」」『NII Today』第 60 巻, 2-11, https://www.nii.ac.jp/today/upload/NIToday_60.pdf.

Krizhevsky, A., Sutskever, I., and Hinton, G. (2012) " ImageNet Classification with Deep Convolutional Neural Networks", https://www.image-net.org/static_files/files/supervision.pdf.

久木田水生，神崎宣次，佐々木拓（2017）『ロボットからの倫理学入門』名古屋大学出版会.

Le, Q. V. (2013) "Building high-level features using large scale unsupervised learning," *2013 IEEE International Conference on Acoustics, Speech and*

Signal Processing, 8595-8598.

Lighthill, J. (1973) "Artificial intelligence: A general survey," *Artificial Intelligence: a paper symposium*, 1-21.

松尾豊（2015）『人工知能は人間を超えるか：ディープラーニングの先にあるもの』KADOKAWA.

McCarthy, J., Minsky, M. L., Rochester, N., and Shannon, C. E. (2006) "A proposal for the dartmouth summer research project on artificial intelligence, august 31, 1955," *AI magazine*, 27（4）, 12-12.

McCorduck, P., and Cfe, C. (2004) *Machines who think: A personal inquiry into the history and prospects of artificial intelligence.* CRC Press.

内閣府（2024）「令和6年度概算要求におけるAI関連予算について」, https://www8.cao.go.jp/cstp/AI/AI_senryaku/5kAI/shisaku.pdf.

中島秀之（2015）『知能の物語』公立はこだて未来大学出版会.

中田敦（2019）「ChAIner開発終了、PFN幹部が明かした「感謝とおわびの気持ち」」, https://xtech.nikkei.com/atcl/nxt/column/18/00001/03341/.

西角直樹, 綿谷謙吾（2024）「デジタル赤字拡大は悪いことなのか？：目指すべきは「日本の強み」と「デジタル」の融合」『MRIエコノミックレビュー』, https://www.mri.co.jp/knowledge/insight/20240425.html.

理化学研究所（2018）「第5部 次の100年へ 第3章 新たな人工知能基盤技術」『理化学研究所百年史』, 441-454, https://www.riken.jp/medialibrary/riken/pr/publications/anniv/riken100/part1/riken100-1-5-3.pdf.

Samuel, A. L. (1959) "Some studies in machine learning using the game of checkers," *IBM Journal of Research and Development*, 3（3）, 210-229.

総務省（2016）「平成28年版情報通信白書」, https://soumu.go.jp/johotsusintokei/whitepaper/ja/h28/index.html.

総務省（2020）「令和2年度新規研究開発課題に係る気本家鋭角書概要　多言語翻訳技術の高度化に関する研究開発」, https://www.soumu.go.jp/mAIn_content/000672525.pdf.

総務省（2023）「令和6年度総務省所管予算 概算要求の概要」https://www.soumu.go.jp/mAIn_content/000898534.pdf.

Stanford Vision Lab (2012) "Large Scale Visual Recognition Challenge 2012

（ILSVRC2012），" https://www.image-net.org/challenges/LSVRC/2012/results.html.

Stanford University, Human-Centered Artificial Intelligence (2024)*Artificial Intelligence Index Report 2024*, https://AIindex.stanford.edu/wp-content/uploads/2024/05/HAI_AI-Index-Report-2024.pdf.

杉村領一（2022）「AI 国際標準化の現状と今後の展望」『人工知能学会全国大会論文集』第 36 巻，2J5OS24a02-2J5OS24a02.

杉山翔吾（2023）「日経ビジネス「機械学習天国ニッポン」と生成 AI の著作権リスク　早大・上野教授」，https://business.nikkei.com/atcl/gen/19/00537/061200030/.

Vaswani, A., Shazeer, N., Parmar, N., Uszkoreit, J., Jones, L., Gomez, A. N., KAIser, L., and Polosukhin, I. (2017) *Attention is all you need. Advances in neural information processing systems*, 30.

山本和英（2020）「GPT-3 から我々は何を学べばいいのか」『Japio year book』，332-335. https://www.japio.or.jp/00yearbook/files/2020book/20_5_06.pdf.

※この原稿は 2024 年 6 月時点までの事実を元に記している。

3-9 共生社会を目指して——情報アクセシビリティをめぐる動向

Towards an Inclusive Society: Trends in Information Accessibility

山田　肇

　障害者等の多様な人々と共生する社会を構築するために情報アクセシビリティの確保が求められる。「新通史」シリーズでは初めて取り上げるため、まず障害者政策全体の100年の歴史を振り返る。そのうえで、情報アクセシビリティに関わる2011年以降の政策動向を説明する。

1　共生主義の種が蒔かれた時代——1945年以前

　「傷痍軍人は他人の利益のために自分の身体的完全性を犠牲にした人々である。傷痍軍人が精神的・身体的能力を最大限に発揮して、自立し社会貢献する機会を提供するように米国社会は要請している[*1]」として、米国では1918年にSRA (Soldiers Rehabilitation Act：軍人リハビリテーション法) が制定・施行された。傷痍軍人には治療に加え職業訓練が提供され、訓練中には生活費も支給された[*2]。

　フランス・パリにあるHôtel National des Invalides（廃兵院）は傷痍軍人を保護する収容施設で、2024年時点でも運営されている。強い立場にある者が、弱い立場にある者の利益のためとして、本人の意志は問わずに介入・干渉・支援する考え方が父権主義である。絶対王政下での国王の慈悲で1674年に設立されたと佐々木真 (1996) が評価するように、廃兵院は父権主義に基づく施設であった。

---

*　1　F. P. Keefe (1922), The rehabilitation of the wounded soldier, US Library of Congres.s
*　2　RAND Corporation (2013), Providing for the Casualties of War: The American Experience Through World War II, RAND Corporation.

父権主義の対義語は母権主義で、相手に寄り添い同意を得て進む道を決定していくという意味をもつ。傷痍軍人一人ひとりが自立して社会に貢献する環境を整備しようというSRAは母権主義的である。1920年には市民対象のCRA（Civilian Rehabilitation Act：市民リハビリテーション法）が制定・施行された[*3]。

　障害者を社会でともに生きる存在として受け入れる政策はDisability Inclusion Policyと総称され、この用語は広く採用されている。Inclusionは「包摂」「共生」と翻訳されるが、内閣府に共生社会担当が設置されているわが国では共生が一般的である。本章では母権主義の代わりに共生主義と表現する。SRA・CRAをいち早く法制化した米国には共生主義の種がまかれていた。

2　共生主義へと動き出した時代——1946年から1981年

2-1　わが国の動向

　1947年に施行された「日本国憲法」は14条で「すべて国民は、法の下に平等であつて、人種、信条、性別、社会的身分又は門地により、政治的、経済的又は社会的関係において、差別されない」と定めた。続いて1949年に「身体障害者福祉法」が制定され、1950年に施行された。同法は「生活保護法」「児童福祉法」とともに福祉3法とよばれた。

　「身体障害者福祉法」22条には「国又は地方公共団体の設置した事務所その他の公共的施設の管理者は、身体障害者からの申請があつたときは、その公共的施設内において、新聞、書籍、たばこ、事務用品、食料品その他の物品を販売するために、売店を設置することを許すように努めなければならない」という規定がある。この条文に象徴されるように、父権主義の意識が強かった。

2-2　欧米の動向

　欧州では、1974年に欧州評議会で採択されたSocial Action Programme（社

＊3　Rehabilitation Services Administration (2020), "2020 marks the 100th anniversary of the first federally funded program to assist people with disabilities who had not acquired their disabilities as a result of serving in the military".

会行動計画）が障害者政策の起点である[*4]。しかし、障害者雇用について「保護された産業に配置することを目的としたパイロット実験の促進」と記載されるなど、父権主義的要素が強かった。

　米国では1950年代から60年代にかけて公民権運動が展開され、障害者政策にも影響を与えた。SRA・CRAなど関連諸法を元に改正を重ねてきたRehabilitation Act（リハビリテーション法）に、1973年に504条が追加・施行された。504条によって、連邦政府機関が実施したプログラム、連邦資金援助を受けたプログラム、連邦での雇用、連邦政府と契約した者について、障害に基づく排除・差別が禁止された。

　米国では共生主義の種は1920年頃にまかれたが、差別禁止を謳う504条が追加されたのは1970年頃に障害者差別が存在していたからに他ならない。504条の制定によって共生主義は徹底されはじめた。

2-3　国際社会の動向

　国際連合は1975年に「障害者の権利宣言」を採択した。「障害者は、……そのハンディキャップと障害の原因、性質、程度のいかんにかかわらず、同年齢の市民と同一の基本的権利を有する」（3項）[*5]と障害者の権利が宣言された。

　「障害者の権利宣言」に続き、国際連合は1981年を「国際障害者年」として、スローガンに「完全参加と平等」を掲げた。クルト・ワルトハイム事務総長は「世界の人びとの関心を、障害者が社会に完全に参加し、融和する権利と機会を享受することに向ける」と意義を説明した[*6]。障害者が社会に完全に参加し融和すると、共生が掲げられた点は特徴的である。

2-4　WHOの医学モデル（1980年）

　国際疾病分類の補助分類としてWHO（World Health Organization：世界保健機関）は1980年にICIDH（International Classification of Impair-

---

.＊4　European Union, "Council Resolution of 21 January 1974 concerning a social action programme".
＊5　文部科学省、「障害者の権利宣言（抄）」。
＊6　国連広報センター、「国際障害者年——完全参加と平等」。

ments, Disabilities and Handicaps：国際障害分類）を発表した。障害を疾病のひとつとして扱う、「障害は病気である」という医学モデルが確立された。障害という現象を疾病、外傷等により直接生じた個人的な問題としてとらえ、専門職による治療が対応の基本になる。治療の目標は治癒であり、治癒が達成できない状態であれば、対象者が社会によりよく適応できるための行動変容が目標とされた。

3 共生主義への転換がはじまった時代——1982年から2000年

3-1 わが国の動向

「身体障害者福祉法」を元に1970年に「心身障害者対策基本法」が制定された。4条で「国及び地方公共団体は、心身障害の発生を予防し、及び心身障害者の福祉を増進する責務を有する」、6条で「心身障害者は、その有する能力を活用することにより、進んで社会経済活動に参与するように努めなければならない」と定めるなど、WHOの医学モデルを先取りした法律であった。また、「心身障害者に適した職種又は職域について心身障害者の優先雇用の施策を講じ」るように求める（15条）など「心身障害者対策基本法」は父権主義に則っていた。

その後、世界的な流れを受けて、わが国も共生主義へと徐々に舵を切りはじめた。「心身障害者対策基本法」は1993年に「障害者基本法」に置き換えられ、施行された。「障害者基本法」の目的は「全ての国民が、障害の有無にかかわらず、等しく基本的人権を享有するかけがえのない個人として尊重されるものであるとの理念にのっとり、全ての国民が、障害の有無によつて分け隔てられることなく、相互に人格と個性を尊重し合いながら共生する社会を実現する」（1条）とされた。「共生」という単語が初めて法律に明記された点で同法は特筆に値する。

3-2 欧米の動向

欧州では1999年にアムステルダム条約（Treaty of Amsterdam）が発効した。同条約は13条において、欧州連合が、性別、人種・民族、宗教・信条、障害、年齢、性的指向を理由とする差別を解消する適切な措置を取れる旨を定めた。欧州が共生主義に向かった象徴的な条約である。

米国は先をいった。1986年にRehabilitation Actに508条が追加され、連

邦政府が購入するIT機器やソフトウェア、ウェブサイトは、障害をもつ連邦政府職員や国民にも使えるものでなければならないとされた。Rehabilitation Act 508条が情報アクセシビリティ法制の起源である。当初は義務規定ではなかったが、1998年の改正によって、連邦政府の調達品が使えない場合には障害をもつ連邦政府職員や国民が民事訴訟（Civil Action）を提起する権利が認められた。

さらに、障害者への差別禁止および障害者が他者と同等に生活を営める機会を保証する公民権法としてADA（Americans with Disabilities Act：アメリカ障害者法）が1990年に制定・施行された。ADAは各国の障害者差別禁止法の起源と位置付けられる。ADAに基づく訴訟の積み重ねで民生市場でも情報アクセシビリティ対応が進捗していった。

3-3 国際社会の動向

国際連合は1993年に「障害者の権利均等に関する標準規則」を採択した。[*7] 標準規則には「各国は、一般大衆に提供される新しいコンピュータ化された情報とサービスシステムを最初から障害のある人々が利用しやすいように作成され、または障害のある人々が利用できるように適合したものであることを確保しなければならない」とのガイドラインが盛り込まれた。

4 共生主義が徹底されていった時代——2001年から2010年

4-1 WHOの社会モデル（2001年）

WHOは2001年にICF（International Classification of Functioning, Disability and Health：国際生活機能分類）を採択し、ICIDHを置き換えた。ICFは、障害は個人に帰属するものではなく、主に社会環境によって作り出されるものであるととらえる。社会生活の全分野に障害者が完全参加するために必要な環境の整備は、社会全体の共同責任とみなされる。

足に障害をもつ人には車いすを与えて、移動モードを「歩行」から「走行」に変容させる。医学モデルでここまで「治療」しても、経路に階段があれば車いすでの移動は妨げられる。社会モデルは階段を使わず移動できる環境を整備する。

[*7] 総理府障害者対策推進本部担当室仮訳、「障害者の権利均等に関する標準規則」。

社会環境の整備には2つの進め方がある。障害者が障壁と訴えた環境を一つひとつ改善していくのがバリアフリー化である。他方、製品やサービスを社会に提供する際には、最初から多様な障害者の利用を想定して設計するという進め方がある。前者が事後対応であるのに対して、後者は事前対応を求め「ユニバーサルデザイン」と総称される。「障害者の権利均等に関する標準規則」は「最初から障害のある人々が利用しやすいように作成」と、ユニバーサルデザインを推奨していた。

4-2　障害者権利条約の採択（2006年）

国際連合は「障害者の権利均等に関する標準規則」の採択後も、共生主義を徹底する方向に舵を切り続けた。2001年総会は障害者権利条約の原案起草委員会設置に合意した。起草委員会には各国代表に加えて国際連合が認めた障害者団体の参加も許された。当事者の参加は人権条約の歴史でも初めてだった。

「障害者権利条約」は2006年総会で採択され、発効は2008年である。条約は共生主義の立場に立ち、「全ての障害者によるあらゆる人権及び基本的自由の完全かつ平等な享有を促進し、保護し、及び確保すること並びに障害者の固有の尊厳の尊重を促進すること」（1条）が目的とされた[*8]。条約は父権主義を排し共生主義を宣言するものとなった。

条約が対象とする障害者の範囲は「様々な障壁との相互作用により他の者との平等を基礎として社会に完全かつ効果的に参加することを妨げ得るものを有する者を含む」（1条）とされた。

2条ではユニバーサルデザインが定義された。「調整又は特別な設計を必要とすることなく、最大限可能な範囲で全ての人が使用することのできる製品、環境、計画及びサービスの設計」がユニバーサルデザインである。しかし、すべての人が使用できる製品は簡単には実現しない。どうしても使用できない人には補装具を接続して使用できるようにするしかない。そこで、2条後段には「ユニバーサルデザインは、特定の障害者の集団のための補装具が必要な場合には、これを排除するものではない」との規定が加えられた。

情報通信分野における補装具の具体例がスクリーン上のテキストを音声で読み上げるスクリーンリーダで、視覚障害者等が利用する。情報通信分野では補装具は「支

＊8　外務省、「障害者の権利に関する条約（略称：障害者権利条約）」。

3-9 共生社会を目指して——情報アクセシビリティをめぐる動向

援技術」と総称されている。「ユニバーサルデザインの製品、サービス、設備及び施設の利用可能性及び使用を促進すること」(4条)は締約国の義務である。

アクセシビリティは9条で「障害者が自立して生活し、及び生活のあらゆる側面に完全に参加することを可能にすることを目的として、障害者が、他の者との平等を基礎として、都市及び農村の双方において、物理的環境、輸送機関、情報通信並びに公衆に開放され、又は提供される他の施設及びサービスを利用する機会を有することを確保するための適当な措置をとる」(外務省公定訳)と規程された。

アクセシビリティという言葉は、わが国ではまだ広く通用するものにはなっていない。そこで、外務省は条約の公定訳で「Article 9 Accessibility」を「第九条　施設及びサービス等の利用の容易さ」と翻訳した。しかし、9条を読むとわかるように、条約が求めるのは「容易に利用できる」ではない。

障害者権利条約に沿って、本章では情報アクセシビリティを「障害者が情報通信機器・サービスを他の者と平等に利用できること」と定義する。

施設やサービスが利用できるようにするために求められるのがユニバーサルデザインである。しかし、現存する施設やサービスが障壁となっている場合もある。そこで、9条後段は「この措置は、施設及びサービス等の利用の容易さに対する妨げ及び障壁を特定し、及び撤廃することを含む」とバリアフリー化を追記した。

父権主義を否定し共生主義を明確に宣言する、医学モデルよりも社会モデルを基本にとらえる。施設やサービスにユニバーサルデザインを求めたうえで、障壁を事後的に改善するバリアフリー化を許容する。これが条約の建付けであった。

4-3　欧米の動向

共生主義に転じた欧州では、2008年に文書「アクセシブルな情報社会に向けて」(Towards an accessible information society) が欧州委員会から欧州議会等に発出され、欧州は情報アクセシビリティの義務化に動き出した。[*9]

情報通信技術から依然として排除されている多数の欧州市民を考慮して、情報アクセシビリティについて加盟国共通のアプローチを強化する必要があるというの

＊9　European Union, "Communication from the Commission to the European Parliament, the Council, the European Economic and Social Committee and the Committee of the Regions - 'Towards an accessible information society'".

が、欧州委員会の意思であった。文書では欧州連合人口の約 15% が障害者であるとされた。認定基準が緩かったり、自己申告が認められたりする国もあるため、わが国のおよそ 2 倍の比率である。

文書は対象製品・サービスを例示した。パソコンやテレビ等に加えて、オンラインショッピング、現金自動預払機や券売機も対象とされた。消費者団体、障害者および高齢者団体や情報通信産業、関連当局等による対話を求め、対話を促すために人的ネットワークへの資金提供も表明された。ウェブアクセシビリティが特記された。

欧州委員会からの文書がきっかけとなり、欧州は2010年代に情報アクセシビリティの義務化へと動いていった。欧州各国は 2010 年に一斉に「障害者権利条約」を批准し、2020 年までの 10 年間を範囲とする障害者政策戦略が策定された。

米国は「障害者権利条約」を批准していない。締約国での履行状況について国際連合が審査するという規定が条約に定められており、審査を他国からの介入とみなす連邦議員が批准に反対したままである。しかし、条約の基本原則を採用して障害の社会モデルに力点を置くように、2008 年に ADA が改正された。社会に完全かつ効果的に参加できない人を障害者とする条約の定義と整合が図られた。

情報アクセシビリティ関連では、2001 年に Rehabilitation Act 508 条に基づく公共調達が開始された。情報アクセシビリティ基準（508 条技術基準）も公表された。技術基準は当初、国内の関係者のみで作成されたが、貿易障壁への懸念が他国から指摘され、2007 年に日本、欧州、カナダ、オーストラリアからの委員を加えて、改正された。また、聴覚障害者向けに動画への字幕付与を義務づけた「21 世紀通信ビデオアクセシビリティ法」（Twenty-First Century Communications and Video Accessibility Act）が 2010 年に制定された。

4-4　わが国の動向

権利条約が採択される以前に、わが国ではバリアフリーがくり返し強調された。高齢者、身体障害者等の公共交通機関を利用した移動の円滑化の促進に関する法律（2000 年 5 月 17 日法 68 号）、通称「交通バリアフリー法」とは公共交通機関の駅あるいは乗り物等をバリアフリーにすべく制定された日本の法律である。2000 年 11 月 15 日に施行され、2006 年 12 月 20 日、高齢者、障害者等の移動等の円滑化の促進に関する法律（通称・バリアフリー新法）の施行にともない廃止された。

3-9　共生社会を目指して——情報アクセシビリティをめぐる動向

　情報通信社会への転換方針を提示するe-Japan戦略が2001年に公表され、e-Japan戦略の下で策定されたe-Japan計画でも、情報提供のバリアフリー化、公共空間のバリアフリー化、学校のバリアフリー化等、バリアフリー化が強調された。他方、情報アクセシビリティやユニバーサルデザインへの言及はなかった。

　鉄道の場合には、現実の障壁すなわち既存駅を改良しなければ障害者の利用は促進されないためバリアフリー化が推進されたのは理解できる。しかし、製品の寿命が短い情報通信についてもバリアフリー化が唱えられた。このように、バリアフリー化がわが国政策の基本であった。

　バリアフリー化とは異なる方向に動いた稀有な例が日本工業標準調査会である。調査会に組織された特別委員会は2000年に報告書を公表した[10]。報告書には高齢者・障害者のニーズを配慮した標準化の重要性が謳われ、ユニバーサルデザインを考慮した国内標準の策定を進める方針が打ち出された。

　高齢社会化が急速に進展しているため、障害者に加えて高齢者も対象にするのが適切という判断から、高齢者と障害者を一体として標準化の対象にした。そして「高齢者・障害者配慮設計指針」という共通の題目の元で国内標準が制定されていった。

　情報アクセシビリティに関わる国内標準の作成委員会も組織され、2004年には第1部としてJIS X 8341-1「高齢者・障害者等配慮設計指針—情報通信における機器、ソフトウェア及びサービス—第1部：共通指針」が出版された。

　わが国はJIS X 8341-1を直ちに国際標準化団体ISO（International Organization for Standardization）に提出した。ISOはわが国標準を基盤として2008年にISO 9241-20を出版した。JIS X 8341-1はISO 9241-20に完全整合するように2010年に改正された。国内標準を先行して出版し、国際標準化団体で各国エキスパートの意見を反映して国際標準とする。最後に元となった国内標準を改正するという手順が定着していった。国際標準化に貢献するとともに、他国の意見で国内標準に磨きがかけられ、かつ国際整合が図られるというのが手順の利点である。JIS X 8341はシリーズ化され、パーソナルコンピュータ、ウェブコンテンツ、電気通信機器、事務機器についても同様に国内・国際標準化が進められていった。

　＊10　通商産業省、「21世紀に向けた標準化課題検討特別委員会」報告書。

当時、「障害者」を「障碍者」あるいは「障がい者」と表記するほうが適切ではないかという意見があった。障がい者制度改革推進会議は2010年に「法令等における『障害』の表記については、当面、現状の『障害』を用いる」とした検討結果を公表している。[*11] わが国の法令は「障害者」を使い続けている。

5　情報アクセシビリティの義務化が進んだ時代——2011年から2020年

5-1　わが国の動向

　わが国の障害者権利条約批准は2014年と遅れた。条約を批准するには、条約の定める水準に国内法を合わせる必要があったからである。

　批准に際して日本障害フォーラムは歓迎の声明を発表した。批准は通過点であり、条約の実施が重要だというのが条約起草段階から参加していた同団体の立場であった。その上で「障害者総合支援法」「障害者差別解消法」等の施行と、各種課題の解決を声明は求めた。こうした声にこたえて関係法の改正が続く中で、「地域社会における共生の実現に向けて新たな障害保健福祉施策を講ずるための関係法律の整備に関する法律（障害者総合支援法）」は2012年に成立した。同法は障害者の定義に難病等を追加し、重度訪問介護の対象者の拡大、ケアホームのグループホームへの一元化などが実施された。

　「障害を理由とする差別の解消の推進に関する法律（障害者差別解消法）」は2013年制定、2016年施行である。すべての障害者が障害者でない者と等しく基本的人権を享有する個人としてその尊厳が重んぜられるように、同法は障害を理由とする差別を解消するための措置等を定めた。

　7条1項（行政機関等における障害を理由とする差別の禁止）では、「行政機関等は、その事務又は事業を行うに当たり、障害を理由として障害者でない者と不当な差別的取扱いをすることにより、障害者の権利利益を侵害してはならない」と規定された。

　しかし、現実には社会的障壁が存在する場合がある。そこで、7条2項で「行政機関等は、その事務又は事業を行うに当たり、障害者から現に社会的障壁の除去を必要としている旨の意思の表明があった場合において、その実施に伴う負担

＊11　障がい者制度改革推進会議、「『障害』の表記に関する検討結果について」。

が過重でないときは、障害者の権利利益を侵害することとならないよう、当該障害者の性別、年齢及び障害の状態に応じて、社会的障壁の除去の実施について必要かつ合理的な配慮をしなければならない」と規定された。障害者差別解消法の7条でも1項で差別を禁止するとしたうえで、現実の障壁についてはバリアフリー化を進められるように2項を配置した構成になっている。

8条は事業者における障害を理由とする差別の禁止を規定する。1項には行政機関に対する7条1項と同一の要求が書かれている。そのうえで、バリアフリーの2項が加えられているが、文末が「必要かつ合理的な配慮をするように努めなければならない」と弱い表現になっていた。「努めなければならない」と書けば、努力したができなかったという言い訳が許容される。そこで、2021年に、8条2項は「合理的な配慮をしなければならない」に改正された。改正2項は2024年に施行された。

「聴覚障害者等による電話の利用の円滑化に関する法律」が2020年に成立し、2022年に施行された。法律は聴覚障害者等による電話の利用の円滑化を目的とした。聴覚障害者等が健常者と電話をする際には、手話通訳者が音声と手話を変換するといった仲介が必要になる。これを電話リレーサービスといい、同法は総務大臣による基本方針の策定、電話リレーサービス提供機関の指定、電話リレーサービスの提供の業務に要する費用に充てるための交付金の交付等について定めた。

米国では1960年代から電話リレーサービスが実施されていたが、1990年のADA成立とともにサービス提供が通信事業者の義務となった。わが国での義務化はADAよりも20年遅れである。電話の発明からは144年が経過して、電話サービスにおける障壁の除去に、わが国は動いた。

5-2 欧米の動向

欧州では2014年に公共調達に関する指令が発出され、公共調達に関わる情報アクセシビリティ対応が各国の義務となった。また、ウェブサイトやモバイルアプリに、とくに限定してアクセシビリティ対応を義務づける指令が2016年に発出されている。

さらに、2019年にはEAA（European Accessibility Act:欧州アクセシビリティ法）が成立した。[*12] 欧州委員会が2015年に提案し、欧州議会での可決と欧州評議会

＊12　European Union, "DIRECTIVE (EU) 2019/882 OF THE EUROPEAN PARLIA-

での採択は2019年であった。EAAは正式にはDIRECTIVEである。DIRECTIVEは「欧州指令」と翻訳され、域内に共通ルールの実現をめざすが、どう実現するかの詳細は加盟国に委ねる場合に使用される。EAAをActと称するのは、罰則に関する強い内容までが含まれて各国の自由度が少ないからである。

　コンピュータとOS（基本ソフトウェア）、POS（販売時点情報管理）・ATM（現金自動支払機）・発券機・チェックイン機等、その他セルフサービスの情報提供端末、通信サービスに利用されるコンピューティング機能をもつ消費者向け端末、コンピューティング機能をもつ視聴覚メディア用端末、電子書籍がEAAの範囲に入る（2条）。2025年には、航空・バス・鉄道・水上の旅客輸送サービスで利用されるウェブサイト・モバイルアプリ・eチケット等も範囲とすると同条は規定した。

　4条は、企業がアクセシビリティ基準に適合する製品とサービスだけを市場に供給することを保証するように加盟国に求める。市場は公共調達には限定されないので、欧州に供給されるすべての製品・サービスが対象になる。7条は製造業者への義務で、製品を市場に投入する際にはアクセシビリティ基準に従って製品が設計および製造されていると確認するよう要求する。同様に、輸入業者に準拠製品だけを輸入するように求め（9条）、流通業者には注意を払うように要求する（10条）。13条では、アクセシビリティ基準に従ってサービスを設計し提供する義務をサービス事業者に課している。9条の影響を受けるのは域外企業で、規定が貿易障壁に相当しないか懸念する意見もあったが、情報アクセシビリティが優先されたそうだ。

　加盟国は、EAAに沿った適切で有効な手段を採用しなければならない。EAAに基づく加盟国の法規制には罰則規定を設けるように30条で求められ、「実施されることを保証する必要なすべての措置を講じる」とされている。加盟国は法規制を2025年までに全面施行しなければならない（31条）。2030年を初回として、5年ごとに、実施状況が欧州委員会から欧州議会・欧州評議会に報告される（33条）。

　情報アクセシビリティ技術基準がEAAの付属資料として添付されている。たとえば、技術基準の項番8は「製品・サービスが手動での操作モードを提供する場合、手の届く範囲で、限られた力で操作できる操作モードを少なくとも一つ提供しなければならない」である。また、「製品は生体認証を代替する手段を提供しなければなら

MENT AND OF THE COUNCIL of 17 April 2019 on the accessibility requirements for products and services".

ない」とあるのは、生体認証が多用される社会情勢を反映するものである。

米国では、前述の通り、国際整合する方向で Rehabilitation Act 508 条技術基準の改正が進められていたが、2018 年に改正技術基準が施行された。改正技術基準は EAA の技術基準とほぼ整合するものになっている。

製品・サービスの設計段階でユニバーサルデザインを徹底しても使用できない障害者の数をゼロにはできない。支援技術は製品・サービスを使用できない障害者のために用意されるため、支援技術との相互接続性・相互運用性が製品・サービスに対する要求条件として欧米技術基準に書かれている。

5-3 国際社会の動向

国際連合は 2013 年にマラケシュ条約を採択した。視覚障害者その他の印刷物の判読に障害のある者が、印刷物を利用する機会を促進するように求める条約である。印刷機の発明以来、膨大な数の書籍など印刷物が発行されてきた。印刷物は視覚障害者に利用できない大きな障壁であったが、松原聡編著(2017)が説明したように、マラケシュ条約によってバリアフリー化が図られた。

マラケシュ条約は 2016 年に発効し、国際図書館連盟によれば 2023 年 2 月時点で批准国は 123 に達している。[*13] 同連盟は各国での条約の履行状況について調査結果を公表している。締約国の 50%が条約を履行するために新法を制定し、5%は既存の法律を条約に合わせて改正したという。視覚障害者が利用するには印刷物をデジタル化して、点字表示や音声読み上げできるように変換しなければならない。締約国の 62%では変換について著作権使用料の支払いは必要としない。

わが国の「著作権法」37 条は、視覚障害者等のために著作物を変換する際に著作権者の許諾は不要としている。マラケシュ条約に対応して、37 条の対象が「視覚障害その他の障害により視覚による表現の認識が困難な者」から「視覚障害者その他視覚による表現の認識に障害のある者」に 2018 年に拡大された。肢体不自由等が理由で印刷物を読むのが困難な人も 37 条の対象に含まれるようになったというのが、文化庁の解釈である。著作権法改正に加えて、2019 年には「視覚障害者等の読書環境の整備の推進に関する法律」が成立・施行された。同法は

---

*13 International Federation of Library Associations and Institutions, "10 years into Marrakesh – what does the data say?".

「読書バリアフリー法」と通称され、読書環境整備に関する国と地方公共団体の責務を明らかにし、国に基本計画策定を義務づけた議員立法であった。

6 　情報アクセシビリティ対応技術の歴史と社会的合理性

6-1 　アクセシビリティ対応とイノベーション

　電話発明者アレクサンダー・ベルは 1876 年に米国特許商標庁に特許を出願し、また、実証実験に成功した。ベルは聾学校の教師であり彼の妻は難聴者だったため、離れた部屋にいる難聴者に音声を伝える技術が必要になり、それが電話として結実したと Booth(2021) は説明している。

　「インターネットの父」のひとりヴィントン・サーフ（Vinton G. Cerf）は、1980 年前後に電子メールを共同開発した。[14] ヴィントンと妻はともに聴覚障害者で、電話を代替しようと電子メールを開発したという。

　電話と電子メールの歴史に共通するのは、当初は障害者向けの支援技術として開発されたが、次第に多様な人々に広く受け入れられ主流技術となり、経済社会を変革していったという点である。情報アクセシビリティに対応する技術は、経済社会を変革するイノベーションの起点となる可能性を秘めている。

　音声合成技術も同様である。米国ベル研究所で 1961 年に大型計算機を使った音声合成の実験が行われた。1968 年制作の SF 映画「2001 年宇宙の旅」で大型計算機が歌ったが、当時は、音声合成は夢物語として扱われていた。しかし、大阪大学の研究者が 1983 年に支援技術スクリーンリーダを開発した。1990 年代にはカーナビに音声合成が採用され、2000 年代には「初音ミク」が登場した。音声合成でも、支援技術としての利用が民生市場での主流技術としての利用に先行していた。

　マラケシュ条約の趣旨に沿って、WIPO（World Intellectual Property Organization：世界知的所有権機構）は視覚障害者等向けに「アクセシブル書籍コンソーシアム」（Accessible Books Consortium）を提供している。80 言語に及ぶ 82 万タイトルの書籍と 9000 の楽譜が所蔵された電子図書館である。

　発展途上国が新たに図書館を開設しようとしても、印刷物の収集という第一歩か

　＊ 14 　Internet Hall of Fame, "Official Biography: Vint Cerf" ほか。

ら困難がともなう。そこで Accessible Books Consortium と同様の仕組みで、発展途上国向けに電子書籍を提供する活動が進められている。印刷物のデジタル化は情報アクセシビリティに対応するとともに、発展途上国での教育や文化の発展にも寄与し、経済社会のイノベーションに結びついていく。

視覚障害者の移動を支援するロボット「AI スーツケース」など、2010 年代に入って AI（Artificial Intelligence：人工知能）を活用した多くの支援技術が誕生した。経済社会を変革する次の主流技術が AI 支援技術から生まれていく可能性は高い。

6-2　技術基準での推奨要件と必須要件

情報アクセシビリティに関わる標準化について先に説明した。標準には配慮すべき事項が列挙されているが、たとえば「情報通信機器及びサービスは、聞くことができない利用者に対応することが望ましい」というように、大半は推奨要件である。推奨要件となっているのは、設計開発する者に自由に発想するチャンスを与えるためである。推奨要件のほうが、設計開発者は多様な対応方法に挑戦できる。そして、新しい対応技術は経済社会のイノベーションに結びついていく可能性がある。

一方、欧米で公共調達に用いられている技術基準には「提供しなければならない」というように必須要件が書かれている。「提供するのが望ましい」という推奨要件では「提供しようと努めたができなかった」という言い訳が許されてしまうからである。わが国で情報アクセシビリティ対応が将来義務化された際には、必須要件から構成される技術基準が求められる。

歩道の点字ブロックが車いす利用者の移動の妨げになるという意見が出るように、アクセシビリティ対応が他の利用者の妨げになる事態は好ましくない。しかし情報通信では、テレビ字幕のオンオフのように、それが必要な利用者だけがそのアクセシビリティ機能をオンに設定できる。カスタマイズの方法を利用者にきちんと説明すれば、他の利用者の妨げになる事態は生じないため、必須要件化をためらう必要はない。ユニバーサルデザインとカスタマイズが両立するというのが、情報アクセシビリティの特徴である。[15]

米国司法省は障害者を persons with disabilities と表記してきたが、最近、情報通信分野については individuals with disabilities に置き換えた。個々人に

＊15　ISO/IEC 30071-1:2019.

最適化できるという情報通信技術の特徴を反映した置き換えである。

6-3 情報アクセシビリティ対応の社会的合理性

　情報アクセシビリティ対応の製品サービスの開発・導入には追加費用がかかる。しかし、情報アクセシビリティ対応が進み障害者の就労機会が増えれば、彼らは障害年金の受給者（保護対象の国民）から所得税の納税者（義務を果たす国民）へと立ち位置を変える。その他、多様な形態での社会参加が促進される。こうして、社会全体としては、追加費用の負担は打ち消されていく。情報通信分野では技術進歩と価格低下が急速なので、追加費用の負担は年とともに低減していく。この結果、情報アクセシビリティ対応を義務化しても社会にとっては大きな負担とならないと、遊間・山田（2013）は経済学的に解釈している。欧米で義務化が進んでいるのは、すでに説明したようにイノベーションのチャンスがあるのに加えて、共生主義に転換して得られる社会経済的効果への認識が高まったためである。

　実際、欧州委員会は EAA 制定の社会経済的効果に関するレポートを公表している。[*16] 製品・サービスが利用できるようになるという自明の効果に加えて、障害者にもたらされる恩恵としてレポートは以下を列挙した：市場競争が激化するため製品・サービスの価格が低下する。公共交通・教育・労働市場にアクセスする際の障壁が減り、より高度な教育が受けられるようになり職業選択の幅も広がる。製品・サービスの評価など、アクセシビリティの専門知識が必要な労働機会も増加する。

　企業にもたらす恩恵についても域内アクセシビリティ基準の統一で開発費用が削減され国境を超えた取引が容易となる等と説明し、何もしない場合に比べて欧州総体として社会的負担は半減するというのが、欧州委員会の試算であった。

7　情報アクセシビリティの今後——2021 年以降

7-1 「情報アクセシビリティ・コミュニケーション施策推進法」の施行

　わが国では、2022 年に「障害者による情報の取得及び利用並びに意思疎通に

---

* 16　European Commission, "COMMISSION STAFF WORKING DOCUMENT EXECUTIVE SUMMARY OF THE IMPACT ASSESSMENT – Accompanying the document Proposal for a Directive".

係る施策の推進に関する法律」が制定・施行された。

　同法は3条（基本理念）で、障害者による情報の取得利用・意思疎通に係る施策の推進に当たり旨とすべき4事項を掲げた。第1が障害の種類・程度に応じた手段を選択できるようにする、第2は日常生活・社会生活を営んでいる地域にかかわらず等しく情報取得等ができるようにする、第3が障害者でない者と同一内容の情報を同一時点において取得できるようにする、第4が高度情報通信ネットワークの利用・情報通信技術の活用を通じ、情報を取得・利用し、意思疎通を図ることができるようにするである。同法は4施策の推進について基本的事項を定めているので、「情報アクセシビリティ・コミュニケーション施策推進法」と通称される。

　基本理念を実現していくための国・地方公共団体、事業者と国民の責務は4条から6条に規定されている。7条は国・地方公共団体・事業者等の相互の連携協力を求める。8条は、施策を講ずる際には障害者、障害児の保護者その他の関係者の意見を聴き尊重するように求めている。

　全日本ろうあ連盟、日本視覚障害者団体連合、全日本難聴者・中途失聴者団体連合会、全国盲ろう者協会の4団体は情報アクセシビリティ・コミュニケーション施策推進法の成立を歓迎する声明を発表した。「単独で情報アクセシビリティを取り上げる法律ができたことは、私たちの情報・コミュニケーションを豊かにしていくための大きな一歩となると確信している」と4団体は表明している。そして、「アクセシビリティ保障やバリアフリー対応は、障害当事者の努力や歩み寄りではなく、社会にその対応責任があることをはっきりと示していただいた」として、社会モデルに基づいて施策が推進されるように求めている。

7-2　障害者権利条約に基づく定期審査

　障害者権利条約には、条約の義務の履行状況を定期的に報告するように締約国に求める規定がある。わが国は2022年に最初の報告を提出し、8月に国際連合障害者権利委員会で審査が行われた。

　わが国に対する審査報告には厳しい指摘が並んだ[17]。第1の指摘は、条約が求める共生主義と障害関連の法制・政策が調和しておらず、障害者に対する父権主

---

[17] Committee on the Rights of Persons with Disabilities, "Concluding observations on the initial report of Japan".

義的アプローチが続いている点であった。第2には、立法・規則・慣行の全分野で医学モデルが続いているという点であった。機能障害および能力評価に基づく障害認定自体が問題だとされた。条約の用語を外務省が不正確に翻訳している点も具体的に指摘され、一例がAccessibilityの和訳であった。

条約21条「表現及び意見の自由並びに情報の利用の機会」は、情報アクセシビリティに強く関係する条文であり、権利委員会は次の3点について改善を要求した：ウェブサイト・テレビ番組・その他の公衆に提供されるメディアのアクセシビリティ確保のために、あらゆる段階における法的拘束力のある情報及び通信の基準を開発整備する。「点字、盲聾（ろう）通訳、手話……のような、利用しやすい意思疎通様式の開発、推進、利用のための予算を十分に割り当てること」（外務省仮訳）。日本手話が公用語であることを法律で認め、あらゆる活動分野において手話を利用および使用する機会を促進する。

権利委員会の指摘はわが国の障害者政策に大転換を求めるものであった。しかし転換というよりも一歩ずつ進んでいるというのが現状である。民間製品について情報アクセシビリティ好事例を公表する取組みを総務省が2023年度に開始したのが、一例である。

【参考文献】

Booth,Katie (2021), The Invention of Miracles: Language, Power, and Alexander Graham Bell's Quest to End Deafness, Simon & Schuster.

松原聡編著(2017),電子書籍アクセシビリティの研究——視覚障害者等への対応からユニバーサルデザインへ,東洋大学出版会.

佐々木真(1996),王権と兵士——フランス絶対王政期の兵士と王権の政策,駒澤史学.

遊間和子,山田肇(2013),公共調達での情報アクセシビリティ義務化——米国の実例と経済学的解釈,国際公共経済研究.

3-10 個人情報の活用と保護の相克

The Conflict between Use and Protection of Persona

村上康二郎

1 個人情報の活用と保護の対立

　個人情報の活用と保護の2つの要請は対立し、個人情報の活用を重視すれば保護が不十分になり、個人情報の保護を重視すれば活用があまりできなくなるというのが一般的な理解である。

　歴史的にみると、個人情報を活用したいという要望を出してきたのは、企業を中心とする産業界および国の行政機関や地方公共団体といった公的機関である。企業は、顧客の個人情報をマーケテイングに活用したり、第三者に譲渡したりすることによって利益を上げたいということを主張してきた。また、国の行政機関や、地方公共団体といった公的機関は、行政事務の効率化や、住民サービスの向上のために個人情報の活用が必要であると説いてきた。

　このように、個人情報を活用するということも重要であるが、他方で個人情報の主体となる本人の権利・利益を保護するということも重要である。プライバシー・個人情報保護を専門とする法学者や、弁護士、消費者保護団体などは、個人情報の活用よりも、個人情報の保護を重視すべきであるということを主張してきた。このように、個人情報の活用を望む陣営と個人情報の保護を重視する陣営が対立しているため、この2つの主張をいかにして調和させるのかということが問題となってきた。

　以上のように、個人情報の活用と保護のどちらを重視するのかについては、歴史的に様々な議論がなされてきた。本章では、この2つの要請の調和の在り方について、科学技術、特に情報技術の発展によって、どのような問題が発生し、そしてその問題に対して、個人情報保護法制がどのように対応してきたのかという視

点を意識してみていくことにする。

　本章が対象とする時期については、原則として、2010 年から 2020 年を中心とするが、前史として、現行の個人情報保護法が制定された 2003 年からを扱うことにする。また、個人情報保護法については、2020 年および 2021 年に重要な改正があったため、これらについても触れる。したがって、全体としては、2003 年から 2021 年頃までを扱う。

　以下では、情報技術の発展や普及によって生じた問題に対して、個人情報保護法制がどのように対応してきたのかについて、大きく 4 つの時代区分に分けてみていくことにする。第 1 に、住民基本台帳ネットワーク（以下「住基ネット」という。）の導入に対応するために個人情報保護法が制定された時代およびその後の時代（2003 年から 2008 年まで）、第 2 に、マイナンバー制度を導入するために、番号法が制定された時代（2009 年から 2013 年まで）、第 3 に、ビッグデータの活用に対応するために個人情報保護法が改正された時代（2014 年から 2020 年まで）、第 4 に、DX（Digital Transformation：デジタル・トランスフォーメーション）に対応するために個人情報保護法の官民一元化がはかられた時代（2021 年以降）である。[*1]

2　個人情報保護法制定の時代——住基ネットへの対応

2-1　個人情報保護法制定の背景

　2003 年に、現行法の元となる個人情報保護 3 法（①個人情報保護法、②行政機関個人情報保護法、③独立行政法人等個人情報保護法）が制定された。それまでは、行政機関電算機個人情報保護法が存在するだけで、民間部門を包括的に規制する法律が存在しなかったところから、大きな変化であるといえる。2003 年に個人情報保護 3 法、とくに「個人情報保護法」が制定された理由としては、OECD（Organisation for Economic Co-operation and Development：経済協力開発機構）のプライバシー・ガイドラインへの対応、EU（European Union：欧州連合）のデータ保護指令における十分性認定への対応、個人情報の大量漏

　＊1　本章の主たる対象は、個人情報保護法制であるが、プライバシー権についても、必要な限度で言及することにする。

洩事件が多発したことへの対応などがある。しかし、直接的な要因となったのは、住基ネットの導入への対応である(岡村 2021：31)。

2-2　住基ネットの概要と導入の際の議論状況

　住基ネットとは、住民の利便性の向上と国および地方公共団体の行政の合理化に資するために、居住関係を公証する住民基本台帳をネットワーク化し、全国共通で本人確認ができるようにしたシステムのことである。この住基ネットは、2002 年 8 月に運用を開始した。その構成は、市町村サーバ、都道府県サーバ、全国センターの 3 層構造になっている。これらのうち、都道府県サーバは、かつては都道府県ごとに分かれていたが、2014 年 1 月以降は、1 か所の集約センターのサーバにまとめられるようになっている。[*2]また、全国センターについては、稼働開始当初は、LASDEC（Local Authorities Systems Development Center：地方自治情報センター）が運営していたが、2014 年 4 月以降は、J-LIS（Japan Agency for Local Authority Information Systems：地方公共団体情報システム機構）が運営をしている。

　この住基ネットの導入によって、住民票の写しの広域交付（全国どこの市町村でも住民票の写しの交付を受けることができる）、転出転入手続の簡素化（郵送・インターネットにより付記転出届を転出地の市町村に提出すれば、転出証明書がなくても転入地の市町村において転入手続を行うことができる）、住民票の写しの提出の省略（パスポートの申請、恩給の支給の申請などの様々な行政事務において住民票の写しの提出を省略できる）などが実現できるとされた。

　もっとも、この住基ネットの導入を巡っては、賛否両論がぶつかり、激しい議論がなされた。推進派の総務省や識者は、住基ネットの導入には、行政事務の効率化・簡素化や住民サービスの向上といった多くのメリットがあること、通信には専用回線を用いたうえで、通信データを暗号化するといった最善のセキュリティ措置が取られているため、安全であることなどを強調した（榎並 2003：20-81、薄井・浅野 2003：62-63）。これに対して反対派は、一般の住民が住民票の写しを必要とする頻度は低く、転出転入手続を行うことも少ないため、住基ネットのメリットは小さい

＊2　総務省「住基ネット等をめぐる最近の状況について」2015 年 4 月, https://www.soumu.go.jp/main_content/000366893.pdf

こと、住基ネットに用いられる回線は物理的な意味での専用回線ではなく、IP-VPN（Internet Protocol Virtual Private Network:閉域 IP 網型仮想プライベートネットワーク）という暗号化通信にすぎないため、安全性に疑念があることなどを指摘した（臺 2002：17-32、黒田 2002：16-17）。[*3]

2-3　住基ネットと個人情報保護法

　住基ネットを導入する際に、とくに問題となったのが、当時のわが国では、個人情報保護に関する法律としては、行政機関電算機個人情報保護法しか存在せず、民間部門を含めた包括的な個人情報保護法制が存在していなかったということである。そのため、導入反対派からは、個人情報保護法制の整備が不十分であるとの批判があった。

　住基ネットを導入するための住民基本台帳法の改正が 1999 年に国会で審議されたが、改正法の附則 1 条 2 項には、「この法律の施行に当たっては、政府は、個人情報の保護に万全を期するため、速やかに、所要の措置を講ずるものとする」と定められた。そして、当時の小渕恵三首相は、この所要の措置について、「民間部門をも対象とした個人情報保護に関する法整備を含めたシステムを速やかに整えることなどを示す」との答弁を行っている（宇賀 2021:12）。これによって、住基ネットを導入するためには、民間部門を規制する個人情報保護法の制定が前提条件であるとの認識が示されたことになる。その理由は、仮に住基ネットから個人情報が漏洩した場合に、民間の事業者を規制する法律がない状態では、個人情報の保護が不十分であるというところにある。つまり、各自治体がもっている住民基本台帳を電子データ化して、ネットワークで接続するという新しい情報技術に対応するために、新たな法律の制定が必要になったということがいえる。

　このような議論を経て、2003 年 5 月に、個人情報保護 3 法（個人情報保護法、行政機関個人情報保護法、独立行政法人個人情報保護法）が制定された。わが国でも包括的な個人情報保護法が制定されたことは大きな前進ではあるが、いくつ

＊3　住基ネットについては、費用対効果の問題もある。この点について、（財）社会経済生産性本部・情報化推進国民会議は、数年でコストよりもベネフィットが上回るという試算を公表している。（財）社会経済生産性本部・情報化推進国民会議「住基ネットの活用で国民・行政に『年間183億円』のベネフィット」2006 年 5 月、https://www.jpc-net.jp/research/assets/pdf/R390attached.pdf

かの課題も残された。

　ひとつは、住基ネットは、2002年8月から稼働を開始したにもかかわらず、個人情報保護3法が制定されたのは、2003年5月であり、さらに全面施行されたのは2005年4月になってからのことである。前述した小渕首相の答弁からすれば、住基ネット稼働前に、これらの法律が施行されるべきであったが、数年の遅れが生じてしまった。

　もうひとつは、民間部門と公的部門を別々の法律によって規律することが適切だったかという問題である。本来であれば、民間の事業者よりも、国の行政機関を厳しく規制するのが適切であるが、民間事業者に対する適正取得の規定が行政機関には存在しないなど、民に厳しく、官に甘い規制になっているのではないかという問題が残った（田島・三宅2003：37-42）。個人情報保護法制の官民一元化の問題については、後にまた触れることにする。

2-4　住基ネットとプライバシー権

　住基ネットの導入は、個人情報保護法制との関係だけではなく、プライバシー権との関係でも問題となった。住基ネットの導入は、憲法13条が保障するプライバシー権の侵害であるとして、住民票コードの削除などを求める訴えが、全国各地の裁判所で提起されたのである。住基ネットが合憲か違憲かについて、下級審裁判所の判断が分かれたため、最高裁判所がどのような判断を下すのかが注目された。結果的に、最高裁判所2008年3月6日判決民集62巻3号665頁は、「何人も、個人に関する情報をみだりに第三者に開示又は公表されない自由を有する」との立場に立ちつつ、住基ネットは合憲であるという判断を下した。しかし、その際、いくつかの条件を課していることに注意する必要がある。すなわち、①「法令等の根拠に基づき、住民サービスの向上及び行政事務の効率化という正当な目的の範囲内で行われている」こと、②「住基ネットのシステム上の欠陥等により外部から不当にアクセスされるなどして本人確認情報が容易に漏えいする具体的な危険はないこと」、③「受領者による本人確認情報の目的外利用又は本人確認情報に関する秘密の漏えい等は、懲戒処分又は刑罰をもって禁止されていること」、④「住基法は、都道府県に本人確認情報の保護に関する審議会を、指定情報処理機関に本人確認情報保護委員会を設置することとして、本人確認情報の適切な取扱いを担

保するための制度的措置を講じていること」である。

3　番号法制定の時代——マイナンバー制度への対応

3-1　マイナンバー制度の導入議論が開始するまでの経緯

　マイナンバー制度の導入議論にいたるまでには、長年にわたる紆余曲折があった。はじめは、納税者番号という形で、1970年代から議論が開始された。本来、国民の所得を正確に把握して、税収を確保するためには、納税者番号が望ましいとされたが、その導入については、国民の大きな反発があった。そこで、納税者番号に代わる簡易な本人確認手段として、グリーン・カードが導入されることになった。1980年3月に、グリーン・カードを導入するための所得税法の改正が成立した。しかし、金融機関から資金流出が起こるなどの混乱が生じたため、反対論が強くなり、1985年3月に同法は廃止された（森信・河本 2012：41-42）。このグリーン・カードの失敗は、納税者番号の導入の難しさを印象づけることになり、その後も長く尾を引くことになった。その後、納税者番号については、政府税制調査会で細々と議論が続けられたが、全体的な議論は低調であった。

　議論の転機となったのは、2009年8月の民主党への政権交代である。民主党は、納税者番号単体ではなく、社会保障・税共通番号というコンセプトを打ち出した。2008年12月の「民主党税制抜本改革アクションプログラム」は、「真に手を差し伸べるべき人に対する社会保障をより手厚くするために、正しい所得把握体制の環境整備が必要」とした。自由民主党時代には、税務行政の効率化という国側の論理が強調されたのに対して、国民目線で導入を訴えたのである。これによって、番号制度の導入に向けた議論が加速することになった。

3-2　マイナンバー制度の概要と導入の際の議論状況

　2009年ごろから、マイナンバー制度の導入が本格的に検討されるようになった。マイナンバー制度は、社会保障、税、災害対策の分野で効率的に情報を管理し、複数の機関が保有する個人の情報が同一人の情報であることを、マイナンバーを用いて確認する制度のことである。

　このマイナンバー制度は、大きく3つの要素から成り立っている。

第1が、付番である。全国民一人一人に固有の個人番号（マイナンバー）を付番する。これは、住民票コードをベースに生成される12桁の番号であり、①悉皆性（住民票を有する全員に付番）、②唯一無二性（1人1番号で重複のないように付番）、③視認性（民 - 民 - 官で流通する見える番号）などの性質を有するものである。

　第2が、情報連携である。これは、複数の府省庁および地方公共団体において、個人番号によって管理される同一人の情報を紐づける仕組みである。この情報連携には、情報提供ネットワークシステムが用いられる。

　第3が、本人確認である。これは、なりすましを防止し、個人が、自分が自分であることを証明し、個人番号の真正性を証明するための仕組みである。これには、マイナンバーカードと呼ばれるIC（Integrated Circuit：集積回路）カードが用いられる。このカードの券面およびICチップには、個人番号、基本4情報（氏名、住所、生年月日、性別）、顔写真などが記載・記録されている（岡村 2015：1-3）。

　しかし、このマイナンバー制度の導入の際には、住基ネットの時と同様に、推進派と反対派に意見が分かれ、激しい議論が行われた。推進派である当時の政府や識者は、マイナンバー制度には、きめ細かな社会保障給付の実現、所得把握の精度の向上、災害時における活用などのメリットがあること、個人情報を1か所で集中管理する一元管理方式ではなく、別々の組織で管理する分散管理方式を採用するため安全であることなどを主張した（森信・河本 2012：16-37、森信・小林 2011：27-45）。

　これに対して、反対派は、総合合算制度や給付付き税額控除などの社会保障制度は、番号制度がなくても実現できること、番号を付しても給与所得者以外の者の所得を正確に把握することは難しいこと、災害時に番号カードを持って避難することは期待できないこと、マイナンバーをマスターキーとして多くの個人情報が名寄せされ、プライバシーが丸裸にされる恐れがあることなどを主張した（小笠原・白石 2012：33-76、田島・石村・白石・水永 2012：22-31）。

3-3　マイナンバー制度と個人情報保護法制

　マイナンバー制度と住基ネットの違いであるが、①住基ネットでは、住民票コードが秘密とされていたのに対し、マイナンバーは見える番号であること、②住基ネットよ

りもマイナンバー制度のほうが、利用範囲が広いこと、③住基ネットではデータマッチングが禁止されていたのに対し、マイナンバー制度では一定の範囲で行政機関相互の情報連携が行われることなどの違いがある。したがって、マイナンバー制度は、プライバシー・個人情報保護の点で、住基ネットよりもリスクが大きいものと考えられる。とくに、マイナンバーは、悉皆性、唯一無二性、視認性を有するため、これを検索のキーとして様々な個人情報が名寄せされ、不正に利用される恐れが大きい。そのため、マイナンバーについては、通常の個人情報よりも厳格な保護が必要であるとされた（宇賀 2021：25）。

　2013 年に、番号法が制定された。この法律は、基本的には、マイナンバー制度を導入するための法律ではあるが、個人番号および特定個人情報（個人番号を含む個人情報）を厳格に保護するための規定を多く含んだものになっている。まず、行政機関などにおける特定個人情報の取扱いを監督するための第三者機関として、特定個人情報保護委員会（後に個人情報保護委員会）が導入された。また、個人番号に関係する事務に従事する者が、個人の秘密に属する事項が記録された特定個人情報ファイルを提供する場合など、各種の場合に罰則の強化を行っている。罰則の重さは犯罪の種類によって異なるが、最大で、4 年以下の懲役または 200 万円以下の罰金が科されることになっている。さらに、諸外国で行われているプライバシー影響評価に類似する制度として、特定個人情報保護評価が導入された。これは、特定個人情報ファイルを保有しようとする行政機関や地方公共団体などが、プライバシーに与えるリスクを予測したうえで、そのようなリスクを軽減するための措置を講ずるための仕組みである。

　このマイナンバー制度は、単に、国民全員に唯一無二の番号を振るというものではなく、情報提供ネットワークシステムなどの新しい情報技術によって支えられているものである。その意味では、住基ネットの時と同じように、新しい情報技術の導入に対応するために、新たな法律の制定が必要になったということがいえる。しかも、マイナンバー制度は、住基ネットよりも個人情報に与えるリスクが大きいため、個人情報を保護するための法的措置がより強化されているということが重要である。

3-4　マイナンバー制度とプライバシー権

　このマイナンバー制度の導入についても、住基ネットの時と同様に、プライバシー

3-10　個人情報の活用と保護

権侵害を理由として、マイナンバーの削除や、損害賠償の支払いを求める訴えが多くの裁判所に提起された。これらのマイナンバー訴訟における原告の主張は様々であるが、概ね共通しているのは、憲法 13 条によって、プライバシー権としての「自己情報コントロール権」が保障されるという立場に立っている点である。そして、マイナンバー制度では、大量の特定個人情報が漏洩する恐れがあること、マイナンバーをマスターキーとして多くの個人情報が名寄せ・突合され、意に反する個人像が勝手に作られる恐れがあること、カードの不正取得や偽造による成りすましが行われる危険があることなどを主張することが多い。

これらのマイナンバー訴訟において、これまで多くの下級審裁判所がマイナンバー制度は合憲であるという判断を下してきたが、最高裁判所も合憲であるという判断を下している。最高裁判所 2023 年 3 月 9 日判決民集 77 巻 3 号 627 頁は、以下のように判示している。まず、番号法は、「個人番号等の有する対象者識別機能を活用して、情報の管理及び利用の効率化、情報連携の迅速化を実現することにより、行政運営の効率化、給付と負担の公正性の確保、国民の利便性向上を図ること等を目的とするものであり、正当な行政目的を有する」こと、「番号利用法に基づく特定個人情報の利用、提供等は、上記の正当な行政目的の範囲内で行われている」こと、「特定個人情報の提供が許されるべき全ての場合を同法に規定することは困難であり、その一部を政令等に委任することには合理的必要性がある」ことなどを指摘する。そして、「番号利用法に基づく特定個人情報の利用、提供等に関して法制度上又はシステム技術上の不備があり、そのために特定個人情報が法令等の根拠に基づかずに又は正当な行政目的の範囲を逸脱して第三者に開示又は公表される具体的な危険が生じているということもできない」とする。結果的に、マイナンバー制度は、「憲法 13 条の保障する個人に関する情報をみだりに第三者に開示又は公表されない自由を侵害するものではない」としている。

これに対して、学説上は、マイナンバー制度に対して批判的な見解も存在する（實原 2020：803-844）。この見解は、プライバシー権を「自己情報コントロール権」または「情報自己決定権」と解したうえで、罰則による予防には限界があること、漏洩を防ぐための制度が不十分であること、データマッチングの危険性があること、特定個人情報が提供できる範囲が不明確であることなどから、マイナンバー制度は[4]

＊4　番号法 19 条 14 号（現 15 号）が、特定個人情報の提供が認められる場合として、「そ

違憲の恐れがあるとする。

　このように一部の学説による批判はあるものの、前述したように、最高裁はマイナンバー制度を合憲であると判断している。もっとも、最高裁が合憲であると判断しているからといって、現在のマイナンバー制度に全く問題がないということにはならないであろう。まず、特定個人情報の漏洩などを防止するための万全の技術的措置を実施すべきことは当然のこととして[*5]、マイナンバーの利用範囲を国民に対して明確に示すことが必要であると考えられる。また、マイナンバー制度を導入する際には、47都道府県リレーシンポジウムを開催するなどして国民に対する説明が行われたが[*6]、その後の利用範囲の拡大について、国民に対する説明が十分になされているのかについては、疑問の余地がある。マイナンバーおよびマイナンバーカードの利用範囲が安易に拡大されることのないように、国民的な議論を尽くすことが必要であると考えられる[*7]。

　　　の他政令で定める公益上の必要があるとき」というように抽象的に規定していること、「行政手続における特定の個人を識別するための番号の利用等に関する法律施行令」25条の別表が、特定個人情報の提供が認められる場合として、税務調査や公安・警察目的での調査の場合を規定していることを問題視している（實原2020：820-844）。

＊5　デジタル庁の資料によれば、マイナンバーカードの未取得の理由として、最も多いのが、「情報流出が怖いから」（35.2％）となっている。なお、2番目が「申請方法が面倒だから」（31.4％）、3番目が「マイナンバーカードにメリットを感じないから」（31.3％）である。デジタル庁「業種別マイナンバーカード取得状況等調査（ネット調査）」2022年3月, https://www.digital.go.jp/assets/contents/node/basic_page/field_ref_resources/4fcf576b-fc90-4dfb-b02d-88cc1e8a41ac/83d42865/20220324_meeting_my_number_survey_04.pdf

＊6　内閣官房社会保障改革担当室「みんなで考えたい社会保障・税に関わる番号制度」2011年7月, http://www.horibemasao.org/kanbo2_20110730.pdf

＊7　マイナンバー制度については、費用対効果の問題もある。費用について、2021年3月に行われた204回国会衆議院内閣委員会13号において、菅元首相は、マイナンバー成立後9年間にかかっている費用の総額は約8800億円であると答弁している。他方、効果について、内閣官房は、年間で約4427億円の効果があるとしている（内閣官房番号制度推進室・内閣官房IT総合戦略室「マイナンバー制度活用における効果」2018年5月, https://www5.cao.go.jp/keizai-shimon/kaigi/special/reform/wg6/180510/pdf/shiryou7-3.pdf）。もっとも、これに対しては検証が不十分であるとの批判がある（東京新聞「費用対効果が悪すぎるマイナンバー制度事業…国は検証不十分」2022年2月, https://www.tokyo-np.co.jp/article/159937）。

4 個人情報の活用に向けた改正の時代——ビッグデータへの対応

4-1 ビッグデータの活用と個人情報保護法

2012年頃から、ビッグデータ解析技術の発展と普及により、ビッグデータに含まれる個人情報を活用したサービスが登場するようになった。ビッグデータに含まれる個人情報としては、大量のネット上の閲覧履歴、購買履歴、アプリケーションの利用履歴、書き込み内容や、現実空間における位置情報、移動履歴などの情報がある。このように、ビッグデータ技術を用いた新しい様々なサービスが開始したが、なかには社会的な批判を浴びて、サービスを中止せざるをえなかったものもある（そのような事件としては、たとえば、Suica 事件がある[8]）。当時のわが国では、ビッグデータに含まれる個人情報を活用したいという産業界と、プライバシー・個人情報の保護を重視する研究者、法実務家との間で意見の対立があり、個人情報を活用したいという要請と個人情報を保護すべきという要請をいかにして調和するのかということが問題となった。そこで、個人情報を保護しつつ、利活用することを可能にするためのルールを策定することが必要であると考えられるようになった（村上 2017：219-243）。このような仕組みとして、個人情報保護法に、匿名加工情報および仮名加工情報の制度が導入されることになった。前者は、2015年の個人情報保護法改正で導入され、後者は2020年の個人情報保護法改正で導入された。

4-2 匿名加工情報について

匿名加工情報については、2013年に政府に設置された「パーソナルデータに関する検討会」において、本格的な検討がなされた。そして、この検討会における議論を踏まえて、2015年の個人情報保護法改正によって導入されることになった。この匿名加工情報の制度の概要は、以下のようになっている。

匿名加工情報とは、「特定の個人を識別することができないように個人情報を加工して得られる個人に関する情報であって、当該個人情報を復元することができな

---

*8 Suica 事件とは、2013年に、JR 東日本が、Suica の乗降履歴に一定の匿名化措置を施した上で株式会社日立製作所に提供した事件である。同事件については、鈴木 2016：60 を参照。

いようにしたもの」（個人情報保護法2条6項）である。これは、それ単体で特定の個人を識別できないだけではなく、他の情報と照合することによって特定の個人を識別することもできない状態にした情報のことをいう。匿名加工情報は、個人情報に一定の匿名加工を施すことによって、個人情報に該当しない情報にしたものということになる。この匿名加工情報については、本人の同意なしに、目的外利用や第三者提供をすることが認められることになった。

　しかし、この匿名加工情報の制度については、個人情報の活用と保護のバランスに十分に留意する必要がある。個人情報の活用ばかりを重視するのではなく、個人情報の保護にも十分に配慮しなければならない。そこで、個人情報保護法の改正法は、匿名加工情報を作成する個人情報取扱事業者および匿名加工情報を受領した匿名加工情報取扱事業者に様々な義務を課している。まず、匿名加工情報を作成する個人情報取扱事業者については、個人情報保護委員会規則に従って加工する義務（個人情報保護法43条1項）、削除した情報および加工方法に関する情報の安全管理義務（同2項）、作成時における情報項目の公表義務（同3項）、第三者提供時における公表義務と明示義務（同4項）、匿名加工情報と他の情報との照合禁止義務（同5項）、匿名加工情報の適正な取扱いを確保するための努力義務（同6項）が課されている。また、匿名加工情報を受領した匿名加工情報取扱事業者については、第三者提供時における公表義務と明示義務（個人情報保護法44条）、識別行為禁止義務（個人情報保護法45条）、匿名加工情報の適正な取扱いを確保するための努力義務（個人情報保護法46条）が課されている。

　この匿名加工情報の制度において重要となるのは、匿名加工に関する基準である。これについては、「個人情報の保護に関する法律施行規則」の34条が定めている。同条は、匿名加工に関する基準として、以下の5つをあげている。①個人情報に含まれる特定の個人を識別することができる記述などの全部または一部の削除・置換え、②個人情報に含まれる個人識別符号の全部の削除・置換え、③個人情報と当該個人情報に措置を講じて得られる情報とを連結する符号の削除・置換え、④特異な記述などの削除・置換え、⑤個人情報に含まれる記述などと当該個人情報を含む個人情報データベースなどを構成する他の個人情報に含まれる記述などとの差異その他の当該個人情報データベースなどの性質を勘案し、その

結果を踏まえた適切な措置である。

4-3　仮名加工情報について

　このように匿名加工情報の制度が導入されたことについては、大きな意味があるが、この匿名加工情報については、加工に関するルールが厳格ないし複雑なため、あまり利用されていないといわれている（岡村 2022：409）。そこで、匿名加工情報よりも、緩やかな加工ですむものとして、仮名加工情報の制度が、2020 年の個人情報保護法改正で導入されることになった。

　仮名加工情報とは、「他の情報と照合しない限り特定の個人を識別することができないように個人情報を加工して得られる個人に関する情報」（個人情報保護法 2 条 5 項）である。仮名加工情報については、それ単体で特定の個人を識別できなくなっている必要があるが、他の情報と照合することによって特定の個人を識別できる状態になっていても構わない。この点が、匿名加工情報と異なるところである。もっとも、仮名加工情報を取扱う事業者は、当該仮名加工情報を他の情報と照合してはいけないことになっている（個人情報保護法 41 条 7 項）。仮名加工情報については、利用目的の変更が認められるほか、漏洩時の報告義務に関する規定（個人情報保護法 26 条）や、本人関与に関する規定（個人情報保護法 32 条～ 39 条）の適用が免除されることになっている。

　このように、匿名加工情報と仮名加工情報の制度が導入されたことは大きな意味を有する。しかし、匿名化や仮名化のための加工が不十分な場合などには、当該情報が再識別化され、特定個人と結びつく情報になってしまう恐れがある。そのため、今後、個人情報の活用と保護の調和という観点から、適切な解釈・運用がなされるかどうか、常に注視していく必要があるであろう。

5　個人情報保護法の官民一元化の時代――DX への対応

5-1　DX の意義について

　2020 年前後からわが国では、DX が大きな注目を浴びるようになっている。DX については、様々な定義があり、たとえば、経済産業省は、DX を次のように定義している。「企業がビジネス環境の激しい変化に対応し、データとデジタル技術を

活用して、顧客や社会のニーズを基に、製品やサービス、ビジネスモデルを変革するとともに、業務そのものや、組織、プロセス、企業文化・風土を変革し、競争上の優位性を確立すること」である[*9]。もっとも、これは、企業サイドからみた定義になってしまっているところがある。これに対して、本書第3部序説では、DX を「生活のすべての面での変化」、あるいは「アナログのものをデジタルにするだけでも、最新のデジタル技術を利用するだけでもなく、何かが抜本的に変化すること」というように定義している。このように、DX については、単に企業やビジネスをデジタル化するというだけではなく、それによって、人々の生活や社会に抜本的変化をもたらすということが重要である。

5-2　DX への対応と個人情報保護法の改正

　このように、わが国の政府や産業界は DX の実現を目指しているが、DX を実現するにあたって、従来の縦割りの制度がその障壁となってきた。このことは、個人情報保護法制においても、あてはまる。前述したように、従来の個人情報保護法制では、民間の事業者については個人情報保護法、行政機関については行政機関個人情報保護法、独立行政法人については独立行政法人個人情報保護法が適用されてきた。また、地方公共団体については、各自治体の個人情報保護条例が適用されてきた。各法律で個人情報の定義が異なるなど内容に違いがあり、また、適用対象によって所管官庁が異なるなど、制度に不均衡、不整合があったため、官民でデータ連携を推進していく際の障害となっていた（冨安・中田 2021：1-2）。

　たとえば、病院であれば、国立病院と公立病院と民間病院で適用される法が異なり、個人情報の定義も異なっていたため、各病院間におけるデータの連携に支障が生じていた。このことは医療の発展や国民の健康の増進にとって障害になっていたといえる。また、新型コロナウィルス感染症への対応についても、1700 個以上ある地方自治体ごとに異なる条例が適用されていたために、データ連携などにおいて様々な問題が生じていたのである（いわゆる個人情報保護法制 2000 個問題）。

　このようなことから、2019 年 12 月に、政府に個人情報保護法の見直しに関するタスクフォースが設置され、個人情報保護法制の一元化に向けた検討が進められ

＊9　経済産業省（2024）「デジタル・ガバナンスコード 3.0」2024 年 9 月, https://www.meti.go.jp/policy/it_policy/investment/dgc/dgc2.pdf

た。しかし、個人情報保護法制の一元化に対しては、批判的な意見もあった。その理由としては、首相がトップを務めるデジタル庁に個人情報が吸い上げられ、監視社会になるのではないか、各自治体が取り組んできた独自の個人情報保護制度が壊されるのではないかといったことがあげられた。

これに対して、政府は、改正法は個人情報の集積や監視社会の実現を目指すものではないこと、データを所管する行政機関がそれぞれアクセス権限を有するので、デジタル庁の職員がそれを見ることは不可能であること、各自治体の条例において、法律の枠内で独自の措置を定めることは可能であることなどの反論を行った。[10]

これらの議論を踏まえたうえで、2021年5月に、デジタル改革関連法が成立し、従来の個人情報保護3法は、官民一元化する方向で抜本的に改正されることになった。すなわち、行政機関個人情報保護法および独立行政法人等個人情報保護法を廃止し、個人情報保護法に一本化することにした。また、地方公共団体の個人情報保護についても、統合後の法律において、全国的に統一したルールを制定し、個人情報保護委員会が全国の自治体における個人情報保護を一元的に監督することにしたのである（冨安・中田 2021：1-2）。

これによって、民間部門と公的部門で個人情報の定義が統一化されるなど、様々なルールの統一化が行われた。民間部門と公的部門に適用されるルールが完全に統一化されたわけではない点には注意を要するが、DX時代に対応するために、制度の縦割りの障害がある程度は解消されたということができるであろう。

もっとも、様々な課題が残されている。まず、個人情報保護委員会の体制の問題がある。2021年改正によって、個人情報保護委員会の監督の対象は、個人情報取扱事業者だけではなく、行政機関、独立行政法人、地方公共団体というように、大幅に拡大されることになった。そのため、人員の増加など、相当な体制の強化をはかる必要があるであろう。また、個人情報保護委員会の監督権限についても問題が残されている。民間の個人情報取扱事業者に対しては、委員会による立入検査や命令が認められているのに対して、行政機関に対しては、勧告は認められているものの、立入検査や命令は認められていない。行政機関による不正を防止するために、個人情報保護委員会に立入検査や命令の権限を付与する必要

---

*10 東京新聞「束ね法案に拙速審議の批判、自治体の裁量制約も—デジタル関連法案」2021年3月、https://www.tokyo-np.co.jp/article/94589

があるであろう。

5-3　DX 時代における国際的なルールの調和

　DX 時代においては、個人情報の国境を越えた流通も重要となる。個人情報を保護しながら、国際的に流通させるためには、個人情報保護に関する各国のルールがある程度、統一していることが望ましい。国際的な視点からみた場合には、EU の GDPR（General Data Protection Regulation：一般データ保護規則）が強い影響力をもっている。EU の GDPR では、個人データを EU 域外の第三国に移転することが認められるのは、原則として、当該国が十分な水準の保護を確保している場合にかぎられる（GDPR44 条、45 条）。そのため、多くの国が EU の十分性認定を受けるために、EU の定める水準に適合した個人情報保護法制を整備するようになってきている。

　わが国も、GDPR の十分性認定を受けることを目指して、個人情報保護法の改正を行ってきたところがある。その結果、2021 年改正前の個人情報保護法（個人情報保護法のうち民間部門に関する規定）については、2019 年 1 月に、個人情報保護委員会が定めた補完的ルールが適用されることを条件として、十分性の認定を受けている。しかし、個人情報保護法のうち、公的部門に関する規定については、まだ十分性の認定を受けていないため、この点が今後の課題として残されている。

　また、GDPR と比較した場合に、わが国の個人情報保護法において、個人情報が十分に保護できていない点も残されている。GDPR には、いわゆるプロファイリングを規制する条文があるが（GDPR22 条）、わが国の個人情報保護法には、プロファイリングに関係する条文は存在するものの、プロファイリングを直接規制する明確な条文は存在しない。また、GDPR では、消去権（忘れられる権利）が幅広く認められているが（GDPR17 条）、わが国の個人情報保護法では、「利用停止等」（利用停止または消去）の制度は存在するものの（個人情報保護法 35 条）、認められる範囲は限定的である。これらについて、どのように対応するのかは、今後の課題である。

6 個人情報の活用と保護の適切な調和

　本章では、個人情報の活用と保護の2つの要請の調和のあり方について、新しい情報技術に対して個人情報保護法制がどのように対応してきたのかという点を意識してみてきた。これまでみてきたように、企業を中心とする産業界や、国の行政機関、地方公共団体などは個人情報を活用したいという要望を出してきた。これに対して、プライバシー・個人情報保護を専門とする法学者、弁護士、消費者保護団体などは、個人情報の保護を重視すべきであるという主張をしてきた。しかし、このどちらか一方のみを偏重するのは妥当ではない。個人情報の活用の要請と保護の要請の両方を踏まえつつ、この2つの要請について適切な調和をはかるということが重要である。[*11] また、個人情報の保護をしっかり行うことによって、消費者や国民の信頼を得ることが可能になり、むしろ、個人情報の活用が進むことになるという側面があることにも、留意する必要があるであろう。[*12]

　本章では、住基ネット、マイナンバー制度、ビッグデータ、DXにおける個人情報保護の問題を取り上げてきた。このように、新しい情報技術が登場すると、それによってプライバシー・個人情報保護に関わる問題が生じることが多い。その場合に、プライバシー・個人情報保護の問題やリスクを見て見ないふりをしたり、蓋をしてしまったりするのは適切ではない。むしろ、新しい情報技術によって、どのような問題やリスクが発生するのかを徹底的に洗い出し、その問題やリスクに対して、どのように対応するのかをしっかり検討するということが重要である。

【参考文献】

臺宏士（2002）『危ない住基ネット』緑風出版．

---

*11　個人情報保護法1条は、同法の目的について、「個人情報の有用性に配慮しつつ、個人の権利利益を保護することを目的とする」と定めており、「個人の権利利益の保護」のみを目的としているわけではない点に、注意する必要がある。

*12　カナダ・オンタリオ州のプライバシー・コミッショナーを長年にわたり務めたアン・カブキアンは、これをゼロサム・パラダイムからポジティブサム・パラダイムへという言葉で表現している（村上 2017：220）。

榎並利博（2003）『住基ネットで何が変わるのか』ぎょうせい．
實原隆志（2020）「マイナンバー制度と『自己情報コントロール権』」福岡大学法学論叢 64 巻 4 号, 2020 年 3 月, 803-844.
黒田充（2002）『「電子自治体」が暮らしと自治をこう変える』自治体研究者．
森信茂樹・河本敏夫（2012）『マイナンバー 社会保障・税番号制度─課題と展望』金融財政事情研究会．
森信茂樹・小林洋子（2011）『どうなる？どうする！共通番号』日本経済新聞出版社．
村上康二郎（2017）『現代情報社会におけるプライバシー・個人情報の保護』日本評論社．
小笠原みどり・白石孝（2012）『共通番号制なんていらない─監視社会への対抗と個人情報保護のために』航思社．
岡村久道（2015）『番号利用法─マイナンバー制度の実務』商事法務．
岡村久道（2021）『個人情報保護法の知識（第 5 版）』日本経済新聞出版．
岡村久道（2022）『個人情報保護法（第 4 版）』商事法務．
鈴木正朝（2016）「個人情報保護法のグローバル化への対応」ジュリスト 1489 号, 2016 年 2 月, 57-64.
田島泰彦・石村耕治・白石孝・水永誠二（編）（2012）『共通番号制度のカラクリ─マイナンバーで公平・公正な社会になるのか？』現代人文社．
田島泰彦・三宅弘（編）（2003）『解説＆批判 個人情報保護法─プライバシーと表現の自由を守るために』明石書店．
冨安泰一郎・中田響（編著）（2021）『一問一答・令和 3 年改正個人情報保護法』商事法務
宇賀克也（2021）『新・個人情報保護法の逐条解説』有斐閣．
薄井逸走・浅野宗玄（2003）『Q&A 住基ネットとプライバシー問題』中央経済社．

3-11 サイバーセキュリティ

Cybersecurity

林 紘一郎

1 情報セキュリティからサイバーセキュリティへ

　本章は、前シリーズにおける「情報セキュリティ」の章を引き継ぎ、大筋において連続性を維持しつつ、タイトルと時代区分を微修正した。

　この章で扱うセキュリティを表す語に、情報セキュリティとサイバーセキュリティがある。前者は紙に書かれた情報の保護や物理的セキュリティ（入退室管理など）も含む一方、後者はサイバー空間に重点をおきつつ、ネットワークや情報システムの信頼性への広がりをもつ。しかし両者には共通項も多く、互換的に使われることもある。

　2010年代を中心とする本書の対象期間中には、日米ともに主としてサイバー空間を中心に以下のような進展があったので、後者を採用した。

　(1)　米国においては、2010年頃に開始されたアトリビューション（attribution）の解明[*1]が、2010年代中葉に急速に進み、中国・北朝鮮・ロシアの実行者（または組織の指揮者）を（逮捕にまではいたらないが）刑事訴追したり、攻撃インフラを無効化できるまでになった。他方で「セキュリティの市場化」（セキュリティ・ソフトの売買はもとより、脆弱性情報、窃取された個人情報、ハッキング・ツールの市場など）が進展した。

　(2)　わが国においては、サイバー犯罪条約（Convention on Cybercrime）の

---

　*1　ここでは「サイバー攻撃の実行者（手口や目的を含む）を特定する」という意味で用いる。近年は、特定された行為者を公表することで抑止につなげる「パブリック・アトリビューション」も活用されている。

国内法化、特定秘密保護法（ともに 2013 年）、サイバーセキュリティ基本法（2014 年）[*2]などの体制が整備された。基本法により、セキュリティ政策の中核となる内閣官房情報セキュリティセンターが、内閣サイバーセキュリティセンター（英文名は両者とも NISC[*3]）に改組され、サイバーセキュリティ戦略本部（法 25 条以下）の事務局として、他の省庁等に資料の提供を求め勧告するなどの権限が強化された（法 32 条、33 条、28 条等）。

（3） 2021 年にデジタル・トランスフォーメーション（DX）の司令塔となるデジタル庁が発足し、システムのセキュリティ面が強化された。その後 2022 年に警察庁にサイバー警察局が設置されるなど、他の省庁においても体制の強化が図られた。

2　アトリビューションに関する時代の変化

前シリーズで観察した「サイバー・インシデントが時代とともに、より高度化・複雑化し、防御側は常に事後対応を迫られる」という現象と、その背後にある「違法行為には行為者の特定が必須だが、（とくに国境を越えた）サイバー攻撃の場合、それが難しい」（アトリビューション問題または「攻撃と防御の非対称性」）という事情は継続している。筆者も、以下の諸点において攻撃者が優位であることを、直感的（できれば視覚的）に理解していただくよう努めてきた（林・田川 2018[*4]）。

（1）　実行者と行為の隠密性（または時間稼ぎ）：攻撃側は実行者や侵入の事実を隠す手段があり、防御側は攻撃に気づかないか、行為者の特定と原因の究明に時間がかかる。

（2）　攻撃手段の整備と攻撃の成否：攻撃がビジネス化され、違法ツールを使ったゲリラ的攻撃でも金儲けができ、成功とみなされる。防御側は合法の範囲で対応するしかなく、全面防御できなければ失敗とみなされがち。

---

* ＊2　同法は、わが国で初めてサイバーセキュリティの定義規定を置いている（2 条）。
* ＊3　2000 年に設置された内閣官房情報セキュリティ対策推進室が 2005 年に改組されたもの。発足当初から英文では National Information Security Center として内外に知られていたが、サイバーセキュリティ基本法制定後は National center of Incident readiness and Strategy for Cybersecurity とされる。
* ＊4　この説明は実務的な現象の理解には現在も有効であるが、「なぜセキュリティが難しいのか」という根源的問題に関心がある向きは、経済学・心理学などにも目配りした Anderson (2001) を参照されたい。

(3) 費用と便益・サンクションの有効性：攻撃側は低コストで大きな利益（社会的影響を含む）が得られ、検知されるような低レベルの実行者には賠償能力がない。防御側は（reputation risk も含めて）大きなコスト負担を強いられ、刑事訴追も民事訴訟も困難。

(4) 人材と国際協力：攻撃には多数のボランティアと予備軍が参加し、緩やかな国際連携を達成（犯罪集団アノニマスが好例）。わが国の場合、防御側は採用後ローテーション人事でセキュリティを担当するため、国内対応が中心で一部の国際連携にとどまる。

(5) 国家の関与と取りうる手段：攻撃では（一部国家による）違法行為の黙認あるいは支援。防御側のインフラは民営が多く、政府が主体の防御も対抗手段は国際秩序を遵守。

(6) 利用できるコンピュータ資源：攻撃側は（方式によっては）膨大な分散計算資源を活用できるが、防御側は(セキュアな環境下の) 有限資源しか使えない。

非対称性は、インターネットが「善意の研究者同士の通信手段」として誕生し、異種コンピュータ間の相互接続を急いだことに由来する（スチュワート 2022）。サイバーセキュリティの歴史は一貫して、先進諸国による劣位挽回努力の軌跡であるが、2010年代には顕著な進歩があったので、時代区分に以下の微修正を加えることにした。

(a) 旧版の第1期（1995年〜1999年）は、名称だけ「重要インフラ防護概念の確立期」から「重要インフラを中心とするシステムの脆弱性対応期」に変える。

(b) 第2期（2000年〜2008年）は 2009年までとし、名称を「危機の拡大期」から「サイバー犯罪・サイバー攻撃対応期」に変える。

(c) 第3期（2009年以降）を 2010年〜2021年とし、名称を「サイバー戦争期」から「組織的攻撃対応期」に変える。[*5]

[*5] 国際法上の検討が進み、kinetic でない攻撃を「サイバー戦争」と呼ぶのは回避されるようになったことに配慮した（Schmitt 2017 参照）。なお「ハイブリッド戦」に関しては、本章末尾の記述を参照。

3 新しい時代区分によるそれぞれの時代の特徴

新時代区分における特徴的な点を、構成要素別にまとめ直すと、表1のようになる。

表1 新時代区分ごとの特徴

時代区分 要素	重要インフラを中心とするシステムの脆弱性対応期 (1995年～1999年)	サイバー犯罪・サイバー攻撃対応期 (2000年～2009年)	組織的攻撃対応期 (2010年～2021年)
攻撃者と目的	高度な技量を見せびらかしたいクラッカー	金銭目的あるいは信用失墜狙いの個人	国家やテロ組織などを含む組織的集団
アトリビューション	ほとんど不可能	依然として不可能または著しく困難	一部高度なインテリジェンス機関をもつ諸国が総力を挙げて解明。2014年以降は行為者を訴追
対抗措置	自力救済は禁止。下欄の刑罰も限定的	自力救済は禁止。下欄の刑罰も国際的には効果なし	攻撃の無効化やbotnetのtakedownなどを実施。一部高度な技術をもつ組織が、正当防衛的対抗措置であるActive Cyber Defense(ACD)を実施*
法的根拠	コンピュータ使用詐欺罪や電磁的記録に関する罪など限定的（1987年刑法改正）。国際法は不在	不正アクセス禁止法（2000年施行）のような国内法のみで、国際法は未整備	国内法ではサイバーセキュリティ基本法などの、国際法ではサイバー犯罪条約が整備された（わが国では2012年発効。ただし、ロシア・中国等が批准せず）
セキュリティ管理システムと目的	境界防御。民間主体のISMS (ISO/IEC 27000 Series)による第三者認証	同左	境界防御＋ゼロ・トラスト。ISMSよりも厳格なNIST SP-800 Series。サプライ・チェーン全体の管理も
時代の一般的特徴	過失によるインシデント（情報漏えいなど）が圧倒的	過失から攻撃へと変化	民主主義国家はTallinn Manual (2013年、同2.0=2017年) の考えを共有

＊「国家安全保障戦略」では「能動的サイバー防御」とよんでいるが、本章は主として非軍事面を論ずるので「積極的サイバー防御」を使用する。① 相手国内のサーバーなどに侵入して活動を監視し発信源を特定するのが主だが、時には ② 発信の停止や、③ データの消去・サー

バーの破壊なども含んで使われるが、以下の限界を意識している点に留意されたい。① Lee（2015）の古典的分類である Architecture -Passive Defense -Active Defense- Intelligence- Offense の5分類（記載順にコストは逓増し、費用対効果は逓減する）に準拠し、あくまでも防御の1形態と考える、② この分類法は「武力の行使」を禁ずる現行国際法の理解に役立ち、タリン・マニュアルの基本的立場とも符合する、③ したがって検討課題は、「武力の行使」未満のサイバー攻撃を受けた場合に、被害国がどのような「対抗措置」を取りうるかに絞られる（タリン・マニュアルの規則20〜30など）。あわせて、茂田・江崎（2024）を参照。

4　プレイヤーの多元性と人材育成

　攻撃側のプレイヤーは、自己顕示欲の強い個人から、次第に組織の一員としての攻撃者に変化しているが、その数はさほど多くない。他方攻撃を受ける側は、業務のほとんどが何らかの形でITに依存している以上、あらゆる個人と組織が被害者（＝防御側）になりうる。

　この現象が意味するものは、想像以上に大きい。たとえば基本法の制定によって、NISCが「調整機関」から「司令塔」に格上げされたとの評価もあるが[*6]、あらゆるセキュリティ案件がNISCの目の届く範囲にあると考えると、実態と乖離してしまう。中央省庁にかぎっても、総務省（地方自治体や電気通信事業を所管）・経済産業省（電気事業のほか産業一般を所管）・警察庁（犯罪捜査を所管）・外務省（外交関係を所管）・防衛省（国防を所管）[*7]の5省庁を中心にした協力体制なしでは仕事が回らない。また、その他の官庁も無関係でいられない[*8]。

　このうち非軍事分野の細部の機能をみていくと、情報の共有ではNISC内のサイバーセキュリティ協議会（基本法17条）と業界別のISAC（Information Sharing and Analysis Center）が中心的役割を担う。セキュリティ技術の開発では、総務省系のNICT（National Institute of Information and Communica-

---

[*6]　もっともわが国の場合、セキュリティ管理とインテリジェンスや国防機能の結びつきが弱いので（たとえば、重要インフラが攻撃を受けた際に、自衛隊が防衛出動することは想定されていない）、National CERT(Computer Emergency Response Team)の設立など、さらなる機能強化が求められている。

[*7]　ここではサイバーセキュリティ戦略本部員を経験した筆者の肌感覚で、サイバーセキュリティとの関連度の順に省庁を並べており、いわゆる建制順とは違ったものになっている。

[*8]　たとえば社会保険庁から個人情報が窃取された事案では、厚生労働省がインシデント対応と事後対策の中心になった。

tions Technology) と、経産省系の IPA（Information-technology Promotion Agency）の役割が大きい。

インシデント発生時の対応では、政府関連は NISC の GSOC（Government Security Operation Coordination team）が、民間部門は JPCERT/CC（Japan Computer Emergency Response Team/Coordination Center）が窓口になるほか、犯罪・違法情報（自殺誘引情報を含む）の場合には JC3（Japan Cyber Crime Control Center）、IHC（Internet Hotline Center）の知見も重要である。マルウェアなど脆弱性情報の届け出では IPA などが重層的に協力しており、セキュリティ・ベンダー・IT 企業や個人ボランティアが、組織横断的な「セキュリティ・コミュニティ」として、独自のサポートを展開している。

これを人材の面からみると、超トップ・クラスから中級レベル、初歩レベルまで、あらゆるレベルのセキュリティ技術者のほか、ユーザ自身のリテラシーが必要とされている。この点に対応して、セキュリティ経済学を唱道するグループ[*9]は、「システムの信頼性を、best shot、weakest link、total effort の 3 つの面から分析する」という枠組みを設定している（代表的論考として Varian(2004)）。

この 3 分法は「公共財の私的供給」を分析する枠組みとして提案されたもの（Shleifer1983）であるが、サイバーセキュリティは、2010 年代には、国際公共財になっている。そこで提案者の意図とはやや離れるが、best shot はトップ・レベルのセキュリティ・スペシャリストがいなければ高度化・複雑化した攻撃に対応できないことを、weakest link はあらゆるものがインターネットにつながっている状況では最も脆弱な部分を補強する必要性を、total effort は全員参加で底上げすることが必須であることを示しているととらえ直せば、筆者の現場感覚と符合する。この点については、6 節で「分類 2」（脆弱性あるいは人材育成軸）として再度議論する。

＊9　WEIS(Workshop on the Economics of Information Security) という年次会合を開催しているグループ。中心人物のヴァリアン（UC Berkeley 教授を経て Google のチーフ・エコノミスト）とアンダーソン（Cambridge 大学コンピュータ科学教授）の出会いについては、スチュアート (2022) を参照。

5　組織的攻撃対応期（2010年〜2021年）における主なイベント

　2010年〜2021年に発生したセキュリティ関連イベントを、1年に最大4件を目途に時系列的にまとめたのが、表2である。日々新たなイベントが生じ膨大な量になるので、以下の諸点から軽重を判断して、主要な事例を漏らさないよう選択した。[*10]

　ⓐ社会的影響の大きさ（情報漏洩ならその件数、インフラ攻撃なら影響度など）、ⓑ新規性（新しい攻撃手法であれば初出を記録し、以下は省略）、ⓒわが国における実害の発生が原則（ただし他国の事例でも、早期にわが国にも発生しうると思われるものなどは掲載）、ⓓ主な法の制定・改正等も含む、ⓔIPAが毎年発表している「10大脅威」や、警察法の「重大サイバー事案」に該当するかどうかも尺度に、ⓕ外国の事例については、スチュワート（2022）とデイヴィス（2022）も参照。[*11]

表2　2010年〜2021年における主なセキュリティ・イベント
*イベント欄のD-Bなどの符号については、次節における分類1と2を参照。

暦年	イベント	概要	技術史的特徴
2010	1月 オーロラ作戦に対する対抗措置　D-B	Googleをはじめ数十社へのAPT(APT=Advanced Persistent Threat)攻撃（オーロラ作戦）に関して、実行者が中国人民解放軍関連の特定グループだと同定し、C&Cサーバーのtakedownなどの対抗手段を実施	政府の関与を明確にした最初の事例。2007年5月のエストニアへの攻撃までは、政府ではなく愛国者個人の行為だとする見方を払拭できなかった。なお、APTの語は2006年ごろから
	9月 イランの核施設に対するStuxnet攻撃　O-B	イランのナタンズにある核燃料施設のウラン濃縮用遠心分離機がサイバー攻撃により機能不全に。核開発計画に遅れ	インターネットに接続していない制御システムに、USBでマルウェア感染させた最初の例。米国とイスラエルの関与が疑われる

[*10] イベントの選定にあたっては、第3部共同編集者の前川徹氏のほか、影井良貴氏（元NTT）、佐々木勇人氏（JPCERT/CC）に貴重な助言をいただいたことに感謝する。

[*11] 2022年の警察庁サイバー警察局の発足と同時に、広域組織犯罪等として国家公安委員会が直接管理する事案にサイバー犯罪の一部が追加された際の定義規定（5条4項6号ハ、同項16号、61条の3など）。

2011	4月 Anonymous を名乗る集団が、Sony に宣戦布告してDDoS攻撃 O-W	インターネット配信サービス「プレイステーション・ネットワーク (PSN)」が断続的に接続不能。名前、住所、メールアドレスなど、別の米国法人も含めたグループ全体で1億件超の個人情報が流出	大企業をターゲットにした標的型攻撃が流行する兆し（ただしDDoS攻撃自体は2006年以降常に IPA 10大脅威に登場）	
	5月 米防衛産業のロッキード・マーチンがサイバー攻撃を受ける O-T	情報システムネットワークが大規模で執拗な攻撃を受けたと発表。攻撃の詳細については公表していないが、右欄との関係が疑われている	これに先立ち、米 RSA の2要素認証製品「SecurID」の脆弱性が攻撃されたとの報がある	
	7月 ウイルス作成罪（不正指令電磁的記録作成罪）などを含む刑法等改正法施行 I-W	コンピュータウイルスの作成や提供、供用、取得、保管を罰する。情報処理の高度化等に対処するための刑法等の一部を改正する法律（2011年法74号）による	これによりサイバー犯罪条約の求める国内法が整備されたとして、わが国も受諾書を寄託し、2012年11月1日から日本国についても同条約が効力発生	
	9月 三菱重工業がサイバー攻撃を受ける O-T	社内の83台のサーバーやパソコンがコンピュータウイルスに感染し、情報漏洩の危険性が判明したと発表。潜水艦や原子力発電プラント、ミサイルなどの研究・製造拠点計11か所でウイルス感染が確認された	2013年12月サーバーが中国在住の女性名義で契約されていたこと、ウイルスのプログラムの一部に中国語が使われていたことが判明したが、発信元の特定にはいたらず立件を断念	
2012	3月 技術研究組合制御システムセキュリティセンターの設立 I-T	発電やガスプラントなど、重要インフラの制御システムのセキュリティ確保を目的に	制御系システムのセキュリティ対策に取り組む最初の試み	
	6月 スマートフォン（特にAndroid）に対する攻撃が激化 O-T	IPAの10大脅威の同率第3位に「スマートフォンおよびそのアプリを狙った攻撃」が登場。以後連続して worst 10 入り	アンドロイドが攻撃されやすい理由。① Apple の iOS と異なりオープンソースのため、誰でもコードを書き換えられる。②世界的に見て市場シェアが大きい	

3-11 サイバーセキュリティ

年	月・事項	内容	備考
2013	6月 エドワード・スノーデン、米国の大規模諜報計画を暴露 A-	米国家安全保障庁 (NSA) がテロ対策として極秘に大量の個人情報を収集していたことを、元NSA外部契約社員のエドワード・スノーデン容疑者が暴露した	スノーデンは security clearance を受け、一部システム管理者の権限も有していた。漏えいのうち最も規模の大きいシステムは PRISM と UPSTREAM
	12月 特定秘密保護法制定 I-B	安全保障等に関する情報のうち、とくに秘匿が必要なものを「特定秘密」と指定し、取扱者の適性評価の実施や漏えいした場合の罰則などを定めた	施行は 2014 年
2014	5月 米司法省、中国人民解放軍の「61398部隊」の将校5人を訴追 D-B	米国の原子力、金属、太陽光発電業界のコンピュータへの不正侵入により経済スパイ行為を働いた罪で	アトリビューションを経て刑事訴追にまでいたった最初の事例。しかし逮捕にはいたっていない
	7月 通信教育の大手企業から3500万件の個人情報が流出 O-W	通信教育の最大手ベネッセコーポレーションの個人情報流出事件。流出した顧客情報は最大で3504万件に及ぶ。一部は名簿業者に流れ、同業他社が購入していた	警視庁は、グループ企業に勤務していた派遣社員のエンジニアを逮捕。犯人はベネッセのデータベースシステムを管理し、顧客情報にアクセスする権限があった
	11月 サイバーセキュリティ基本法の成立 I-T	サイバーセキュリティに関する施策を総合的かつ効率的に推進するため、基本理念、国の責務等を明らかにし、サイバーセキュリティ戦略の策定などの基本となる事項を規定。サイバーセキュリティ戦略本部 (NISC) の設置根拠法でもある	NISC は、2000 年の内閣官房「情報セキュリティ対策推進室」、2005 年の内閣官房「情報セキュリティセンター (NISC)」＋IT戦略本部の下に設置された「情報セキュリティ政策会議」を経て、先進国並みに
	11月 ソニー・ピクチャーズ・エンタテインメント (SPE) へのハッキング事件 O-B	北朝鮮の金正恩第1書記の暗殺を題材にしたコメディー映画「ザ・インタビュー」を作成したSPEにサイバー攻撃。ハッキング画面には、「要求に応じなければ盗んだSPEの内部データを世界に公開する」と記載	ハッカー側が映画館にテロ予告をしたため12月上映中止。オバマ大統領は、北朝鮮の犯行であり対抗措置を講じる旨表明し、「中止の判断は誤り」と批判。なお実行者の Park については、2017年5月の WannaCry の欄を参照

2015	6月 日本年金機構から標的型攻撃によって約125万件の個人情報が漏洩 O-T	「年金加入者の氏名と基礎年金番号」がおよそ3万1000件、「氏名と基礎年金番号、生年月日」がおよそ116万7000件、「氏名と基礎年金番号、生年月日、それに住所」がおよそ5万2000件だという	職員が偽装されたメールにあったURLをクリックして、ファイルをダウンロードした結果ウイルスに感染した可能性が高い。次欄の米国への攻撃とは別のキャンペーンとみられる
	7月 米連邦政府人事管理局（OPM：Office of Personnel Management）、サイバー攻撃で約2000万人の個人情報流出 O-T	現職員と元職員、採用候補者および契約者のうち、対象者1970万人分と、その配偶者や同居者180万人分の個人情報が流出。社会保障番号のほか、110万人分の指紋も盗まれ、申告書に記載されたユーザ名やパスワードも不正アクセスを受けた	security clearance情報も含まれていることから、周到に準備された攻撃と考えるのが妥当と思われる
	12月 日本で標的型ランサムウェア被害が出はじめる I-T	「身代金要求ウイルス」とも呼ばれるランサムウェアが、スパムメールを個人に送り付ける「ばらまき型ランサムウェア」を経て、2015年以降は「標的型ランサムウェア」に変化し、公共施設等を狙う攻撃が増えて注目された	Ransomware自体は1989年には存在したが、2015年以降次第に変質を遂げ、データを暗号化するだけでなく、「データの公開」や「競合他社への漏洩」などを餌に脅迫するようになった
	12月 2回にわたるウクライナでの大規模停電事故 O-B	ウクライナ（首都キーウは2回とも、ほか2都市は2回目のみ）で発生した電力会社へのサイバー攻撃による大規模停電。2回目は、発生から復旧までに最大6時間を要し、22万5000人の顧客に影響を与えた	民生用制御システムに対するサイバー攻撃としては最初の例。今日時点で振り返れば、ロシアのウクライナ侵攻の予兆であった可能性が高い

2016	2月 バングラデシュ中央銀行がSWIFTにアクセスする認証情報を窃取され、1億米ドルの不正送金の被害を受ける　O-B	クラッカーは同中銀のセキュリティ対策・内部不正対策をすり抜け、正規の認証情報を利用して国際銀行間通信協会システム(SWIFT=Society for Worldwide Interbank Financial Telecommunication)に不正にアクセスし、中継口座を開設することにより金融犯罪検知システムも回避。ベトナムやエクアドルの中央銀行も被害にあったことから、広範なキャンペーンの一環と推測される	ニューヨーク連邦準備銀行にある中銀の口座に35回の偽の送金指示(約10億米ドル)。大半の指示をブロックするも、合計5件(1億米ドル)がすり抜け、うち8100万米ドルがフィリッピンのカジノで資金洗浄。中銀はRICO(Racketeer Influenced and Corrupt Organizations Act of 1970：威力脅迫および腐敗組織に関する連邦法)上の請求を開始。なお、2017年5月のWannaCryの欄を参照
	春ごろ ロシアによる米国大統領選挙への大規模な介入　A-	民主党全国委員会のサイトからの情報窃取、それを利用した真偽両情報の拡散、世論操作などによりヒラリー・クリントン候補に不利な状況を創出する試み。EUでも同様の懸念が拡大	選挙制度の違い等により、わが国に直接飛び火してはいないが、民主主義の根幹を揺るがす恐れがある。米国では「選挙制度」が「重要インフラ」のひとつになっている
	9月 Miraiによる攻撃　O-T	感染させたIoT機器(ウェブ・カメラなど)で構成されたbotnetによるDDoS攻撃	IoT機器を大規模に動員した初めての攻撃
	2016～2017 宇宙航空研究開発機構(JAXA)など国内約200の研究機関や企業に対するサイバー攻撃　O-B	一連の攻撃は中国関連のハッカー集団「Tick(ティック)」が、中国人民解放軍の指揮下で実施したとみられる。他国機関による日本国内への大規模サイバー攻撃が捜査で明らかになるのは異例。2011年9月の三菱重工業事件が含まれているかは不明	2021年4月 使用された国内サーバーを偽名で契約したとして、警視庁は、私電磁的記録不正作出・同供用容疑で、中国国営の大手情報通信企業に勤務するシステムエンジニアで、中国共産党員の中国籍の30代男を書類送検

2017	2月『サイバー行動に適用される国際法に関するタリン・マニュアル2.0』公刊　I-T	タリンに設立されたNATOのCCD-COEにボランティアで集まった国際法の専門家による規則集で、有事・平時を問わずサイバー行動に適用可能な154の規則を収録	CCD-COE=Cooperative Cyber Defense Centre of Excellence。ただし第1版（2013年3月）と同様、既存の規則を集大成したもので新たな規則の制定ではない
	2月 中国からのサイバー攻撃への懸念が高まる　O-B	米国からは約3年遅れで、わが国でも中国のサイバー攻撃への懸念が公然と語られるようになった	一例として、「中国のサイバー攻撃の実態」（LAC社執筆、防衛基盤整備協会資料）
	5月 IPA、JPCERT/CC ランサムウェア WannaCry に関する注意喚起　O-T	3月 Microsoft 製品に関する脆弱性の修正プログラムの脆弱性が悪用され、感染した場合は端末のファイルが暗号化され、復号のために金銭を要求する日本語のメッセージが表示される	2018年9月米司法省は北朝鮮国籍のPark Jin HyokをSPEへの攻撃、バングラデシュ中央銀行詐取事件と合わせて起訴
	6月 NotPetya によるウクライナへの攻撃　O-T	ランサムウェアの一種だが、被害者が身代金を支払っても復号化できない。GRU74455部隊の本来の役割、ウクライナに焦点を当てた感染経路、金銭目的とは思えないマルウェア設計、ウクライナとロシアの政治状況を踏まえると、破壊活動（の実験）か威力偵察の類と考えるべき	2018年2月英米両政府が、攻撃者としてロシア連邦軍参謀本部情報総局（GRU）の関係者を刑事訴追した旨発表。今日時点で振り返れば、2015年12月の停電とともに、ロシアの「予行演習」であった可能性が高いと思われる

2018	1月 暗号資産の大手交換会社「コインチェック」から秘密鍵が漏えいし、仮想通貨の「NEM」が流出　O-B	仮想通貨およそ580億円相当が、外部からの不正なアクセスを受けて流出し、その後匿名性の高い闇サイトで通常より15%安い価格での交換がよびかけられた	2021年1月警視庁は不正に流出したと知りながら別の暗号資産との交換に応じたとして、医師や会社役員など合わせて31人を、組織犯罪処罰法違反の疑いで検挙。流出そのものに関わった人物の特定にはいたっていない	
	6月 Facebook（FB）の機能テスト中のバグで投稿を「全員に公開」され、同9月～10月には個人情報が流出　A-	前者では1400万人が意図せず投稿を「全員に公開」され、後者で流出した情報は約2900万人分で、利用者の電話番号やFBのID、氏名、所在地、生年月日、自己紹介などが流出。一部には電子メールアドレスも含まれている	2021年4月 米ニュースサイト「インサイダー」によれば、利用者の個人情報5億3300万人分が流出した可能性があるが、同社は2019年9月の事件後対策を講じたので、利用者には通知しないとのこと	
	9月 米国家情報長官室（ODNI：Office of Director of National Intelligence）A Guide to Cyber Attributionを公表　D-T	アトリビューションの解明には、インテリジェンスの経験知・使われたインフラ・同マルウェア・意図・外部情報源が必要であり、信頼度は高・中・低の3レベルで評価される	わずか4ページのメモとはいえ、ODNIが2017年3・5・6・12の4つの事件の責任者を含めた情報を開示したことは、米国の自信を示し、抑止効果を狙ったものと思われる	
2019	2月 NOTICE（National Operation Toward IoT Clean Environment）の運用開始　D-W	総務省、NICT、インターネットプロバイダが連携し、サイバー攻撃に悪用されるおそれのあるIoT機器の脆弱性調査と、当該機器の利用者への注意喚起を行う	NICT法の改正により「通信の秘密」を侵害しない「正当行為」であることを明記。5年間の時限立法	
	4月 サイバーセキュリティ協議会設立　I-T	国の行政機関、重要インフラ事業者、サイバー関連事業者等が連携し、サイバーセキュリティ関連情報を迅速に共有しサイバー攻撃による被害を予防し、被害の拡大を防ぐため	サイバーセキュリティ基本法に罰則付き守秘義務を定めるなど、情報保全に配慮した情報共有制度	
	9月 インターネットバンキング関連被害が急増　O-T	警察庁が、偽サイト（フィッシングサイト）による不正送金被害が急増していると注意喚起	以降2021年まで連続してIPA10大脅威のworst10入り	

	1月～12月 クレジットカード不正利用被害額が過去最高に　O-T	(一社)日本クレジット協会の調査によると、全体で274億円、うち偽造カードによるものが6.5%、番号盗用被害額が81.4%、その他12.1%となっている	以降2021年まで連続してIPA10大脅威のworst 5入り(2019年は第1位)	
2020	1月 三菱電機や重要インフラ事業者がサイバー攻撃を受け、防衛装備品関連の情報も流出　O-B	自社の情報に加え、防衛省、環境省、内閣府、原子力規制委員会、資源エネルギー庁など10を超える官公庁や政府機関、電力、通信、JR・私鉄、自動車の大手を中心に、数十社の国内外の民間企業が不正アクセスを受け、その一部が外部に流出	その後の調査で、攻撃は前年3月から発生。また三菱電機以外に、NEC、神戸製鋼、パスコなど防衛関連の複数社が被害にあったが、相互に独立した事象と思われる	
	2月 米司法省、中国人民解放軍のメンバー4人を訴追　D-B	2017年に米消費者信用調査会社エキファックスがハッカー攻撃を受けた事件(米市民、約1億4500万人の個人情報が流出)	法人情報もあり、史上最大の漏えい事件との評価も。4人は人民解放軍第54研究所所属	
	12月「経済安全保障一括促進法」が成立　I-T	「戦略的自律性」「戦略的不可欠性」の確保・獲得を目指し、国際秩序の形成を主導する目的で	施行は一部を除き2023年4月1日から	
	12月 米国のセキュリティ企業Solar Windsを介したサプライ・チェーン攻撃(SCA)　O-W	同社の製品「Orion」は企業のネットワークやサーバーなどを遠隔で一括管理できる製品でトップ・シェア。攻撃者は更新プログラムにマルウェアを仕込み、政府機関やユーザ企業を感染させて、内部情報などを窃取	わが国ではSCAは有体物の部品供給・販売過程への介入と誤解されがちだが、本件は更新プログラムのオンライン配信への攻撃という典型的な事例であり、1年近く発見されなかった	
2021	1月「EMOTET」ボットネットをテイクダウン　D-B	欧州刑事警察機構(EUROPOL: European Police Offic)と欧州司法機構(EUROJUST: European Union Agency for Criminal Justice Cooperation)の調整の下、合わせて8か国の法執行機関などが共同してテイクダウンを実施	2014年に登場し、日本を含め世界的に大きな被害を与えてきたボットネットだが、その後復活	

3-11 サイバーセキュリティ

	3月 LINE社の個人情報の取扱いに懸念 A-	LINE利用規約において、「利用者の居住国と同等のデータ保護法制を持たない第三国に個人情報を移転することがある」と説明するも国名までは明記していなかった。利用規約に国名明記がなく管理不備があったとして報じられた点は、右欄のとおり。	ⓐ開発業務を担当していた中国関連企業スタッフによる国内利用者データへのアクセス、ⓑタイムライン等のモニタリング業務委託先から中国企業への再委託、ⓒすべての画像、動画を韓国NAVERのデータセンターで保管。韓国関連企業がアクセス権を保有
	5月米最大級の石油パイプライン、サイバー攻撃で一時停止。わが国でもランサムウェアの警察への相談が増える O-B	米石油パイプライン大手コロニアル・パイプラインは6日、サイバー攻撃を受け、翌7日ランサムウェア（身代金ウイルス）によるため、予防的措置として全パイプラインの稼働を停止。12日以降逐次稼働を再開し、15日までにシステム全体の復旧を確認	Darksideという集団が実行したが、「重要インフラに手を出すな」というオーナーの意に反したため途中で店じまい。①重要インフラ事業者としては初の被害、②IT部門が把握していないVPNからの侵入、③身代金（440万ドル相当のビットコイン）を支払うもFBIが230万ドル（大幅下落もありほぼ大半）を回収、④復旧自体はバックアップ・システムで行った、などの特徴がある
	7月～9月 東京オリンピック・パラリンピックが無事終了 A-	大会終了後組織委員会から、期間中4.5億回のサイバー攻撃があったが、業務に支障はなく無事終了したとの発表があった	コロナウィルスの蔓延により1年延期となったが、なお無観客で開催するなどの異例の対応を迫られた

6 評価と展望

　前節で検討したイベントは合計41件あるが、トレンドを見出すに十分とはいえない。またイベントは前掲の基準で選別したものの、恣意を完全には排除できないし、分類・報告する際の標準手続きも定まっていない。対策は「対症療法」にとどまっており、サイバーセキュリティには「反証可能性」が乏しいため、科学的分析の域には程遠い（スチュアート2022）。そこでかぎられたデータから、最低限いえることをみつけてみよう。

　まず時系列として、各年ごとに何件のイベントが取り上げられたかをみると、2014

年〜2017年はすべて上限の4件と高原状態にある。これは2010年代にはじまったアトリビューションの解明が中葉に効果を発揮しはじめる一方、セキュリティの市場化も進んだという、1節の記述と整合的である。

次に各イベントを分類1（内容軸）、すなわち攻撃（Offense = O、内部不正を含む）、防御（Defense = D、対抗措置を含む）、制度化（Institution = I、法律や制度の新設・改廃）、事件（Affaire = A、以上のほか社会に影響を与えた事案）の4区分と、5節で述べた分類2（脆弱性あるいは人材育成軸）、すなわちBest Shot=B、Weakest Link=W、Total Effort = T、の3区分のマトリクスで示すと、表3.のようになる。ただし、分類1のAは分類2における区分と直結しないため集計から除外したので、合計は36件となる。

表3　表2のイベントの分類

分類2　分類1*	B=Best Shot	W=Weakest Link	T=Total Effort	合計
O = Offense	9	3	10	22
D=Defense	4	1	1	6
I=Institution	1	1	6	8
合計	14	5	17	36

＊分類1におけるA=Affaireの5件は、集計から除外。

まず分類1の面からみると、攻撃(O)が22件に対して防御(D)は6件と著しく少なく、攻撃者優位の状況を呈しているが、制度化(I)の具体的内容を調べてみると、ほとんどが劣位にある防御側の情報共有などの施策で、防御側に合算すべきかもしれない。しかし仮に合算しても、O対(D + I)は22 :14 ≒ 3:2程度にとどまるので、なおいっそうのIが必要とされるのか、あるいはIの拡大とともにDが次第に伸びていくのか、注視していきたい。

次に分類2の面からみると、Weakest Linkの件数が少ないが、これは脆弱性が隠れたままであることに起因すると思われる。Miraiウィルスの項にあるIoT（Internet of Things）機器の脆弱性がその代表例で、「調べてみればパスワードが初期設定のまま」などの状況が一般化している。サイバー攻撃の高度化にともなって、こうした状態は継続的に顕在化していくであろう。一方、Total Effortがかなり多かったのは、予想外であった。'Security for All'の掛け声が効果を発揮したとの見方も成り立つが、Best Shotの発揮頻度が少なかったことの裏返しでもあるとすれば、

3-11 サイバーセキュリティ

人材育成の見直しなどが必要であろう。

ところで本章の記述は2021年で終わっているので、その後の展開等について2点だけ触れておこう。まず取り上げたイベントは顕在化したものに限定しているので、準備段階のものは除外されている。しかし、5G（第4章参照）のような性能・構造面の変化が大きく開発・導入に時間がかかるシステムでは、開発段階からセキュリティの検討が行われており[*12]、それらはシステムの展開にともない何らかのイベントが顕在化した段階で再評価されるだろう。

また2022年2月末に発生したロシアによるウクライナ軍事侵攻は、含まれていない。同事件は、国連の安全保障理事会常任理事国という「国際秩序を維持する責任を負った大国」による秩序破壊、という暴挙であることを忘れてはならない。と同時に、サイバーセキュリティの観点からは、実空間とサイバー空間の融合（国際法で禁止されている「武力の行使」がサイバー空間にも及ぶのか）、インテリジェンス活動の許容範囲など、従来何らかの境界線が設けられていた諸活動の区分を「ハイブリッド戦」の名の下に曖昧にしてしまったため、安全保障のための新しい枠組みが必要になっている[*13][*14]（インテリジェンス活動の在り方に関しては茂田（2022）と茂田・江崎（2024）を、サイバー対策との関連については林・田川（2018）（2020）などを参照）。

【参考文献】

（※ URL 閲覧日は 2025 年 3 月 6 日である）

* *12　具体的な動きとして、第5世代モバイル推進フォーラム（https://5gmf.jp/）による「5G ユースケースにおけるセキュリティ」検討などがある。
* *13　ハイブリッド戦の定義は定まっていないが、「政治的目的を達成するため、軍事的手段その他の様々な手段を組み合わせた現状変更の手法」が一般的であろう。軍隊同士が対峙する正規戦にかぎらず、テロや犯罪行為、サイバー攻撃、フェイクニュースなどを用いた「戦い」から、経済、金融、国民の認知領域への影響力といった、一見戦争と関わりのなさそうな分野での「戦い」も含まれる点が特徴である。
* *14　境界線が曖昧になる結果生ずる不具合の代表例として、注6で述べた ACD(Active Cyber Defense) の概念がある。いずれも現状の「攻撃を受けてから発信源を探す」＝受動的サイバー防御に比べて「積極的」であることは疑いがなく、当事者としては活用したい。しかし、烈度が高まるにつれて防御から攻撃に変化するものの、どこからが「攻撃」になり現行国際法で禁じられているのかを、曖昧にしてしまう。

Anderson, Ross (2001) 'Why Information Security is Hard—An Economics Perspective', "Proceedings of the 17th Computer Application Conference", IEEE

デイヴィス、E.V.W. 川村幸城（訳）（2022）『陰の戦争』中央公論社

林紘一郎・田川義博（2018）「サイバー攻撃の被害者である民間企業の対抗手段はどこまで可能か：日米比較を軸に」『情報セキュリティ総合科学』Vol.10　http://www.iisec.ac.jp/proc/vol0010/hayashi-tagawa18.pdf

林紘一郎・田川義博（2020）「サイバーセキュリティと通信の秘密に関する提言：自律システム管理責任の明確化と対象を特定した通信ログの利活用を」『情報セキュリティ総合科学』Vol. 12　http://www.iisec.ac.jp/proc/vol0012/hayashi-tagawa20.pdf

Hirshleifer, Jack (1983) 'From weakest-link to best-shot: The voluntary provision of public goods' "Public Choice" Vol.41 pp. 371-386

Lee, Robert M. (2015) 'The Sliding Scale of Cyber Security' https://www.sans.org/white-papers/36240/

Schmitt, Michael N. (2017) "Tallinn Manual 2.0 on the International Law applicable to Cyber Operations", Cambridge University Press =（2018）中谷和弘・河野桂子・黒崎将広（抄訳）『サイバー攻撃の国際法：タリン・マニュアル 2.0 の解説』信山社

茂田忠良（2022）『ウクライナ戦争の教訓—我が国インテリジェンス強化の方向性（改訂版）』警察政策学会資料第 125 号

茂田忠良・江崎道朗（2024）『シギント：最強のインテリジェンス』ワニブックス

スチュワート、アンドリュー＝（2022）小林啓倫（訳）『情報セキュリティの敗北史：脆弱性はどこから来たのか』白揚社

Varian, Hal (2004) 'System Reliability and Free Riding', in L. Jean Camp and Stephen Lewis (eds.) "Economics of Information Security", Kluwer Academia Publishing

Column

量子コンピュータ

西野哲朗

発端と背景

　最近、量子コンピュータが世間の注目を集めている。IBM や Google が量子コンピュータ開発に巨額の予算を投じているという報道がある一方で、D-Wave Systems 社の量子アニーリングマシンの実用化に対する期待も高まっている。現在、提案されている量子コンピュータの実現形態としては、IBM などの量子デジタルコンピュータ（湊・比嘉・永井・加藤 2021）と、D-Wave の量子アナログコンピュータ（中山 2018）の2種類が知られている。これらの量子コンピュータの開発は、どのくらい進んでいるのだろうか？　量子デジタルコンピュータや量子アナログコンピュータは、どのような問題を高速に解けるのだろうか？　量子コンピュータ開発は、将来的に、どのような社会実装に役立つ可能性があるのだろうか？　本コラムでは、そのような観点から量子コンピュータ開発の現状を概観したい（詳細については、Nielsen and Chuang 2000, 嶋田 2020, 西野・岡本・三原 2015 などを参照されたい）。

　量子コンピュータ開発の基礎となる量子計算論の研究は、オックスフォード大学の理論物理学者デイビッド・ドイッチュ（D. Deutsch）が量子コンピュータの数学的モデル（量子チューリング機械）を提案した 1985 年の論文からはじまった。この量子チューリング機械をモデルとするコンピュータのことを量子コンピュータとよぶが、より正確には、量子デジタルコンピュータ（量子デジコン）とよぶべきものである。量子デジコンの場合、1ビットの情報量（1量子ビット）で、0に対応する状態と1に対応する状態を任意の重み付けで重ね合わせた状態を表現することができる。そのため、複数の量子ビットを使用して、入力の複数のパターンを重ね合わせて表現すること

ができる。その重ね合わされた入力パターンに対してある計算を実行すると、重ね合わされた各パターンに対して、それと同一の計算が同時に実行される（量子並列計算）。ただし、量子デジコンの計算結果は、量子並列計算によって得られた重ね合わせ状態を観測することによって得られるため、正解が観測される確率が高くなるように、量子並列計算の手順(量子アルゴリズム)を巧妙に設計する必要がある。

そもそも、量子コンピュータのモデルである量子チューリング機械は、現在のコンピュータのモデルであるチューリング機械よりも、本質的に計算能力が高いのだろうか？　実は、任意の量子チューリング機械に対して、その動作を模倣する通常のチューリング機械が存在することが知られている。その意味で、量子チューリング機械の計算能力は、原理的には、通常のチューリング機械と同等であるといえる。しかし、量子チューリング機械は、整数の因数分解のような特定の問題に対しては、通常のチューリング機械よりも計算を格段に高速に行えると考えられている。

1994年にAT＆Tのピーター・ショア（P. Shor）が、量子チューリング機械を用いると、整数の因数分解が非常に小さな誤り確率で高速に行えることを示し、ブレイクスルーをもたらした。整数Nの因数分解は、Nが大きくなるにしたがって膨大な計算時間が必要となり、Nが300桁を越えると、現在最高速のスーパーコンピュータを用いても行えないと考えられている。インターネット上で広く用いられているRSA公開鍵暗号は、因数分解のこのような難しさを前提として設計されているため、もし量子デジコンが実現されると、RSA暗号が容易に破られることとなり、情報セキュリティ上の重大な脅威となる。

量子アナログコンピュータの登場

量子デジコンを実現することは非常に難しいことがわかってきたため、量子アナログコンピュータ（量子アナコン）をまず実現しようという動きがある。通常、量子コンピュータといえば量子デジコンを指すが、量子コンピュータを「量子効果を利用したコンピュータ」と定義すれば、量子アナコンも量子コンピュータの一種であると考えることができる。そのような量子アナコンとして、D-Wave Systems社から「量子アニーリング」（西森・大関 2018）という物理現象を用いて、「スピングラス問題」という組み合せ最適化問題（磁石の最小エネルギー状態を求める問題）のみを解く量子アナ

コンが開発され、既に製品として販売されている（中山 2018）。

D-Wave マシンとしては、2011 年に D-Wave One（128 量子ビット搭載）が発表され、その後、いくつかのモデルが発表された後に、2020 年に Advantage（5000 量子ビット搭載）が発表された。D-Wave マシンの購入者はロッキード・マーチン、NASA、Google 等である。D-Wave マシンを利用するためには、解きたい問題を、D-Wave マシンが解けるスピングラス問題に変換する必要がある。この変換作業は解きたい問題ごとに行う必要があるため、今後、解きたい問題をスピングラス問題に変換するための手法の研究が、重要になっていくものと考えられる。

D-Wave マシンはアナコンなので、スピングラス問題というひとつの組合せ最適化問題しか解くことができない。しかし、このスピングラス問題は「NP 困難問題」と呼ばれる問題であることが知られている。巡回セールスマン問題のような、現在のコンピュータでは高速には解けないと考えられている「NP 完全問題」が何千と知られているが、どれかひとつの「NP 困難問題」を高速に解く方法があれば、その方法を用いてすべての「NP 完全問題」を高速に解くことができることが知られている。巡回セールスマン問題などの「NP 完全問題」は非常に身近な問題であり、これらの問題を従来よりも高速に解くことができれば、実用上、非常に大きなメリットがある。

開発状況

量子デジコンとして実用化された計算機はまだ存在していない。現在は、21 の因数分解を量子デジコンで行ったとしたら、どのような現象が起こるのかを物理的に確認できる程度にとどまっている。2048 ビットの合成数の因数分解を、量子デジコンが行えるようになるのはかなり先の話なのだろうか？

量子デジコンについては、最近、Google、NASA、CIA などが本格的な開発に着手しており、実用化研究が活気を帯びてきた。2016 年 2 月に、米国標準技術研究所（NIST）が、「現在主流の 2,048 bit RSA 暗号を解読する量子コンピュータが 2030 年までに実現されうる」という見解を示し、米国連邦政府で利用する暗号アルゴリズムを耐量子暗号版（量子コンピュータに対しても安全な暗号）へ移行していく方針を明記したレポートを公表した。NIST の方針は、金融業界の情報セキュリティ対策にも大きな影響を及ぼすため、注目に値するものである。

一方、2016年10月13日付けのNewsweek日本版に、「量子コンピュータがビットコインを滅ぼす日」という記事が掲載された。仮想通貨ビットコインが、量子コンピュータの誕生と共にその歴史を閉じるというのだ。ビットコインは、新しい決済システムと仮想通貨を実現するネットワークで、中央機関を必要としないユーザによる分散的ピア・ツー・ピア(P2P)決済ネットワークである。ビットコインは「連続するデジタル署名のチェーンである」と定義されている。
　ビットコインでは、その決済ネットワーク上で、ブロック・チェーンとよばれる公開取引簿を共有する。この公開取引簿は、それまでに処理されたすべての取引情報を含んでおり、ユーザが各自の取引の有効性を検証できるようになっている。それぞれの取引の信憑性は、送信者の電子署名によって確認できる仕組みになっているため、上述の記事は、量子デジコンが実現できると、この電子署名が偽造される危険性があることを指摘しているのだ。

将来展望

　巨額の予算を投じて、量子コンピュータのような未知の新型コンピュータを開発する場合には、ある程度明確な将来展望が描けていなければならない。その意味で、量子コンピュータ研究が加速していることの主な要因は、以下の2点にあると思われる。
　第1に、量子チューリング機械という、量子コンピュータの理論モデルが数学的に定義されていることであり、第2に、量子チューリング機械が物理的に実現できれば、因数分解という大変重要な問題が、現在のコンピュータよりも格段に高速に解けることが数学的に証明されている(つまり、キラーアプリの存在が保証されている)ことである。
　キラーアプリの存在を数学的に証明するためには、量子コンピュータの理論モデルの数学的定義が必須となる。実際、量子コンピュータの研究も、1994年にショアの因数分解アルゴリズムが発表されるまでは、キラーアプリの存在が知られていなかったため、一般には、あまり注目されていなかった。しかし、実際には、理論的な計算モデルが、理論通りに物理実装されることはないし、量子コンピュータで解きたい実問題は、数学的な問題よりもかなり複雑である。実際に実問題を解きたい場合には、量子コンピュータが、現在のコンピュータよりも高速に実問題を解けるか

否かのベンチマークテストを行う必要がある。

たとえば、株式や債券の最適なポートフォリオ選択を行いたい場合に、ある日のマーケットが閉まってから翌日マーケットが開くまでの間に、従来のコンピュータでは計算が完了しなかったとしよう。量子コンピュータを使用することで、翌日までに計算が完了できるようになれば、証券各社は量子コンピュータを導入しようという動きを加速させるだろう。量子コンピュータ研究が進展するか否かは、重要な実問題のキラーアプリが発見できるか否かにかかっている。量子デジコンは汎用ではあるものの、実際に有効なのは現状では因数分解くらいなので、その他のキラーアプリを発見できるか否かが課題となる。

D-Wave マシンの場合には、今後、マシンを改良していった結果として、重要な実問題を、現在のコンピュータと比較して、何倍高速に解けるようになるのかを、具体的なアプリケーションで示していく必要がある。もし、そのアプリが、上記のポートフォリオ選択のような意味で、市場のニーズにマッチしていれば十分に商品価値はある。量子コンピュータの開発においては、理論から物理実装、実問題解決までの様々なファクターが関連してくるので、いろいろな分野の研究者、技術者の協働作業が今後ますます重要になっていくものと思われる。

【参考文献】

湊雄一郎, 比嘉恵一朗, 永井隆太郎, 加藤拓己 (2021),「IBM Q で学ぶ量子コンピュータ」, 秀和システム.

中山茂 (2018),「Ocean 量子アニーリング入門」, Gaia 教育シリーズ 14.

Nielsen, M. and Chuang I. (2000), Quantum Computation and Quantum Information, Cambridge, U. P. = (2004, 2005) 木村達也訳,「量子コンピュータと量子情報 I, II, III」, オーム社.

西森秀稔, 大関真之 (2018),「量子アニーリングの基礎」, 共立出版.

西野哲朗, 岡本龍明, 三原孝志 (2015),「量子計算」, 近代科学社.

嶋田義皓 (2020),「量子コンピューティング」, Ohmsha.

第2巻

第4部◎大学・学術・教育

編集：塚原修一・澤田芳郎

序説 大学・学術・教育
University, Research and Education
塚原修一・澤田芳郎

1 世紀転換期から2010年代へ

　第4部「大学・学術・教育」では、大学(より広く高等教育)、学術(科学技術をいくらか含む)、教育(高校以下を含む)を扱う。前回の新通史において塚原と綾部は題名が同じ第5部の編者をつとめ、塚原は序説をまとめた (塚原 2011)。対象とする時期は2000年代(2000年から10年間)を中心に、1995年から東日本大震災が発生した2011年までの世紀転換期であった。これは本書に先立つ時代の歴史記述であるが、直近の時期を対象とした先行研究にもあたる。そこで、その内容を以下に要約して記述の重複を避けた。そのうえで、世紀転換期から2010年代への変化に注目した序説を記述して第4部への導入とし、あわせて各章の要点を述べる。[*1]

　(1) 世紀転換期にいたるまでの歴史では、バブル経済の崩壊(1990年)や冷戦の終結(1991年)などの出来事により、1980年代と90年代が区別される。1990年代の特徴とされた国際化、情報化、日本経済の不振などが2000年代もおおむね継続した。
　(2) 1992年度を頂点とする18歳人口の減少、国の財政危機などにより、大学の経営環境は1990年代後半からきびしさを増した。臨時教育審議会(1984-87年)を起点とした大学改革のなかで教育の自由化論にそった規制緩和が進み、2004

---

*1　執筆者のうち澤田は8節の各章要旨を執筆し、塚原はそれ以外を執筆して8節を含めて全体を調整した。

年度に現行制度である、準則主義による大学設置認可、大学の認証評価制度、国立大学の法人化などが実現した。規制緩和にともない、高等教育の多様化と質保証（学生の学修成果の維持向上）が注目された。

（3）　科学技術政策の動向を5年ごとに作成される科学技術基本計画からみると、2006年の第3期計画からイノベーションの創出、すなわち研究開発の成果を社会的・経済的価値として発現させる努力が強調された。2011年の第4期計画には東日本大震災からの〈復興、再生の実現〉が追加された。

（4）　国際化の進行により、教育と研究における大学の国際競争が注目された。各国の頂点に位置するいわゆる旗艦大学（群）の国際競争力や、国際的に活躍できる人材（グローバル人材）の育成が高等教育の課題のひとつとなった。

（5）　児童生徒数が減少するなかで〈ゆとり教育〉による学力低下が指摘され、ゆとり教育からの転換がなされた。

2　時代区分と歴史記述の構成

2-1　2010年代の時代区分

これをふまえて、2010年代の時代区分を構想すれば、次のようになろう。

（1）　世紀転換期と同じく、2010年代にいたる歴史としても1980年代と90年代が区別される。その区分点にはいくつかの選択肢があるが、グローバル化との関連で1991年の冷戦終結（米ソ首脳のマルタ会談、ソ連の解体）とする。

（2）　世紀転換期にはなかった2010年代の動向として、2009年に自由民主党（自民党）から民主党に、2012年にはふたたび自民党への政権交代があった。それによる政策の変化は時代区分のひとつとなり、教育政策も影響を受けた（幼児教育、高校、高等教育の無償化など）。政策決定の方式にも変化があり、自民党の第2次以降の安倍晋三内閣は官邸主導の政策形成を推進した。

（3）　東日本大震災の影響については後述する。

（4）　大学の役割である教育と研究については、世紀転換期の動向の多くが2010年代も継続し、その一部はより強まった。18歳人口の減少、国の財政危機、大学の経営環境のきびしさ、国際化の進行、大学改革、イノベーションの強調など

である。

（5）これらについて、高等教育の現行制度が発足した2004年は時代区分の有力な候補となる。

それに加えて、2000年代以降、文部科学省には期間を限定して改訂ないし反復される施策や事業が増え、それらの期間の区切りが時代区分として機能した。

そのひとつは科学技術基本法に基づく科学技術基本計画であり、1996年度から5年ごとに作成され、第4期計画（2011年度）と第5期計画（2016年度）が2010年代に含まれた。そのほか、教育基本法の改正（2006年）にともない、文部科学省は2008年から5年ごとに教育振興基本計画を閣議決定にかけるようになった。大学の認証評価は、2004年度から7年以内ごとに行われた。

重要な時代区分は大学の設置者によっても異なるようになった。国立大学法人は、2004年度から6年ごとに中期目標と中期計画を定めた。私立大学はこれと無関係であり、文部科学省の教育振興基本計画や、審議会（2010年代の教育再生実行会議を含む）などの動向が時代区分として重要である。公立大学は多くが法人化されたが、中期目標期間の区切りが大学により異なる。

このほか、特定の分野を扱う章では学問研究の動向にそくした時代区分がなされて、第4部の時代区分は複雑化した。

2-2 災害などの出来事

2010年代以降の大地震には、2011年3月11日の東日本大震災、2016年3月14日の熊本地震、2018年9月6日の北海道胆振東部地震、2024年1月1日の能登半島地震がある（気象庁 2024）。

東日本大震災では津波による大きな被害があり、福島原子力発電所の事故（原発事故）が発生した。前回の通史では吉岡（2012）が原発事故を扱い、この通史にも関連する論考を第1部と第6部に収録した。地震予知には成功しなかったが、東北新幹線は緊急停車して乗客にけが人はなく（木崎 2014）、学校施設は全国で8000校が被害を受けたが学校施設の倒壊等に起因する死亡報告はなかった（文部科学省 2011）。東日本大震災を対象とした研究成果が、2010年代には少なからず生み出された（泊 2015、Fujigaki 2015 など）。

2020年には新型コロナウイルス感染症が流行し、国内では1月に国内初の患者を確認して、2月に感染症の予防及び感染症の患者に対する医療に関する法律（以下、感染症法）における指定感染症に指定した。2023年5月に感染症法上の位置づけを「新型インフルエンザ等感染症（2類相当）から5類感染症」に変更して（宮本2023）、コロナ後の時代に移行した。これについては、ワクチンの開発、製造、接種、感染者への対応、報告システムなどの論点があろう。国内の感染者の累計は3000万人、死者は6万人という大流行であり（2023年1月、内城2023）、外出の制限などにより経済も大きな打撃を受けた。結果として在宅勤務が国内に普及し、コロナ後の時代もオンライン会議が普通に行われている。教育についても遠隔教育が普及したが、コロナ後は対面教育への回帰が顕著であり、遠隔教育が定着したといえるかどうかは確認が必要であろう。

これらの出来事を時代区分の視点からみると、東日本大震災は2010年代の冒頭、感染症は末尾に発生したことから、この通史の時代区分とはしていない。前者の影響は2010年代に広くおよび、後者は次の通史において医療にかかわる主題のひとつとなろう。

2-3　第4部の構成の方針

はじめに国際的な動向であるグローバル化と国内的な特色である政治の変化をおき、続いて大学の役割である教育と研究の動向を記述して、末尾にイノベーションをおいた。なお、以下の序説では国内を優先してグローバル化を末尾にまわした。

3　政治における変化

3-1 政権交代の実現

政治の領域では政権交代が実現した。2009年9月に自民党の麻生太郎内閣から民主党の鳩山由紀夫内閣となり、菅直人内閣、野田佳彦内閣を経て、2012年12月にふたたび自民党の第2次安倍内閣となった。安倍内閣は第4次まで継続し、2020年9月に菅義偉内閣、2021年10月に岸田文雄内閣、2024年10

月に石破茂内閣となる（内閣官房内閣広報室 n.d.）。民主党政権の誕生は 2000 年代の末期であるが、前回の通史の序説（塚原 2011）では執筆時に全容が不明なため取り上げなかった。政権交代はこの時期に偶発的におきたことではない。1980 年代の汚職事件による政治不信の高まりを発端として、1990 年代に政治改革（中選挙区制から小選挙区比例代表並立制への変更など）がなされ、政権交代を可能とする政治が制度化された結果である。

　各政権の特色をあげれば、鳩山内閣は前政権の政策の組替えなどにより、新しい政策の財源を確保しようとした。その代表例が行政刷新会議による事業仕分けであり、高等教育と科学技術は削減対象のひとつとなった。民主党は（高等教育以外の）教育を重視し、高校の無償化を実現して、幼児教育の無償化に着手した。これらの政策は 2012 年以降の自民党安倍内閣に修正のうえで継承され、幼児教育の無償化と高等教育のいわゆる無償化（修学支援新制度）が実現した。教育の無償化が政党をこえて推進されたことは強調されてよい。これらは、非正規雇用の拡大をふまえた、教育費の社会的負担という政策課題への対応と解釈される。

　2012 年 12 月に誕生した自民党の第 2 次以降の安倍内閣は、経済政策（アベノミクス）として 3 本の矢（金融緩和、財政出動、成長戦略）をかかげた。その後は、2014 年に地域振興（地方創生、ローカルアベノミクス）、2016 年には労働（一億総活躍社会、働き方改革）と政策の幅を広げた。安倍内閣は金融緩和を推進し、成長戦略の一環に大学改革、イノベーション政策、グローバル人材と理工系人材の育成などを位置づけたが、成長戦略はあまり推進しなかったと評価されている（太田 2021：145-146）。

3-2 政治主導・官邸主導の政策形成

　2010 年代には政策形成の方式も変化した。1990 年代には政治改革とともに、内外の情勢変化に対応して内閣機能を強化する行政改革がすすみ、2001 年には新制度のもとで官邸主導の政策形成が制度と人事の両面から可能となった。これを最初に活用したのは 2001 年 4 月に発足した小泉純一郎内閣であったが、首相の個性に依拠した政権運営がなされたこと、科学技術とは距離がある政策（郵政

の民営化、地方分権改革など）が主な課題であったことなどから前回の序説（塚原 2011）では取り上げていない。民主党の内閣（2009 年～）も官邸主導の政策形成を企図したが、このときはあまり成功しなかった。2012 年以降の安倍内閣は官邸主導の政策形成を推進し、教育の分野では閣議決定によって設置した教育再生実行会議が、中央教育審議会に先立って提言をまとめる方式で教育政策を方向づけた。さらに 2014 年には公務員制度改革（国家公務員法の改正による幹部人事の一元管理、内閣法の改正による内閣人事局の設置）を実現した。

4 高等教育

4-1 18 歳人口の減少

　第 4 部の主題である教育と研究のうち前者をまずみると、日本の高等教育政策における最大の懸案は、高等教育に進学する年齢層にあたる、18 歳人口の減少による「大学淘汰の時代」（喜多村 1989、1990）の到来であろう。第二次大戦の参戦国では戦後に出生数が急増してベビーブームと呼ばれた。日本も例外ではなく、18 歳人口は図 1 のように、まず増加して 1966 年に最大の 249 万人となり、1976 年の 154 万人まで減少したのち、第 2 次ベビーブーム（ベビー

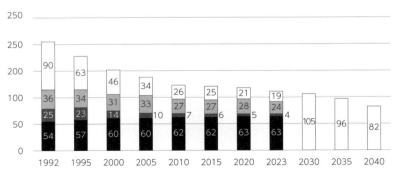

図1　18歳人口と進学者の推移

※注　文部科学省（2023）による。

ブーム世代の子どもの世代）により、ふたたび上昇して1992年に205万人となった。これを頂点として減少に転じて、151万人（2000年度）、122万人（2010年度）、117万人（2020年度）と推移し、2023年以降は105万人（2030年度）、82万人（2040年度）と予測された（文部科学省2023）。

　図から2010年代について2つが注目される。第1に18歳人口が減少傾向にあるなかで、2010年代は微減の局面にあり、大学の規模縮小は2020年代に緊急の課題となる。第2に高等教育の中核である（4年制）大学はこの間に規模を拡大ないし維持し、短大と専門学校が規模を縮小して、短大の多くは4年制大学に転換した。このような事情のため、抜本的な対応が先送りされたのかもしれない。18歳人口に代わる学生集団の候補として社会人（成人）と留学生が想定されるが、日本はそれらの拡大にあまり成功していない。

4-2 高等教育政策の動向

　高等教育政策の課題が、世紀転換期から2010年代にかけて大幅に変化するわけではないが、2010年代の特色をあげれば次のようになる。

　第1に、官邸主導の政策形成の一環として、閣議決定によって設置された教育再生実行会議の提言が迅速にまとめられ、それを前提として文部科学省の中央教育審議会が議論を行うようになった。グローバル化に対応した教育環境づくり、イノベーション創出のための教育・研究環境づくり、教育機能の強化、社会人の学び直し機能の強化、大学のガバナンス改革（学長や理事会の機能強化）、高校と大学の接続などがその代表例である。

　第2に、教育再生実行会議の提言にはあまり盛り込まれなかった高等教育の質保証などについては、中央教育審議会の議論と答申を経て政策が推進された。この双方について2010年代には大学改革が進行し、とくに国立大学は6年ごとの中期目標期間が改革の節目となった。2004年度にはじまる第1期は新しい法人制度の定着を優先したが、2010年度からの第2期には大学の機能別分化などが推進された。

　第3に、高校と大学の接続については中央教育審議会において検討がなされた。

日本の大学入試は競争試験であり、競争倍率が高ければ選抜として機能する。しかし、18歳人口が減少して競争倍率が低下すれば、この機能が維持しがたくなる。中央教育審議会では高校における学習成果を確認する達成度テストについて検討を進めたが、改革は実現しなかった。このようなテストは国内に前例があり、1947年から54年まで進学適性検査が、1963年から68年まで能研テストが実施されて、大学の教育課程を修得するのに必要な知的能力を検出する方針で問題が作成された（国立教育政策研究所 2015a、2015b）。

4-3 社会変化への大学教育の対応

　このような政策とは別に、大学は社会の変化に対応していた。大学は卒業者を社会に送り出しているが、その動向は教育需要（大学教育を受けたいという親や志願者の需要）と人材需要（卒業生を雇用したいという社会の需要）に左右される。理系に注目すれば、科学技術や社会の動向によって人材需要は変化し、2000年代以降は教育課程を柔軟化して課題解決力を育成する方式が注目された。学部の名称と数を対象とした分析として、前回の通史では学部名称の文字数に着目して多様化の進行を示した（塚原 2012）。その続編として今回は理系を対象として分析を進めたが、2000年度から2020年度にかけて医療保健分野、とくに看護学部と保健系学部が大幅に増加していた。これは高齢化などの社会変化に対応したものといえよう。理工農分野の学部数は2010年代に頭打ちとなり、内訳は工学部が減少し、理工学部、理工学系学部（デザイン学部、建築学部など理工学部を除いた理工学系の学部をさす）、情報学部が増加していた。先端領域への分化や新領域への展開をはかるものであろう。大学別にみると、国立大学には学部内の学科をひとつにまとめた例が少なからずあり、公立大学には大学の統合が、私立大学では改組による学部数の増加がみられた。

5 科学技術・学術研究

5-1 日本の研究成果の停滞

　研究にかかわる日本の主要な懸案のひとつは研究成果の停滞であろう。ここでは科学技術・学術政策研究所（2023）をもちいた国際比較により日本の状況を説明する。表1には研究成果の指標のひとつとして国際的な論文数の推移を示し、説明を簡略にするため比較する外国を限定した。表の上段に全世界と各国の論文数をあげた。2000年から2020までその伸び率に注目すると、全世界の論文数は74万件から188万件へと2.5倍に増加した。国の順序は2000年の論文数によったが、国ごとの伸び率は米国1.8倍、日本1.2倍、ドイツ1.9倍、中国17.6倍、韓国5.1倍となり、日本の低さがきわだつ。中国の論文数は増加が顕著であり、2020年には米国をぬいて世界最多となった。韓国も伸び率が大きく、2000年の論文数（1万3887件）は日本の19%であったが、2020年の論文数（7万520件）は日本の78%になった。この5か国のなかで日本の順位は、2000年の2位から2020年には5位となった。表の2段目には論文の質を考慮した指標として、引用数が多い（被引用件数が上位10%の）論文の数を示した。その伸び率は大きい順に中国34.6倍、韓国6.6倍、ドイツ2.2倍、米国1.6倍、日本1.3倍であり、上記と同様にこちらも日本の低さが目立つ。

　表の下段には大学部門の研究開発費と研究者数を示し、統計数値が得られる2002年、2010年、2018年を比較した。研究開発費は名目額をOECD（Organisation for Economic Co-operation and Development：経済協力開発機構）の購買力平価により換算したが、2002年から2018年までの伸び率は、大きい順に中国5.2倍、韓国2.6倍、ドイツ1.8倍、米国1.5倍、日本1.0倍であった。研究者数は常勤換算（研究に従事した時間の合計を常勤者の人数に換算）の数値であるが、伸び率は中国2.0倍、ドイツと韓国が1.6倍、日本は1.0倍であった（米国は資料なし）。すなわち、ここで取り上げた主要国は、大学部門への投入

序説　大学・学術・教育

表1　主要国の論文数と大学部門の研究開発費・研究者数

	2000年	2010年	2020年	伸び率
論文数				
全世界	744,723	1,121,068	1,880,733	2.5
米　国	232,360	306,126	413,354	1.8
日　本	72,626	75,457	90,681	1.2
ドイツ	65,977	85,837	121,134	1.8
中　国	30,097	140,093	528,775	17.6
韓　国	13,887	40,436	70,520	5.1
被引用数が上位10%の論文数				
米　国	35,467	47,333	55,585	1.6
日　本	5,394	6,062	7,239	1.3
ドイツ	7,252	11,566	26,059	3.6
中　国	1,954	13,487	67,529	34.6
韓　国	1,027	3,034	6,801	6.6
	2002年	2010年	2018年	伸び率
大学部門の研究開発費（億円）				
米　国	52,742	64,885	77,992	1.5
日　本	21,588	20,205	20,714	1.0
ドイツ	14,590	17,666	26,059	1.8
中　国	6,971	20,044	35,905	5.2
韓　国	3,357	6,303	8,590	2.6
大学部門の研究者数（常勤換算）				
日　本	135,594	124,224	135,392	1.0
ドイツ	71,292	90,398	114,868	1.6
中　国	178,353	239,251	352,836	2.0
韓　国	24,953	39,265	40,736	1.6

※注　伸び率は当初と末尾の年次の比較。各国の論文数は前後3年間の平均。大学部門の研究開発費は名目額のOECD購買力平価換算。大学部門の研究者数のうち米国はこの資料にない。
※資料　科学技術・学術政策研究所（2023）。

要因である研究開発費と研究者数を拡大して研究成果を増加させた。一方、日本では大学部門への投入要因が据え置かれ、結果として研究成果が伸び悩んだと

解釈される。

5-2 日本の現状と改善方策

　このような国際動向は世紀転換期には推測されたことで、前回の通史にも関連する記述を行った（塚原 2012：135-136 など）。日本の 2010 年代の科学技術・学術政策はこうした動向を前提としたものであり、本章では研究費の配分に注目して記述した。一般に研究費は、研究計画を審査してすぐれたものに配分される。2010 年代には、大学の運営にかかわる経常的な資金にも競争的な配分方式が拡大し、多くの国立大学では法人化によって経常研究費が減少した。これらの傾向は 2000 年代からみられたが、2010 年代にはそれによる研究成果の停滞が顕著になった。上述のような大まかな数値にとどまらず、大学別の統計によって研究成果の状況が詳細に分析され、事態の改善が叫ばれるようになった。

　大学教員の育成と職務環境にも課題がある。大学教員と研究者を育成する制度が大学院の博士課程であり、大学教員の役割である教育、研究、管理運営のうち、研究における能力開発がまず行われる。博士課程は学士課程を卒業したのち標準的には 5 年間を要し、給付の奨学金を得られる可能性は小さくないが、学校の一種であって修了後の就職は保証されない。さらに 2000 年代以降は大学教員や研究者に任期つき雇用が広がり、常勤職につく年齢が遅くなる傾向がある。そのことがこれらの職業の魅力を減じて、有為な人材を遠ざける事態を招いていないか懸念される。大学教員の職務環境も憂慮するべき状況にあり、2000 年代には総職務時間があまり変わらないなかで、研究活動時間が減少していた（塚原 2012：134）。2010 年代に状況がより深刻化したと想定される。

6　イノベーション

6-1 新機軸の実現と普及

　イノベーションとは新機軸をさす（Rogers 2003 = 2007）。新機軸とは、新しい製品、新しい製造法、課題解決の新しい方法などであり、既存のものの新しい組み

合わせでもよいが、新しい技術の開発（技術革新）をともなうことも多い。イノベーションにおいては、新機軸の実現とともに普及が重要である。前者は会社の組織でいえば研究開発部門の仕事であり、大学や国公立試験研究機関などが代替できるかもしれない。後者は営業・販売や広報・宣伝部門の仕事である。こちらは大学などの活動から距離があり、普及の範囲をどうみるかにもよるが息の長い仕事となる。イノベーションに大学が関与したとき、新機軸を実現する部分は科学技術・学術研究の一部といえるが、普及の部分は新通史シリーズの第 1 巻第 2 部（産業）にかかわる。この節を科学技術・学術研究から区別した理由はここにある。

　イノベーションの本質は新しさ（革新性）にある。その実現をめざす研究開発活動には不確実性があり、失敗の可能性をはらむハイリスクな課題となる。とはいえ革新性を追求するには他者に先がけて早期に、たとえば賛成者が 10 人のうち 1 人か 2 人のうちに着手するほかない。大方が賛成するまで判断を留保すればリスクを回避できようが、それでは成功しても革新性が乏しい後追いとなってイノベーションの実現には結びつきにくい（塚原 2023：163）。新技術の開発をともなうイノベーションは、実現の時期（他の開発者との先陣争い）がとくに重要である。最初に実現すれば特許の権利を占有できるが、2 番目ではそうならず、投入した開発努力から得られるものが小さくなって 1 番より損である。

6-2 破壊的イノベーションの担い手

　クリステンセン（Christensen 2000 = 2001：9、300-301）は、持続的技術（既存製品の性能を向上させる技術）と破壊的技術（市場の価値基準を変える技術）にイノベーションを区別した。確立した技術と破壊的技術の対比をこの書からいくつかあげれば、カッコ内の確立した技術に対する破壊的技術はデジタル写真（銀塩フィルム写真）、携帯電話（固定電話）、無人航空機（有人軍用機）、ホンダの小型バイク・スーパーカブ（ハーレー・ダビッドソンなどの大型バイク）などとなる（Christensen 2000 = 2001：23、205-209）。出現した当初の破壊的技術には、たいてい低価格、小型、単純、使いやすいという特徴があり、既存製品とは異なる新しい市場を開拓

して、市場を拡大しながら新製品の性能を高めていく。一方、在来製品の優良企業からみると、破壊的技術は当該企業の顧客が求めるものではなく、利益率も低いことから投資の対象としがたい。このようにして優良企業は、合理的な判断にもとづいて破壊的技術に進出する機会を失い、失敗するのだという。

　一般に優良企業は、その製品分野において有力な顧客、質のよい情報、高い技術水準、豊富な経営資源などをもつ。それゆえ、そうした企業の判断にそってイノベーションを進めることが適切であるように思われる。しかしクリステンセンによれば、それは持続的技術において妥当であるが、破壊的技術についてはあてはまらず、優良企業はそのようなイノベーションを放置することがある。そうした可能性から優良企業にかわるイノベーションの担い手として大学人、新興企業、これらを対象とする投資家などが注目され、とくに大学が、高度な科学技術にもとづく新機軸を実現する場となることが期待された。

6-3　日本の状況

　日本においても、停滞した経済を活性化する切り札としてイノベーションへの期待は大きく、科学技術基本計画では 2006 年の第 3 期計画から重視された。それ以降、自民党、民主党ともにイノベーションへの関心は高かった。とりわけ 2012 年以降の自民党の安倍内閣（第 2 次以降）は熱心で、2014 年に内閣府設置法を改正し、内閣府と総合科学技術会議の所掌事務を拡大して、会議の名称を総合科学技術・イノベーション会議に変更するとともに、内閣府の所掌にイノベーションにかかわる「施策の推進に関すること」（内閣府設置法 4 条 3 項 7 の 3 号）を加えた。これは内閣府に予算を確保して事業の執行を可能にするもので、これ以降、内閣府はイノベーションの創出を目的とした革新的な研究開発事業を実施するようになった。

　大学においては、大学が実現した新機軸を企業に橋渡しする経路として、産学連携が注目された。産学連携は戦前から事例があり、戦後もみられたが、2000 年代には大学改革や財政緊縮を背景に、大学が取得した特許などの知的財産を活用した大学への収益の還流が期待された。2010 年代にはイノベーションの多様

化と担い手の育成が注目され、第5期の科学技術基本計画（2016年）には、ベンチャー企業の創出強化、起業家マインドをもつ人材の育成、アントレプレナー教育などが盛り込まれた。実際、2010年代には政府が大学にベンチャー投資資金を配分して、大学発ベンチャーが増加している。

7　グローバル化をめぐって

秋田（2019：3）は、広義のグローバル化を、国境を越えたヒト・モノ・カネ・情報・文化の緊密な移動、その移動を通じた各種のネットワークの形成、その相互作用による経済・社会の変容の過程とする。この書によればグローバル化には何回かの歴史的な波があり、13-14世紀のモンゴル帝国や16世紀の大航海時代などがそれにあたるという。とはいえ、2010年代の通史をえがく本書の立場から注目するべきは「1991年の冷戦終結以降のアメリカ一極体制の確立」であろう（秋田 2019：1）。

このときはグローバル化により、20億人をこえる低賃金労働者が東欧、中国、インドに出現した（西村 2019：105）。日本を含む先進資本主義国の企業は、情報通信や運輸・交通などの進歩を背景として、これらの地域への工場進出などによりその活用を進め、国内生産の空洞化、国内の人材需要の縮小、グローバル（に活躍できる）人材の需要拡大などをもたらした。低賃金労働の活用はその地域における経済成長と賃金水準の上昇を招き、このようなグローバル化は一過性のものとなる。日本と関係が深い中国を例にあげれば、国内総生産は4000億ドル（1990年）から1.2兆ドル（2000年）、6兆ドル（2010年）、15兆ドル（2020年）に上昇した（International Money Fund 2024）。2010年に中国は日本をこえて世界第2位の経済大国となる（高橋 2011）。2010年代は先進諸国が中国の低賃金労働を活用できる時代の末期であった。

上述したアメリカ一極体制のもとで、国境を越えたさまざまな移動が今後とも行われるとして、それは低賃金労働の活用とは性格が異なるものとなる可能性が高い。一極体制そのものも、米中経済摩擦やロシアのウクライナ侵攻などの影響を受けることになろう。

グローバル化によって、米国、西欧諸国、日本など西側先進諸国の大学には上

記の諸地域から留学生が流入した。留学は人材の国際的な移動であり、受入れ側の大学を経済的にうるおすことも多い。留学生の獲得をめぐる競争により、各国の頂点に位置する旗艦大学（群）の優劣が注目され、大学の世界順位表が刊行されるようになった。21世紀に入ると留学の経済的負担を軽減するために遠隔教育が活用される傾向がみられる。これは留学機会の拡大に寄与しようが、遠隔教育は自主学習の継続を前提とするもので学生によって適性がある。留学では、母国より教育・研究の水準が高い大学をめざすことが多い。国による大学の格差は短期的に解消されにくいもので、それゆえ労働とは異なり、留学の動向は今後とも持続ないし拡大すると思われる。

8　第4部の構成と各章の紹介

第4部には10の章と3つのコラムを収録し、以下のように構成した。

第1に、2010年代の特色は、グローバル化（国際化）という世界的な動向のもとで、国内において政治の変化（政権交代、政治・官邸主導の政策形成）が生じたことにある。その結果、政治・官邸が主導する政策と、政治はあまり関心を示さないが行政府（文部科学省）が推進する政策が並行する状態となった。とくに2012年以降の自民党内閣は経済の成長戦略のための大学改革を推進し、2010年代後半には地域振興（地方創生）への大学の貢献を求めた。これらを、4-1章「政治主導の政策形成――教育分野を中心に」と4-2章「文部科学省の高等教育政策と大学財務」、4-3章「大学の国際化と学術・イノベーション政策」、4-4章「大学をめぐるイデオロギーの変化――産学官連携から地方創生へ」にまとめた。

第2に大学側は、環境の変化（18歳人口の減少、国際化、情報化など）とともに、上述した政策的な要請に対応したが、その状況を4つの章と2つのコラムに記述した。すなわち、組織の編制原理の修正（4-5章「2010年代の大学ガバナンス改革」）、教員の労働環境の変化（コラム「大学教員の労働市場と非正規雇用」）、入学者選抜（4-6章「高大接続改革の失敗」）、教育課程の修正（4-7章「理

序説　大学・学術・教育

系専門教育の見直し」）、新しい専門職の登場（コラム「『定着』する URA 制度」）、イノベーションの新動向（4-8 章「大学発ベンチャーの本格化——VC を中心に」）である。

　第 3 に科学技術・学術研究の動向として、かぎられた事例ではあるが以下について 1 つの章と 1 つのコラムで紹介した。すなわち、ノーベル賞を受賞した研究（4-9 章「iPS 細胞の誕生と展開」）、社会問題となった研究不正事件（コラム「STAP 細胞」）である。なお、第 3 部「デジタル社会」などにも関係する分野の研究動向が記述されている。

　各章の要旨は以下のようである。
○ 4-1 章　政治主導の政策形成——教育分野を中心に
　政治主導の枠組みとして、1988 年の汚職事件[*2]を契機に政治改革がすすみ、政治における意思決定と責任の明確化、政権交代を可能とする選挙制度（小選挙区比例代表並立制）の導入などを内容とする法改正が 1993 年に実現した。1996 年以降は行政改革がすすみ、内閣機能の強化、省庁再編などを含む新制度が 2001 年に発足した。教育分野における政治主導の政策として、民主党内閣は高校の無償化を実施して幼児教育の無償化に着手した。自民党の第 2 次以降の安倍内閣は 2014 年に公務員制度改革（国家公務員法改正、内閣法の改正による内閣人事局の設置）を実現した。また、教育再生実行会議が中央教育審議会より先に提言をまとめる方式で官邸主導の政策形成を進めた。幼児教育と高等教育を無償化し、経済の成長戦略の一環に大学改革を位置づけ、高等教育の機能分化、特定の大学群への資源の重点配分、グローバル人材の育成などを推進した。
○ 4-2 章　文部科学省の高等教育政策と大学財務
　2010 年代には、政治主導・官邸主導による上記の諸政策と、行政府（文部科学省）の政策構想を中央教育審議会の答申にそって実施した政策が並列していた。後者のひとつは高等教育の機能別分化の具体化である。機能ごとにみると、

＊2　政治家などが未公開株の譲渡を受けた事件。

世界的研究・教育拠点は学術研究の拠点からイノベーションの拠点の性格を強めた。職業人養成については、それを目的とした制度（専門職大学など）がつくられた。大学の地域貢献は継続的に行われていたが、2010年代後半に安倍内閣の地方創生政策によってさらに推進された。もうひとつが高等教育の質保証（学生の学修成果の維持向上）である。学修成果のうち、専門分野によらない部分が学士力として概念化され、単位制度の実質化（授業回数の厳守など）、学生の学習時間の確保などが推進された。2018年の中央教育審議会答申には、今後は予測不可能な時代が到来するとの認識から、学士力のような汎用的技能の重要性が強調された。

○ 4-3章　大学の国際化と学術・イノベーション政策

　文部（科学）省は、1980年代から外国人教員の招聘、留学生の受入れなどを中心に大学の国際化を推進し、2000年代には少数の大学（国公私トップ30大学）を世界最高水準に育成する政策を導入した。一方、2000年代に経済界は、グローバル人材（国境をこえて活躍できる日本人）の育成を大学に求めた。2010年代にこれらの政策は、国際化を断行する大学などへの助成と、日本人学生の留学促進に組みかえられた。イノベーション政策は民主党内閣が推進し、自民党の安倍内閣はさらに推進した。これらにより大学の基盤的経費は抑制され、拡大した競争的資金は短期的資金が縦割りに配分された。2010年代には日本の論文数などの成果指標の低迷が明らかになり、大学については、重点投資を受けたごく少数の大学をのぞいて、日本の主要大学は世界の大学順位表において順位が暴落した。2021年に内閣府は大型の資金制度（10兆円規模の大学ファンド）を実現し、文部科学省は地域中核大学や特色ある研究大学の支援を検討している。

○ 4-4章　大学をめぐるイデオロギーの変化——産学官連携から地方創生へ

　科学技術基本計画の出現語彙を分析した。第1期（1996-2000年度）から第3期（2006-10年度）まで、「競争」の語が増えるが、各府省の競争的資金の合計は第3期に高原状態となり、この語は第4期（2011-15年度）に急減した。代わって「イノベーション」の語が増えるが、2000年代の産学官連携による産業振興の行き詰まりによるものと思われる。第5期（2016-20年度）と第6期（2021-25年度）には自

民党安倍内閣の地方創生政策に対応して「地域」の語が増える。大学による地域発イノベーションを推進するCOC（Center of Community: 地（知）の拠点整備事業）が2013年度に開始され、2015年度に地元就職をめざしたカリキュラム改革を促進するCOC+（地（知）の拠点大学による地方創生推進事業）に変更された。2018年度には「キラリと光る地方大学」事業も加わった。筆者が勤務した高知工科大学は産官学連携による事業化に早く成功したが、その経験から大学による技術成果の社会実装・事業化には限界があり、本来の役割ではないとした。

○ 4-5章　2010年代の大学ガバナンス改革

　国立大学については、2003年の国立大学法人法が学長に強い権限を与えた。しかし、改革が本格化したのは第2次安倍政権下で、日本再興戦略に「抜本的なガバナンス改革」が盛り込まれ、国立大学にはイノベーションの推進が課された。2014年以降、国立大学法人法の数次の改正により、教員人事を教授会の審議事項から除外し、監事の権限が強化された。2016年11月の「監事監査に関する指針」は、監事の任命は大学の意向に基づきつつ、法令上の任命権は文部科学大臣がもち、これが大学の意思決定全般を監査するという驚くべき仕組みである。

　私立大学については、2019年以降の有識者会議等において学校法人を公益法人に近づける議論を進めた。しかし、私学団体や教員組合が反対して影響力を行使した結果、2023年の私立学校法改正では、理事会と評議員会の一方の優越性を認めず、寄附行為変更などの重要事項は両者の議決を要するなどとなった。

○［コラム］　大学教員の労働市場と非正規雇用

　非正規雇用は一般に人件費削減を目的とするが、大学教員については組織の活性化や博士号取得者の雇用対策の面もある。大学教員の非正規雇用には、専業の非常勤講師（本務先がなく、謝金は本務教員の給与より低い）、博士研究員（博士号を取得または博士課程を満期退学して、大学や研究所の正規雇用をめざして研究を継続する者）、任期つき専任教員（給与等は任期なし専任教員とほぼ同等、職位は助手、助教、講師に多い）の3つがある。大学教員の拡大した労働市場として、大学教員とのあいだで転職しやすい（労働市場が重なる）非常勤講師や博士研究員などの研究者を含めると、その規模は27万人、うち非正規雇用は10

万2000人（専業の非常勤講師3万人、博士研究員1万5000人、任期つきの専任教員5万7000人）である。これらの数値には議論の余地もあるが、非正規雇用の比率は37.5％と試算される。

◯ 4-6章　高大接続改革の失敗

　高大接続とは高校から大学への橋渡しを指す。日本の大学入試は競争試験であるが、収容率（志願者数に対する入学者数の割合）が上昇して関門としての意味が低下した。一方、欧州には高校の卒業試験（到達度を確認する試験）に合格すると大学入学資格が得られる国も多い。高大接続への取組みは中央教育審議会において2012年にはじまり、基礎・発展という2つの水準の達成度テストを改革の枠組みとした。その後の審議は新聞が〈迷走〉と書く状況となり、2017年に基礎水準の達成度テストは高校入学者の診断テストに変更された。テストの内容については、2014年以降、英語4技能試験（聞く、話す、読む、書く）と記述式問題の導入を検討したが、前者は大学入試としての公平性の確保、後者は採点処理に難があり、2019年11月に断念された。大学入試の時間感覚からいえば2021年1月に実施される大学入学共通テストの直前であり、計画は杜撰といわざるをえなかった。

◯ 4-7章　理系専門教育の見直し

　理系学部の名称や数は科学技術や社会の動向により変化するが、理系人材に求められる知識・技能が学士課程で学べる範囲をはるかに越えているため、1990年代後半から、教育課程を柔軟化して課題解決力を育成することが注目された。分析の結果、医療保健分野では看護と保健系が拡大したが、学科やコースの教育内容は職業資格制度に規定されて多様化していない。理工農分野は規模があまりかわらずに内容が変化した。先端領域への分化、新領域への展開として、情報、バイオ、デザインなどの語がみられた。もうひとつは教育課程の柔軟化であるが、コース制などとして改組前の学科に対応する教育課程を設定する例も少なくなかった。建築学を中心とした職業資格に結びつく学科が建築学部などとして独立する例もあり、理工農分野の多様化と柔軟化が本格的であることの証左といえよう。

○［コラム］「定着」するURA制度

URA（university research administrator: 研究支援職）とは、大学等において研究者とともに研究企画立案、研究資金の調達・管理、知財の管理・活用等を行う人材群を指す（2011年頃の文部科学省の定義）。研究費の予算配分が競争的資金化することに対応する、研究支援の専門職として2010年代前半に形成された。2010年以降は文部科学省のモデル事業などにより制度化がはかられ、スキル標準等の制定、育成システムの整備などが推進されたが、大学による業務内容の多様化もみられた。2017年にはURAの質保証制度がつくられ、既存の職務（産学連携コーディネータなど）との統合もあって、URAの資格が設定された。URAの数は202機関1671名となり（2022年度）、教員1000人あたりのURAは国立大学が15名、公立大学5名、私立大学3名である。国立大学のURAは、競争的研究費の趣旨などをふまえた研究計画の企画者としての役割が大きくなりつつあり、これが教員に受け入れられるかが「定着」の目安となろう。

○ 4-8章　大学発ベンチャーの本格化──VCを中心に

小泉内閣は2001年に大学発ベンチャーを3年間で1000社にするという目標を掲げた。経済産業省は産業競争力強化法を制定して税の減免やインキュベーション施設の設置を進め、企業数は退職教員の事務所や学生企業を含めて2004年度に1112社、2008年度には1809社となった。順調に成長した企業もあるが、投資に値する企業は少なく、資金もさして集まらず、2008年ごろには新規設立が減少した。状況を変えたのは2013年に安倍内閣が発表した官民イノベーションプログラムで、東京大学など4大学にベンチャー資金計1000億円を配分し、各大学は産業競争力強化法と国立大学法人法の改正をまって投資会社を設置した。企業数はふたたび伸び始め、2022年度には3782社となり、大学別では東京大学など上位10校で半数以上をしめた。しかし、上場企業は63社、時価総額は1兆8287億円と存在感は小さく、今後、基金の収益性や、制度としての正当性が問われる可能性がある。

○ 4-9章　iPS細胞の誕生と展開

動物などの多細胞生物は、最初の細胞である受精卵の分裂により細胞が増殖し

て成長する。発生初期の細胞（幹細胞）は、すべての組織・器官に分化していく多能性をもつが、それは成長によって失われる。2006 年に京都大学の山中伸弥らは、マウスの繊維芽細胞に 4 つの遺伝子を導入することで、体細胞を初期化して多能性を誘導することに成功した。これを iPS 細胞（induced Pluripotent Stem cells: 人工多能性幹細胞）という。2007 年にはヒトの細胞で同様の結果が示され、山中は 2012 年にノーベル医学・生理学賞を授与された。京都大学には iPS 細胞研究センターが設置され、2010 年に iPS 細胞研究所に改組されて、2019 年には事務職員、研究支援職や大学院生を含む 550 名の大所帯に成長した。京都大学の iPS バンク事業は多くの大学・研究機関・企業における医療や創薬に向けた研究をうながし、さまざまな成果をあげている。政府は、2013 年度からの 10 年間に約 1100 億円の研究費を投入してこれを可能とした。

○［コラム］　STAP 細胞

　理化学研究所の小保方晴子は、STAP（Stimulus-Triggered Acquisition of Pluripotency：刺激惹起性多能性獲得）細胞を見出したとする論文を 2014 年の Nature 誌に発表したが、過誤と不正を指摘されて社会問題となり、半年後に論文を撤回した。刺激によって細胞が多能性を獲得することを指す STAP は、自然界では植物や一部の動物に例があり、荒唐無稽な仮説ではない。小保方は、学士課程では応用化学科で海洋微生物を、博士前期課程では組織工学（細胞を用いて生体外で移植可能な組織を作り出す領域）を研究した。博士後期課程に進学して、米国への短期留学中に、のちに STAP 細胞と称する課題の研究に着手した。論文を撤回した原因のひとつは実験記録の整理の不備にあった。発生生物学領域の基礎的な知識・技能を充分に身につけないまま、理化学研究所でこの領域の研究を進めたようにもみえる。Nature 誌の論文には、専門家が一読して違和感をおぼえるほどの瑕疵があったようで、公表の直後から疑問が示されていた。

【参考文献】

　（※ URL の最終閲覧日は、2024 年 6 月 17 日）

秋田茂 (2019)「グローバル化の世界史」秋田茂編『グローバル化の世界史』ミネルヴァ書房, 1-17.

Christensen, Clayton M. (2000) *Innovator's Dilemma: When New Technologies Cause Great Firms to Fail, Revised Edition*, Harvard Business School Press. = (2001) 玉田俊平太監修, 伊豆原弓訳『イノベーションのジレンマ――技術革新が巨大企業を滅ぼすとき』増補改訂版, 翔泳社.

Fujigaki, Yuko ed. (2015) *Lessons From Fukushima: Japanese Case Studies on Science*, Springer.

International Money Fund (2024), World Economic Outlook Database. https://www.imf.org/en/ Publications/WEO/weo-database/2024/April

科学技術・学術政策研究所 (2023)『科学技術指標 2023』調査資料 328. https://www.nistep.go.jp/sti_indicator/2023/RM328_table.html

気象庁 (2024)「日本付近で発生した主な被害地震」. https://www.data.jma.go.jp/eqev/data/higai/ higai1996-new.html

喜多村和之 (1989)『学校淘汰の研究――大学「不死」幻想の終焉』東信堂.

喜多村和之 (1990)『大学淘汰の時代――消費社会の高等教育』中央公論新社.

木崎健太郎 (2014)「進化する新幹線地震対策、送電停止 0.5 秒で判断へ――新幹線早期地震検知システム」日本経済新聞. https://www.nikkei.com/article/DGXNASFK2600Q_W4A320C1000000/

国立教育政策研究所 (2015a)「1947(昭和 22) 年度～1954(昭和 29) 年度 進学適性検査 (知能検査)」. https://www.nier.go.jp/04_kenkyu_annai/kako_test/shinteki.html

国立教育政策研究所 (2015b)「1963(昭和 38) 年度～1968(昭和 43) 年度 能研テスト」. https:// www.nier.go.jp/04_kenkyu_annai/kako_test/nouken.html

宮本孝一 (2023)「年表　新型コロナウィルス感染症対策 (2019.12～2023.5)」東京都健康長寿医療センター. https://www.tmghig.jp/cms_upload/63a792be40033dfc906d11c7f734ac27.pdf

文部科学省 (2011)「東日本大震災における学校施設の被害状況等」. https://www.mext.go.jp/b_menu/shingi/chousa/shisetu/017/shiryo/__icsFiles/afieldfile/2011/06/28/1307121_1.pdf

文部科学省 (2023)「参考資料集」. https://www.mext.go.jp/kaigisiryo/con-

tent/000255573.pdf
内閣官房内閣広報室 (n.d.)「歴代内閣」. https://www.kantei.go.jp/jp/rekidainaikaku/index.html
西村吉雄 (2019)『イノベーションは万能ではない』日経BP.
太田康夫 (2021)『日本化におびえる世界—ポストコロナの経済の罠』日本経済新聞出版.
Rogers, Everett M. (2003) *Diffusion of Innovation*, Fifth Edition, Free Press. =（2007）三藤利雄訳『イノベーションの普及』翔泳社.
高橋哲史 (2011)「中国GDP、世界22位確実に　日本、42年ぶり転落」日本経済新聞 1月20日. https://www.nikkei.com/article/DGXNASGM1905R_Q1A120C1000000/
泊次郎 (2015)『日本の地震予知研究130年—明治期から東日本大震災まで』東京大学出版会.
塚原修一 (2011)「大学・学術・教育」吉岡斉（編集代表）『[新通史]日本の科学技術　世紀転換期の社会史 1995年〜2011年』原書房 第3巻, 2-12.
塚原修一 (2012)「世紀転換期の政策動向—科学技術と高等教育を対象に」吉岡斉（編集代表）『[新通史]日本の科学技術　世紀転換期の社会史 1995年〜2011年』原書房 別巻, 131-153.
塚原修一 (2023)「日本の2010年代の高等教育政策—教育のいわゆる無償化と研究開発を事例に」『教育総合研究叢書』関西国際大学, 16, 155-168.
内城喜貴 (2023)「新型コロナの累計死者は6万人、感染者は3000万人超 4年目を迎えても収束の見通し立たず」Science Portal. https://scienceportal.jst.go.jp/explore/review/20230116_e01/
吉岡斉 (2012)「脱原発世論の台頭——異端から正統へ」吉岡斉（編集代表）『[新通史]日本の科学技術　世紀転換期の社会史 1995年〜2011年』原書房 別巻, 2-26.

4-1 政治主導の政策形成
――教育分野を中心に
Politics-led Policy Formation in the Field of Education

塚原修一

　戦後の日本では1955年から1993年まで自由民主党（自民党）の内閣が続いたが、1980年代には長期政権の弊害が目立ちはじめ、2大政党による政権交代が構想された。1989年にはじまる冷戦終結などにより内外の環境が変化すると、前例にとらわれない政治主導の政策形成が期待された。

　政治主導ないし官邸主導とは政策形成の主体を指す[*1]。行政主導や官僚主導に対比され、それらより大きな政策、大胆な政策、府省にまたがる政策などが想定される。本章では1〜3節に1990年代の政治改革と行政改革の経過を略述し、4〜6節は政治主導・官邸主導の政策形成について教育を中心に述べる[*2]。政権交代や政治主導の政策形成は現代政治学の研究課題のひとつであり、先行研究は数多い。それらを参照して前半を記述する。政治主導・官邸主導の教育政策は幼児教育から高等教育まで及ぶ。いずれかに注目した先行研究はあるが、それらを一括したものは調査のかぎりでは見あたらなかった。

1 政治改革

　1988年6月のリクルート事件（政治家などに未公開株を譲渡した汚職事件）により国民の政治不信は高まり、1989年6月に竹下登内閣は総辞職した。危機感を

---

* 1　官邸主導とは「首相が政治的任用者を含む直属スタッフの補佐を得つつ、閣僚や与党執行部を主たる権力基盤として自律的に行う政権運営や政策決定のあり方」である（待鳥 2012:101）。
* 2　本章の2節と4〜6節は、塚原（2023）のI〜IV章を再構成したものである。

いだいた自由民主党は同年5月に「政治改革大綱」(自由民主党 1989)を党議決定し、政治倫理の確立とともに、多額の政治資金を要する中選挙区制の見直しなどを打ち出した。6月に発足した第8次選挙制度審議会は1990年4月に第1次答申を提出し、時代の変化に即応した「政治における意思決定と責任の帰属の明確化」と「政権交代により政治に緊張感が保たれること」が必要であり、それには「小選挙区比例代表並立制……が適当」(選挙制度審議会 1990:5)とした。その理由は内外情勢の変化にあり、世界的には冷戦終結により東西対立が消滅して新たな課題(1991年の湾岸戦争への貢献など)が登場し、国内ではバブル経済の崩壊により少子高齢化・低成長の時代となり、負担の分配(消費税など)が政治の課題になったとする(川上 2022:24-25)。

1993年8月に非自民の細川護熙連立内閣が誕生し、11月には政治改革4法として、公職選挙法改正(小選挙区比例代表並立制の導入)、衆議院議員選挙区画定審議会設置法、政治資金規正法改正(政治献金の規制強化)、政党助成法(政党への公費助成)が成立した。これらは政党内の派閥や族議員(特定の政策分野に精通して関連業界の利益を代弁する議員)の力を弱め、党首・党本部の支配力を強めた。

2 行政改革——内閣機能の強化

日本の政策決定は分散的にボトムアップで行われてきた。多くの法案は各省の課が起案し、省内の調整と関係省庁との折衝ののち、自民党の政務調査会や総務会において調整がなされ、事務次官会議における確認を経て閣議決定される。この方式は合意形成に時間がかかり、大胆な政治的決定をさまたげた(池田 2016:116-119)。

1996年1月に自民党が政権に復帰して橋本龍太郎内閣が発足し、新しい制度による最初の総選挙(同年10月)に行政改革をかかげて勝利した。橋本内閣は11月に行政改革会議を設置し、翌年9月の中間報告には、閣議における総理大臣の発議権、内閣官房の企画立案機能、内閣府と経済財政諮問会議の設置などが含まれた。その後の与党との折衝では「郵政民営化、情報通信行政、河川行政、省の数」などが、猛烈に議論された(河野 2022:38-40)。12月の『最終

報告』(行政改革会議 1997)の第1章では、行政の総合性・戦略性・機動性の確保(内閣機能の強化、中央省庁の大括り再編成)、行政の透明化(情報公開、国民への説明責任、政策評価機能の向上)、行政の簡素化・効率化(事業の見直し、独立行政法人制度の創設など)が提言された。第2章では「行政事務の各省庁による分担管理原則は……限界ないし機能障害を露呈し」、「国政全体を見渡した総合的、戦略的な政策判断と機動的な意思決定をなし得る行政システム」を実現するために「内閣機能の強化を図る」とした。[*3]

1998年6月に橋本内閣は中央省庁等改革基本法を公布し、翌年7月に小渕恵三内閣は中央省庁等改革関連17法律を公布した。そのなかで内閣法を改正し、閣議における首相の発議権(4条)とともに、内閣の重要政策などに関する「企画及び立案並びに総合調整」(12条2項4号)を内閣官房の事務に規定し、内閣府設置法を公布した。また、国家行政組織法を改正し、府省の系統的な構成(2条)について「明確な範囲の所掌事務と権限」を「任務及びこれを達成するため必要となる明確な範囲の所掌事務」に改めて範囲の規定を緩和し、各府省に副大臣と大臣政務官をおいた(16条1項、17条1項)。2001年には1府21省を1府12省とする新制度が発足した。

3. 行政改革——公務員制度改革

3-1 2000年までの経緯

行政改革会議の『最終報告』(第5章)は改革における人の重要性を指摘していた。しかし公務員制度改革の方向については、首相への人事の集権化(幹部職員の一括管理、一括採用、首相による各任命権者の行う人事管理の事務の統一保持など)と、分権・規制緩和(多様な人材の確保、各任命権者による人事管理の弾力化、人事院による統制の緩和など)という2つの方向が打ち出された(嶋田 2022:87-88)。

内閣への人事の集権化について、1949年に当時の吉田茂内閣は、各省の次

[*3] 1990年前後の官邸に対する関係者の認識は「陣容が……少人数で貧弱」、「危機管理対応、総合調整機能の発揮については不十分な体制」、「各省の出先と化して……政策を考える人がいない」であった(河野 2022:28)。

官などの重要人事を任命発令するさいは閣議了解を求める旨を閣議決定していた（内閣官房 1949）。これは形骸化し、幹部公務員の任命権者は各省の大臣であるが、各省のいわゆる事務方が人事を決定する慣行が形成された。1997 年の橋本内閣と 2000 年に森喜朗内閣は、その見直しを閣議決定した（嶋田 2022:88）。

3-2 小泉純一郎内閣から 2009 年まで

　こうして、2001 年には新制度のもとで内閣主導の政策形成が制度と人事の両面から可能となった。2001 年 4 月に発足した小泉内閣がそれを実現したが、その方式は制度より関係者の個人的な資質と力量に依存するもので、首相の個性、政務秘書官が考案したメディア戦略、内閣の国民的人気によっていた（内山 2007: iii‒v、4-7）。あわせて、国会議員ではない竹中平蔵内閣府特命担当大臣（経済財政政策）の登用、内閣府におかれた経済財政諮問会議の活用（内山 2007:36-37）、内閣官房副長官（事務）の調整力による政治と官僚全体との円滑な関係の維持（嶋田 2022:90）などもなされた。一方、小泉は公務員制度改革にあまり関心がなく、2001 年 12 月に閣議決定した公務員制度改革大綱は、各省大臣の裁量を高める分権化をめざすものであったが実現しなかった。

　その後、2007 年 7 月に第 1 次安倍晋三内閣は国家公務員法改正を公布し、新たな人事評価の導入（第 70 条の 2 〜）と再就職規制の見直し（第 106 条の 2 〜）を規定した。2008 年 6 月に福田康夫内閣は国家公務員制度改革基本法を公布した。この法律では改革の基本理念（2 条）に国家公務員の役割、人材登用・育成、官民交流、国際性、職業倫理・評価、処遇・仕事と生活の調和、人事管理などを幅広くあげ、政治主導の強化、縦割り行政の弊害の排除、内閣官房における一元的な幹部人事管理の導入（5 条）、内閣人事局の創設（11 条）などを柱とした。2009 年 3 月に麻生太郎内閣は、この柱にそった国家公務員法改正案を提出したが、衆議院の解散により廃案となった（嶋田 2022:91-99）。

3-3 内閣人事局の創設──2010 年代

　民主党は 2009 年の選挙公約であるマニフェスト（民主党 2009）の冒頭に、5 原則・5 策として政治主導の政策形成をかかげた。2009 年 9 月の政権交代ののち、鳩山由紀夫内閣はこれをふまえた「基本方針」（鳩山 2009）を定め、政策形成に

ついては、利権政治・官僚依存の政治システムからの脱却、政治主導・国民主導の政治、政務三役（大臣、副大臣、政務官）会議を中心とした政策形成、事務次官等会議（官僚による政策等の事前調整）の廃止、首相直属の国家戦略局の設置、行政刷新会議による行政の見直しなどをあげた。しかし順調には進まず、国家戦略局は実現しなかった。行政刷新会議による公開の事業仕分けは注目されたが、歳出削減の効果はかぎられていた。

民主党内閣は 2010 年と 2011 年に国家公務員法改正案を提出したが、いずれも廃案になった（井田 2013:6）。2011 年 3 月 11 日に東日本大震災と東京電力福島原発事故が発生すると、3 月 22 日に各府省事務次官からなる被災者生活支援各府省連絡会議を設置し、5 月に東日本大震災各府省連絡会議と改称された。9 月に発足した野田佳彦内閣は、これを毎週の各府省連絡会議とした（西尾 2012:49）。

2012 年 12 月に発足した自民党の安倍内閣（第 2 次以降、以下同じ）は、政官のあり方に関する申し合わせ（安倍 2012）のなかで、「誤った政治主導を是正し、政・官の役割を明確に」して、「相互に信頼の上に立った本当の意味での政治主導を確立する」とした。また、首相側近のいわゆる官邸官僚が政策形成を主導し、政策目標の実現のために人事権を活用した（川上 2022:140-142）。2014 年 4 月には国家公務員法の改正を公布し、幹部人事の一元管理（61 条の 4）を導入した。同日に内閣法を改正公布し、内閣人事局を設置して内閣人事局長は首相が内閣官房副長官の中から指名する者をもって充てるとして（20 条）、内閣人事局は 5 月 30 日に設置された。池田（2016:153-154）によれば、国家公務員の審議官以上（約 600 人）の人事は、それまで官房副長官（事務）の仕事であったが、これにより官房副長官（政務）が行うことになり、官僚の幹部人事を実質的な政治任用にした〈霞が関の革命〉である。人事権の活用は 2020 年 9 月に発足した菅義偉内閣に受けつがれた。2024 年 10 月に誕生した石破茂内閣は少数与党となり、官邸主導よりも国会における政党間の交渉によって政策が決定されている。

4. 政治主導の教育政策——2009 年まで

政治（官邸）主導の政策形成は以前にもあった。教育分野では、中曽根康弘内

閣が設置した臨時教育審議会（1984-87年）が大学改革の出発点となった。設置の過程では学制改革が構想されていたが（大島・高木 2018:63）、設置後は教育の自由化が推進された。その後、小渕恵三内閣のもとで国家公務員の定員削減の一環として国立大学の法人化が議論された（1999年）。小泉内閣が2001年に決定した「大学（国立大学）の構造改革の方針」（文部科学省 2001）には、国立大学の再編・統合、国立大学法人への早期移行、競争原理の導入が盛り込まれ、国立大学からの反対にもかかわらず実施された。それらの到達点として2004年に現行制度（準則主義による大学設置認可、大学の認証評価制度、国立大学の法人化）が発足した。

2002年には小泉内閣が地方分権改革の一環として三位一体改革（国庫補助負担金の削減、国から地方への税源移譲、地方交付税の見直し）を進めたが、財務省、総務省、地方自治体（地方6団体）が折りあわず、結果として2006年度から義務教育費国庫負担制度の国の補助率を2分の1から3分の1に縮小し、負担金の使途が地方裁量となった（藤田 2006）。この決着は官邸と文部科学省・文教族の力関係によるものとされるが、これ以降、文部科学省は予算確保のために政治との連携を強めた（勝田 2019:32）。

2006年に第1次安倍内閣は教育基本法を改正した。[*4] 自民党の結党以来の政策目標であり、その実現を行政改革が推進したといえる。勝田（2019：32-34）によれば、文部科学省は改正に積極的でなかったが、急激な予算の減少をみて政治との連携を図った。政府案は与党が作成して文部科学省が協力した。教育基本法は改正により、理念法から政策分野を列挙する〈担保法〉の性格を強めた。教育振興基本計画は予算の確保に貢献し、国と地方自治体の責務や関連法令の制定に関する規定は、教育行政を国の統制下におくもので、いずれも文部科学省の省益に資するという。

＊4　教育基本法の改正に関する先行研究は少なくないが、本稿の主題からはずれるので、最近の論考を参照した記述にとどめた。

5. 教育の無償化

5-1 民主党のマニフェスト

　教育の無償化は2010年代に実現した政治主導による政策のひとつである。民主党の選挙公約である2009年版のマニフェストは、政治主導の政策形成（前述）、ムダづかいの根絶（国の総予算207兆円の全面組替え）、子育て・教育、年金・医療、地域主権、雇用・経済の順に構成されていた。すなわち、政治手法、財源に続いて、子育て・教育は政策分野の先頭におかれ、中学卒業まで1人あたり年31万2000円（月額2万6000円）の〈子ども手当〉、高校の実質無償化、大学の奨学金の大幅な拡充が表明された（民主党2009）。

　民主党は教育に熱心で、2005年と2009年のマニフェストに「コンクリートから人へ」を標榜した（海江田2014:222、254）。学校段階別にみると、〈子ども手当〉は、2004年が義務教育終了年齢までの子ども手当の充実、2005年は所得制限のない月額1万6000円の子ども手当（中学校卒業まで）であり、2007年と2009年は月額2万6000円に増額した（海江田2014:214、222、230、249、261）。高校については、2005年に私立高校進学者への授業料補助が、2007年と2009年に高校の無償化（公立高校の授業料などの無償化、私立高校生の学費負担の軽減）が盛り込まれた（海江田2014:231、249、261）。高等教育は、2007年に無償化をあげたが（海江田2014:249）、それ以外は奨学金の拡充とした。

5-2 高校の無償化

　このうち高校の無償化が最初に実現して、2010年の「公立高等学校に係る授業料の不徴収及び高等学校等就学支援金の支給に関する法律」により、公立高校は授業料を無償（不徴収）とした。私立高校の生徒には世帯の収入に応じた就学支援金を支給し、その金額を高校が受け取って授業料にあてた。民主党の教育無償化は所得制限を設けないが、社会全体で子どもを育てるという理念によるもので、いわゆるバラマキではないとする（菅2021:130-137）。2014年に自民党の

---

　*5　民主党内閣において文部科学省は朝鮮学校を無償化の対象とする方針であったが、諸般の事情で進捗せず、安倍内閣のもとで対象外となった（前川・寺脇2017:133-138）。

安倍内閣はこれを「高等学校等就学支援金の支給に関する法律」に改正し、所得制限を導入して、私立高校の生徒のうち低所得層への就学支援金を増額した。さらに公明党の主張により（田原・山口 2020:190-192）、2020年度から就学支援金を私立高校の授業料の平均（年額39万6000円、年収590万円未満の場合）まで引き上げた。

　前川・寺脇（2017:99-100）によれば高校の無償化は民主党の目玉政策で、自民党と公明党の政権が「続いていたなら……実現できなかった」。「毎年4千億円ほど」を要し、財源は「文部科学省の中からも、ある程度かき集め［たが］全然足りない」ので、「15歳から18歳までの子の扶養控除を縮減して、それにより得られた所得税の増収分を財源の一部に充て」た。「強力な政治主導がなければ、こうした政策はでき」ないという。

5-3 幼児教育の無償化

　幼児教育の課題には無償化（負担軽減）のほか、保育所の定員増（収容力）、幼稚園と保育所の一体化（制度）、育児休業（労働）などがあって複雑である。負担軽減について、児童を養育する家庭への手当は児童手当法（1971年）にはじまり、公明党はその実現に尽力したとする（公明党 2018）。当初は対象が限定され、1980年前後には廃止論もあったが、1990年代以降は少子化が社会問題となって対象が拡大し、支給額も増加した。2007年の支給月額は3歳未満の児童が1万円、3歳から小学校修了までの児童は第2子が5000円、第3子以降が1万円で、所得制限（夫婦と児童2人世帯で約600万円まで）があった。

　民主党のマニフェストでは「子ども手当」をしだいに増額して月額2万6000円となり、選挙のたびに新しい政策が付加されて財源の裏付けが乏しくなったという（中北 2013:22-25）。そのため、民主党内閣の初（2010）年度は恒久的財源が確保できず、「平成二十二年度における子ども手当の支給に関する法律」により6月から上記の半額を支給した。年度ごとの法改正により支給を継続し、2011年10月から3歳未満と小学生までの第3子以降が月額1万5000円、3歳から小学生の第2子までと中学生は1万円を支給した。2012年3月には東日本大震災の復興財源の確保を優先して子ども手当を廃止し、民主、自民、公明の3党合意（社会保障と税の一体改革）を経て、4月から所得制限（年収960万円まで）のある新

たな児童手当の支給を開始した（中村 2021）。2024 年には児童手当の拡充により、所得制限の撤廃、支給期間の高校生年代までの延長、第 3 子以降の支給額の増額がなされた。

　負担軽減とは区別した幼児教育の無償化は公明党の 2006 年の政策文書（公明党 2006:9）にある。2012 年には自民党と公明党の連立による安倍内閣の合意文書に「公明党が強く主張し」て盛り込まれた（田原・山口 2020:188）。教育再生実行会議の 2 回の提言（2014 年、2015 年）、2017 年の衆議院選挙などを経て閣議決定され（内閣府 2018b:1-7）、2019 年 10 月に開始された。対象は 3 歳から 5 歳までの子と、0 歳から 2 歳までの住民税非課税世帯の子である。現行制度の施設（幼稚園、保育所、認定こども園など）は利用料を無料とした。それ以外（認可外保育施設など）の利用者には、子ども・子育て支援法（2012 年）を改正して一定の金額まで無償化する給付制度を創設した。児童手当と子ども・子育て支援給付は、こども家庭庁（2023 年設置）の所管となった。以上で述べた全世代型社会保障の一環として、消費税率の 10％への引き上げによる増収分を財源とした。[*6] 2021 年度の予算額は 8858 億円で、対象人数は約 300 万人である（内閣府ほか 2021）。

5-4 高等教育の修学支援新制度

　高等教育の負担軽減制度は戦前からあったが、対象者の数がかぎられていた。日本育英会による有利子の奨学金は 1984 年に導入され、1999 年には貸与基準を引き下げて（きぼう 21 プラン）、2006 年度に貸与人数が 100 万人を突破した（白川 2018b:17-18、22）。当時は大学の授業料が上昇傾向にあり、家計による学費

＊6　中村によれば、社会保障と税の一体改革とは消費税を社会保障の財源とすることである。その議論において強調された全世代型社会保障とは、高齢期に集中していた社会保障を、子ども・子育て支援、若年層の就労・能力開発支援などに拡大して未来への投資に転換することで、民主党、自民党、公明［の幹事長］による 3 党合意（2012 年 6 月）にかかわる有識者検討会報告書（2010 年 11 月）と国民会議の報告書（2013 年 8 月）に明記された（中村 2021:437、447）。3 党合意の当事者ではない安倍には「消費税を 2 度も引き上げることにためらいがあり」、公明党の山口那津男が「消費税引き上げによる財源を幼児教育無償化に充てるということを国民のみなさんが理解を示してくれたら、何とか実現できるのではないか」と説得した。全世代型社会保障とは「幼児教育無償化を実行するためのラベル」なのだという（田原・山口 2020:189）。

負担は限界に近づいていた（小林 2008）。2000 年代後半には奨学金返還の滞納が増加して、日本学生支援機構が回収を強化したところ社会問題となり、返済猶予制度が 2011 年度に導入された（白川 2018b:20-24）。

　2015 年に安倍内閣が一億総活躍社会の実現をめざすと、教育再生実行会議（2015：4）は高等教育の負担軽減を提言した。2016 年の参議院選挙では各党が奨学金に関する政策を提示した。この年は奨学金に関する新聞記事が（例年の 300 件前後から）1300 件にのぼり（白川 2018a:39）、奨学金破産を主題としたテレビ番組に大きな反響があった[*7]。日本学生支援機構は貸与奨学金の所得連動返還方式（2016 年度）や、給付型奨学金の導入（2018 年度から本格実施）を進めた（白川 2018b:20-24）。

　高等教育の無償化は、民主党の 2007 年のマニフェスト（海江田 2014:249）にあるが熱心ではなかった。2017 年に日本維新の会は、公約のひとつにこれを掲げた（日本維新の会 2017）。同年に安倍首相は高等教育を無償化するための憲法改正を提唱したが（安倍 2017）、「改憲に前向きな日本維新の会の看板政策に配慮したものと受け止められた」（清水 2022:158）。2 回の閣議決定（内閣府 2017、2018a）を経て、真に支援が必要な低所得世帯の者に対して授業料・入学金の減免と給付型奨学金の支給を行う制度となった（内閣府 2018b:8-13）。前者は 2019 年に「大学等における修学の支援に関する法律」を公布し、後者は日本学生支援機構の給付型奨学金を拡充した。

　対象となる学校は大学等（大学、短期大学、高等専門学校、専修学校専門課程）である。住民税非課税世帯の学生を対象とし、これに準ずる世帯の学生も対象として支援の段差をなだらかにする。国公立大学と私立大学、自宅生と自宅外生は金額が異なり、支援対象の学生と大学等に要件を設定した。消費税率の 10％への引き上げによる増収分を財源として 2020 年 4 月に開始し、2021 年度の国の予算額は 4804 億円、公立大学など地方負担分を含めて 5208 億円である（文部科学省 2021）。

　＊7　NHK クローズアップ現代による奨学金破産のテレビ番組（2016 年 6 月 2 日、8 月 24 日）。

6 高等教育政策の動向

6-1 民主党の高等教育政策

　民主党は事業仕分けにおいて、高等教育と科学技術の予算を縮減の対象とした。政権獲得後のマニフェストには高等教育について、2010年に「大学の授業料減免制度を拡充し、教育格差を是正」と「国際的に活躍する人材を養成」があり、2012年は「世界のトップレベルの研究開発の成果を社会に還元」のなかに「世界で戦える……研究大学を増強」がある（海江田 2014:269、273、289）。このうち奨学金の拡充は実現したが（菅 2021:140-142）、そのほかは東日本大震災（2011年）もあり実現しなかった。

6-2 安倍内閣と教育再生実行会議

　2012年12月の安倍内閣の誕生に先立ち、自民党は総裁の直属機関として教育再生実行本部を10月に発足させた。11月に発表した「中間取りまとめ」（自由民主党 2012）には、政権を奪還したさいに直ちに実行するべき政策として、5つの課題（a. 学制改革、b. いじめ防止対策基本法の制定、c. 教科書検定・採択、d. 大学教育の強化、e. 教育委員会制度）をあげた。広田（2014:10-11）によれば、イデオロギー色が強い自民党文教族の自前案（b、c）と文部科学省の懸案事項（d、e）が含まれ、後者は「中間取りまとめ」への文部科学省の協力をうかがわせるという。
　安倍内閣は、閣議決定によって設置した教育再生実行会議が、中央教育審議会に先立って提言をまとめる方式を採用した。その第1回会議（2013年1月24日）では、上記の「中間取りまとめ」なども参考に可能なものから取り組むとして、当面は、いじめ問題への対応、教育委員会の抜本的な見直し、大学の在り方の抜本的な見直し、グローバル化に対応した教育等を審議し、その後に、6334制の在り方、大学入試の在り方等を検討するとした（教育再生実行会議 2013a）。教育再生実行会議は2013年から21年までに12の提言を行い、後述する大学改革（教育再生実行会議 2013b）は政治主導・官邸主導ならではのものである。教育投資（教育再生実行会議 2015）と幼児教育の無償化（教育再生実行会議 2018）は5節でふれたが、多額の予算を要する政策が政治主導・官邸主導により実現された。

6-3 アベノミクスと大学改革

　安倍内閣は、不況からの脱却をめざす経済政策（アベノミクス）として3本の矢（金融緩和、財政出動、成長戦略）を展開した。大学改革は成長戦略のひとつとされ、第4回産業競争力会議（2013年3月15日）において下村博文文部科学大臣は、大学を核とした産業競争力強化プランとして、グローバル人材の育成、大学発のイノベーション創出、社会との接続・連携強化、学び直しの促進をあげた（産業競争力会議2013）。日本経済再生本部長である首相は「意欲と能力に富む全ての学生に留学機会を与える環境整備」を文部科学大臣に指示し（安倍2013）、第7回産業競争力会議（4月23日）で文部科学大臣は、国立大学改革、グローバル人材の育成、社会人の学び直しについて、教育再生実行会議が5月末に改革プランを提言すると述べた。

　この提言（教育再生実行会議2013b）は次のように実現された。グローバル人材の育成は、海外留学支援制度、スーパーグローバル大学創生支援事業、スーパーグローバルハイスクール指定制度（いずれも2014年度）となった。大学のガバナンス改革については、大学の教育研究機能を最大限に発揮するために、学長のリーダーシップの確立や教授会の役割の明確化がなされた（学校教育法、国立大学法人法の改正、2015年施行）。

　大学の機能別分化も推進された。教育再生実行会議（2013b:1）には3類型（世界水準の教育研究の展開拠点、全国的な教育研究拠点、地域活性化の中核的拠点）が例示され、2017年までの5年間を大学改革実行集中期間と位置づけた。国立大学改革プラン（文部科学省2013）には、この3類型がミッションの再定義による機能強化の方向性として示され、第3期中期目標期間（2016-21年度）に国立大学法人の運営費交付金や評価のあり方を抜本的に見なおすとした。2017年には国立大学法人法を改正して、世界最高水準の教育研究活動の展開が見込まれる「指定国立大学法人」に給与基準などの規制緩和を認めた。

　安倍内閣はイノベーションに熱心で、5年ごとの科学技術基本計画を具体化するため、2013年から「科学技術イノベーション総合戦略」を、2018年以降は「統合イノベーション戦略」を毎年策定した。そこでは2017年が官民投資の拡大、2018年は大学の経営環境の改善（財源の多様化）が目標のひとつとされ、そのなかで構想された「10兆円規模の大学ファンド」が2021年度に実現した。その運

用益を活用した大学支援の対象（国際卓越研究大学）として、2024年に東北大学が認定された。。

7．政治主導による2010年代の諸政策

　国内外の情勢の変化により、前例にとらわれない政治主導・官邸主導の政策形成が求められ、内閣機能を強化した新しい制度は2001年に発足して2010年代に活用された。その主な課題のひとつが縦割り行政の弊害の排除であった。

　（1）　教育の無償化は政治が文部科学省と財務省の調整を担い、民主、公明、自民の3党が政権交代を超えて推進した。教育費の社会的負担には、無償化のほか、国公立学校の設置、私学助成などがある。学齢期の子をもつ正規雇用者は本給に手当が追加され、税控除がなされる。この制度の枠外にある非正規雇用が雇用者の4割弱になるなかで（濱口 2021:76-80）、それにかわる措置が予算額2兆円の無償化すなわち公的給付による人材育成である。教育機会の拡大からみると、幼児教育は無償化により利用機会が拡充された（日本総合研究所 2022）。高校は進学率が100％に近く、進学機会が拡大する余地はあまりない。高等教育では専門学校の進学率が8ポイント増加し（柳浦ほか 2022）、高等教育全体の進学率を1ポイントほど高めた。

　（2）　安倍内閣の大学改革は経済への貢献を重視し、高等教育の機能分化、特定の大学群への資源の重点配分、グローバル人材の育成などを推進した。予算の総枠を抑制したなかで重点配分がなされたため、それ以外の大学の窮乏化と、論文数のような日本全体の成果指標の低下を招いた。

　（3）　縦割り行政の弊害を排除した組織編成の成功事例として、小谷賢はインテリジェンス（諜報、防諜。以下では情報という）をあげる。日本の情報組織は、戦前は陸軍、海軍、外務省、内務省（警察）、司法省の縦割りで、戦後は内閣情報調査室、公安調査庁、防衛省・自衛隊、警察庁、外務省などに縦割りが引き継がれた。これに対して、2013年には国家安全保障会議を内閣におき（安全保障会議設置法の改正）、事務局である国家安全保障局を内閣官房におくことで（内閣法の改正）、縦割りの克服がはかられたという（小谷 2022:10、57-58、216-219）。

(4) 真渕（2010:27-31）は官僚の政策関与と自律性（政治との関係）を類型化し、戦前の国士型（政党政治から超然とした政策形成）から、1970年代以降は調整型（族議員と密接な関係による政策形成）に移行し、1990年代以降に幹部は従属型（政治に従属した政策形成）、それ以外は吏員型（政策形成から逃避）になったとする。政治主導・官邸主導の政策形成では政治の責任が重く、官僚の公益志向の低下と人材難の回避もそこに含まれる。

【参考文献】
（※以下のURLの最終閲覧日は2023年11月15日）
安倍晋三 (2012)「政・官の在り方」閣僚懇談会申し合わせ, https://www.cas.go.jp/jp/siryou/pdf/121226seikan.pdf
安倍晋三 (2013)「第4回・第5回産業競争力会議の議論を踏まえた当面の政策対応について」第6回日本経済再生本部 本部長指示, https://www.kantei.go.jp/jp/singi/keizaisaisei/dai6/siji.pdf
安倍晋三 (2017)「自由民主党総裁メッセージ」第19回公開憲法フォーラム, https://www.asahi.com/articles/ASK534KF0K53UTFK002.html
藤田安一 (2006)「三位一体改革が地方財政に与えた影響に関する一考察」『地域学論集』鳥取大学地域学部, 3(1), 43-54.
行政改革会議 (1997)『最終報告』.
濱口桂一郎 (2021)『ジョブ型雇用社会とは何か――正社員体制の矛盾と転機』岩波書店.
鳩山由紀夫 (2009)「基本方針」, https://www.kantei.go.jp/jp/tyokan/hatoyama/2009/0916siryou1.pdf
広田照幸 (2014)「教育課程行政をめぐるポリティックス―第二次安倍政権下の教育改革をどうみるか」『教育學雑誌』日本大学教育学会, 50, 1-15.
池田信夫 (2016)『「強すぎる自民党」の病理――老人支配と日本型ポピュリズム』PHP研究所.
井田敦彦 (2013)「国家公務員制度改革の経緯と論点」『調査と情報』国立国会図書館, 765.
自由民主党 (1989)『政治改革大綱』, http://www.secj.jp/pdf/19890523-1.pdf

自由民主党 (2012)「教育再生実行本部 中間取りまとめ」, https://www.jimin.jp/policy/policy_topics/pdf/saisei-007_1.pdf, https://www.jimin.jp/policy/policy_topics/pdf/saisei-008_1.pdf

海江田万里編 (2014)『民主党公式ハンドブック2014』勉誠出版.

菅直人 (2021)『民主党政権 未完の日本改革』筑摩書房.

勝田美穂 (2019)「教育基本法改正の立法過程—官邸主導体制は何を変えたのか」『岐阜協立大学論集』53(2), 19-39.

川上高志 (2022)『検証 政治改革——なぜ劣化を招いたのか』岩波書店.

公明党 (2018)「子育て・教育こそ希望」, https://www.komei.or.jp/content/kyouiku2018/

河野康子 (2022)「橋本行革と統治機構改革の政治過程——内閣機能強化を中心として」奥健太郎, 黒澤良（編）『官邸主導と自民党政治——小泉政権の史的検証』吉田書店, 25-47.

小谷賢 (2022)『日本インテリジェンス史——旧日本軍から公安、内調、NSCまで』中央公論新社.

教育再生実行会議 (2013a)「教育再生実行会議（第1回）議事要旨」, https://www.kantei.go.jp/jp/singi/kyouikusaisei/dai1/gijiyousi.pdf

教育再生実行会議 (2013b)『これからの大学教育等の在り方について（第三次提言）』.

教育再生実行会議 (2015)『教育立国実現のための教育投資・教育財源の在り方について（第八次提言）』.

教育再生実行会議 (2017)『自己肯定感を高め、自らの手で未来を切り拓く子供を育む教育の実現に向けた、学校、家庭、地域の教育力の向上（第十次提言）』.

真渕勝 (2010)『官僚』東京大学出版会.

前川喜平, 寺脇研 (2017)『これからの日本、これからの教育』筑摩書房.

待鳥聡史 (2012)『首相政治の制度分析—現代日本政治の権力基盤形成』千倉書房.

民主党 (2009)『政権交代。民主党の政権政策 Manifesto』, http://archive.dpj.or.jp/special/manifesto2009/pdf/manifesto_2009.pdf

文部科学省 (2001)「大学(国立大学)の構造改革の方針」.

文部科学省（高等教育局学生・留学生課高等教育修学支援室）(2021)「高等教

育の修学支援新制度」, https://www.mext.go.jp/a_menu/koutou/hutankeigen/index.htm

内閣府 (2017)「新しい経済政策パッケージ」12月8日閣議決定, https://www5.cao.go.jp/keizai1/package/20171208_package.pdf

内閣府 (2018a)「経済財政運営と改革の基本方針2018～少子高齢化の克服による持続的な成長経路の実現」6月15日閣議決定, https://www5.cao.go.jp/keizai-shimon/kaigi/cabinet/2018/2018_basicpolicies_ja.pdf

内閣府 (2018b)「幼児教育・高等教育無償化の制度の具体化に向けた方針」12月28日関係閣僚合意, https://www8.cao.go.jp/shoushi/shinseido/outline/pdf/free_ed/houshin.pdf

内閣府, 文部科学省, 厚生労働省 (2021)「幼児教育・保育の無償化について」. https://www.mext.go.jp/con tent/20210330-mext_youji-0000013737_0002.pdf

内閣官房 (1949)「各省次官等重要人事発令に際し閣議了解を求めるの件」2月8日閣議決定, 国立公文書館アジア歴史資料センター, A17111466500.

中北浩爾 (2013)「マニフェスト――なぜ実現できなかったのか」日本再建イニシアティブ『民主党政権 失敗の検証――日本政治は何を活かすか』中央公論新社, 11-47.

中村秀一 (2021)「社会保障と税の一体改革は何であったか――社会保障の充実・安定化の側面」『社会保障研究』5(4), 435-448.

日本維新の会 (2017)「2017 維新八策」, https://o-ishin.jp/news/2017/images/Manifesto_WEB_low_1001_confi dential.pdf

日本総合研究所 (2022)『幼児教育・保育の無償化の効果等の把握に関する調査研究報告書』, https://www.jri.co.jp/MediaLibrary/file/column/opinion/detail/2021_13359.pdf

西尾隆 (2012)「政権交代と霞が関文化の変容」『年報行政研究』47, 46-65.

大島隆太郎, 高木加奈絵 (2018)「1984年1月の臨教審設置の決定に至る経緯の再検討――第2次中曽根内閣発足当初の政治状況に着目して」『教育行政学論叢』東京大学大学院教育学研究科, 38, 53-68, https://repository.dl.itc.u-tokyo.ac.jp/record/51403/files/eac038004.pdf

産業競争力会議 (2013)「第4回産業競争力会議議事要旨」, https://www.kantei.go.jp/jp/singi/keizaisaisei/skkkaigi/dai4/gijiyousi.pdf

選挙制度審議会 (1990)『参議院議員の選挙制度の改革及び政党に対する公的助成等についての答申』7月31日, http://www.secj.jp/pdf/19900731-2.pdf
嶋田博子 (2022)『職業としての官僚』岩波書店.
清水真人 (2022)『憲法政治—「護憲か改憲か」を超えて』筑摩書房.
白川優治 (2018a)「「奨学金」の社会問題化過程の基礎的分析——2004年以降の全国紙5紙の掲載記事を対象に」『大学論集』50, 33-48.
白川優治 (2018b)「奨学金制度の歴史的変遷から見た給付型奨学金制度の制度的意義」『日本労働研究雑誌』694, 16-28.
田原総一朗, 山口那津男 (2020)『公明党に問うこの国のゆくえ』毎日新聞出版.
塚原修一 (2012)「世紀転換期の政策動向——科学技術と高等教育を対象に」吉岡斉編集代表『[新通史] 日本の科学技術 世紀転換期の社会史 1995年〜2011年』原書房, 別巻, 131-153.
塚原修一 (2023)「日本の2010年代の高等教育政策——教育のいわゆる無償化と研究開発を事例に」『教育総合研究叢書』関西国際大学, 16, 155-168.
内山融 (2007)『小泉政権——「パトスの首相」は何を変えたのか』中央公論新社.
柳浦猛, 立石慎治, 小原明恵 (2022)「高等教育の「修学支援新制度」が進学行動に与えた効果の測定」『日本高等教育学会第25回大会発表要旨集録』90-93.

4-2 文部科学省の高等教育政策と大学財務

MEXT's Higher Education Policy and University Finances

塚原修一

1 文部科学省の政策構想

1-1 政策の構想・計画・実現

2010年代の特色のひとつは政治主導・官邸主導の政策形成にあるが（4-1章参照）、それと並行して文部科学省の政策構想も推進されていた。ここでは2010年代の政策構想として『我が国の高等教育の将来像（答申）』（中央教育審議会2005、以下、将来像答申）に注目する。これは教育を中心としたもので、研究ないし学術と、イノベーションを含む科学技術は4-3章などで扱う。この時期には、さまざまな実施計画が期間ごとに設定されるようになった。大学の認証評価は2004年度から7年以内ごとに行われ、国立大学法人は2004年度から6年ごとに中期目標と中期計画を定め、文部科学省は2008年から5年ごとに教育振興基本計画を閣議決定した。

以下では政策構想（答申）、期間ごとの実施計画、施策の実現という3段階を区別して、政策構想が実現するまでを述べる。こうした政策や政策文書の解説は教育雑誌などにあるが、個別の事項に限定したものが多く、2010年代の高等教育政策を俯瞰したものは調査の範囲ではみあたらない。本章では、先行研究として豊田（2009）、文部科学省高等教育局国立大学法人支援課（2009）、板東（2014）、善本（2015）、小林（2016）、松尾（2017）、堀尾（2017）、永田（2019）などを参照し、なるべく原資料を確認して記述した。

1-2 将来像答申の政策課題

　将来像とは 2015 〜 20 年ころの姿を指し、その概要は次のようにまとめられる。まず基本的考え方として、21 世紀は知識基盤社会の時代であって高等教育がきわめて重要である。18 歳人口は、2010 年代を通して約 120 万人の規模で推移すると予測された。大学や学部等の設置に関する抑制方針は、準則主義の大学設置認可により基本的に撤廃された。こうした状況における政策課題として以下をあげた（中央教育審議会 2005:3、6、8、13、21、26、28、44）。

　(1)　高等教育の量的な変化。2007 年に大学・短大は全員入学（入学者と志願者の総数が同じ）となり、高等教育の量的な需要はほぼ充足した。それゆえ分野や水準の面において、いつでも誰もが自らの選択で学ぶことができる高等教育の整備が重要である。経営状況の悪化した機関への対応策の検討も必要である。

　(2)　高等教育の機能別分化。大学の一部は教育機能や社会貢献機能を強めるとして 7 つの機能（後述）を例示した。高等教育の在り方は教育課程を中心に再整理する必要があり、教員組織の在り方の見直しも必要である。

　(3)　高等教育の質の保証。国の仕組み（認証評価制度）と各機関の自主的努力による信頼の確保をめざして、事前・事後の評価の役割分担と協調によって質の保証を行う。

　(4)　社会の役割。公財政支出を拡充し、民間資金を積極的に導入する。前者は各機関の機能に応じたものに移行し、機関補助と個人補助（奨学金）の適切な均衡を図り、基盤的経費助成と競争的資金配分を有効に組み合わせる。

　以下の節では、これらの政策課題について実施状況を見ていく。

2　高等教育の機能別分化

　将来像答申が例示した高等教育の 7 つの機能とは、①世界的研究・教育拠点、②高度専門職業人養成、③幅広い職業人養成、④総合的教養教育、⑤特定の専門的分野（芸術、体育等）の教育・研究、⑥地域の生涯学修機会の拠点、⑦社会貢献機能（地域貢献、産学官連携、国際交流等）等である（中央教育審議会 2005:13）。そのいくつかに注目する。

2-1 世界的研究・教育拠点

1990年代以降のグローバル化のなかで、各国の卓越した研究大学の優劣が注目された。米澤（2013、70、77-78）は世界水準大学の3要件（才能の集中、豊かな資源、適切な統治）を紹介し、世界的な大学ランキングにおける順位などが、限定的・一面的ではあるがその尺度になるとした。国内の最初の政策は文部科学省（2001）であり、国公私立大学の〈トップ30〉を世界最高水準に育成するとした。翌年に「世界最高水準の大学を育成するため、国立大学法人化などの施策を通じて大学の構造改革を進める」ことが閣議決定され（内閣府2002）、文部科学省高等教育局は研究拠点形成等補助金事業を実施した。採択された大学に5年間の補助金を交付する事業で、2002-04年度は21世紀COEプログラム、2007-09年度はグローバルCOEプログラムと呼ばれた（久須美2011:102）。COE（Center of Excellence）とは卓越した研究・教育拠点を指す。

教育振興基本計画では、第1期計画（文部科学省2008:31）に「世界最高水準の卓越した教育研究拠点の形成」があり、2011年度までに150拠点ほどを重点的に支援するとした。この計画は政治家に不評で、2008年に自民党の政策棚卸しにより翌年度の予算が減額され（米澤2013:79、塚原2023:157、164）、政権交代後の民主党内閣も事業仕分けによって予算を削減した。

第2期計画（文部科学省2013a:57-58）には関連する2つの政策が含まれた。ひとつは「大学等の研究力強化の促進」であり、第1期計画を踏襲していた。もうひとつの「イノベーション創出に向けた産学官連携の推進」とは、大規模な産学連携研究開発拠点（センター・オブ・イノベーション）の構築の推進を指す。そこでは革新的研究課題について、大学が総力を結集し、企業が事業化をリードするとされた。

第3期計画（文部科学省2018:63-64）には「研究力強化の推進」が盛り込まれた。その記述によれば、第5期科学技術基本計画（2016年）にそってイノベーションを牽引する人材を育成するうえで「基盤となる学術研究と戦略的・要請的（ママ）な基礎研究の推進に向けて、両者のバランスに配慮しつつ、その改革と強化に取り組」み、「我が国が世界の中で存在感を発揮していくため……国内外から第一線の研究者を引き付ける世界トップレベルの研究拠点を形成する」という。すなわち、イノベーションがしだいに強調され、第1期計画では目標のひとつであった世界最高水準の

教育研究拠点の形成は、第3期計画では世界で存在感を発揮するための手段とされた。

2-2 高度専門・幅広い職業人養成

学校（大学を含む）から職業生活への円滑な移行は、各国の教育政策の重大な関心事のひとつである。国内では1990年代の不況のなかで若者の就職難が深刻になり、非正規雇用者が増加した。その対策として、1997年にインターンシップ（学生の就業体験）の推進政策がはじまり、1999年にキャリア教育が提唱されて、2010年には大学設置基準を改正して体制の整備を大学に求めた（小杉2013）。2024年改正の大学設置基準には、大学は「学生が卒業後自らの資質を向上させ、社会的及び職業的自立を図るために必要な能力を……培うことができるよう……適切な体制を整える」とある（7条5項）。

将来像答申の7つの機能には「高度専門」と「幅広い」という2つの職業人養成が含まれた。教育振興基本計画の第1期計画（文部科学省2008:18）には「国際的に通用する高度専門職業人の養成に向け［て］……専門職大学院等における教育の高度化への支援を行う」とあるが、専門職大学院の入学者は2008年度の9468人を頂点として増加しなかった。

第2期計画（文部科学省2013a:53）では「高等教育における職業実践的な教育に特化した新たな枠組みづくりに向けて、先導的志向などの取組を段階的に進める」とされた。新たな枠組みとは2019年度に発足する専門職大学などであり、2024年までに20校が設置された。

第3期計画（文部科学省2018:58）には「高等教育機関における実践的な職業教育の推進」がある。2014年度に発足した専門学校の職業実践専門課程と、2015年度に発足した大学等の職業実践力育成プログラムをさし、いずれも大臣の認定を受けた教育課程が厚生労働省の職業訓練給付の対象となる（塚原・濱名2022:55-58）。

2-3 地域貢献

戦後の経済成長により、日本の人口は大都市圏といくつかの工業地帯に集中した。地域間格差が拡大し、人口集中の抑制と国土の均衡ある発展は政府の懸案

のひとつとなった。Porter（1990）は、米国カリフォルニア州のシリコンバレーなどを事例に、産業集積や産学官連携を中核とした地域の発展を論じた。これに基づく産業クラスター政策は世界的に注目され、日本では経済産業省が主に推進した。2002年に文部科学省が開始した知的クラスター創成事業もそのひとつであり、地域主導の産学官連携による新産業の創出をめざした。

　教育振興基本計画の第1期計画（文部科学省:2008、32）には大学のさまざまな地域貢献が列挙された。第2期計画（文部科学省2013a:67）は「地域社会の中核となる高等教育機関（COC構想）の推進」をあげた。COC（Center of Community）とは、2013年に開始された大学と地域の交流を促進する「地（知）の拠点整備事業」を指す。

　2014年9月に安倍首相は地方創生政策を提唱し、まち・ひと・しごと創生法が公布された（11月）。同法による、まち・ひと・しごと創生総合戦略（12月）には地方大学等の活性化が盛り込まれ（内閣府2014:36-39）、2015年にCOC事業は地域を担う人材の育成を推進する「地（知）の拠点大学による地方創生推進事業（COC+）」に変更された（文部科学省2019）。第3期計画（文部科学省2018:47）に地域貢献の記述はみられず、地域の計画は地方公共団体に委ねられた。COC事業は2020年度から若者の地元定着と地域活性化を推進する「大学による地方創生人材教育プログラム構築事業（COC+R）」として継続された（文部科学省2020）。

2-4 国立大学の機能強化

　国立大学法人の中期目標（6年間の業務運営の目標）は大臣が定め、そのさい法人の意見を聴いて当該意見に配慮すると規定されるが（国立大学法人法30条3項）、実際には法人が素案を作成している。それを達成する中期計画は法人が定めて大臣の認可を受ける（同31条）。第2期期間（2010-15年度）の中期目標の素案の作成にあたり国立大学法人は、大学の基本的な目標について、将来像答申にかかげる「大学の機能別分化に関する考え方等も参考にしつつ、自らの特性をふまえいっそうの個性化を図る観点から、明確かつ簡潔に記載」するよう求められた（文部科学省高等教育局国立大学法人支援課長2008）。

　「大学改革実行プラン」（文部科学省2012）は、教育振興基本計画の第2期

(2013-17年)を大学改革実行期間とした。とくに国立大学の改革を先行して実施し、大学・学部の設置目的の明確化（ミッションの再定義）と、大学・学部の枠をこえた再編成等をすすめるとした。「国立大学改革プラン」（文部科学省 2013b）は第2期中期目標期間の後半(2013-15年度)を改革加速期間と位置づけた。ミッションの再定義はこのときに行われ、国立大学が第3期中期目標期間にめざす機能強化の方向性を、①世界最高の教育研究の展開拠点、②全国的な教育研究拠点、③地域活性化の中核的拠点に集約した。

　第3期中期目標期間（2016-22年度）の基本的な方向性として、これらの機能強化に積極的に取り組む大学に運営費交付金を重点配分するとした（文部科学大臣 2015）。国立大学の選択は上記の①から順に16校、15校、55校となった。この期間には、教員養成系や人文社会科学系の学部・大学院を中心に、定員の見直し、改組・転換などが進行し、2016年度と17年度に計62件の改組が計画された（旺文社教育情報センター 2015）。2017年度から文部科学大臣は、世界最高水準の教育研究活動が見込まれる国立大学法人を指定国立大学法人に指定できるようになり、2024年度までに10大学が指定された。指定国立大学法人には出資対象の拡大、国際的に卓越した人材確保のための報酬・給与等の基準の設定、資産の有効活用などが認められる（国立大学法人法改正、34条・34条の5）。

3. 高等教育の質保証

　将来像答申にあげられた諸課題のうち、質保証への取り組みは早く、とくに前述した「全員入学」状態にある学士課程は対応が急がれた。質保証は大学の自主的努力が不可欠であるためか、中央教育審議会における有識者の議論と答申の作成により推進された。

3-1 学士課程答申

　『学士課程教育の構築に向けて（答申）』（以下、学士課程答申、中央教育審議会 2008）では、保証するべき質とは学生の学習成果であるとして内容を2つに区分した。ひとつは学士課程に共通した学習成果であり、〈学士力〉と名づけて参考指針（知識・理解、汎用的技能、態度・志向性、統合的な学習経験と創造的思

考力からなる)を示した。もうひとつは専門分野別の学習成果であり、日本学術会議と連携して質保証の枠組みを作成するとした。

大学には以下を求めた。①学士課程教育の3つの方針（学位授与の方針、教育課程の編成と実施の方針、入学者受入れの方針）の明確化と統合的な運用。②「学士力」の達成に向けた教育課程の体系化・構造化、単位制度の実質化[*1]、教育方法の改善（主体的に学ぶ姿勢や態度の養成）、成績評価の厳格化。③大学入試の改善、初年次教育と高大連携。④教員の職能開発の実質化、教育業績の評価(中央教育審議会 2008:10-11、17、20、23、26、32、36、38-39)。

これらを実現する大学設置基準などの改正が並行してなされ、認証評価制度は2011年度からの第2期に向けて必要な見直しを行うとした。すぐれた実践を支援する「質の高い大学教育推進プログラム」や「戦略的大学連携支援事業」なども開始された。

3-2 質的転換答申

『新たな未来を築くための大学教育の質的転換に向けて～生涯学び続け、主体的に考える力を育成する大学へ～（答申）』（以下、質的転換答申、中央教育審議会 2012:1-11、20-21)には以下が盛り込まれた[*2]。

(1) グローバル化や情報化の進展などにより、将来の予測が困難な時代となった。このような時代に、想定外の困難にさいして的確な判断ができるための基盤が〈学士力〉である。

(2) 学士力の育成には学生の主体的学修体験が有効で[*3]、教員中心の授業科目編成から、主体的学修をうながす教育課程への質的転換が必要である。

(3) 日本の学生は国際的にみて学修時間がみじかい。学修時間の増加・確保をはかり、これを質的転換の好循環をつくりだす始点とする。

---

* 1 　1単位とは45時間の学修を必要とする内容を指し（大学設置基準21条2項）、一般的には15回の講義を行い、1時間の講義に対して学生は2時間を教室外学習にあてる。
* 2 　教育再生実行会議（2013）には「学生を鍛え上げ社会に送り出す教育機能を強化する」という項目があり、教育方法の質的転換、中長期のインターンシップなど社会との接続を意識した教育の強化、産業界等との連携協力・実践的な教育プログラムの提供などをあげたが、質的転換答申と重複する内容も多い。
* 3 　文部科学省は、このころから成果にかかわる語を学修と表記するようになった。

(4)　各大学は（育成する能力を明示した）学位授与の方針のもとで、全学が一丸となって改革サイクルの確立にすみやかに取り組むことが求められる。改革サイクルとは、体系的な教育課程を設計し、教員同士の役割分担と連携により組織的な教育を実施し、テストや学生調査などを活用して学生の学修成果・教員の教育活動・教育課程などを評価し、教育課程や教育方法等のさらなる改善を行うという一連の取組みを指す。

　この答申をふまえて、文部科学省等は補助金などの配分を通して改革サイクルの確立を支援し、大学は授業の回数（1学期に15回）を遵守するようになった。

3-3 グランドデザイン答申

　『2040年に向けた高等教育のグランドデザイン（答申）』（以下、グランドデザイン答申、中央教育審議会2018）は2040年頃の政策構想を展開した将来像答申の新版であり、その枠組みは次のようであった。①予測不可能な時代である。その時代を生きる人材像は、普遍的な知識・理解と汎用的技能を文理横断的に身につけて、時代の変化にあわせて積極的に社会をささえ、社会を改善していく資質をもつ人材である。②高等教育は学修者本位に転換して、学修者が生涯にわたり学び続けられるための多様で柔軟な仕組みと流動性をそなえ、個々人の学修成果（何を学び、身につけることができたのか）を可視化することが求められる（中央教育審議会2018:2-8）。

4　社会の役割——公的支出と大学財務

4-1 公的支出

　『文部科学白書』から公教育費のうち学校教育費（図1）をみると、幼稚園から高等教育までを含む金額が2000年度の19兆円から2004年度は18兆円に減少し、2011年度以降は増加して2021年度に19兆5000億円となった。2000年代の減少は行財政改革（義務教育費国庫負担制度の変更など）、2010年代の増加は政治主導による一連の教育無償化の結果と解釈される。

　高等教育費（学校教育費の一部）と科学技術予算は1990年代に増加した。この年代の前半は、そのころ叫ばれた国立大学の窮乏化への対応、後半は科学技

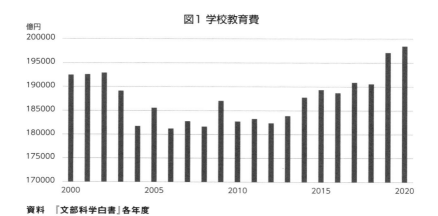

図1 学校教育費

資料 『文部科学白書』各年度

図2 高等教育費

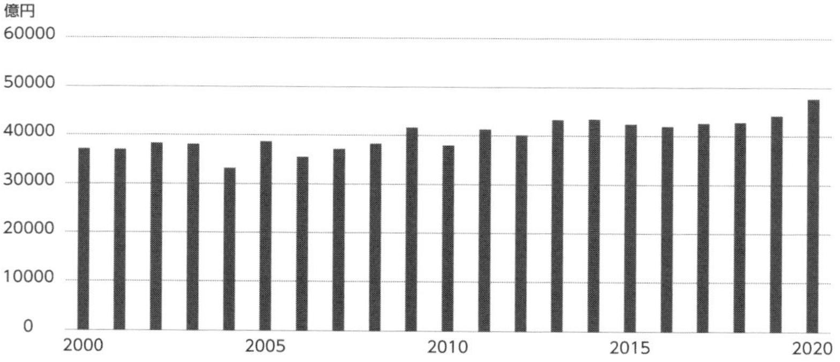

資料 『文部科学白書』各年度

術基本法（1995年）により政府研究開発投資が拡大した効果とみられる。たとえば高等教育費は2兆7000億円（1990年度）から3兆7000億円（2000年度）となった。2000年度以降、高等教育費（図2）は4兆円前後で推移し、2019年度から増加して2021度は5兆円となった。奨学金の拡大や無償化政策によるものであろうか。

　『科学技術指標2023』の科学技術予算（図3）も2001年度から17年度まで3

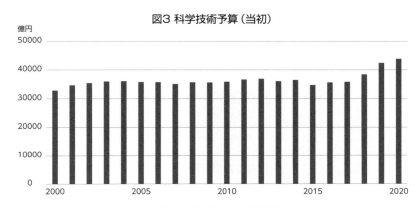

図3 科学技術予算（当初）

資料　科学技術・学術政策研究所『科学技術指標2023 統計集』。

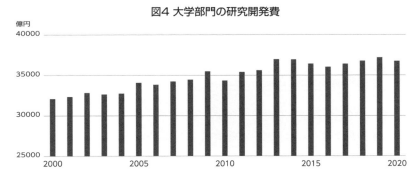

図4 大学部門の研究開発費

資料　科学技術・学術政策研究所『科学技術指標2023 統計集』。

兆5000億円前後で推移し、2018年度から増加して2024年度は4兆8000億円となった。イノベーション政策によるものかと思われる。一方、大学部門の研究開発費（図4）は、3億2000万円（2000年度）から、3億4000万円（2010年度）、3億9000万円（2022年度）と漸増した。大学への競争的な資金配分が拡大した時期であり、その一部が計上されたのではないか。

4-2 国立大学の財務

　国立大学法人の収入の大半は国が支出する運営費交付金であり、以下のよう

に算出される(文部科学省 2004)。①2004 年度の運営費交付金額を基礎として、学生数などの客観的な指標に基づく各大学に共通の方式により標準運営費交付金を算出する。②教育研究の活性化をはかる観点から、運営費交付金を増額する「特別教育研究経費」の枠組みを設定する。③前年度の収入・支出予算を基準として、諸係数などにより翌年度の運営費交付金を算出する。効率化係数はマイナス 1%とし、専任教員の給与費相当額などは対象から控除する。経営改善係数は 2%とし、2004 年度の病院収入からの増収を見積もる。

表1 国立大学法人等の決算(経常収益・費用)

年　度	2004	2009	2015	2020	2022
運営費交付金収益	11,654	11,061	10,820	10,351	10,572
学生納付金収益	3,560	3,400	3,433	3,406	3,578
競争的資金等	1,936	3,872	4,507	5,421	7,036
その他	1,059	1,197	2,153	1,727	745
運営費交付金等合計	18,209	19,530	20,913	20,905	21,931
附属病院収益	6,245	7,828	10,380	11,768	12,965
経常収益総計	24,454	27,358	31,293	32,673	34,896
診療経費	7,235	8,876	11,542	13,284	14,462

資料　国立大学協会(2022、2024)。単位は億円。

国立大学協会が発表した国立大学法人等の決算(経常収益・費用)を表1に示す。運営費交付金収益は上記の効率化係数により徐々に減少し、競争的資金等が 1936 億円(2004 年度)から 7036 億円(2022 年度)に増加した。学生納付金収益は 3500 億円前後でほぼ一定である。附属病院収益は法人化の初年度(2004 年度)の 6245 億円から、2009 年度は 7828 億円、2022 年度は1兆 2965 億円に増加した。上記の経営改善係数は、2004 年度の附属病院収入である 6245 億円について、2005 年度から 2020 年度までに毎年度 2%、その 16 年分で計 32%、すなわち 1998 億円の増収を見込み、2020 年度は 8243 億円と想定されるが、実績はそれを大きく上回った。とはいえ、各年度とも診療経費が附属病院収益より多く、附属病院は赤字であって今後に不安がある(豊田 2009)。国立大学法人の収益の総計は 2004 年度の2兆 4000 億円から3兆 5000 億円弱(2022 年度)に増加したが、附属病院の有無や競争的資金等の獲得状況による格差が拡大している。

4-3 公立大学の財務

公立大学は増加傾向にあり、2010年度から2024年度にかけて大学は80校から101校に、学生は14万人から17万人に（文部科学省 2024）、経常費予算額は2010年度の2626億円から2023年度は3516億円となった（日本公立大学協会 2021:3、12、14；2024:14）。2009年度以降に私立大学12校が公立化した（大槻 2024）。公立大学の学部の総数は213（2023年度）、内訳は看護保健系55、社会科学系39、理工系28、芸術系15、医歯薬系15などである（日本公立大学協会 2024:10）。

2019年度の収入予算は学生納付金（授業料、入学料、入学検定料など）が27%、設置団体の負担が59%をしめる（宮錦 2021:41）。

公立大学の運営経費は総務省による地方交付税の基準財政需要額に含まれ、学生1人あたりの単位費用が設定されている（総務省 2021）。その金額はおおむね減少傾向にあるが、2023年度の種別補正後の数値は、社会科学系21万円、人文科学系44万円、理科系146万円、保健系169万円、医学系376万円などである（日本公立大学協会 2024:20）。設置団体の負担額に対する単位費用の比率は分野によって異なり、宮錦（2021:44-45）によれば2016年度は、社会科学系は30%、人文科学系は40%、医学系は約70%、理科系は90%以上、保健系は100%以上である。[*4] 公立大学の創設はともかく、運営経費は学部にもよるが設置者に大きな負担をかけていない。文部科学省から公立大学への予算配分は少ない。地方分権改革のなかで補助金は2004年度に廃止され、2020年度には5億円の競争的資金（国公私を通じた大学教育改革支援事業、総額158億円）が配分された（文部科学省 2023）。

4-4 私立大学の財務

私立学校振興助成法4条によれば、国は私立大学に対して、教育と研究にかかる経常的経費の2分の1以内を補助することができる。補助金には、教職員の給与費、教育と研究の経費等を対象とする一般補助と、特定の分野や課程等に

---

*4 保健系の単位費用は2016年度の194万円から2023年度は169万円に減少した（日本公立大学協会 2024:20）。それにより、宮錦（2021）を参照した2016年度に「保健系は100%以上」は、2023年度までに「約100%」となったようにみえる。

係る教育・研究の振興を図るための特別補助がある。2024年度の予算は、前者が2772億円で経常的経費の1割弱にあたる。後者は207億円で、きびしい経営状況のもとで改革を促進する私立大学を支援する事業が展開されている（私学事業団 2024）。

日本の私学団体には日本私立大学連盟（120大学が加盟）と日本私立大学協会（417大学が加盟）がある。前者が公開する、加盟大学の（付属校などを除いた）大学部門の財務状況をみると、2022年度には1兆9177億円の収入があり、内訳は学生納付金が1兆1865億円(61.9%)、補助金は1779億円(9.3%)である（日本私立大学連盟 2024: 表2-1）。私立大学にとっては学生の確保が重要である。

5　2010年代の特色

2010年代の高等教育政策を、政治主導・官邸主導などによるものと、文部科学省の政策構想が中央教育審議会の将来像答申（2005年）にそって実現したものに区別した。前者は4-1章にゆだね、この章では後者について教育を中心に記述した。将来像答申の政策課題にそって実現状況を述べれば、以下のようである。

（1）　大学の機能別分化は、とくに国立大学において推進された。機能ごとにみると、世界的研究・教育拠点はイノベーションの拠点としての色彩を強めた。職業人養成を目的とした諸制度はつくられたが、それによる教育課程が数多く誕生したとまではいえない。大学の地域貢献は継続的に推進された。

（2）　高等教育の質保証は中央教育審議会の答申を介して推進され、学修成果の維持向上を強く求めるようになった。学修成果のうち、専門分野によらない部分が学士力として概念化された。予測不可能な時代が到来するとの認識から、学士力のような汎用的技能が強調されたようにみえる。

（3）　公教育支出は2000年代の減少ののち、2010年代に増加した。高等教育費は2000年代からほぼ一定に推移し、2010年代末に増加した。いずれも教育無償化によるものと思われる。国立大学法人の収入は附属病院収益が増加した。

（4）　高等教育における政治主導・官邸主導の政策として、無償化、グローバル人材の育成、イノベーション政策の推進などがあった（4-1章）。無償化は高等教育システムへの投入（資源配分）の拡大である。グローバル人材とイノベーションは、

高等教育システムの教育と研究の産出をそれぞれ方向づけた。文部科学省は高等教育システムの内部を分担し、政治や官邸があまり眼を向けない政策構想の実現をめざすとともに、政治・官邸の要求を内部に浸透させたといえる。

(5) 中央教育審議会では、急速な少子化が進行するなかでの高等教育のあり方について、2024年に『中間まとめ』を公表し、2025年2月21日に答申（中央教育審議会 2025）を提出した。答申は大学数や定員の適正化、大学設置認可の厳格化、大学の縮小・撤退支援などを主題とする。これらは大学に関する2020年代の主要な政策動向のひとつとなろう。

【参考文献】

（※ URL の最終閲覧日は 2024 年 4 月 27 日、大槻 (2024) のみ 2025 年 2 月 25 日）

板東久美子 (2014)「法人化の成果・課題と今後の展望」『IDE 現代の高等教育』561, 41-48.

中央教育審議会 (2005)『我が国の高等教育の将来像（答申）』.

中央教育審議会 (2008)『学士課程教育の構築に向けて（答申）』.

中央教育審議会 (2012)『新たな未来を築くための大学教育の質的転換に向けて～生涯学び続け，主体的に考える力を育成する大学へ～（答申）』.

中央教育審議会 (2018)『2040 年に向けた高等教育のグランドデザイン（答申）』.

中央教育審議会 (2025)『我が国の「知の総和」向上の未来像～高等教育システムの再構築～（答申）』.

堀尾多香 (2017)「大学の国際化政策の推移」『IDE 現代の高等教育』596, 63-67.

科学技術・学術政策研究所 (2024)『科学技術指標 2024 統計集』, https://www.nistep.go.jp/sti_indicator/2024/RM341_table.html

小林信一 (2016)「大学教育の境界―新しい高等職業教育機関をめぐって」『レファレンス』国立国会図書館, 785, 23-52.

国立大学協会 (2022)『データで見る国立大学』, https://www.janu.jp/wp/wp-content/uploads/ 2022/06/b20gou.pdf

国立大学協会 (2024)「財務状況」, https://www.janu.jp/wp/wp-content/uploads/2024/07/b22gou_8.pdf

小杉礼子 (2013)「大卒未就職者問題への対応」小杉礼子, 堀有喜衣（編）『高校・大学の未就職者への支援』勁草書房, 131-170.

教育再生実行会議 (2013)『これからの大学教育等の在り方について』.

久須美雅昭 (2011)「競争的資金の拡充と改革―政府と民間財団」吉岡斉編集代表『[新通史] 日本の科学技術 世紀転換期の社会史 1995 年～ 2011 年』第 3 巻, 原書房, 100-119.

松尾泰樹 (2017)「地方創生における大学の在り方」『IDE 現代の高等教育』593, 60-66.

宮錦三樹 (2021)「公立大学の費用構造―規模及び範囲の経済性」『会計検査研究』64, 39-61, https://www.jbaudit.go.jp/koryu/study/mag/pdf/j64d03.pdf

文部科学大臣 (2015)『国立大学法人等の組織及び業務全般の見直しについて（通知）』.

文部科学省 (2001)『大学（国立大学）の構造改革の方針』.

文部科学省 (2004)『国立大学法人運営費交付金算定ルールの概要』科学技術・学術審議会学術分科会（第 12 回）資料 2-3, https://www.mext.go.jp/b_menu/shingi/gijyutu/gijyutu4/siryo/ attach/1336477.htm

文部科学省 (2008)『教育振興基本計画』.

文部科学省 (2012)『大学改革実行プラン～社会の変革のエンジンとなる大学づくり』.

文部科学省 (2013a)『教育振興基本計画』.

文部科学省 (2013b)『国立大学改革プラン』.

文部科学省 (2018)『教育振興基本計画』.

文部科学省 (2019)「知（地）の拠点大学による地方創生推進事業（COC+）」, https://www.mext. go.jp/a_menu/koutou/kaikaku/coc/

文部科学省 (2020)「大学による地方創生人材教育プログラム構築事業（COC+R）」, https://www. mext.go.jp/a_menu/koutou/kaikaku/chihososei/index.html

文部科学省 (2023)「公立大学の財務」, https://www.mext.go.jp/a_menu/koutou/kouritsu/detail/1284531.htm

文部科学省 (2024)「公立大学について」, https://www.mext.go.jp/a_menu/koutou/kouritsu/index.htm

文部科学省（各年）『文部科学白書』.

文部科学省高等教育局国立大学法人支援課 (2009)「資料 第二期の目標設計」『IDE 現代の高等教育』511, 66-68.

文部科学省高等教育局国立大学法人支援課長 (2008)『国立大学法人の第二期中期目標・中期計画の項目等について』.

永田恭介 (2019)「中教審グランドデザイン答申のこころ」『IDE 現代の高等教育』609, 4-10.

内閣府 (2002)『今後の経済財政運営及び経済社会の構造改革に関する基本方針』.

内閣府 (2014)『まち・ひと・しごと創生総合戦略』.

日本公立大学協会 (2021)『公立大学ファクトブック 2020』, https://www.kodai-kyo.org/wordpress/wp-content/uploads/2021/07/factbook_2020.pdf

日本公立大学協会 (2024)「公立大学ファクトブック 2023」, https://www.kodaikyo.org/wordpress/wp-content/uploads/2024/09/20240724_factbook_2023_1.pdf

日本私立大学連盟 (2024)『加盟大学財務状況の推移（平成 13 年度～令和 4 年度）』, https:// www.shidairen.or.jp/files/user/2023_r05zaimu_suii.pdf

大槻達也 (2024)「私立大学公立化の現状と課題―公設民営型からの転換を中心に」『桜美林大学研究紀要 総合人間科学研究』4, 269-284.

旺文社教育情報センター (2015)「中期目標・中期計画の素案に見る再来年度以降の国立大学の改組!―37 の国立大が改組を計画!」, https://eic.obunsha.co.jp/resource/pdf/exam_info/ 2015/1030_n.pdf

Porter, M. E. (1990) *The Competitive Advantage of Nations,* Jossey Bass.

私学事業団 (2024)「私立大学等経常費補助金」https://www.shigaku.go.jp/s_hojo.htm

総務省（自治財政局財務調査課）(2021)「公立大学に係る地方財政措置について」, https://www.soumu.go.jp/main_content/000867500.pdf

豊田長康 (2009)「学術の国際競争力と大学病院の機能向上を」『IDE 現代の高等教育』511, 27-33.

塚原修一 (2011)「大学・学術・教育」吉岡斉編集代表『[新通史] 日本の科学技術 世紀転換期の社会史 1995 年～ 2011 年』第 3 巻, 原書房, 2-12.

塚原修一 (2023)「日本の 2010 年代の高等教育政策―教育のいわゆる無償化と研究開発を事例に」『教育総合研究叢書』関西国際大学, 16, 155-168.

塚原修一, 濱名篤 (2022)「企業の人材育成と大学等の可能性」『高等教育研究』25, 51-68.

米澤彰純 (2013)「日本の「世界水準大学」政策の行方」Altbach, Philip G. and Balán, Jorge eds. (2007) *Worldclass Worldwide: Transforming Research Universities in Asia and Latin America,* The Johns Hopkins University Press. ＝米澤彰純監訳『新興国家の世界水準大学戦略』東信堂, 69-88（和訳書のみに収録）.

善本博司 (2015)「第 3 期に向けた国立大学改革とその背景」『IDE 現代の高等教育』574, 36-42.

4-3 大学の国際化と学術・イノベーション政策

Global University Competition and Science, Technology and Innovation Policy

塚原修一

　この章では大学の国際化、学術研究、イノベーションを取り上げる[*1]。21世紀に入ると、中央教育審議会（2005）が大学の機能別分化のひとつとした〈世界的研究・教育拠点〉のように、高等教育の国際化と研究・教育の卓越性が結びつけられた。自由民主党（自民党）の第2次以降の安倍晋三内閣は、イノベーションと国際化の一部であるグローバル人材の育成をとくに推進した。これらは大学によって濃淡があり、選択と集中が叫ばれることがある。先行研究として、前回の新通史には綾部（2011）、久須美（2011）、佐藤（2011）、塚原（2012）、中山（2011）、後藤（2012a、2012b）がある。今回も関連する章があり、重複しないように記述する。

1　2010年代まで国際化政策

1-1 大学の国際化

　戦後の新制大学には一般教育が導入されたが（学校教育法83条）、そのさい「国際関係理解のためには外国語の学習が必要」として（寺﨑 2020:394）、制定時（1956年）の大学設置基準には「一の外国語科目8単位」が卒業要件のひとつとされた（32条）。1970年に経済協力開発機構（OECD: Organisation for Economic Co-operation and Development）の教育調査団は日本の高等教育の階層的構造を批判し、教育の国際化（世界参加のための教育）を提言した（OECD 1971 = 1972:24、53、131-138）。これが大学の国際化に関する国内の議論の

[*1] 本章の4節は、塚原（2023）のⅤ章を再構成したものである。

契機となり、大学を国際化するため、1982年に国立又は公立の大学における外国人教員の任用等に関する特別措置法が施行され、1983年には留学生受け入れ10万人計画が開始された（綾部 2011:79-81）。冷戦終結（1991年）後のグローバル化により、留学生政策は知的国際貢献から国益を重視した国際競争の性格をおびた。上記の計画は達成されて2008年に留学生受け入れ30万人計画となり、その実現をめざす国際化拠点整備事業（グローバル30）が開始された（綾部 2011:86）。留学生の受け入れ数は2019年度に31万人となり、2021年度はコロナ禍により24万人まで減少した（文部科学省 2023）。

1-2 グローバル人材

グローバル人材という語は新しい。日本経済新聞（朝刊）の初出は1999年で、当初は記事も少なく、日本企業が海外進出するなかで雇用した現地採用者や日本留学の経験者など、新たな種類の従業員を指した。日本経済団体連合会と経済同友会は、産業界が求める人材を大学が育成することを2000年から2013年まで5回にわたり提言し、グローバル人材はしだいに成長分野を牽引するリーダーとされた（吉田 2014:28-31）。

2007年に経済産業省は文部科学省とともに〈産学人材育成パートナーシップ〉を創設し、2009年の報告書では日本人の英語力不足と内向き志向（20歳代の出国率の低下）を指摘し、2010年の報告書ではグローバル人材の育成を大学の役割とした。その直後に文部科学省は〈産学連携によるグローバル人材育成推進会議〉を設置し、2011年4月に報告書を公表して学生の留学を推奨した。経済産業省の報告書がいうグローバル人材は主に理工系の大学院修了者であったが、文部科学省は学士課程を中心に対象を広く捉えた。推進会議は6月に『中間まとめ』を刊行し、グローバル人材を、①語学力、②主体性・積極性、チャレンジ精神、協調性・柔軟性、責任感・使命感、③異文化理解と日本人のアイデンティティをもつ者とあらためて定義した（吉田 2014:31-33、37）。国境を越えて活躍できる強者で、国益を損なわない行動をとる者を想定したようにみえる（恒吉 2016:24、35）。

1-3 世界水準大学の形成

文部科学省（2001）は、国公私トップ30大学を世界最高水準に育成することを

目的として大学に競争原理を導入するとした。2002年には研究拠点形成費等補助金事業（21世紀COE）が開始された。大学院博士課程を対象に10分野から274の研究拠点を採択して、2002-06年度の予算額は1643億円であった（文部科学省 2006:16）。2007年から後継のグローバルCOEプログラムとなり、採択数を140と半減して補助金を増額した[*2]（文部科学省・日本学術振興会 2014:4-5）。中央教育審議会（2005）は高等教育の機能のひとつに世界的研究・教育拠点をあげ、文部科学省は2010年代に国立大学の機能強化を推進した。

2　大学等の競争的事業

政府の競争的資金の一覧表は久須美（2011:102-103）にあるが、ここでは文部科学省と内閣府の競争的事業のうち、21世紀に誕生した主なものを表1にあげた。文部科学省の事業は各部局にあり、合計26事業は急増といえよう。部局別にそれぞれ目的が異なり、高等教育局大学振興課はトップ大学の育成をはかり、高等教育企画課国際企画室は大学の国際化をはかる。科学技術・学術政策局産業連携・地域支援課はイノベーションの創出をはかり、研究振興局は研究拠点の育成をはかる。内閣府の事業はいずれも大規模である。

3．2010年代の高等教育政策

3-1 民主党内閣の政策再編

民主党内閣（2009年9月～12年12月）は教育を重視したが、高等教育より高校と幼児教育を優先した。事業仕分けにおいて、グローバルCOEプログラムは2009年が「3分の1程度の予算縮減」、2010年は「その着実な実施」を求めら

＊2　民主党内閣はグローバルCOEの予算を削減したが、それ以前に自民党は政策棚卸しにおいて、世界最高水準という「高邁な目的に対し、150大学が拠点では乱発に近い、予算の使途がポスドクやリサーチアシスタントの雇用……では、弱者救済のバラマキ発想」と批判した（和田2008）。しかし「高邁な目的」を論文生産の拡大により達成するには、投入要因の増加（設備の購入、研究者の確保）が手堅い方策である（塚原2023:164）。なお、150は拠点の概数で採択した大学数は41である（文部科学省・日本学術振興会 2014:5）。

表1　文部科学省と内閣府の21世紀の主な競争的事業

部局・事業名	募集年	最長年数	事業規模 1件の年額(億円)	採択数
高等教育局大学振興課				
21世紀COE	2002-04	5	1-5	274
グローバルCOE	2007-09	5	0.5-5	140
博士課程教育リーディングプログラム	2011-13	7	1.5/2.5/3	62
卓越大学院プログラム	2018-20	7	5.5	30
高等教育局高等教育企画課国際企画室				
国際化拠点整備事業(グローバル30)	2009	5	4	13
大学の世界展開力強化事業	2011-	5	0.3	114
グローバル人材育成推進事業	2012	5	2.6/1.2	42
スーパーグローバル大学創成支援事業	2014	10	5/3	37
科学技術・学術政策局産業連携・地域支援課				
知的クラスター創成事業	2003	5	5	13
先端融合領域イノベーション創出拠点形成プログラム	2006-08	3→7	2-5→5-10	21
地域卓越研究者戦略的結集プログラム	2009	5	2.2	2
大学発新産業創出拠点プロジェクト	2012-15			
革新的イノベーション創出プログラム(COI)	2013	9	10	28
グローバルアントレプレナー育成促進事業(EDGE)	2014	3	0.6	13
次世代アントレプレナー育成事業(EDGE-NEXT)	2017	5	0.8	13
科学技術・学術政策局、研究振興局				
戦略的研究拠点育成(スーパーCOE)	2001-05	5	10	13
研究振興局基礎・基盤研究課				
世界トップレベル研究拠点プログラム(WPI)	2007-	10	7	14
研究振興局学術機関課				
大学ファンド	2023-			
研究振興局ライフサイエンス課				
橋渡し研究支援推進プログラム	2007-08	3	3/0.5	7
橋渡し研究加速ネットワークプログラム	2012、14	3	0.5/0.8	9
科学技術振興機構				
創発的研究支援事業	2020-	7	総額0.5	毎年度250
内閣府				
最先端研究開発支援プログラム(FIRST)	2009	3-5	総額30-150	30
革新的研究開発推進プログラム(ImPACT)	2014-15	3-5	総額30-50	16
戦略的イノベーション創造プログラム(SIP)	2014	5	2-5	11
戦略的イノベーション創造プログラム(第2期SIP)	2018	5	2-5	12
ムーンショット型研究開発制度	2019-	5(10)	総額10-20	66
戦略的イノベーション創造プログラム(SIP第3期)	2023	5		14

資料：松尾(2016)と各事業の公募要領、採択結果などによる。
注：事業規模は1件の年額をあげたが、総額とするものがある。「→」は評価結果による事業規模の変化をあらわす。
事業規模の斜線「/」は事業内部の種類別をさす。学生数などにより事業規模が変化するものは最大値をあげた。
最長年数の(10)は10年までの延長を認めることをさす。「大学の世界展開力強化事業」の採択数114は2020年度までの合計である。

れた(中村2010)。グローバル30は2010年に「一旦廃止し、組み立て直す」と判定された(有賀2014:189)。

その後、東日本大震災をふまえた「政策推進の全体像」(2011年閣議決定)には、中長期にわたる課題への対処のひとつに、前述の『中間まとめ』を具体化した〈グローバル人材の育成・活用〉が盛り込まれた(内閣官房2011b:4)。これにより、事業仕分けによって2013年度で終了するグローバル30にかわって、教育の国際連携を

支援する大学の世界展開力強化事業が 2011 年度に発足したほか、2012 年度にはグローバル人材育成推進事業が実施された。トップ大学の育成は博士課程への支援事業となって 2011 年に博士課程教育リーディングプログラムが発足し、2018 年に後継の卓越大学院プログラムとなった。

3-2 自民党内閣のグローバル化政策

　自民党の第 2 次以降の安倍内閣（2012 年 12 月〜 20 年 9 月）は、教育再生実行会議を介した政治主導・官邸主導の教育政策を展開した。初期の経済政策（アベノミクス）において、大学改革は成長戦略のひとつとされた。教育再生実行会議（2013:2-3）には「国際化を断行する大学（「スーパーグローバル大学」（仮称））を重点的に支援する。……今後 10 年間で世界大学ランキングトップ 100 に 10 校以上をランクインさせるなど国際的存在感を高める」とあり、日本経済再生本部（2013:36）にも同趣旨が記述された。この目標は 2018 年の統合イノベーション戦略にも維持された。

　安倍はグローバル人材の育成を重視して「意欲と能力に富む全ての学生に留学機会を与える環境整備」を文部科学大臣に指示し（安倍 2013）、2014 年度には海外留学支援制度、スーパーグローバル大学創生支援事業、スーパーグローバルハイスクール指定制度が開始された。スーパーグローバル大学創生支援事業は、徹底した大学改革と国際化を断行する大学を重点支援する最大 10 年間の事業として 2014 年度に公募された（文部科学省 2014）。

　2 つの申請区分があり、トップ型は世界大学ランキングトップ 100 をめざす力のある大学を対象とする（補助金額の上限は 5 億円、採択 13 件）。グローバル化牽引型は実績をもとに先導的志向に挑戦する大学を対象とする（補助金額の上限は入学定員により 2-3 億円、採択 24 件）。

　文部科学省による大学等の留学生交流事業の 2010 年代の予算は約 340 億円である。このうち留学生の送り出しの金額は 2011 年度の 6.7%から安倍内閣の 2014 年度に 29.6%まで拡大し（吉田 2014:37）、2019 年度は 23.5%であった（文部科学省高等教育局 2019:8）。官民協働の〈トビタテ！留学 JAPAN 日本代表プログラム〉では、2014-20 年度の 7 年間（コロナ禍により 22 年度まで延長）に約 1 万人の高校生、大学生（30 歳未満）を派遣留学生として送り出すことを計画した。

日本の大学等に在籍する者による留学計画（28日間から2年以内）に奨学金を給付する制度で、単位取得を前提とした留学だけでなく、インターンシップ、ボランティア、フィールドワークなどの学校外活動も対象とした（文部科学省 2022）。

4　科学技術・イノベーション政策

4-1 研究開発からイノベーションへ

　イノベーションとは新しい製品、サービス、生産工程など新機軸を指し（Rogers 2003 = 2007）、新機軸の実現とともに普及が重要である。科学技術とは無関係に行えるが、研究開発の成果の実現という形も多く、経済成長や競争力の源泉として科学技術と経済・社会の接点のひとつとなる。科学技術政策は研究開発を主としたものからイノベーションに視野を広げた。その基本方針は総理府の科学技術会議（1959～2001年）が定め、科学技術基本法（1995年）に基づく5年間の第1期科学技術基本計画を1996年に作成した。2001年1月に内閣府の総合科学技術会議となって機能強化と体制整備がなされ、第2期基本計画（2001年）では予算を重点配分する分野を示した。第3期基本計画（2006年）はその方式を引きつぎ、科学技術の成果を国民・社会に還元するイノベーションを重視した（佐藤 2011:91、94-95、104-105）。第1次安倍内閣（2006～07年）は2025年までを視野に入れた長期戦略指針〈イノベーション25〉を閣議決定した（内閣府 2007）。

　総合科学技術会議は、各府省が提出した科学技術関係予算の概算要求を査定して政府予算案に反映させてきた。2008年に研究開発強化法を科学技術・イノベーション創出の活性化に関する法律に改正し、28条にもとづいて「総合科学技術会議で決める重要政策課題に沿って［予算の］大枠を示」す方針に改め（総合科学技術会議 2008b）、「革新的技術の機動的加速を図るため、科学技術振興費の1％規模の「革新的技術推進費」を科学技術振興調整に創設」して（総合科学技術会議 2008a）、予算の一部を柔軟に配分しはじめた。

4-2 民主党内閣のイノベーション政策

　2009年8月の総合科学技術会議において民主党の鳩山由紀夫議長（首相）は

最先端研究開発支援プログラムの予算を2700億円から1000億円に削減し、経済と環境が両立する社会をめざすグリーンイノベーションの推進を提案した（総合科学技術会議2009）。2009年12月の新成長戦略（基本方針）には医療・介護・健康を対象とするライフイノベーションが盛り込まれ、内閣官房の医療イノベーション推進室と、官房長官を議長とする医療イノベーション会議が「最先端の医療技術［の］実用化」を推進するとされた（内閣官房2011a）。こうしてグリーンとライフのイノベーションが第4期科学技術基本計画（2011年）の2本の柱となり、東日本大震災によって「震災からの復興と再生」が柱に追加された（塚原2012:139-142）。東日本大震災ののち、野田佳彦内閣は科学技術イノベーション政策の推進をはかり、総合科学技術会議の改組と権限強化を内容とする内閣府設置法改正案を閣議決定したが（内閣府2012）、衆議院の解散により廃案となった。

4-3 自民党安倍内閣のイノベーション政策

　自民党の第2次安倍内閣も総合科学技術会議の改組と抜本的強化をはかり、科学技術イノベーション総合戦略（2013年）を経て内閣府設置法を改正した（2014年5月施行）。主な内容は以下のようである。このうち(3)は内閣府に予算を確保してプログラムの執行を可能にするもので野田内閣の法案になかった。

（1）　内閣府と総合科学技術会議の所掌事務を拡大し、「科学技術の振興」に「研究開発の成果の実用化によるイノベーションの創出の促進を図るための環境の総合的な整備」を加えた。

（2）　総合科学技術会議の名称を総合科学技術・イノベーション会議に変更し、有識者議員の任期を2年から3年に延長した。

（3）　内閣府の所掌に「研究開発の成果の実用化によるイノベーションの創出の促進を図るための環境の総合的な整備に関する施策の推進に関する事務」を加えた。

（4）　科学技術基本計画の策定および推進に関する事務などを文部科学省から内閣府に移管した（内閣府2014）。

　2020年には科学技術基本法を改正して科学技術・イノベーション基本法とした。法の対象に「人文科学のみに係る科学技術」と「イノベーションの創出」を追加し、科学技術とイノベーション創出の振興体制を強化して研究開発法人・大学等と民間

事業者の努力義務とした。

　内閣府のプログラムのうち、2009-13 年度の最先端研究開発支援プログラム（FIRST、Funding Program for World-Leading Innovative R&D on Science and Technology）は日本学術振興会に基金を設立して研究費を交付した。その後継事業が 2014-18 年度の革新的研究開発推進プログラム（ImPACT）であり、あわせて実用化・事業化を見すえた事業期間が同じ戦略的イノベーション創造プログラム（SIP、Cross-ministerial Strategic Innovation Promotion Program）が創設された。2017 年度には SIP の終了をまたずに補正予算による第 2 期 SIP（2017-22 年度）に着手し、事業年度が同じ官民研究開発投資拡大プログラム（PRISM、Public/Private R&D Investment Strategic Expansion PrograM）を開始した。2019 年度には ImPACT の後継事業として、野心的な目標を国が設定するムーンショット型研究開発制度を開始した（毎日新聞「幻の科学技術立国」取材班 2019:81-84）。2023 年度以降も SIP は継続した。PRISM は BRIDGE（programs for Bridging the gap between R&d and the IDeal society (society 5.0) and Generating Economic and social value）に名称を変更して、研究開発等の成果を社会的課題の解決や新事業の創出に橋渡しするプログラムとなり、SIP と BRIDGE は一体的に取り組むこととした（総合科学技術・イノベーション会議 2022）。

4-4 イノベーションの普及支援政策

　イノベーションは新機軸の普及が重要であるが、上記の諸政策は新機軸の実現と普及を包括するものが多い。民間へのイノベーションの普及を支援する政策は明治期からあり、当初は国公立試験研究機関による新技術や外国技術の指導・普及が主になされ、ついで、これらの機関や大学と民間企業の共同研究がはじまった（鎌谷 2006）。戦後になり、研究開発が民間企業に広がると研究開発税制がつくられた。試験研究を行ったときに法人税の特別控除を認める制度で、1967 年に時限措置として創設され、2003 年に恒久措置となり（古賀 2019:21）、2010 年代には控除対象の拡大と控除額の増加がみられた（佐藤 2020:128、蒲池 2021）。

　2010 年代には、イノベーションの多様化と担い手の育成が注目された。ベンチャー企業への言及が日本経済再生本部（2015、2016）にあらわれ、第 5 期科学技術

基本計画（2016 年）には、ベンチャー企業の創出強化、起業家マインドをもつ人材の育成、アントレプレナー教育などの語句があった（文部科学省科学技術・学術政策局 2017）。文部科学省は 2014-16 年度にグローバルアントレプレナー育成促進事業（EDGE: Enhancing Development of Global Entrepreneur Program）、2017-21 年度に次世代アントレプレナー育成事業（EDGE-NEXT : Exploration and Development of Global Entrepreneurship for NEXT generation）、2021-25 年度に大学発新産業創出プログラム（START : Program for Creating STart-ups from Advanced Research and Technology）の大学・エコシステム推進型を実施した（文部科学省科学技術・学術政策局 2021）。

　大学発ベンチャーは 2010 年代に増加した（澤田 2024）。中村（2023:43、106-107）によれば、東京大学に関連するスタートアップ企業の累積数は 2012 年度の約 160 社から 2021 年度には約 480 社に増加し、一方、国家公務員総合職試験の合格者は 2016 年までの 400 人台半ばから 2022 年は約 200 人まで減少した。就職において優越した立場にある大学の動向であり、政策の効果かどうかはともかく、学生の自発的な選択として起業家が増えたといえよう。

5　学術研究政策の展開

5-1 科学技術・学術審議会

　研究開発やイノベーションの川上にあたる学術研究では日本の論文数などの成果指標が国際的・相対的に低下した。学術研究を支援する基盤的経費は削減され、競争的資金は短期的資金が制度ごとに縦割りに配分されて非効率を生じていた。これに対して科学技術・学術審議会学術分科会（2014）は主に以下を提案した。

　(1)　基盤的経費と競争的資金の再構築：国は基盤的経費の確保・充実につとめ、大学は戦略的に配分する。学術研究の競争的資金は、制度の基本的な考え方を堅持しつつ改革を進める。それ以外の競争的資金は、趣旨・目的を踏まえつつ学術研究との連携・均衡などをはかる。

　(2)　若手研究者の育成・活躍の促進：国際性の向上、人材の流動化と安定した地位の確保、経済的支援の充実、女性研究者の活躍促進、国際的な頭脳循環などをはかる。

(3)　共同利用・共同研究、学術情報基盤などの充実：学術界は責任をもって改革に取り組み、社会との対話を重視し、研究者へのメリハリある処遇や資源配分を行う。

　科学技術・イノベーション会議の議論を経て、このうち国立大学運営費交付金の同額程度の確保（2015年度以降）と指定国立大学制度（大学の機能分担と連携強化）が実現した（合田 2022:10）。

5-2 第5期科学技術・イノベーション基本計画と大学ファンド

　第5期基本計画（2016年）では、日本を世界でもっともイノベーションに適した国にして、未来社会（超スマート社会、Society 5.0）を実現するとした。これにそって科学技術イノベーション総合戦略2017はSociety 5.0の実現と官民投資の拡大を重点項目とした。2018年には「統合イノベーション戦略」を閣議決定した。イノベーション関連の司令塔会議として、総合科学技術・イノベーション会議のほか、IT戦略本部（2001年）、知的財産戦略本部（2003年）、総合海洋政策本部（2007年）、宇宙開発戦略本部（2008年）、健康・医療戦略推進本部（2014年）があった。それらを横断的実質的に調整・推進するため、官房長官を中心とする統合イノベーション戦略推進会議を設置した。

　統合イノベーション戦略には大学の経営環境の改善（財源の多様化）が目標のひとつとされ、2018年版には「民間資金・寄付金など外部資金の拡大」（内閣府 2018:23、25）、2019年版には「企業からの投資や寄附の拡大」（統合イノベーション戦略推進会議 2019:36）が記載された。構想が動き始めたのは、自民党の科学技術・イノベーション戦略調査会の講演（2020年春）において、[*3]安宅和人（慶応義塾大学教授）が思い切った研究投資の必要性を訴えてからという（合田 2022:11）。

　実際、2020年版には「世界に伍する規模のファンドを大学等の間で連携して創設し、……世界レベルの研究基盤を構築するための仕組みを実現する」（統合イノベーション戦略推進会議 2020:69-70）とあり、「10兆円規模の大学ファンドを創設

＊3　この講演の資料は発見できていないが、それ以前の自民党知的財産戦略調査会における安宅の報告に「国家レベルの10兆円規模の基金を立ち上げ……トップ5～10大学の人材育成などの強化に使う」とある（安宅 2018:106-107）。

し、その運用益を活用する」ことが閣議決定された（内閣府 2020:26）。2021 年には「本年度内に実現する」（内閣府 2021:23）とされ、科学技術振興機構に設置された。2024 年度に最初の支援対象校（東北大学）を認定した。これについて財政投融資分科会(2021)、原田(2022)、田中(2022)から以下の指摘がある。

（1）　資金調達が異質である。財政融資という借入金を原資に資産運用を行い、運用益から大学を支援する枠組みが想定通りに機能するのか。

（2）　資金は国が認定した国際卓越大学に配分され、世界に伍する研究を行うほか 3％の事業成長と大学固有基金の拡大を求められるが、できるのか。

5-3 第 6 期科学技術・イノベーション基本計画と若手研究者支援

第 6 期基本計画（2021 年）では、Society 5.0 の実現をめざして、持続可能で強靱な社会への変革、価値創造の源泉となる知の創造、新たな社会を支える人材の育成に重点的に取り組み、5 年間に政府研究開発投資の総額は 30 兆円、官民の研究開発投資の総額は 120 兆円をめざすとした。研究力の強化については、環境の再構築（博士課程学生の処遇改善、若手研究者の地位の確保、女性研究者の活躍促進など）、オープンサイエンスとデータ駆動型研究等の推進、大学の改革促進と戦略的経営をあげた。

若手研究者の支援については、2019 年に文部科学省が研究力向上改革 2019 を公表した（岩瀬ほか 2022:27）。2020 年には総合科学技術・イノベーション会議が研究力強化・若手研究者支援総合パッケージを決定して施策の方向性を示し（総合科学技術・イノベーション会議 2020）、同年に科学研究費補助金（科研費）による創発的研究支援事業を開始した。この事業は自由で挑戦的・融合的な研究を 7 年（博士課程 3 年とその後の 4 年、10 年まで延長可）にわたり支援するもので、応募額の上限は 5000 万円、各年度に約 250 件を採択する（科学技術振興機構創発的研究支援事業推進室 2022）。

5-4 大学等の研究力の強化

大学等の研究力については、科学技術・学術政策研究所の統計資料や独自な研究成果がある。政府統計や定評ある論文データベースを活用した信頼できる分析結果から以下を引用する。

日本の研究開発費や研究者数は2000年代から2010年代にかけて停滞した(岩本 2019:149-158)。論文数と人口100万人あたり論文数は2000年から2016年にかけて停滞した。この時期に米国、中国はもとより欧州主要国、豪州、韓国は双方の数値が上昇傾向にあり、日本は特異である。分野別にみると、臨床医学の論文だけが他国と並行した増加傾向を示している（豊田 2019:140-144、166-167）。大学別にみると、2015年にタイムズ誌が世界大学ランキングの評価指標を変更して、東京大学と京都大学をのぞいて日本の主要大学の順位が暴落した（豊田 2019:98-100）。同様の傾向は上海交通大学の順位表にもみられる（岩本 2019:104-106）。指標のなかでは、論文被引用数が低下した影響が大きい（豊田 2019:106-109）。

　日本・英国・ドイツの論文数を大学別に比較すると、上位大学の論文数は日本が多いが、10-50位程度の大学の論文数は日本が少なく、論文数がさらに小さい大学の数は日本が多い(佐伯・伊神 2021:16、32)。これを論文数の割合でみると、日本では、上位44大学が論文の7割を、つぎの57大学が2割を、それ以外の大学が1割を生産している。日本の約780大学のなかで、国立大学の多く(約50大学)は論文数の上位10%に入る。選択と集中による中小規模の国立大学の縮小は、日本の大学全体に視野を広げれば、研究力の高い大学群の縮小になり、日本全体の研究競争力の低下を招く（豊田 2019:316-317）。科学技術・学術審議会大学研究力強化委員会（2021年設置）は大学等の研究力強化策として、大学ファンドなどによる世界に伍する研究大学の支援と、総合振興パッケージによる地域中核大学や特色ある研究大学の支援とともに検討した（文部科学省 2021:10-16）。

6　2010年代を振り返って

　大学の国際化は日本が推進するべき課題のひとつであり、留学経験は学生の視野を広げるであろう。とはいえ、留学経験者がグローバル人材となって日本経済を牽引するという図式が、経済政策としてどれほど現実味があるのかはあまり明確にされなかった。大学の卓越性は望ましいといえるが、論文数のような限定的・一面的な尺度による議論が少なくない。それに留保したうえで、いくつかの大学の世界的な順位が上昇することと、日本全体の科学技術水準の向上は別のことである。

国民社会にとって意義が大きいのは後者と筆者は考えるが、2010年代の政策は前者を追求して後者の低下を招いたようにみえる。

　イノベーションの本質は新規性にあり、他者に先がけて着手しなければ新規性の乏しい後追いとなる。その意味で官僚による合意形成より政治主導・官邸主導の決断に適している。このことからイノベーションには失敗の可能性が内包される（毎日新聞「幻の科学技術立国」取材班 2019:88-89）。それを回避して成功にいたるには、責任者の目利きによる臨機応変な対応が求められるが、政治・官邸主導によるトップダウンが意思決定の硬直化を招かないか懸念される。2014年度から内閣府は研究開発予算を確保し、総合科学技術・イノベーション会議が「レフェリーとプレーヤーの一人二役」を行うようになり（須田 2021:65）、科学技術の司令塔としての役割が損なわれたようにみえる。

【参考文献】

（※URLの最終閲覧日は2022年6月24日、文部科学省（2023）は2024年4月17日）

安倍晋三 (2013)「第4回・第5回産業競争力会議の議論を踏まえた当面の政策対応について」第6回日本経済再生本部 本部長指示, https://www.kantei.go.jp/jp/singi/keizaisaisei/dai6/siji.pdf

安宅和人 (2018)「"シン二ホン" AI×データ時代における日本の再生と人材育成」甘利明，山際大志郎『INNOVATION ECOSYSTEM ニッポンは甦る!』講談社, 106-116.

有賀理 (2014)「文部科学省プレゼンテーション」九州大学教育国際化推進室（編）『グローバル30総括シンポジウム「国際化で大学は変わったか」報告書』187-193, https://www.jsps.go.jp/file/storage/general/j-kokusaika/follow-up/data/h26/global30_report.pdf

綾部広則 (2011)「教育研究機関の国際化」吉岡斉編集代表『［新通史］日本の科学技術 世紀転換期の社会史 1995年～2011年』第3巻, 原書房, 78-99.

中央教育審議会 (2005)『我が国の高等教育の将来像（答申）』.

合田哲雄 (2022)「「橋本行革からデジタル臨調」と大学政策――強い官邸が賢い選択をするために」広島大学高等教育研究開発センター（編）『高等教育研究の課題

と高等教育研究への期待―創立 50 周年記念シンポジウムの記録』広島大学高等教育研究開発センター, 1-20.

後藤邦夫 (2012a)「知識社会における産業技術」吉岡斉編集代表『［新通史］日本の科学技術世紀転換期の社会史 1995 年〜 2011 年』第 2 巻, 原書房, 2-20.

後藤邦夫 (2012b)「「イノベーション」は格差を超えるか――ポスト 3.11 日本の知識経済社会」吉岡斉編集代表『［新通史］日本の科学技術 世紀転換期の社会史 1995 年〜 2011 年』別巻, 原書房, 97-110.

原田喜美枝 (2022)「大学ファンドの異質性〜国民負担を生じさせないために」『証券レビュー』62(2), 124-133, https://www.jsri.or.jp/publish/review/pdf/6202/05.pdf

岩本宣明 (2019)『科学者が消える―ノーベル賞が取れなくなる日本』東洋経済新報社.

岩瀬公一ほか (2022)『日本の科学技術・イノベーション政策（2022 年）』科学技術振興機構研究開発戦略センター, https://www.jst.go.jp/crds/pdf/2022/FR/CRDS-FY2022-FR-01.pdf

蒲池茂 (2021)「研究開発税制の拡充――2021 年度（令和 3 年度）税制改正における企業のデジタル化を支援する税制②」『PwC's View』34, 36-38, https://www.pwc.com/jp/ja/knowledge/pwcs-view/assets/pdf/34-07.pdf

科学技術・学術審議会学術分科会 (2014)『「学術研究の推進方策に関する総合的な審議について」中間報告』, https://www.mext.go.jp/component/b_menu/shingi/toushin/__icsFiles/afieldfile/2014/07/23/1348495_01_1.pdf

科学技術振興機構創発的研究支援事業推進室 (2022)「創発的研究支援事業 2022 年度募集要項」, https://www.jst.go.jp/souhatsu/document/call2022.pdf

鎌谷親善 (2006)「日本における産学連携――その創始期に見る特徴」『国立教育政策研究所紀要』135, 57-102.

古賀款久 (2019)「研究開発税制における実効税率の推移：1990-2017 年度」『経済論集』關西大學經済學會, 69(2/3), 19-68.

久須美雅昭 (2011)「競争的資金の拡充と改革――政府と民間財団」吉岡斉編集代表『［新通史］日本の科学技術 世紀転換期の社会史 1995 年〜 2011 年』第 3 巻, 原書房, 100-119.

教育再生実行会議 (2013)『これからの大学教育等の在り方について（第三次提言）』.

毎日新聞「幻の科学技術立国」取材班 (2019)『誰が科学を殺すのか——科学技術立国「崩壊」の衝撃』毎日新聞社.

松尾敬子 (2016)『我が国における拠点形成事業の展開〜課題と展望〜』科学技術振興機構 研究開発戦略センター科学技術イノベーション政策ユニット, https://www.jst.go.jp/crds/pdf/2016/RR/CRDS-FY2016-RR-01.pdf

文部科学省 (2001)「大学（国立大学）の構造改革の方針」.

文部科学省 (2006)『21 世紀 COE プログラムの成果』, https://www.mext.go.jp/a_menu/koutou/coe/06092116/all.pdf

文部科学省 (2014)「平成 26 年度スーパーグローバル大学等事業「スーパーグローバル大学創生支援」公募要領〜我が国社会の国際化を先導するグローバル大学 30 校を創生〜」, https://www.jsps.go.jp/j-sgu/data/download/01_sgu_kouboyouryou.pdf

文部科学省 (2021)「大学研究力強化に向けた取組〜多様な研究大学群の形成に向けて〜」科学技術・学術審議会大学研究力強化委員会（第 1 回）資料 3, 12 月 1 日, https://www.mext.go.jp/kaigisiryo/content/000147982.pdf

文部科学省 (2022)「トビタテ!留学 JAPAN 日本代表プログラム（留学奨学金）」, https://tobitate.mext.go.jp/program/index.html

文部科学省 (2023)「「外国人留学生在籍状況調査」及び「日本人の海外留学者数」等について」, https://www.mext.go.jp/content/20230201-mext_kotokoku01-1412692_00003.pdf

文部科学省科学技術・学術政策局 (2017)「平成 29 年度 次世代アントレプレナー育成事業（EDGE-NEXT）公募要領」, https://www.mext.go.jp/a_menu/jinzai/edge/__icsFiles/afieldfile/2017/02/21/1381907_1_1.pdf

文部科学省科学技術・学術政策局（産業連携・地域振興課）(2021)「アントレプレナーシップ教育の現状について」科学技術・学術審議会産業連携・地域振興部会第 2 回（7 月 30 日）資料 1, https://www.mext.go.jp/content/20210728-mxt_sanchi01-000017123_1.pdf

文部科学省高等教育局 (2019)「高等教育局主要事項—2019 年度予算（案）」, https://www.mext.go.jp/b_menu/shingi/chukyo/chukyo4/siryo/__icsFiles/afieldfile/2019/01/23/1412927_11.pdf

文部科学省, 日本学術振興会 [2014]『平成 26 年度 GCOE グローバル COE プログラム』,https://www.jsps.go.jp/file/storage/general/j-globalcoe/data/H26_phanphlet.pdf

内閣府 (2007)「長期戦略指針「イノベーション 25」」6 月 1 日閣議決定, https://www.cao.go.jp/innovation/action/conference/minutes/minute_cabinet/kakugi1-1.pdf

内閣府 (2012)「前原内閣府特命担当大臣記者会見要旨 平成 24 年 11 月 9 日」, https://www.cao.go.jp/minister/1210_s_maehara/kaiken/2012/1109kaiken.html

内閣府 (2014)「内閣府設置法の一部を改正する法律」, https://www8.cao.go.jp/cstp/stsonota/settihou/2hou_riyu140519.pdf

内閣府 (2018)『統合イノベーション戦略』.

内閣府 (2020)「国民の命と暮らしを守る安心と希望のための総合経済対策」12 月 8 日閣議決定, https://www5.cao.go.jp/keizai1/keizaitaisaku/2020-2/20201208_taisaku.pdf

内閣府 (2021)「コロナ克服・新時代開拓のための経済対策」11 月 19 日閣議決定, https://www5.cao.go.jp/keizai1/keizaitaisaku/2021/20211119_taisaku.pdf

内閣官房(医療イノベーション推進室) (2011a)「医療イノベーション推進室の創設」, https://www.mhlw.go.jp/stf/shingi/2r98520000012le8-att/2r98520000012lhv.pdf

内閣官房 (2011b)「政策推進の全体像」8 月 15 日閣議決定, https://www.cas.go.jp/jp/seisaku/npu/pdf/20110815.pdf

中村正史 (2023)『東大生のジレンマ―エリートと最高学府の変容』光文社.

中村直樹 (2010)「結論ありきの事業仕分け」Science Portal, https://scienceportal.jst.go.jp/explore/review/20101201_01/

中山茂 (2011)「科学技術の国際競争力をめぐる言説」吉岡斉編集代表『[新通史] 日本の科学技術 世紀転換期の社会史 1995 年〜2011 年』第 1 巻, 原書房, 111-123.

日本経済再生本部 (2013)『日本再興戦略〜 JAPAN is BACK』.

日本経済再生本部 (2015)『「日本再興戦略」改訂 2015――未来への投資・生産性革命』.

日本経済再生本部 (2016)『日本再興戦略 2016――第 4 次産業革命に向けて』.

OECD (1971) *Review of National Policies for Education: Japan,* OECD. =(1972)

深代惇郎訳『日本の教育政策』朝日新聞社 .

Rogers, Everett M. (2003) *Diffusion of Innovation,* Fifth Edition, Free Press. =（2007）三藤利雄訳『イノベーションの普及』翔泳社 .

佐伯浩治，伊神正貫 (2021)「大学の研究力の現状と課題」科学技術・学術審議会大学研究力強化委員会（第 1 回）資料 2, https://www.mext.go.jp/content/220118-g-gakkikan-000020016_5.pdf

佐藤良 (2020)「租税特別措置と EBPM―研究開発税制を中心に」国立国会図書館調査及び立法考査局編『EBPM（証拠に基づく政策形成）の取組と課題 総合調査報告書』119-138, https://dl.ndl.go.jp/view/download/digidepo_11460686_po_20190309.pdf?contentNo=1

佐藤靖 (2011)「総合科学技術会議と科学技術基本計画」吉岡斉編集代表『［新通史］日本の科学技術 世紀転換期の社会史 1995 年～ 2011 年』第 1 巻, 原書房, 91-110.

澤田芳郎 (2025)「大学発ベンチャーの本格化――VC を中心に」塚原修一編集代表『［新通史］日本の科学技術 秩序変容期の社会史 2011 年～ 2024 年』第 2 巻, 原書房 , 398-415.

総合科学技術会議 (2008a)「平成 21 年度の科学技術に関する予算等の全体の姿と資源配分の方針（案）」第 76 回総合科学技術会議 資料 1-2, https://www8.cao.go.jp/cstp/siryo/haihu76/siryo1-2.pdf

総合科学技術会議 (2008b)「第 76 回総合科学技術会議議事要旨」, https://www8.cao.go.jp/cstp/siryo/giji/giji-si76.html

総合科学技術会議 (2009)「第 85 回総合科学技術会議議事要旨」, https://www8.cao.go.jp/cstp/siryo/giji/giji-si85.pdf

総合科学技術・イノベーション会議 (2020)「研究力強化・若手研究者支援総合パッケージ」, https://www8.cao.go.jp/cstp/package/wakate/wakatepackage.pdf

総合科学技術・イノベーション会議 (2022)「科学技術イノベーション創造推進費に関する基本方針」. https://www8.cao.go.jp/cstp/bridge/sipkihonhoushin.pdf

須田桃子 (2021)「「科学技術の司令塔」の変質と日本の研究力衰退」『学術の動向』5, 63-67.

田中秀明 (2022)「10 兆円「大学ファンド」の矛盾 国民負担の懸念」『毎日新聞 』3 月 31 日 , https://mainichi.jp/premier/politics/articles/20220315/

pol/00m/010/032000c

寺﨑昌男 (2020)『日本近代大学史』東京大学出版会 .

塚原修一 (2012)「世紀転換期の政策動向―科学技術と高等教育を対象に」吉岡斉編集代表『［新通史］日本の科学技術 世紀転換期の社会史 1995 年〜 2011 年』別巻 , 原書房 , 131-153.

塚原修一 (2023)「日本の 2010 年代の高等教育政策―教育のいわゆる無償化と研究開発を事例に」『教育総合研究叢書』関西国際大学 , 16, 155-168.

恒吉僚子 (2016)「教育における「グローバル人材」という問い」北村友人（編）『グローバル時代の市民形成』岩波書店 , 23-44.

統合イノベーション戦略推進会議 (2019)『統合イノベーション戦略 2019』.

統合イノベーション戦略推進会議 (2020)『統合イノベーション戦略 2020』.

豊田長康（2019)『科学立国の危機――失速する日本の研究力』東洋経済新報社 .

和田雄志 (2008)「「文部科学省政策棚卸し」を傍聴して」市民科学研究室 , https://www.shiminkagaku.org/post_73/

吉田文 (2014)「「グローバル人材の育成」と日本の大学教育――議論のローカリズムをめぐって」『教育学研究』81(2), 28-38.

財政投融資分科会 (2021)「大学ファンドについての議論の整理」, https://www.mof.go.jp/about_mof/councils/fiscal_system_council/sub-of_filp/proceedings/material/zaitoa031223/zaito031223_02.pdf

4-4 大学をめぐるイデオロギーの変化——産学官連携から地方創生へ

The Changing Ideology of Universities: From Industry-Academia-Government Collaboration to Regional Revitalization

久須美雅昭

1　概観：科学技術基本計画の推移

　1995年の科学技術基本法（後に科学技術・イノベーション基本法）の成立以降、翌年から5年ごとに科学技術基本計画が策定されてきた。そのなかで多用される語彙の推移から、時代のイデオロギーの変化を読む手がかりが得られる。本章では、2010年代の10年間を中心に、この時期の大学の教育・研究・社会貢献にかかる活動指針に強い影響を与える政策的イデオロギーが、それまでの「産学官連携」から「地方創生」へとシフトしてきたことを明らかにしようとするが、まずは基本計画本文中の特徴的な語彙の変遷からこの時代を概観してみたい。2010年代に該当するのは第4期（2011）と第5期（2016）の基本計画である。

　図1は、基本計画本文文字数と、特徴的な語彙の出現頻度の推移を示したものである。

　計画本文文字数は毎回漸増してきたが、第6期では大幅に字数が増えた。これまでに比べて具体的な目標設定やその根拠とする注記など、書きぶりが緻密になったことによる。

　最頻出単語は当然ながら「科学」である。しかし、第5期まで、「科学」が単独で用いられるのは2割弱で、8割以上は「科学技術」という成語としてであった。すなわち、科学の成果が技術として実用化されることにより経済的な豊かさが国にもたらされる、という科学技術創造立国のイデオロギーが色濃く映し出された用語法となっていた。ところが第6期の本文では「科学」が単独に用いられる割合が4割

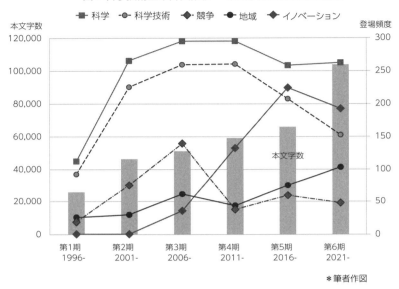

図1 科学技術基本計画推移 —本文文字数と特徴語彙頻度

＊筆者作図

に増す。それとともに、従来あまり登場しなかった「学術」や「探究」といった単語の頻度が、グラフに描くレベルではないものの、増加した。本文の流れも、これまでの、科学技術の進歩がすべての課題を解決する、といった単純な科学技術信仰に代わって、科学技術だけでは解決できない課題に人文・社会科学の知恵も総動員して取り組まねばならないという論調が主流となってきた。その背景に地球規模の気候変動やコロナ禍の拡大があることはいうまでもない。

「科学技術」に次ぐ頻出単語が「イノベーション」で、第3期の初登場から4期、5期と急増した。このイノベーションはシュンペーターが提起したそれではなく、クリステンセンが『イノベーションのジレンマ』の中で示した破壊的イノベーションを指す。単なる技術革新ではなく、それにともなう社会変革までこの単語には込められている。[1]
第5期では科学技術イノベーションという成語も頻出し、わが国もGAFA(Google,

---

[1] 第2期では「技術革新」が頻出したが第3期にはそのほとんどが「イノベーション」に置き換えられた。つまり初期のイノベーション概念には技術革新の意味合いが残っていたが、第5期にいたって第1章「基本的考え方」の中で「従来のように技術革新の追求にとどまるのではなく……」と記され、両概念は明確に分離した。

Apple, Facebook, Amazon) に匹敵するイノベーターを育てなければ国際競争に勝ち経済成長を続けられないかのような論調であったが、第6期では物欲資本主義への批判も込めて、わが国の分かち合いの価値観を世界に広めよう、といった論調へと変化してきている。

「イノベーション」と入れ替わるように第3期でピークアウトしたのが新自由主義の中核概念である「競争」という単語である。基本計画の中ではとくに「競争的資金」（第6期では「競争的研究費」に書き替え）という成語として頻出した。第4期以降、それまで増加を続けた競争的資金総額が天井に達したこともあって頻度は減った。

地味に頻出し第6期にとくに頻度を増したのが「地域」という単語である。もとより科学技術基本法では地方公共団体の責務（5条）も定めて地方重視が盛り込まれているが、2014年からの地方創生政策により、地方重視は加速した。その背景もあって、基本計画の文中では都市中心の科学技術振興というイメージを緩和しようとするかのように「地域」が頻出していると思われる。

以上、基本計画本文中に100回を超えて登場したことのある頻出単語に着目して、その用語法からある種の傾向性が読み取れることを示した。次に、これらの用語法の背景にある政策的イデオロギーについて、政策誘導の対象とされた大学の視点も交えて、もう少し詳しく経緯をたどってみる。

2　産学官連携からイノベーションへ

2-1 競争的資金による産学官連携

図2は科学技術基本法成立以降の毎年の各府省の競争的資金の合計額（左目盛り）と事業プログラム数（右目盛り）の推移を示している。一見してわかるように、第1期から第3期にかけて金額もプログラム数も増加の一途をたどった。[*2]

これに対し2010年代の第4期、第5期では金額が減少し横ばいとなり、事業

---

*2　競争的資金制度の立ち上げ時、府省ごとに独自に運用されていた補助金制度を米国NSF（National Science Foundation：米国国立科学財団）やNIH（National Institute of Health：米国国立衛生研究所）にならってプログラム・オフィサー制度も導入して運用統合することが制度検討委員会の目標とされたが、各府省では予算増加をむしろ権益拡張の機会ととらえ、プログラムを新設する方向に動き、その結果、成果を見届ける前に数年で消滅するような泡沫プログラムの増加につながった（久須美2011）。

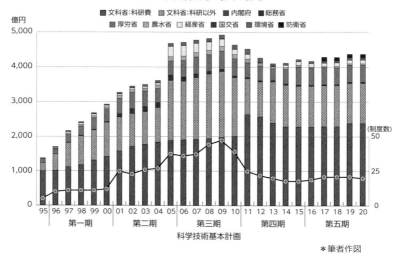

図2 年度別競争的資金推移

＊筆者作図

プログラム数も淘汰が進んだ結果減少した。競争的資金制度そのものが成長期から成熟期に移行したともいえるが、文部科学省科学研究費補助金（以下、科研費）とそれ以外の府省競争的資金との比率をみると、2010年代には科研費以外の競争的資金の重みが減ったともいえる。基本計画の文中でも取り立てて論じられることが少なくなり「競争」という語彙の登場頻度が減ったことと符合する。

科研費を除く競争的資金は府省の政策意図に即して制度設計され、大学の研究シーズを産学官連携によって社会のニーズに対応させることを狙いとしている。とくに科学技術創造立国の文脈では、大学シーズが産業化につながること、あわよくば新規産業の創出に発展することが初期の狙いとされた。産学連携は科学技術基本法成立以前からの政策目標であったが、基本計画第1期と第2期では「産学」ではなく常に「産学官」という成語として登場し、これによって基本法以降は「官」の介在が当たり前と考えられるようになった。産学官というトライアングルが産業振興の基本要素というのがこの時代に形成されたイデオロギーであった。第3期以降は「産学官」の語彙頻度が微増するのに対し、「産学」という官を除いた表現がふたたび用いられるようになるが、その文の主語はほぼ「国は」である。つまり、2010

年代には、「官」が語順は最後でも実態としては「産」と「学」との上に立って両者を媒介するという構図が基本計画の文章表現にも顕れるようになってきた。

　ここで、筆者が所属した地方公立大学の視点から「産学官」の実態について寸描しておく。まず指摘できるのは、官の2階建て構造である。もともと産学官連携は「官（＝国）」が設計した競争的資金の誘導に従い「学」が研究実用化企画を起案し、「産」が共同研究費の出る範囲で「学」とつきあうという構図であったのだが、その実態は、官（＝国）が競争的資金制度を餌に学と産とを一荷釣りしてプロジェクトを実施させ、その進捗過程で地方の官（＝国の地方出先機関や県）に補助金執行監査の名目で細々といらぬ節介を焼かせるというものであった。地方の官は中央の官の制度意図に沿うよう大学を急かし、また中央の官は財務省に対し補助金プログラムの有効性を示すべく、もっともらしい成果指標の提示を現場に要求する。こうした官による制度設計とお節介はそもそも新自由主義の理念とも矛盾する。

　また、産についても、資金制度の誘導によって中央の大企業ではなく地方の中小企業との共同が要請された。しかし、もとより地方の中小企業には開発投資に回せる人材も資金も乏しく、仮に産学共同開発で試作品レベルの成果が出たとしても、それを企業として独自に事業化につなげるだけの余力はない。このように競争資金を梃子にした産学官プロジェクト誘導では、絵に描いたような産業イノベーションなどそもそも起こるはずもないというのが、地方大学の現場的実感である。

　先の頻出語彙推移でみたように、競争的資金による産学官連携というイデオロギー図式は第3期でピークアウトし、第4期からはイノベーションが基本計画の中核イデオロギーとなった。逆にいうと2000年代の産学官連携による産業振興の行き詰まりがイノベーション提唱の背景にあったともいえる。2016年の第5期基本計画の中では次の一文によって産学連携を否定的に総括している。曰く「また、産学連携はいまだ本格段階には至っていない。産学連携活動は小規模なものが多く、組織やセクターを越えた人材の流動性も低いままである。ベンチャー企業等は我が国の産業構造を変革させる存在にはなり切れていない。これまで、大学が生み出す知識・技術と企業ニーズとの間に生じるかい離を埋めるメカニズムが十分に機能してこなかったこと等により、我が国の科学技術力がイノベーションを生み出す力に十分につながっていないということを強く認識する必要がある」[3]一見、反省文のよう

---

　[3]　「科学技術基本計画」（平成28年1月22日閣議決定），

だが、注意すべきは、官がもはや産学連携の当事者ではないかのような書き方となっていることである。少なくとも産学官連携の失敗とは書いていない。

2-2 イノベーションと社会実装

イノベーションという概念は1912年ヨーゼフ・シュンペーターが『経済発展の理論』のなかで提起したもので起源は古い。しかし基本計画の文言に登場するのは第3期からで、このときのイノベーション概念はシュンペーターのいう漸進的なものではなく、1997年にクレイトン・クリステンセンが『イノベーションのジレンマ』の中で示した破壊的イノベーションに基づくと考えられる。第3期計画では「クラスター」、「選択と集中」の語彙も登場するが、これらはマイケル・ポーターによって提起され[*4]、1990年代から流行した概念である。

さらに第4期からは「科学技術イノベーション」という成語が登場する。また、2003年にヘンリー・チェスブロウが著書 "Open Innovation" で提起した「オープンイノベーション」がそのままもち込まれ、第5期の基本計画本文ではイノベーションのカタカナ語が異様なほど頻出するにいたる。

こうした経営学書からの用語の借用が増えた背景には、産学連携イデオロギーが流布した20世紀末にくらべて産業構造そのものが今世紀に入ってから激変し、古典的な産業振興モデルが全く通用しなくなったことがあると考えられる。

第5期にイノベーションとセットで初めて登場し多用されたのが「社会実装」[*5]という概念である。

2010年代のイデオロギー潮流は、大学の研究成果を社会実装し、イノベーショ

---

https://www8.cao.go.jp/cstp/kihonkeikaku/5honbun.pdf, p.4（2024/06/05 閲覧）

* 4 　『競争戦略論I、II』の日本語版への序文にポーターは「本書では、イノベーションと競争に的を絞り、クラスターの重要性を認め、経済政策の権限は本質的に中央政府ではなく地方自治体の手にあるべきだ、と考える日本の新しい経済政策を立案する上での、思考法を提示している」（ポーター 1999）と記している。彼は日本の官僚や政治家が自著を丸パクリすることを見越していたかのようである。それほどに2000年代の日本の政策は本書の影響を受けていた。とりわけ1999年の本書が初出のクラスター論は、経産省の産業クラスター政策（2002）、文科省の知的クラスター政策（2003）にそのまま導入され、2014年以降の地方創生政策においても理論的骨格となっている。
* 5 　「社会実装」は2000年代に科学技術振興機構から発し、他の省庁の競争的資金制度の設計思想として好んで使われるようになった。

ンを起こし、より大きな経済発展を目指すという意味合いを強めてきた。先に「大学の研究シーズを産学官連携によって社会のニーズに対応させる」と要約した基本計画初期の地道なイデオロギー路線に比べて随分と大学に対する妄想が肥大化したようにみえる。

　日本学術会議は、2019年10月、「第6期科学技術基本計画に向けての提言」を発表し、その中で、「学術にはそれ自体の価値が存在し、決してイノベーションのためだけにあるのではない。公的研究資金の配分のグランドデザインやその評価においては、実用的・経済的な『イノベーションへの貢献』だけではなく、真理の探究という学術そのものの価値に即した振興策が重視されなければならない」と述べ、イノベーション偏重を牽制した。

　しかし2020年6月、科学技術基本法等の一部を改正する法律が成立し、イノベーションは科学技術創造立国の中核概念に加えられることとなった。その趣旨は、人間や社会の在り方と科学技術・イノベーションとの関係が密接不可分となっていることを踏まえ、「人文科学のみに係る科学技術」および「イノベーションの創出」を「科学技術基本法」の振興の対象に加えるとともに、基本計画の策定事項として研究者等や新たな事業の創出を行う人材の確保・養成等についての施策を明示することである。これにより、「科学技術基本法」は「科学技術・イノベーション基本法」に変更されるとともに、基本計画も「科学技術・イノベーション基本計画」となった。

2-3 地方創生の潮流

　科学技術基本法と同じ1995年に地方分権推進法が成立し、このころより人口の都市集中を抑制し地方の活性化を図るべきという政策の路線が形成された。科学技術政策においても地域重視が謳われた。第1期から第3期計画では「地方」という用語は「地方公共団体」という成語としてのみ使われ、単独では「地域」と表現されてきた。都会に対する田舎のニュアンスをもつ「地方」というむき出しの表現が避けられているように思われる。[*6]

　2016年からの第5期科学技術基本計画では「地方公共団体」という用語はなくなりこれに代えて「地方自治体」が用いられ、また「地方創生」という概念が新た

[*6]　第4期では「地方公共団体」以外に「地方」が頻出するがそれは2011年3.11の大震災を踏まえた「東北地方」や「関東地方」という文脈においてである。

に登場した。これは2014年の第2次安倍晋三内閣による地方創生政策が契機となっている。

2010年代、大学をめぐるイデオロギーが科学技術基本計画の文脈では産学官連携からイノベーションへと変化してきたのに対し、2014年以降は地方創生という別の文脈が重なることとなった。分けても第6期基本計画でもはや既成事実として明文化[*7]されるにいたった卓越研究大学と地方創生大学の二極分化こそがこの時代の大学をめぐるイデオロギーの決定打であった。次節では大学の役割分化にいたる経緯をたどってみたい。

3 大学の役割分化——地方大学は地域貢献を

3-1 中央教育審議会答申（2005）

「我が国の高等教育の将来像」と題する2005年の中教審答申は、2つの意味でその後の大学の役割をめぐるイデオロギーの大きな分岐点となった。

第1は、社会貢献を研究、教育に次ぐ大学の第3の役割と明示したことである。社会貢献の中身は当初は大学の施設公開や公開講座など素朴なものであったが、すぐに地元企業支援など地域産業活性化の文脈にまで拡張され、2008年の『文部科学白書』では「大学の国際化と地域貢献」と題する特集が組まれるにいたった。ここで「地域貢献」というのは、それまでの「社会貢献」の緩やかな概念枠を、地域の経済活性化への寄与という一点にさらに絞り込んだものに他ならない（久須美2019）。

第2は、今日の卓越研究大学と地方創生大学という大学の役割分化イデオロギーの起点となったことである。答申では、大学の機能が、世界的研究・教育拠点、高度専門職業人養成、幅広い職業人養成、総合的教養教育、特定の専門的分

＊7 基本計画本文中では「世界と伍する研究大学」（p48）と表現され、その注記で「世界トップで競える研究者が集結し、その下で国内外の研究者・学生が最先端の研究を行い、新たな融合領域を創生したり、企業との共創により資金や人材を流動させたりしながら、イノベーションの創出を図るような環境を有する大学」と定義された。これと対置する形で、「地方創生のハブになる大学」（p62）が注記において「人口減少や雇用創出、デジタル人材の育成など地方の課題解決をリードする大学」と定義された。記述の分量を比べると、科学技術・イノベーション基本計画の主役は明らかに卓越研究大学であり、地方創生大学には少なくともイノベーションへの期待は寄せられていない。

野（芸術、体育等）の教育・研究、地域の生涯学習機会の拠点、社会貢献機能（地域貢献、産学官連携、国際交流等）等の多岐にわたることを認めつつ、各大学はそれぞれに目標を明確化することを求めた。その上で、国として、「1. 国立大学については、教育・研究の特性に配慮しつつ、それぞれの経営努力を踏まえて、<u>政策的課題（地域再生への貢献、新たな需要を踏まえた人材養成、大規模基礎研究等）</u>への各大学の個性・特色に応じた取組を支援すること、2. 私立大学については、基盤的経費の助成を進める。その際、<u>国公私にわたる適正な競争</u>を促すという観点を踏まえ、各大学の個性・特色に応じた多様な教育・研究・社会貢献の諸活動を支援すること、3. 公立大学については、<u>地域における知の拠点</u>としての機能を発揮できるよう支援すること」などを提起した（下線部筆者）。

　下線部を補って読むと、国立大学は政府が必要とする政策的課題をそれぞれの力量に応じて分担すること。公立大学は地域に専念すること。私立大学は競争の当て馬となることが書き込まれている。

　この中教審答申が、2010年代の大学をめぐる様々な施策の方向を決定した。

3-2 COC（2013-14）

　2013年、文科省は「地（知）の拠点整備事業（大学COC（Center of Community）事業）」を実施した。各地方の大学を知の拠点と見立て、地域発の社会イノベーションや産業イノベーション創出に向けた役割を課すという趣旨である。事業パンフレットの「目的」の中には「…大学の<u>ガバナンス改革</u>や各大学の強みを活かした<u>大学の機能別分化</u>を推進し、地域再生・活性化の拠点となる大学を形成します」との一文がある（下線部筆者）。地（知）の拠点という表題に加えて大学の機能別分化の推進が目的とされていることから、この事業が先の中教審答申を踏まえたものであることは明らかであろう。国立大学法人の第3期中期計画に先立ち重点支援の対象として大学の3類型が産業競争力会議で下村博文文科大臣から示されたのは2015年のことである。後に各大学がその3類型を選択し、地域貢献型55大学、特色教育研究型15大学、卓越教育研究型16大学が仕分けされたが、2013年のCOC募集開始時には地方大学は地域貢献に専心するという構図が既にほぼできあがっていた。

　また先の一文からは2004年の国立大学法人化以来の課題である大学のガバナ

ンス改革もCOCを契機に進めようという意図も読み取れる。

　2013年のCOC募集では、全国の大学、短期大学、高等専門学校から単独・共同合わせて319件（342校）の申請があり52件（56校）が採択となった。大学からの申請が289校と多数を占めるが、国公私立別に採択率をみると国立大が51校中22校（43%）、公立大が58校中14校（24%）、私立大が180校中15校（8%）と大きな傾斜がみられる。事業選定委員長の選後所見では、募集要項の趣旨文をそのままなぞりつつ、全国38都道府県に広く展開したものの「未採択都道府県が9県」と記された[*8]。

　制度設計の狙いとしては、各都道府県に置かれた国立大学のうち都市部を除いてはそれぞれが県の拠点となることを想定していたと思われるが、初年に応募した51国立大学のうち約半数は採択水準にいたらなかった。その分を公立大、私立大がカバーした県もあるがそれでも空白の9県ができてしまったということである。ちなみにこの9県は青森、茨城、静岡、和歌山、徳島、愛媛、福岡、熊本、鹿児島である。2014年に再度COCの公募が行われた。その狙いは空白県を埋めようということであろう。前年に落選した国立大学のうち22校が再挑戦し、うち6校（弘前大学、茨城大学、山梨大学、愛媛大学、熊本大学、鹿児島大学）が採択されるなど空白県の穴埋めは進んだが和歌山県の空白は埋められなかった。とはいえ各県に少なくとも1拠点という目標設定自体がもともと形式優先にすぎないものであった。実際、事業パンフレットに示された採択大学ごとの事業概要をみても、地域課題のとらえ方や対応する方法論までが紋切り型で、あらかじめ募集要項や申請書に示された枠組みをなぞって各大学が「作文」したことがうかがえる。

　COCの募集は2013年、14年に行われ、採択大学の事業期間は5年とされていたが、2015年には早くもCOC+（後述）の募集が行われた。そこには2014年の「地方創生」の開始が大きな影響を与えていた。

3-3 地方創生会議の発足（2014）

　2014年8月に、総務大臣経験者である増田寛也・東大客員教授らによる『地

＊8 「地（知）の拠点整備事業選定委員長所見」（平成25年8月2日 選定委員長 納谷廣美） https://www.mext.go.jp/component/a_menu/education/detail/__icsFiles/afieldfile/2013/10/24/1338403_2.pdf,p.2（2024/06/06 閲覧）

4-4 大学をめぐるイデオロギーの変化

方消滅』が中公新書から出版された。同書は、2013 年 12 月に雑誌「中央公論」で発表した論文に、さらにその後の論文も加えて 1 冊にまとめたものだが、刺激的な表題がマスコミでも話題となった。論理骨格は単純で、人口統計のうち 20 歳から 39 歳までの女性の動態に注目すると人口再生率の低下で将来人口の劇的な減少が見込まれるから対策が急務ということである。その骨格に東京一極集中という別の主題を絡ませ、地方中核都市に人口ダムを築き人の流れを抑制すべしと提案している。(増田 2014) さもないと全国で 896 の市町村が消滅するというわけだが、実のところ何が消滅するのか定かではない。[9]

2014 年 9 月、第 2 次安倍改造内閣で石破茂前自民党幹事長が新設ポストである地方創生担当大臣に起用され、安倍首相を本部長とし、石破と菅義偉官房長官を副本部長とする「まち・ひと・しごと創生本部」(地方創生本部) が内閣官房に設置された。

9 月 12 日、石破地方創生担当大臣のもと第 1 回の地方創生本部会合が開催され、基本方針が決定し、また地方創生会議の民間有識者議員 12 名が選任された[10]。これ以降の地方創生の具体的施策は主要閣僚に民間議員を加えたこの地方創生会議において検討が進められることになる。

2014 年 9 月から始まる創生会議の議事録によると、初期の段階では、政府資料に「地方大学の活性化」という文言は見られるものの、地方創生における大学の役割を突き詰めて議論することはなかった。

3-4 COC+ (2015)

2015 年、文科省は「地 (知) の拠点大学による地方創生推進事業 (COC+)」を実施した。表題からも明らかなように 2013、14 年に形成を促した各県の拠点大学を中心に、あらたな政策目標として掲げられた地方創生を推進することを狙いとした。地方創生人材の育成を事業目的とし、そのための大学と地方公共団体や

---

* 9 地方消滅論には発表当初から多くの批判があった。首都大学東京の山下祐介准教授は、地方消滅論は成長至上主義に沿った「選択と集中」路線を正当化するプロパガンダであると論じている (山下 2014)。
* 10 12 名のうち、坂根正弘 (コマツ相談役)、冨山和彦 (経営共創基盤代表取締役 CEO)、増田寛也 (東京大学公共政策大学院客員教授) の 3 名は後の地方大学政策をめぐる委員会にも参画し影響を与えた。

企業との協働が、これまでのCOCより大きく一歩踏み出した点である。さらに大学と県などとの協働を担保するため、COC+事業自体が文科省と総務省の共同とされた。逆にいえば、従来のCOCは大学内に籠もることで地域への波及効果が少ないともみられ、それゆえ2年実施しただけで後継のCOC+に席を譲ったともいえる。COC+で期待される成果としては「若年層人口の東京一極集中の解消」という政策目標が明示され、地方大学を地方創生のために働かせるという政策意図が前面に出てきた。申請書の作成もこれまでのCOCでは大学が主体で作文できたが、COC+では県担当者の協力が欠かせないようになっていた。

　2015年の申請件数56件中採択は42件で、全国47都道府県のうち埼玉、神奈川、東京、愛知、大阪を除く42道府県がカバーされた形となった。

　COC+の募集は2015年のみで、採択された各案件には以後5か年の事業期間に毎年約6000万円が配分された。代表となった大学の数だけみると42は少ないようだが、申請企画作成にあたっては代表大学以外に域内の他大学の参画が必須要件とされており、そのため参加大学数の合計は194にのぼる。これは42道府県の大学数合計481の40%にあたる。もともと大学数が少ない県では100%が動員されている。たとえば、(参加大学数/域内全大学数)が8割を超えるところは、青森(8/10)、山形(5/6)、福井(5/6)、三重(7/7)、鳥取(3/3)、島根(2/2)、山口(10/10)、高知(3/3)、佐賀(2/2)、大分(4/5)、鹿児島(5/6)と11県ある。これらを含め域内大学の過半数が動員された県は24県に及ぶ。

　2020年にCOC+採択42案件の5か年にわたる事業の事後評価が行われた。その評価内容で目につくのは域内企業就職者の数をCOC+が目指した教育の成果とみなしていることである。S評価の案件でも、「域内就職者が当初目標に達しなかった点は残念」などと書かれていたりする。つまり地元に大学生を押し止めるのが地方創生施策の柱であり、このミッションをどれだけ果たせるかが地方大学評価の重要指標とされる。こんな大学観が時代のイデオロギーとしてできあがったというのが、COC+のひとつの帰結である。

　もうひとつCOCからCOC+にかけての事業の副産物として各地方大学に地域連携センターや地域創造センターなど、地域を看板に掲げる組織が多数作られたことがあげられる。

　COC、COC+のいずれかで代表校として採択された大学は92校あり、その9

4-4 大学をめぐるイデオロギーの変化

割が地域貢献組織を 2010 年代に設置している[*11]。

　COC+ の翌 2016 年に文科省による地域イノベーション・エコシステム形成プログラムが開始された。COC+ と異なり、大学生がターゲットではなく、事業創造のモデルケースを実現することが狙いとされ、あらたに事業プロデュースという概念が取り入れられた。従来の産学連携では大学シーズを製品化すればよいというレベルにとどまり、それが市場相手の事業として成り立つか否かについては、制度設計の埒外であったことの反省から、単なる大学と自治体との協働ではなく、応募に際しては「事業プロデューサー」および「事業プロデュースチーム」の介在を不可欠の要件とした。このプログラムは 2016 年から 2019 年まで毎年公募が行われたが、採択件数は累計で 21 件（うち大学は 19）と、各県 1 件には遠く及ばない。年別の（採択数／申請数）推移を見ても、2016（4/32）、2017（10/41）、2018（5/27）、2019（2/10）と尻すぼみで、もはやネタ切れの感がある。

　その一方で、同じ時期に地方創生会議が、さらに強力に地方大学を地方創生に駆り立てる施策を展開した。2017 年に検討を急ぎ、法制化を経て 2018 年に実現した「キラリと光る地方大学」政策である。

3-5 「キラリと光る地方大学」(2018-)

　2016 年 11 月、全国知事会において「地方大学の振興等に関する緊急抜本対策」が提起された。都市部への人口流出が大学進学を契機としていることから、都市部の大学の拡張を抑制するとともに地方大学の振興施策が急務との趣旨である。これを受けて地方創生の総合戦略 2016 の改訂版にその対策具体案を早急に検討することが盛り込まれた。そこで 2017 年 2 月に創生会議の下に「地方大学の振興及び若者雇用等に関する有識者会議」が発足し、集中的な検討が行われることとなった。有識者 13 名には創生会議から坂根正弘が座長、増田寛也が座長代理、ほか冨山和彦が参加した。この年の 12 月までに 14 回にわたり関係者のヒアリングや議論が重ねられ最終報告書が作成された。この報告書では立法措置に基づき抜本的な対策を講ずべきとの提言が行われた。

　2018 年 5 月に「地域における大学の振興及び若者の雇用機会の創出による若

＊11　採択校リストをもとに筆者が大学 HP から拾った数字。うち 58 校は明らかに COC 採択を契機に組織を設立したものであった。

者の修学及び就業の促進に関する法律」（平成 30 年法律 37 号）、通称「地方大学振興法」が成立し、6月に施行された。先の有識者会議の検討の成果といえる。この法律に基づき「地方大学・地域産業創生交付金」が制度化され、同年 10 月には第1回の交付対象が決定した。全国 16 件の申請中 7 件を採択したものである。採択案件を紹介したパンフレットによると、この交付金の狙いは、「<u>首長のリーダーシップ</u>の下、<u>産官学連携</u>により、地域の中核的産業の振興や専門人材育成などを行う優れた取組を重点的に支援」[*12]（下線部筆者）するもので、10 年間の計画期間のうち前半 5 年を交付金により支援する。交付率は事業内容に応じて 1/2 から 3/4 まで幅があるものの目安額は 1 件あたり年間 7 億円と従来の補助金に比べて桁違いに額が大きい。パンフレットの見出しは「広島県」「島根県」「富山県」「岐阜県」「徳島県」「高知県」「北九州市」と地域名が最初に掲げられ、大学はもはや主役の扱いではなくなっている。首長のリーダーシップが強調され、官主導の色彩も濃くなっている。たまたまかもしれないが「産学官」ではなく「産官学」と表記されている。

　特集記事として、ページを最も多く割いて紹介しているのが広島県の「ひろしまものづくりデジタルイノベーション創出プログラム」である。事業責任者はマツダ株式会社の小飼雅道代表取締役会長が務め、記事では湯崎英彦広島県知事と越智光夫広島大学長との鼎談を通してプログラムの概要が紹介されている。まさに産官学トップの連携に基づく事業であることが強調されている。実は 2017 年 7 月の第 7 回「地方大学の振興及び若者雇用等に関する有識者会議」に湯崎広島県知事と越智広島大学長がともに招かれ、それまでに広島大とマツダとの間で進められていた産学連携についてプレゼンを行っている。そのことから「キラリと光る地方大学」交付金の制度設計において、この広島の産官学の取り組みが参考にされ、さらにいうならこれをモデルケースとするべく制度設計と指名入札的な募集が行われたとも考えられる。実際、他の採択案件のいくつかも事前に有識者会議でヒアリングが行われていた。

　この「キラリと光る地方大学」の交付金の枠組みでは、これまでの産学連携を越える「組織対組織」の取り組みが強調されている。従来の産学連携は大学のそれ

＊12　『キラリと光る地方大学へ　地方大学・地域産業創生交付金』（内閣府 地方創生推進事務局 平成 31 年 4 月発行　https://www.chisou.go.jp/sousei/about/daigaku_kouhukin/kirari-daigaku_pamphlet.pdf,p.2（2024/06/06 閲覧）

4-4 大学をめぐるイデオロギーの変化

も研究室単位でのシーズ展開をベースにしたもので、企業側も開発担当の取扱い事項で、それでは産業レベルの事業化にはとても届かない。ゆえに特許戦略、事業化戦略も含めて大学も企業もそれぞれのトップが関わる必要があるという考え方である。

2020年9月には「地方創生に資する魅力ある地方大学の実現に向けた検討会議」が開始され年内短期集中で会合が重ねられた。坂根座長、冨山座長代理ほか「キラリと光る地方大学」を推進したメンバーが継続参加しており、地方大学を産業創生に使役するというイデオロギーはさらに強化されることとなった。

また内閣府と並行して文科省でも、COC、COC+、イノベーション・エコシステムと続いた施策の延長上の施策として、地域連携プラットフォームや大学等連携推進法人の設置に向けて具体化が図られた。

このように2014年の地方創生を契機に、かつてうまく行かないと総括された産学官連携が、地方大学の活性化の名目で、事実上一回り強化された形であらたな地方創生・産官学連携のイデオロギーとして大学を覆うようになった。

4 一地方大学からみたイデオロギーの変化

2010年代にみる大学をめぐる政策イデオロギーの変化は、当の地方大学にとって何であったのか。それを章の締めくくりとして、筆者が奉職した高知工科大学の事例を通してまとめておきたい。以下の記述は(久須美 2015a,2015b,2019)に依拠する。

4-1 高知工科大学の設立背景(1996)

高知工科大学は、科学技術基本法成立翌年の1996年に高知県の公設民営の大学として設立された。県の工業化に向け県勢浮揚の期待を背負っての船出であった。設立初期からスタンフォード大学やMITをモデルとして本格的産学連携を目指し、おりしも増加の途にあった競争的資金も多く獲得しつつ当時成長を見込まれた新規ディスプレイ産業の県内創成に邁進した。いくつかベンチャー企業を立ち上げるなどの実績も上げたが、結局10年も続きはしなかった。

県が大学に期待した地場企業の底上げレベルと、大学が目指した新規産業の創

出レベルとではあまりにも落差が大きかった。大学が最先端技術を開発し試作品の作成に成功しても、地元企業にはこの原理を理解し製品開発から事業化にまで繋いでいける人材が決定的に不足していた。もともとクラスター論にいう産業集積が効果を発揮するには前提として、技術やノウハウを担う人材の結集が不可欠である。そのような人材層が薄く工業的蓄積の乏しい地方にいきなりクラスター形成をめざそうというのは土台無茶な試みであるとの教訓を得た。工科大は開学以来十数年にわたって産学連携イデオロギーを忠実になぞってきたが、技術成果の社会実装という局面においては、大学のできることには自ずと限界があることを身をもって経験し、さらにいえば、その限界を超えて事業化に挑むとすればそれはもはや大学本来の役割ではないかもしれないという結論に達した。

つまり産学連携について工科大は最先端を走った結果、2016年の第5期基本計画における否定的な総括よりはるかに早く新産業イノベーション幻想に見切りを付けていた。

4-2 公立大学法人化と地域連携機構の設立（2009）

大学は開学10年を経て、当時の多くの私立大学と同様に定員割れの危機に直面し、対策の切り札として2009年に公立大学法人化を実現した。公設民営の大学として発足した当時はまだ公立大学法人を規定した地方独立行政法人法（2003年法律118号）が成立しておらず、やむなく公設民営としたわけなので、この時の法人化は総務省も文科省もともに支持した。これは全国初の事例でありその後の各地での私立大学の公立化の火付け役ともなった。

公立大学法人化を機に、それまでに産学連携を担ってきた学内組織である総合研究所や連携研究センターを改組し、そのなかから地域志向のシーズや実績を有する7つの研究室を統合した地域連携機構を設立した。工科大ではそれまでにも県や市町村の要請に応じた技術面での事業協力や、地元企業に対する技術支援などの地域貢献の実績は上げてきてはいたが、機構の設立はさらに大学らしく未来を見据えた戦略的な地域貢献を図ろうという趣旨である。

目先の政策的課題やイデオロギーに振り回されず、地域の特性を踏まえた独自の地域貢献のあり方を目指すもので、ここには公立化にともない当然高まると予想された地域貢献への様々な外圧に対し、大学の自由な研究を守るため、地域連携機

構を防波堤にする狙いも込められていた。

　しかし機構の立ち上げは地方創生が始まる 2014 年より 5 年も前のことで、この間特段の外圧を受けることもなく機構の各研究室はそれぞれ自由に活動を展開した。その活動原資も大学予算に頼らず、それぞれが競争的資金や受託研究費の獲得に務め、2009 年の設立から 2018 年までの 10 年間に累計で 15 億円を外部調達してきた。

　2013 年には COC の募集案内が学内回覧されたが、この時点では大学の機能分化政策の一環とは気付かなかったものの、なにかと制約の多い使い勝手の悪い資金ということで機構内部の判断で応募しないことに即決した。既に地域貢献の路線に沿って活動を始めていた立場からすれば、COC には何を今更という感じは否めなかった。

4-3 宿毛バイオマスプラント（2015）

　機構の活動成果は多岐にわたるが、高知県宿毛市におけるバイオマス火力発電所と木質ペレットの製造工場を併設したプラントの建設は、研究に基づく社会実装の事例として特筆すべきであろう。これは、2011 年の福島原発事故を契機に永野正展教授がそれまで温めてきた構想を実行に移したもので、地域内エネルギー自給、衰退過程の林業の再生、安価なペレット燃料によるハウス農業の振興、そしてそれらに伴う雇用の創出を一気に実現する（永野 2011, 2015）。プラントは 2015 年に竣工し、数年で当初の銀行借入れも完済し、2024 年の時点でも順調に稼働している。

　このように地域に立脚し、大学らしく研究者それぞれの自由な創造性に基づき 10 年以上活動してきた地域連携機構の立場からすると、「キラリと光る地方大学」の多額の交付金は、中央からのトップダウンで地方大学を経済成長至上政策に駆り立てようという、あまり筋の良くない資金にみえる。それ以前に、時の政権の施策はたかだか 10 年スパンであるのに対し、大学は 100 年先の未来のために多様な可能性のタネを育てる場との認識がある。その大学本来の役割を、政策実現の機能に矮小化する地方創生イデオロギーはそもそも的を大きく外しているように思える。

【参考文献】

（※ URL の最終閲覧日は、2024 年 6 月 9 日）

Christensen, Clayton M.（1997）*The Innovator's Dilemma: When New Technologies Cause Great Firms to Fail*, Harvard Business School Press, =（2000）伊豆原弓 訳『イノベーションのジレンマ』翔泳社.

久須美雅昭（2011）「競争的資金の拡充と改革——政府と民間財団」『新通史日本の科学技術　世紀転換期の社会史 1995 年〜 2011 年　第 3 巻』, 吉岡 斉 編 , 原書房 , pp. 100-119.

久須美雅昭（2015a）「地域連携機構 6 カ年の活動総括」『高知工科大学紀要』第 12 巻 http://hdl.handle.net/10173/1287.

久須美雅昭（2015b）「地域連携機構のあゆみ 2009 〜 2014」『高知工科大学紀要』第 12 巻 http://hdl.handle.net/10173/1288 .

久須美雅昭（2019）「地域連携機構 10 年の挑戦——大学の地域貢献への模索」『高知工科大学紀要』第 16 巻　http://hdl.handle.net/10173/00002117 .

増田寛也ほか（2014）『地方消滅』中公新書

永野正展ほか（2011）「「グリーン・エネルギープロジェクト in 高知」推進のシナリオ」『高知工科大学紀要』第 8 巻 http://hdl.handle.net/10173/698 .

永野正展（2015）「社会実装報告・木質エネルギーの地産地消による地域産業の構築」『高知工科大学紀要』第 12 巻 http://hdl.handle.net/10173/1289 .

Porter, Michael（1998）*On competition*, Harvard Business School Publishing =（1999）竹内弘高訳『競争戦略論I、II』ダイヤモンド社.

山下祐介（2014）『地方消滅の罠』ちくま新書.

4-5 2010年代の大学ガバナンス改革
University governance reform of Japan in the 2010s

羽田貴史

1 連続か断絶か

　2000年代の大学は、疾風怒涛のなかにあった。そのはじめは、国公立大学の法人化（2004年4月）、私立学校法改正（2004年5月）など一連のガバナンス改革である。国立大学法人法は、学長に強い権限を与えた。法人化後20年を経て、この改革が国立大学の自律性を拡大したと評するものは皆無であろう。運営費交付金が政策的経費として毎年1％削減され、法人化の謳い文句に反し、大学に深刻なダメージを与えた。6年ごとの中期目標・計画は、政府の定めた評価指標と運営費交付金が結び付けられ、特定目的と結びつく財源が増加し、機関の財政自律性は大きく後退した。法人化に賛成し、推進派であった有馬朗人文部大臣も失敗であったと認めた（『日経ビジネス電子版』2020年5月21日）。

　これは、法人制度が予定したことか、あるいは第2次安倍内閣による2010年代の高等教育政策に起因するのだろうか。法人制度を包摂する行政改革につい

---

*1　ガバナンスとは、「一般的にものごとを管理・運営していくための諸ルールの体系」（『政治学事典』弘文堂、2000年）と定義されるが、アメリカ流のコーポレート・ガバナンス概念（企業統治）の流入によって、特定の意味を付して近年使われる。すなわち、コーポレート・ガバナンスとは、マネジメントとガバナンスを分離し、ガバナンスは、経営幹部の人事、基本戦略の策定、執行監視の役割をもつ。日常業務であるマネジメントはCEOをはじめとする執行部に一任され、ガバナンスは、執行部による監督・統制を行うとされる（田村2002）。このガバナンス概念が、アメリカ流の特殊なものであることが捨象され、日本の高等教育機関にも適用される普遍的概念と理解する向きもある。なお、本章のテーマに関して、すでに羽田（2019、2024）を発表しており、これも踏まえて執筆した。

て、牧原（2018：42-53）は、第2次安倍政権の政策形成を、「制度の作動」とみており、2010年代の高等教育政策は、2000年代との連続面に立ち、一層具体化ないし本格化したものとみることができる。他方、国立大学法人制度発足時の関係者においては、自律性をめざした初心を強調する見解もある（杉野 2024）。その意味するところは、2010年代に変節したという主張であろう。

2　2010年代の大学ガバナンス改革

いずれが正しいかはともかく、2010年代にはドラスチックな制度改革が進行したことは事実であり、それは、やや異なる2つの系列による。

ひとつは、90年代から進展した政治改革によるもので、内閣機能と首相の決定権を、行政の全領域にまたがって確認する再編成が進行した。これは、内閣（行政）と議会（立法）のバランスを取る議院内閣制から、内閣行政権を優越する「大統領制化」を示すもので（岩崎 2019）、待鳥（2020:48）は、明治期の近代立憲国家建設、戦後改革に匹敵するかもしれないと述べている。

もうひとつは、機関レベルにおいて学長へ集権化を進めるもので、双方相まって、内閣（内閣府）→文部科学省→機関（国公私立大学）というシステムレベルおよび機関内での学長への集権化という垂直的意思決定・実行ラインを形成した。

それは、第2次安倍内閣が最も重視した経済政策と大学とを直結させ、産業力強化に位置づけるために、官邸主導のもとでの政策がスムーズに大学が対応する構造を創出するものであった。従来、政策を担ってきた文部科学省の決定力は後退し、内閣主導の政策決定へ従属する関係が強化された。大学を国策に位置づける前提として、ガバナンス改革なるものが推進されてきたのである（日本高等教育学会会長プロジェクトチーム・羽田 2025）。

もちろん、一国の経済と産業への大学の貢献は、欠くことのできない機能であるが、絶対的なプライオリティをもつものではない。2006年の教育基本法改正で、大学に関する第7条が設けられ、教育と研究の成果を「広く社会に提供することにより、社会の発展に寄与するものとする」ことが定められた。衆議院教育基本法特別委員会で伊吹文明文科相が、教育と研究の成果が結果的に社会に貢献するのは当然のことであり、「社会に貢献させるために研究させるんだとかあるいは教育をさ

せるんだとか、そういう意図はこの今回の政府提案にはございません」(2006年10月31日)と述べており、イノベーションは大学それ自体の目的ではなかった。これは、大学を長く所管してきた文部行政の見解であるといってよい。2010年代はこれを変更した。

3　グランドデザインとしての「日本再興戦略 Japan is Back」

　国策として大学を位置づけ、内閣トップダウンで大学改革を進める志向は、民主党政権下からはじまっていたが、それを本格化させたのは、第2次安倍晋三内閣であり、野田佳彦内閣時に、文科省が作成した大学改革タスクフォース「大学改革実行プラン」(2012年6月5日)は、第2次安倍内閣の「国立大学改革プラン」(2013年11月26日)に引き継がれた。ただし、大きな違いがある。民主党政権時代には、高等教育政策は、文部科学省から発していた。高等教育政策の入力が文科省ではなく、内閣（内閣府）から行われるようになり、経済・イノベーション政策の一部として高等教育を位置づけるようになったことが決定的に違う。

　第2次安倍内閣が、いわゆるアベノミクスの成長戦略として重視したのが、イノベーションの推進である。日本経済団体連合「サンライズレポート」(2010年12月6日)、
　経済同友会「2020年の日本創生－若者が輝き、世界が期待する国へ－」(2011年1月11日）は、中国がGDP世界2位になることが明らかになったことへの危機感を表すものである。第2次安倍内閣は、日本経済再生本部を核とする内閣設置のキッチン・キャビネット主導でイノベーション政策を立案した。

　日本経済再生本部が設置した産業競争力会議は、安倍首相を議長、麻生副総理を議長代理とし、会議の決定事項は、実質閣議決定の重みをもつ。産業競争力会議が原案を検討した「日本再興戦略 Japan is Back」(閣議決定2013年6月14日)は、教育再生実行会議「第3次提言　これからの大学教育等の在り方について」(2013年5月28日)も踏まえ、産業競争力強化の観点からの大学改革を成長戦略の全体構図のなかに位置づけた。

　それは、大学改革のグランドデザインであり、以降の具体的な制度改革の基本を設定した。大学改革は、「産業競争力強化の観点から、グローバル化による世界トップレベルの教育の実現、産学連携、イノベーション人材育成、若手・外国人研究

者の活用拡大等を目指」し、国立大学第3期中期目標期間（2016年4月から）開始までに、大学評価システムの構築や、企業等の外部からの資金を活用した混合給与などの人事給与システムの改革、運営費交付金の戦略的・重点的配分の拡充に直ちに着手する」こととした。

　以降、閣議決定で大学改革の基本線が決定され、中央教育審議会大学分科会、科学技術・学術審議会など文科省の審議会、協力者会議などが、その具体化を図る政策立案をする関係ができた。

　改革として掲げた項目は、大学の使命の、ある一面であり、6年前には、「社会に貢献させるために研究させる」ことを否定したが、「日本再興戦略 Japan is Back」は、それを内閣として推進することを決定した。それをよく象徴するのは、内閣府「科学技術・イノベーション担当」政策統括官の下に「大学改革担当室」が設置されたことである（2018年3月）。その初代室長赤石浩一（経済産業省出身）は、大学は真理を探究するのではなく、国家戦略のひとつとしてとらえなおすべきと発言する（松本 2019:214）。「結果としての社会貢献を行う大学像」から「目的としての社会貢献」、しかもイノベーションに特化しての大学像への旋回が、2010年代に内閣の政策として推進されたのである。

　内閣といえども万能ではなく、国会の定めた法律に根拠を得て権限を行使しなければならない。大学の役割・性格は教育基本法と学校教育法で定められ、行政権による「改革」は法律に基づいて行われなければならず、だからこそ、法律制定が政治の主要な役割になるのだが、赤石発言は、法律上の規定を踏み越えて大学をイノベーション政策に組み込むものであった。大学をイノベーションの装置として動員するためには、文科省が分担管理原則のもとで、高等教育政策に責任を負う仕組みを変えなければならない。また、多様な専門分野の教育研究を組織するために構成され、ボトムアップで意思決定を行う機関レベルのガバナンスを改造しなければならない。2013年以降進行したのは、政府レベルから機関レベルにまたがるガバナンス体制の改変である。

4　大学のガバナンス改革の推進

4-1　政府レベルのガバナンス改革

　政府レベルの垂直的権限関係の変容は、第1に、イノベーション政策を総括的に進めるために総合科学技術会議を総合科学技術・イノベーション会議と改称し、文科省が所掌していた「科学技術基本計画の策定及び推進に関する事務」、「科学技術に関する関係行政機関の経費の見積りの方針の調整に関する事務」を内閣府に移管した（2014年4月、内閣府設置法の一部を改正する法律、法31号）。

　第2に、2014年6月13日の独立行政法人通則法改正の関連法案に関連した国立大学法人法改正によって、中期目標期間の4年目までの評価で、文部科学大臣が国立大学法人の組織改組の指示を行えるようになった。2015年の国立大学教員養成人文・社会科学学部再編は、この法改正によって実施された（羽田2019:100-104）。評価と組織改組の連動は、設置形態を超えて波及し、公立大学は、地方独立行政法人法改正（2017年6月、法54号）によって同様なスキームに移行した。

　第3に、総理大臣補佐官を国家戦略スタッフとして位置づけ、従来の総理大臣に進言・意見具申する役割から、「命を受け、国家として戦略的に推進すべき基本的な施策その他の内閣の重要政策のうち特定のものに係る内閣総理大臣の行う企画及び立案について、内閣総理大臣を補佐する」（2014年4月、国家公務員法等一部改正、法22号）と規定し、省庁機構に対する内閣総理大臣の権力浸透を強化した。

　第4に、局長級以上の国家公務員は内閣総理大臣の審査を経た幹部候補生名簿から任命権者（各大臣等）が首相・官房長官協議を経たうえで任免することとし、官邸主導の政治任用が強く働くようにした（同法）。

　第5に、内閣の重要政策について行政各部の施策統一のための企画・立案・総合調整に関する内閣府政策統括官の権限を強化した（2015年9月　内閣の重要政策に関する総合調整等に関する機能の強化のための国家行政組織法等の一部を改正する法律、法66号）。

　第6に各省大臣も閣議決定された方針に基づく政策策定をするとした（同法）。

たとえば、文部科学大臣は、毎年度6月に閣議決定される「経済財政運営と改革の基本方針」に書き込まれた大学改革の具体化を図る責任を負うことになる。

　これらは、行政権を内閣に一元化した上で（憲法65条）、合議体としての内閣（内閣法4条）、各省大臣・各省による行政事務の分担管理原則（内閣法3条1項、国家行政組織法5条）を大きく変更し、大学の多面的な機能と役割に照応して形成された文部科学省の専門性を、内閣・内閣府の政治的決定に論議なく従属するようになった。[*2]

4-2　機関レベルのガバナンス改革

　以上は、政府内部の権限関係の変更、大学と政府との権限関係の変化を示すものであり、国策として大学改革を進めるために、大学内部の機関間の権限関係も「日本再興戦略 Japan is Back」に盛り込まれた。教育再生実行会議の第3次提言「これからの大学教育等の在り方について」は、「大学のガバナンス改革、財政基盤の確立により経営基盤を強化」が必要であり、「意欲ある学長がリーダーシップを発揮して果敢に改革を進められるよう、大学のガバナンス改革を進めるとともに、改革を進める大学には官民が財政面の支援をしっかり行うことにより、経営基盤を強化する」としている。この提言をふまえて、「日本再興戦略 Japan is Back」は、「学校教育法等の法令改正を含め、抜本的なガバナンス改革を行うこととし、所要の法案を次期通常国会に提出する」と決定した。

　これを承けて具体的な制度化に途を開いたのが、中央教育審議会大学分科会組織運営部会である。6月26日に第1回を開催し、12月5日までに7回の会議を重ね、12月24日には、「大学のガバナンス改革の推進について（審議のまとめ）」を取りまとめた。教授会の権限縮小を提言したこの政策文書には、高等教育に関するガバナンスやリーダーシップについて、いっさい検討された形跡がない。諸外国のガバナンスやリーダーシップの動向は、中央教育審議会大学分科会（第105回）大学教育部会（第16回）合同会議（2012年5月29日）で、小林雅之専門委員が共同統治の状況を説明しており、組織運営部会第1回会議でも、「諸外国における大学ガバナンスの状況」が配布されているから知識としてないとはいえないが、

　＊2　文部科学行政の専門性については、羽田（2025）、磯田（2025）、林（2025）、小山（2025）参照。

A4版4ページで、アメリカ・イギリス・フランス・ドイツの事例を記載したポンチ絵であり、教員参加の全体構造や、その理念の中核である学内合意の重要性は全く述べられていない。

このお粗末な資料すら、組織運営部会では読まれず、審議では、「現在の学部のガバナンスの在り方、特に学部教育、教授会に権限が非常に一元的に集中していることが、革新を妨げている側面がある。だとすれば、それをどのように改善していくべきかというところが、議論の出発点としては非常に重要なのではないかと思います」（金子元久臨時委員）という発言を皮切りに、学長のリーダーシップの強化にのみ議論は展開するが、金子の発言を裏付ける出典・データは示されていない。

4-3　学長への集権化と教授会の権限縮小

こうして学長の権限を強めればリーダーシップが強化されるという確信のもとに、2014年6月27日に、学校教育法及び国立大学法人法改正（法88号）が行われた。従来の教授会の重要な事項を審議する役割を、学生の入学、卒業および課程の修了、学位の授与その他教育研究に関する重要な事項で教授会の意見を聴くことが必要であると学長が定めるものについて、学長が決定を行うに当たり意見を述べるとして（93条2項）諮問機関化した。また、「学長等がつかさどる教育研究に関する事項について審議し、および学長等の求めに応じ、意見を述べることができる」こととした（93条3項）。

この改正でもっとも問題なのは、教員人事権が教授会の審議事項から除外されたことである。「大学のガバナンス改革の推進について（審議のまとめ）」は、①人事について自治を守る教授会という構図はなくなった、②国公立大学は、法人化によって教育公務員特例法の適用を受けなくなったという点をあげていたが、教授会の人事権は、学問の自由の保障のコロラリーであり、教育公務員特例法が創設規定ではない。教特法制定前から、国立大学教員の人事は教授会によって行われていたし、適用されない私立大学についても教授会の人事権を認める判決が多数ある（羽田ほか2022:174-177）。また、国立大学法人法制定時には、遠山文部大臣が「（教授会は）各学部等の教育研究に関する重要事項を審議する機関であるということについては変わりはないわけでございますが」（2003年5月14日衆議院文部科学委員会）と述べ、行政解釈でもある国立大学財務・経営センター『国立大学法人経

営ハンドブック(1)』(2004年)は、「学問の自由及び大学の自治の尊重という観点から、法人化で廃止されても教育公務員特例法の基本精神は継承される他、学校教育法第59条の教授会規定が適用されるため、教員の人事上の決定や処分は従前どおり「大学管理機関」(教授会など)に実質的に委ねられると考えられるからである」と述べていた。立法時の解釈を無視し、それへの指摘もない。

4-4 「大学のガバナンス改革の推進方策に関する検討会議」と行政指導

　行政法の有力な理論(田中1976)によれば、権限配分は、組織に権限と責任を配分し、その長は法令によって権限と責任が定められないかぎり、組織体を代表する権限と責務を与えられているにすぎないと考えられている。藤田(2005:70-72)は、田中を引用しつつ、「専決・代決」は行政組織法理上整合し、法律の授権なくとも下部組織の長に分配行使できるという見解を導く。2014年法令改正によって学長の決定権が規定されたとしても、その権限を教授会や学部長に委任することは各大学自治の範囲であり、法令に違反するものではないということになる。法令の解釈と適用は、大学の自治の範囲であり、それが法令の枠を逸脱する場合は、事後に個別の行政指導によって是正するのが通常であった。しかし、法改正後、7月15日に下村博文文部科学大臣は「大学のガバナンス改革の推進方策に関する検討会議」を設置し、各大学での内部規則制定への強力な方向付けを行った。

　この第1回会議(2014年7月25日)では、「学校教育法及び国立大学法人法の一部を改正する法律等の施行通知」案を検討し、「今回の改正の基本的な考え方」として、「大学の自治の尊重」をあげ、この考えを変更するものではないとしているのは極めて奇異である。

　「大学の自治」とは、通説上、学問の自由の制度的保障であり、ポポロ事件最高裁判所大法廷判決は、「大学における学問の自由を保障するために、伝統的に大学の自治が認められている」と述べ、その内容は、「とくに大学の教授その他の研究者の人事に関して認められ、大学の学長、教授その他の研究者が大学の自主的判断に基づいて選任される」ことであるとしている。これは単なる学説ではなく、憲法判断として確立している有権解釈である。

　しかし、法改正、各大学が行う内部規則制定への通知や行政指導には、この判例が生かされない。大学の自治は機関の自律性と等化され、学問の自由の制度

的保障として認識されない。第 3 回（12 月 15 日）には、「資料 1　国立大学法人の組織及び運営に関する制度の概要について　平成 26 年 12 月 15 日　高等教育局国立大学法人支援課」が配布され、ポポロ事件最高裁判決を紹介しているが、「（大学の自治は）直接には教授その他の研究者の研究、その結果の発表、研究結果の教授の自由とこれらを保障するための自治とを意味すると解される」という部分が削除され大学の自治を教員の学問の自由の保障と結びつけるのを避けた資料である。

「大学における内部規則・運用見直しチェックリスト（案）（学校教育法の改正関係）」では、「国立大学や法人化された公立大学については、教育公務員特例法に基づいて教授会に権限を認める規定が、改正法の趣旨に反する形で残存していないか」とし、人事権についての権限委任を否定する。

「重要事項に関する意思決定手続き」の留意事項では、「今回の法改正によって、学長が決定を行うに際して、教授会が意見を述べることが義務づけられたことから、相応の内規を整備しておくことが求められる」としたうえで、「どのような事項について教授会の意見を聴くものとするかを判断するにあたって、学長は教授会の意見を参酌することが望ましいが、最終的にどの事項について教授会の意見を聴くかを決定するのは学長である」と述べ、教学事項すら教授会への委任を認めず、学長が決定できるように方向づけている。審議の中で、北城恪太郎委員は「国立大学等に関しては例えば学長が、全ての内規あるいは学則の見直しが行われ、法律に反する点はないというふうなことを文科省に報告していただいた方がいいのではないか」と言う。法人化の趣旨とはまったく異なる。

また、「学長が判断の一部を教授会等に委任することは、学長に最終的な決定権が担保されている限り、法律上禁止されるものではないが、教授会の判断が直ちに大学の判断となり、学長が異なる判断を行う余地がないような形で権限を委譲することは、法律の趣旨に反する」とあくまでも学長の決定を優先させる。行政法上の権限委任は受任機関に権限が移譲された場合、権限委任された機関の決定を上級機関が取り消す場合には再審査請求の手続きが必要である（宇賀 2019:41-42）。学長が教授会の決定をいつでも覆せるような理解は疑問である。

9 月 2 日、学校教育法及び国立大学法人法等の改正に関する実務説明会が開催された。説明会では、文科省が解釈を述べ、個別の相談を行うとともに、12 月

8日には総点検・見直しの進捗状況を調査し、2015年4月1日の施行日までに、均質化された内部規則制定が行われるよう行政指導が進行したのである。

　大学での集権化を進める一方、会議は、第6回（8月3日）以降、学長のリーダーシップ強化にともなう学長選考のあり方と、監事などによる学長の業務チェックの方策を検討した。権力の均衡は、シェアド・ガバナンスにおいては、三権分立のアナロジーで、理事会・学長・教授会の権限共有を把握し、そのチェック・アンド・バランスが大学の民主的運営を支えるとの認識がある（Cipriano & Buller 2020：8-9）。日本のガバナンス改革は、教授会の権限を縮小して学長権限を強化する集権化をめざし、次に学長の強すぎる権限を抑制するために、国立大学法人においては学長選考会議の権限強化を行い（2021年5月国立大学法人法改正）、学校法人においては、強すぎる理事長の監視のために評議員会の権限強化（2023年5月私立学校法改正）を行っている。「改革」が作り出す新たな問題のためにまた「改革」を行うという鼬ごっこのような制度改革の連鎖だが、トップの暴走を防ぐ装置になるという理論的根拠も実証的根拠も何もない。

　検討会議は、「大学のガバナンス改革の推進方策に関する検討会議審議まとめ」を2016年3月31日に公表した。すでに、前年3月の独立行政法人通則法改正にともなう国立大学法人法改正によって、監査報告の策定、役員及び職員に対する事務及び事業の報告請求、文部科学大臣に提出する書類の調査、不正に関して文部科学大臣への報告など監事の権限は強化されていた。この「審議まとめ」はさらに大学の意思決定過程全般へ監査を拡大するものであった。

　検討会議の審議まとめをまたず、国立大学法人等監事協議会監事監査参考指針改定検討会「監事監査に関する指針」（11月5日）は、「監事は…法人内部の意思決定システムをはじめとするガバナンス体制の整備・運用状況を調査し、その妥当性を判断し、改善すべき事項があれば指摘し、必要と認めるときは、国立大学法人等の長、理事及び職員に対して、その説明を求め、また、意見を述べるものとする」と定めた。監事は、国立大学の意向に基づいて任命されているが、法令上は文部科学大臣が任命権を持っており（国立大学法人法12条第8号）、規定上、大学の意向なしに任命できる。その監事が、大学の意思決定の妥当性を監査することは、大学運営の自主性に踏み込むものであり、驚くべき仕組みである。

5 私立大学のガバナンス改革

5-1 私立大学等の振興に関する検討会議と2019年私立学校法改正

　私立大学は、私立大学等経常費補助金などの補助金以外は、学納金や事業収入で維持されており、民間自立が原則で、私立学校法も1条で私学の自主性を重んじ、公共性を高めることで私学の健全な発達を図ることを謳っている。私立大学に対しては、私立であることと、大学であることとの二重の意味で、政府の関与は抑制的であった。

　私立大学のガバナンス改革は、2004年5月12日　私立学校法の一部を改正する法律（法42号）によって、学校法人に理事会を設置（36条）、理事長を法人を代表し業務を総理すると規定（37条1項）、理事は理事長の補佐（37条2項）、外部理事1名以上選任（38条5項・6項）、監事の職務に法人業務または財産の状況についての監査報告書作成（37条3項）、事業計画について理事長はあらかじめ評議員会の意見を聞くこと（42条1項）など一連の規定整備を行ったことが、2000年代の手始めである。従前は、合議体としての理事会すら法定されていなかったのであり、実態に合わせた整備とともに、理事長をトップとする集権的ガバナンスを強化したといえよう。

　2010年代は[*3]、私立学校法の改正、政策会議の設置と報告書の公表が繰り返された。2014年4月2日には、私立学校法の一部を改正する法律（法15号）が成立し、2013年3月に資産登記義務違反、役員欠員未補充、労働基準法違反などで解散命令を受けた堀越学園の事例で、解散命令前の手続きがないため、所轄庁が学校法人に対して業務・財産状況の報告、検査させること（63条1項）などの規定を設けたものである。

　さらに、高等教育局長決定で設置された私立大学等の振興に関する検討会議[*4]

＊3　2010年以降の私立大学ガバナンス改革については、両角（2025）に詳しい。

＊4　私立大学等の振興に関する検討会議は、2016年3月25日　高等教育局長決定で設置。座長は黒田壽二（金沢工業大学学園長・総長）、座長代理は日髙義博（学校法人専修大学理事長）、私立大学関係者8名、私学団体関係者2名、企業関係者1名、ジャーナリスト1名、政府関係者2名、高等教育研究者3名によって構成され、12回会議を開催した。

「議論のまとめ」(2017年5月15日)が公表され、ほぼこの線にそって、大学設置・学校法人審議会学校法人制度改善検討小委員会「学校法人制度の改善方策について」(2019年1月7日)が公表された。これに基づいて、2019年5月24日に私立学校法が改正された(法11号　施行は2020年4月1日)。

5-2　公益法人制度と「学校法人のガバナンスに関する有識者会議」

ところが、2019年改正私立学校法施行直前の2019年12月20日、「学校法人のガバナンスに関する有識者会議」[*5]が設置された。設置理由は「令和元年度の私立学校法改正、社会福祉法人制度改革、公益社団・財団法人制度の改革を踏まえ、同等のガバナンス機能が発揮できる制度改正のため」と述べており、なぜ、この時期に設置されたかの理由が垣間みえる。

すなわち、「経済財政運営と改革の基本方針2019」(2019年6月21日閣議決定)は、公益法人制度改革から10年経たことを機に、「公益法人としての学校法人制度についても、社会福祉法人制度改革や公益社団・財団法人制度の改革を十分踏まえ、同等のガバナンス機能が発揮できる制度改正のため、速やかに検討を行う」と定め、法改正したばかりの学校法人制度に、公益法人組織の原理を適用することを決定した。

自民党・行政改革推進本部（本部長：塩崎恭久議員）「公益法人等のガバナンス改革検討チームの提言とりまとめ」(6月28日)は、「学校法人のガバナンスについては、公益法人や社会福祉法人等と比較しても、役員の業務執行を監督する仕組みが十分でないことなど、依然として多数の課題が残されている状況にある」と述べ、学校法人制度に対し、評議員会を諮問機関から議決機関へと変更すること、理事および理事会ならびに監事の権限や義務、代表理事の選解任、理事会招集手続や議事録の作成義務を公益財団法人の定めと同水準を維持すること、一定規模以上の学校法人に会計監査人設置を義務づけること、公益法人の主要な原則を取りまとめた学校法人ガバナンス・コードの策定などを提言した。11月22

---

*5　学校法人のガバナンスに関する有識者会議は、2019年1月17日　高等教育局私学部長決定で設置。井原徹学校法人白梅学園理事長ほか9名、学校法人関係者2名、監査法人関係者2名、企業人1名、法律家1名、研究者4名（経営学、高等教育）で構成され、2021年3月2日まで11回開催、議事要旨しか公開されず、うち2回は議事要旨もなく、議事の詳細を知ることはできない。

日には、北村誠吾内閣府特命担当大臣（規制改革）決定で「公益法人のガバナンスの更なる強化等に関する有識者会議」が発足した。「学校法人のガバナンスに関する有識者会議」は、公益法人制度の諸原則をそのまま適用するのではなく、学校法人の独自性をどう盛り込むかという課題を背負って発足したのである。

　内閣府有識者会議の議論を逐一たどるのは、紙幅の都合でできないが、面白いのは、議論も後半に入った第8回（2020年8月5日）に「ガバナンス」の定義について、「明確な定義や、われわれ邦人の語感にしっくり当てはまる説明が、かならずしも確立されていないことから、公益法人のガバナンスを考える上では、この点を明らかにすることが先決である。……その第一は、規範を守るという点である。…規範を守ることを大前提としつつ、全ての構成員が各々の果たした役割を『胸を張って説明できる』法人であってこそ、初めて『ガバナンスが効いている』といえるのではないか。三つ目の要素は、不祥事への対応の仕組みが確立されていることである」と述べ、最終とりまとめにもほぼ採用されていることである。

　「ガバナンス」なる用語は、小泉行政改革の時期から頻出し確定している。この有識者会議が、その定義も理解していない集まりであり、学術的に洗練されていない自前の定義しか書けないことを示す。この会議が公表した「公益法人のガバナンスの更なる強化等のために（最終とりまとめ）」（2020年12月25日）は、「ガバナンスが効いている」を、①法令順守を当然として規範を明らかにし、これを守る、②担い手全員がこれら規範に立ち戻る、③不祥事の予防・発見・事後対応の仕組みが確立していること。理事、監事、評議員のうち1人については法人外部の人材から選任するなど牽制機能として定義した。これに対して、公益財団法人協会・公益財団さわやか福祉財団・公益財団法人助成センターは即日、「『公益法人のガバナンスの更なる強化等のために（最終とりまとめ）』に対する声明」を公表し、全般的な調査研究が行われて踏まえるべきこと、公益法人制度は自発性が重視されるべきで不祥事への対処方法から検討するのは本末転倒であること、十分なエビデンスに基づいたものではないと批判した。もっともである。

　学校法人のガバナンスに関する有識者会議は、この会議報告をまって、2021年3月19日に、「学校法人のガバナンスの発揮に向けた今後の取組の基本的な方向性について」を公表した。この報告は、ガバナンスの定義について、「誠実かつ高潔で優れたリーダーを選任し、適正かつ効果的に組織目的が達成されるよう活動を

監督・管理し、不適切な場合にはリーダーを解任することができる、内部機関の役割や相互関係の総合的な枠組み」ととらえていた。この定義は、内閣府の有識者会議ほど稚拙ではないが、ガバナンスとマネジメントを分離して、日常のマネジメントを経営幹部に集権化し、集権化されたCEOへの監視機能を同時に強化するという関係としてとらえていた。

　その内容は、評議員会を諮問機関から議決機関とし、役員の選任・解任、重要事項の議決、監事の選任・解任などの権限を与え、評議員会の構成を見直し、理事との兼任を排除し、学内関係者の上限を設けるなどの提言であった。この提言には、私学の多様性を無視して画一的であること、評議員会は、教員など学内関係者で構成されており、議決機関化は理事会の弱体化を招くとして私立大学団体から強い反対が起きた（日本私立大学協会「学校法人のガバナンスに関する見解について」2021年3月）。逆に教員組合は、評議員会の議決機関化を評価した（日本私立大学教職員組合連合中央執行委員会「学校法人のガバナンスに関する有識者会議・審議まとめ『学校法人のガバナンスの発揮に向けた今後の取組の基本的な方向性について』に対する見解」2021年4月19日）。

5-3　学校法人ガバナンス改革会議と学校法人制度改革特別委員会

　ところが、報告書公表後4カ月後に、文科省は「学校法人ガバナンス改革会議」[*6]（2021年7月19日）を新たに発足させた。「経済財政運営と改革の基本方針2021」（閣議決定、2021年6月18日）は、「手厚い税制優遇を受ける公益法人としての学校法人にふさわしいガバナンスの抜本改革につき、年内に結論を得、法制化を行う」と具体的な法制化の日程を定めていた。すでに有識者会議報告書が出ているのだから、この閣議決定は、その報告書ではなく、新たな検討作業を求めたのである。「学校法人ガバナンス改革会議」は、学校法人関係者を実質排除し、会計監査人を中心に、公益法人制度へより近づけるための制度改革を検討した。

　しかし、この会議には、検討作業中から批判が寄せられた。第3回（8月20日）で、参考人の富山和彦IGPIグループ会長が「全ての組織に共通のガバナンスの

＊6　学校法人ガバナンス改革会議は、増田宏一日本公認会計士協会相談役を座長に、11名で構成、法曹関係者3名、会計監査関係者3名、大学教員3名、ジャーナリスト1名、学校法人関係者1名からなり、6か月で11回の会議を行った。

要諦」と述べたように、公共組織の独自性を認めず、公益法人制度を直接学校法人制度に適用しようとするもので、理事会の権限を縮小し、学外者で作る評議員会を最高議決機関とするものであった。第5回（2021年8月25日）では、日本私立大学連盟など私学5団体が私学の実態を知らないとして批判し、第6回（9月22日）では全国知事会が批判し、日本私立大学団体連合会・日本私立短期大学協会「学校法人のガバナンス改革に関する声明」で、「今までの法改正の検証もないままガバナンスの基本構造を変更する議論が拙速、審議会や教育関係者の声を反映せず、評議員会を株主総会と同視」すると批判した。批判を浴びたにもかかわらず、報告書案「学校法人のガバナンスの発揮に向けた今後の取組の基本的な方向性について」（12月3日）は、「社会福祉法人制度、公益社団・財団法人制度の改革を踏まえ、それらと同様のガバナンス機能が確実に発揮できる制度改正」を謳い、「『評議員』による学校法人の業務の基本方針の決定の役割り、『理事・学長等』の業務執行の役割、『評議員・監事・会計監査人』による監視・監督の役割を明確にしたガバナンス体制を確立することが目的」とした。

文科省は、「ガバナンス改革会議報告」が出た直後の2022年1月6日に大学設置・学校法人審議会学校法人制度改革特別委員会[7]を発足させ、改めて学校法人制度改革案の策定に乗り出した。そうせざるをえないほど不評だったのである。学校法人制度改革特別委員会は、2022年1月12日から3月22日までに6回の会議を開き、29日には「学校法人制度改革の具体的方策について」報告書を取りまとめた。報告書は、理事会と評議員会の意思決定における優越性を定めず、評議員会と理事会ともに任意解散・合併など寄附行為の変更については双方の決議を要し、通常業務においては現行制度を維持、評議員会のチェック機能は強化、大臣所轄学校法人への外部理事の数を引き上げなど、公益法人制度の趣旨も取り入れた内容となっている。

この報告書に基づいた私立学校法の一部改正法律案は、2023年4月26日に成立し、2025年4月1日施行の運びとなった。同時期に、大規模国立大学に、文科大臣が任命権をもつ大学外の委員と学長によって構成され、運営方針を

---

*7　学校法人制度改革特別委員会は、福原紀彦（中央大学前学長、法科大学院教授）をはじめとし、会計士1名、企業人1名、学校法人関係者8名、法曹関係者1名、大学教員2名、計13名で構成。圧倒的に学校法人関係者からなる。

決定する「運営方針会議」の設置を義務づける国立大学法人法改正が行われ(た2023年12月13日)。国立大学協会がこの改正にまったく無力であったのに対し、私立大学団体はそれなりの自主性を貫いたのである。

6 「リーダーシップ」と「権限と責任の一致」というマジックワード

　ところで、ガバナンス改革の全プロセスで、「権限と責任の一致」が、権限強化による学長のリーダーシップの強化とともに、疑いをはさむ余地のないマジックワードとして使われている。これは正しいだろうか。

　そもそも、リーダーシップを権限強化と結びつける理論は、マネジメント論にみいだせない。Kezar (2020) は、特性理論、行動理論、偶発性理論、権力と影響理論、社会構成主義、ポストモダニズムなど8つのリーダーシップ理論を説明している。変革的リーダーシップ (transformational leadership) 概念は、フォロワーの個々のニーズに注意を払い、単なる報酬ではなく、仕事に意味を与えることによって、組織とその構成員に鼓舞と動機づけを提供する存在とされる。リーダーシップとは権力を与えれば人間が服従するような人間観と組織論に立脚するものではない。

　あたかも普遍的な原則として述べられる「権限と責任の一致」は、マネジメントの公理でもない。このジャーゴンは、コンサルタントのホームページには登場するが、それも実際の責任を担う部署への権限付与として説明される事例が多い。Robbins(2005=2009) など名だたるマネジメント理論において、重要なのは権限ではない。Simon(1997 = 2009) は、権限は責任を強めるが、組織決定における専門性を確保するためには専門家に権限を与えること、権限を機能的に分割することの重要さを説く。トップに権限を集中し、責任と一致させる主張ではない。

　「権限と責任」の主張は遡ると、テイラーとともに管理過程学派を創始したFayol(1925=1972) に行きつく。彼は『産業ならびに一般の管理』で、「権限 - 責任」関係を論じ、権限を「命令する権利であり、服従させる力」と定義し、責任者の個人的な権威と区別した上で、「われわれは責任のない権限、すなわち権力の行使に付随する賞罰 - 褒賞あるいは懲罰のない権限を考えることはできない。…責任は、権限の必然的帰結であり、…ある権限が行使するところでは、どこでも、ある責任が発生する」と述べている。すなわち、責任が権限に一致するのではなく、権限に

は責任がともなうことがその含意なのである。また、「権限の集中は自然の秩序のなせる業である」ともいうが、同時に、分権化の必要性も述べ、「権限の集中あるいは分権化の問題は単なる程度の問題である。問題は企業にとって好ましい限界を見出すことである」という。

バーナード=サイモン革命以後、過去のものとなったはずの管理学派でさえ、権限の集中化は絶対要件ではなかった。「学校法人ガバナンス改革会議」の委員であった八田（2002）は、「ガバナンス議論の前提は、いかなる形態の法人であれ、業務の執行とその監視・監督を行う機関を明確に峻別することにある」と断定し、コーポレート・ガバナンスを唯一絶対視して、提言が退けられたことを悲憤慷慨するが、専門的知見に基づく運営への考慮、合理的意思決定の確保は視点になく、データなき議論であり、ガバナンス議論の前提である根拠は示されない。大学のガバナンス改革が喧伝されて20年がたつが、改革が正解なら、日本の大学の研究力の衰退は起きていないであろう。ガバナンス議論の前提は、信念・信条ではなく、事実に向かい合う真摯さであることを改めて確認すべきである。

【参考文献】

Cipriano, R. E. & Buller, J. L.（2020）*The ATLAS Guide to Shared Governance in Higher Education,* ATLAS Leadership Publishing.

Fayol, Henri（1925）*Administration industrielle et Générale*.=（1972）佐々木恒男訳『産業ならびに一般の管理』未来社.

藤田宙晴（2005）『行政組織法』有斐閣.

羽田貴史（2013）「高等教育のガバナンスの変容」『シリーズ大学6　組織としての大学－役割や機能をどうみるか』岩波書店、77-106.

羽田貴史（2019）『高等教育研究論集第1巻　大学の組織ガバナンス』東信堂.

羽田貴史（2025）「官邸主導の公務員制度改革と高等教育行政の専門性」（高等教育学会会長プロジェクトチーム・羽田 2025）.

羽田貴史、松田浩、宮田由紀夫編著（2022）『学問の自由の国際比較　歴史・制度・課題』岩波書店.

八田進二（2022）「学校法人のガバナンス改革に関する一考察」大原大学院大学会

計研究科会計専攻『研究年報』第 16 号、1-14.

林　透 (2025)「文部科学省官僚のキャリア形成の変化と専門性」(高等教育学会会長プロジェクトチーム・羽田 2025).

磯田文雄 (2025)「文部科学官僚の資質能力と官邸主導の影響」(高等教育学会会長プロジェクトチーム・羽田 2025).

岩崎正洋編 (2019)『大統領制化の比較政治学』ミネルヴァ書房.

Kezar,Adrianna (2020) "Leadership in Higher Education, Concepts and Theories," in Pedro Nuno Teixeira, Jung Cheol Shin, ed.(2020)*The International Encyclopedia of Higher Education Systems and Institutions,* Springer.

小山竜司 (2025)「高等教育行政の専門性の再構築へ向けて」(高等教育学会会長プロジェクトチーム・羽田 2025).

待鳥聡史 (2020)『政治改革再考　変貌を遂げた国家の軌跡』新潮社.

牧原　出 (2009)『行政学叢書 8　行政改革と調整のシステム』東京大学出版会.

松本美奈 (2019)『異見交論　崖っぷちの大学を語る』事業構想大学院大学出版部.

両角亜希子 (2025)「学校法人におけるガバナンス改革の現状と課題」(高等教育学会会長プロジェクトチーム・羽田 2025).

日本高等教育学会会長プロジェクトチーム・代表羽田貴史編著 (2025)『官邸主導時代の高等教育政策　変貌の諸相と課題』東信堂.

Robbins, Stephen P. (2005) *Essentials of organizational behavior,* Pearson Education. =(2009) 高木晴夫訳『新版　組織行動のマネジメント』ダイヤモンド社.

Simon,Herbery Alexander(1997) *Administrative behavior: a study of decision-making processes in administrative organization,* Free Press. =(2009) 二村敏子ほか訳『経営行動』ダイヤモンド社.

杉野剛 (2024)『国立大学法人の形成』ジアーズ教育新社.

田村達也 (2002)『コーポレート・ガバナンス』中公新書.

田中二郎 (1976)『新版　行政法　中巻(全訂第二版)』弘文堂.

宇賀克也 (2019)『行政法概説Ⅲ　第 5 版』有斐閣.

Column

大学教員の労働市場と非正規雇用

塚原修一

　大学の目的は教育と研究にあり、教員である教授、准教授、講師、助教は「専攻分野について、教育上、研究上または実務上の知識および能力を有する」ことが条件となる（学校教育法92条）。大学教員と研究者には研究という共通点があり、相互に転職できる。ここではその一部を含めて、大学教員の拡張した労働市場とみる。そこに参入する候補者を育成する制度が大学院の博士課程である。

　非正規雇用は、労働契約期間、職場の呼称、労働時間により定義される（神林 2013）。その主な目的は人件費の削減にあろうが、大学教員については組織の活性化や博士号取得者の雇用対策という側面もある。大学教員には専任教員（本務者）と非常勤講師（兼務者）[*1]があるが、後者には他大学の専任教員や教員以外の職業を本務とする者が含まれる。これらを除くと、大学教員の非正規雇用には主に3つの形態がある。まず専業の非常勤講師である（上林 2021）。つぎが博士研究員で、通史では中山（1995）と綾部（2011）[*2]が扱い、齋藤ほか（2008）、齋藤ほか（2011）、小林（2015）、治部ほか（2021a）などもある。そして任期つき専任教員で、岡本ほか（2015）、笹倉（2020）、治部ほか（2021b）、大竹（2022）などがある。先行研究の一部は生活問題、雇用継続、性差などに注目する。以下では先行研究、政府統計、科学技術・学術政策研究所の調査結果などを参照して記述するが、この3形態をひとつの論考で扱うものは調査の範囲ではみかけなかった。

---

*1　兼務者には非常勤講師と定年退職後の再任用制度による短時間勤務者がある（文部科学省 2014）。大学では前者がほとんどであろうが、後者も非正規雇用には含まれる。

*2　先行研究のうち綾部（2011）の参考文献にあるものは紙幅の都合で省略した。

歴史的経緯

　日本の大学院制度は明治期からあったが、戦前期の大学院が博士学位の供給にはたした役割は大きくなかった。1953年に発足した新制大学院では、教育課程（博士課程）を修了した者に博士学位を授与した。制度化の過程では、日本の大学院教育の閉鎖性と専門分化が米国の有識者から批判され、大学院の転籍などにより学生の視野を拡大することが勧告された（寺﨑 2020:66-70、340-347）。

　日本の大学は1960年代に拡大し、大学教員の条件をそなえた人材は売り手市場になったが、1975年ころを頂点として供給過剰に転じた。これに対応して、1985年に日本学術振興会の特別研究員制度が創設された（綾部 2011:149-150、152）。発足時には、博士号を取得した無業の若手研究者に3年間まで研究奨励金を支給する制度であった。1990年代には高度専門人材の需要増加を想定して大学院の拡張政策がとられた（荒井 2011）。それにより増加した博士号取得者の就職難が懸念され、1996年には特別研究員制度の増員などを含むポストドクター等1万人支援計画が開始された（綾部 2011:153）。

　1997年には、大学の教員等の任期に関する法律が制定された。「大学等への多様な人材の受入れを図り、もって大学等における教育研究の進展に寄与することを目的」として（1条）、大学は「労働契約において任期を定めることができる」が（5条）、その対象は「多様な人材の確保が特に求められる教育研究組織の職」、「助教の職」、「期間を定めて教育研究を行う職」とされた（4条）。この法律には若手の教員・研究者に、上述した転籍などによる視野の拡大をうながす側面がある。2004年に国立大学は法人化され、前後の時期に公立大学と国公立試験研究機関が法人化された。国公立の組織では公務員の定員が教職員数を制約したが、法人化により予算がゆるせば増員できるようになった。

　2008年の研究開発力強化法には、若手研究者等の能力の活用がうたわれた（12条）。2014年には上記の2つの法律を改正し、大学等の教員等、研究者、技術者、リサーチアドミニストレーターについて、無期労働契約に転換するための有期労働契約の期間を5年から10年に延長した（厚生労働省・文部科学省 2021）。

専業の非常勤講師

大学の非常勤講師は明治期からあり、帝国大学教授や官僚等を本務とする者が私立大学(の前身校)で授業を行っていた(浅沼 2019:86)。2022年までの大学設置基準10条によれば、主要授業科目は原則として専任の教授または准教授が、それ以外の科目はなるべく専任の教員が担当する。[*3] 非常勤講師の謝金は専任教

表1 大学の兼務教員とその本務

設置者	国立大学			公立大学			私立大学		
年度	2000	2010	2020	2000	2010	2020	2000	2010	2020
教員数	98,862	99,659	101,746	19,225	26,670	28,968	170,044	233,305	255,194
うち兼務者	38,189	37,970	37,670	8,712	14,024	14,878	90,667	133,237	143,761
兼務者比率	38.6	38.1	37.0	45.3	52.6	51.4	53.3	57.1	56.3
学生数(千人)	624	625	599	107	143	159	2,009	2,120	2,158
年度	2001	2010	2019	2001	2010	2019	2001	2010	2019
兼務者数	39,991	41,575	37,693	8,293	14,414	11,843	98,861	146,305	156,631
大学教員	16,384	12,860	10,685	3,369	6,384	3,515	28,523	33,477	32,795
その他職業	10,724	12,895	11,686	2,160	3,914	3,321	18,543	34,576	37,949
本務なし	7,715	9,892	10,728	2,244	3,331	4,355	43,106	69,621	77,850
本務なし比率	19.3	23.8	28.5	27.1	23.1	36.8	43.6	47.6	49.7

注 比率は百分率。その他職業とは、大学・学校の教員、研究所等の研究員を除いた職業。
資料 学校基本調査各年度(上段)、学校教員統計調査各年度(下段)。

員の給与より低く、年度ごとに委嘱する方式で、専任教員との格差は大きい。

大学の教員数を表1上段に示した。教員にしめる兼務者の比率は大学により異なり、2020年度は国立大学が37.0%、公立大学は51.4%、私立大学は56.3%となる。2000年度から2020年度までの教員数の推移は公立大学が1.51倍、私立大学が1.50倍であり、規模拡大(学生数の増加)により教員が増加したと解釈される。国立大学は学生数が微減し、教員数は微増したが(1.03倍)、教育・研究や附属病院の診療活動などを充実させたといえよう。

兼務者の本務は3年ごとの「学校教員統計調査」にある。表1下段に主なものとして大学教員、その他(大学・学校の教員、研究所等の研究員を除いた)職業、

[*3] 2022年の改正により、この条文は8条となった。専任教員の概念は基幹教員に変更されたが、非正規雇用とは文脈が異なる。

本務なし（専業の非常勤講師）を示した。本務なしの比率は私立大学が大きく、国公私立大学とも増加傾向にある。本務なしの専門分野（2019年度、表にはない）は人文科学が43.2%と多く、外国語教育の担当者であろう。社会科学、芸術、教育、保健とつづき、文系が中心である。

　大学の教員数は表1から本務者が18万9559人（2020年度）で、これは実数である。専業の非常勤講師は9万2993人（2019年度）であるが、専業の者は勤務校数の平均が3.1校であり（関西圏大学非常勤講師組合 2007: 図表20）、これで除算した3万人が実数となる。

博士研究員

　博士研究員とは、博士号を取得した（博士課程の満期退学を含む）任期つきの研究者を指す。大学や研究所の正規雇用をめざして研究を継続する者といえる。一連の報告書（齋藤ほか2008、齋藤ほか2011、治部ほか2021a）に以下の説明があり、後述する任期つき専任教員とは区別される。

>　①大学や大学共同利用機関で研究業務に従事している者であって、教授・准教授・助教・助手等の学校教育法第92条にもとづく教育・研究に従事する職にない者、または②公的試験研究機関において研究業務に従事している者のうち、研究グループのリーダー・主任研究員等の管理的な職にない者をいう（治部ほか 2021a:1-2）。

　博士研究員には所属機関と雇用関係にある者と、日本学術振興会の特別研究員などのフェローシップに採用されて所属機関と雇用関係がない者が含まれる。その延べ人数は、2004年度の1万4854人から2008年度の1万7945人に増加し、調査方法が変更されて厳密に比較できないが、2009年の1万7118人から2018年度は1万5590人に減少した（治部ほか 2021a:4）。

　博士研究員の構成比をいくつかの項目について示した（表2）。その多くは国立大学と公的研究機関に所属し、国立大学の比率が2004年度の45.9%から2018年度には57.4%に増加した。年齢はしだいに高齢化し、40歳以上の比率が

2004年度の9.3%から2018年度は28.8%になった。また、外国籍の学生が徐々に増えている。財源のうち、2018年度は外部資金（競争的研究費を含む）が40.1%強、基盤的経費は33.4%であり、これらが主であるのは時期によらない。一方、フェローシップは2004年度の18.2%から2018年度は9.0%に減少し、雇用関係なしが5.5%から13.3%に増えた。

表2　博士研究員の構成比

年度	2004	2009	2018
国立大学	45.9	55.8	57.4
公的研究機関	39.2	28.8	25.1
29歳以下	27.8	25.2	13.5
30-34歳	46.0	42.1	35.9
35-39歳	16.4	20.2	21.8
40歳以上	9.3	12.5	28.8
外国籍	24.4	23.2	30.1
基盤的経費	33.2	34.2	33.4
外部資金	43.1	45.9	41.0
フェローシップ	18.2	9.5	9.0
雇用関係なし	5.5	8.9	13.3
延べ人数（人）	14,854	17,118	15,590

注　構成比は百分率。国立大学は大学共同利用機関を含む。外部資金は競争的研究費などを含む。フェローシップは日本学術振興会の特別研究員や国費留学生などをさす。資料　齋藤ほか（2008、3-6、12）、齋藤ほか（2011、参考資料2-1、-4、-6、-11、-14）、治部ほか（2021a、6、7、9、27）。

任期（表にはない）は分類が変更されているが、2015年度は多いものから、1年以上2年未満が33.5%、1年未満が22.8%、2年以上3年未満が11.0%、2018年度の1年が46.6%、1年未満が14.9%であり（治部ほか2021a:24）、短くなっているようにみえる。専門分野も分類が変更されているが、2004年度は多いものから、ライフサイエンス40.7%、ナノテクノロジー・材料14.1%、人文・社会8.2%、情報通信7.1%（齋藤ほか2008:9）、2018年度は理学36.8%、工学21.3%、保健17.0%、農学8.2%である（治部ほか2021a:10）。構成比は安定しているようで、理系を主とした制度といえる。

博士研究員の延べ人数（2018年度）は上述した1万5590人で、内訳は大学等（大学共同利用機関を含む）が1万1671人、公的研究機関が3919人である（治部ほか2021a:6）。

任期つき専任教員

大学の教員等の任期に関する法律（1997年）に基づく非正規雇用である。主要

な研究大学を対象とした2つの報告書（岡本ほか2015、治部ほか2021）があり、前者は11校（国立9、私立2）を対象に2007年度と2013年度を、後者はこの11校を含む18校（国立16、私立2）を対象に2013年度と2019年度を調査した。表3のうち本務（常勤）教員にしめる任期つき教員の比率は、岡本ほか（2015：6）では2007年度の27.2%から2013年度は39.2%に増加し、治部ほか（2021b:9）では2013年度が36.7%、2019年度が36.3%とほぼ同じである。項目別にみて任期つき教員の比率が大きいものは、39歳以下の若手教員と、職位の助手、助教、講師で、2019年度には助手の78.5%、助教の62.6%が任期つきである。外部資金による雇用者は年度によらずほぼすべてが任期つきとなる。個人や職務の属性に基づいた制度といえる。

表に示さないが、専門分野別では保健に任期つき教員が多く、2013年度には教員の64.5%、2019年度には59.1%をしめた（治部ほか2021b:17）。任期の長さは5年以上6年未満がもっとも多く、2013年度と2019年度にそれぞれ25.7%と29.0%をしめた。次に多いものは1年で、それぞれ20.0%と21.3%をしめた（治部ほか2021b:19）。

表3のうち2013年度と2019年度の結果によれば、本務教員にしめる任期つき教員の比率は3割台の後半となる。一方、基盤的経費により雇用される任期つき教員の比率は両年度とも3割であり、この値は主要な研究大学を超えて国立大学に広くあてはまろう。公私立大学の状況はともかく、次節ではこれを用いる。

表3　主要な研究大学の任期つき本務教員の比率

年度	11大学調査		18大学調査	
	2007	2013	2013	2019
本務教員全体	27.2	39.2	36.7	36.3
39歳以下	43.6	65.0	62.6	63.0
40-59歳	18.9	28.7	27.7	28.9
60-65歳	19.9	20.3	19.3	21.7
助手	51.9	79.8	70.1	78.5
助教	41.9	63.9	63.8	62.6
講師	31.4	49.2	49.2	49.6
准教授	18.2	28.0	24.6	22.9
教授	16.1	17.4	15.9	16.5
基盤的経費	21.8	30.0	29.3	29.2
外部資金	96.3	99.5	99.5	98.7
教員数（人）	26,518	29,391	36,737	37,255

注　比率は百分率。職位の各項目は特任を含む。外部資金は競争的研究費等を含む。資料　岡本ほか（2015、6、9、11、27）、治部ほか（2021b、9、11、16、23）。

非正規雇用の比率

　大学教員と研究者の政府統計が日本には3つある。2020年の数値をみると、大学教員数は学校基本調査の本務者が19万人、国勢調査の大学教員が18万人とおおむね一致している。研究者数は国勢調査が10万人、科学技術研究調査が88万人と異なり、後者の内訳は企業が51万人、公的機関（非営利団体を含む）が4万人、大学等が33万人である。[*4] このうち少なくとも公的機関は、大学教員と労働市場が重なると想定される。そうすると大学教員の拡張した労働市場の規模は、本務者19万人、専業の非常勤講師3万人、大学に所属する博士研究員1万2000人[*5]、公的機関の研究員4万人の計27万2000人である。このうち非正規雇用は本務者の3割（5万7000人）、専業の非常勤講師3万人、博士研究員1万5000人の計10万2000人となる。これらの数値には議論の余地もあるが、非正規雇用の比率は37.5%と試算される。

【参考文献】
　（※以下のURLの最終閲覧日は2024年10月14日）
荒井克弘(2011)「迷走する大学院教育」吉岡斉編集代表『［新通史］日本の科学技術 世紀転換期の社会史 1995年〜2011年』第3巻, 原書房, 8-64.
浅沼薫奈(2019)『日本近代私立大学史再考——明治・大正期における大学昇格準備過程に関する研究』学文社.
綾部広則(2011)「研究者の労働市場とキャリアパス」吉岡斉編集代表『［新通史］日本の科学技術 世紀転換期の社会史 1995年〜2011年』第3巻, 原書房, 147-165.
治部眞里,星野利彦,文部科学省科学技術・学術政策局人材政策課(2021a)『ポストドクター等の雇用・進路に関する調査(2018年度実績)』科学技術・学術政策研究所.

---

*4　科学技術研究調査がいう研究者には、大学教員のほか大学院生や研究に従事する大学職員などが含まれ（総務省統計局1996）、大学の研究者数は教員数より多くなる。

*5　公的研究機関に所属する博士研究員は、科学技術研究調査による公的機関の研究者4万人に含まれよう。

治部眞里, 星野利彦, 文部科学省科学技術・学術政策局人材政策課 (2021b)『研究大学における教員の雇用状況に関する調査』科学技術・学術政策研究所.

神林龍 (2013)「非正規労働者」『日本労働研究雑誌』633, 26-29.

上林陽治 (2021)「専業非常勤講師という問題——大学教員の非正規化の進展とその影響」『社会政策』12(3), 73-84.

関西圏大学非常勤講師組合 (2007)『大学非常勤講師の実態と声 2007』, http://www.hijokin.org/en2007/index.html.

小林淑恵 (2015)「若手研究者の任期制雇用の現状」『日本労働研究雑誌』660, 27-40.

厚生労働省, 文部科学省 (2021)「大学等及び研究開発法人の研究者、教員等に対する労働契約法の特例について」, https://www.mhlw.go.jp/content/11200000/000488206.pdf.

文部科学省 (2014)「学校基本調査における本務者・兼務者の取扱いについて」総務省統計委員会第 51 回人口・社会統計部会資料 1-3, https://www.soumu.go.jp/main_sosiki/singi/toukei/jinkou/jinkou_51/siryou_1c.pdf.

中山伸樹 (1995)「オーバードクター問題と『研究者市場』」中山茂, 後藤邦夫, 吉岡斉編『［通史］日本の科学技術』第 4 巻, 学陽書房, 282-295.

岡本摩耶, 岡本拓也, 文部科学省科学技術・学術政策局人材政策課 (2015)『大学教員の雇用状況に関する調査——学術研究懇談会（RU11）の大学群における教員の任期と雇用財源について』科学技術・学術政策研究所.

大竹美登利 (2022)「任期付女性研究者にみる不安定雇用の実態」『日本の科学者』57(4), 17-24.

齋藤経史, 鐘ヶ江靖史, 三須敏幸, 茶山秀一, 文部科学省科学技術・学術政策局基盤政策課 (2011)『ポストドクター等の雇用・進路に関する調査——大学・公的研究機関への全数調査（2009 年度実績）』科学技術・学術政策研究所.

齋藤経史, 三須敏幸, 角田英之, 文部科学省 科学技術・学術政策局基盤政策課 (2008)『大学・公的研究機関等におけるポストドクター等の雇用状況調査——2006 年度実績』科学技術・学術政策研究所.

笹倉万里子 (2020)「非正規雇用女性研究者の問題」『日本の科学者』55(1), 7-12.

総務省統計局 (1996)『科学技術研究調査に関する Q&A（回答）』, https://www.stat.go.jp/data/kagaku/c2_qa-1.html.

寺﨑昌男 (2020)『日本近代大学史』東京大学出版会.

「定着」するURA制度

澤田芳郎

　2010年前後から大学職員の中に"URA"あるいは"リサーチアドミニストレーター（RA）"とよばれる人々が現れてきた。前者は university research administrator の略で、university を削ったものが RA である。両者は同義で、2010年代前半には「大学等において、研究者とともに研究企画立案、研究資金の調達・管理、知財の管理・活用等を行う人材群」（文部科学省産業連携・地域支援課「リサーチ・アドミニストレーターを育成・確保するシステムの整備」WEB、リンク切れ）と定義された。状況は国立大学にはじまったが、公立大学、私立大学にも広がっていく。

揺籃期——競争的資金化への対応（～2008年）

　1996年7月、科学技術基本法（2021年4月、科学技術・イノベーション基本法に改称）の定めにより科学技術基本計画（第1期：1996～2000年度）が閣議決定された。その「研究者及び研究支援者の養成・確保」という項では、「国立大学等及び国立試験研究機関における研究者及び研究支援者の確保を図るため、各種施策を通じ、これら要員の一層の拡充に努めるとともに、処遇の確保を図る」とされた。研究者1名あたりの研究支援者数（技能者を含む）の目標は英・独・仏なみの約0.5名で、事務職員や事務補佐員の研究室配置が難しくなったのを補う想定だったと思われるが、当時これに見合う予算を大蔵省から引き出すだけの材料があったとは考えにくい。

　しかし研究費の競争的資金化が本格化するにつれ、新しい予算配分プロセスに対応できる専門職が必要だという認識が生まれてくる（山野2017：50）。また、00

年代後半には文部科学省が推進してきた産学連携政策の行き詰まりも表面化して（澤田 2011：138）、対処が求められるようになった。この時期、研究政策論や学術研究をめぐる評論の一部でリサーチアドミニストレーションをテーマとする研究発表が行われるようになり、科学技術振興機構（JST）が刊行する『産学官連携ジャーナル』掲載の論説である高橋（2008）は「リサーチアドミニストレーター」の導入を提唱した。このころ研究者が研究に割く時間の減少傾向が明らかになり（山本 2019：29）、博士号取得者のキャリアパスのひとつとして期待されたことも促進的に働いた。

第2期科学技術基本計画（2001～2006年度）には「競争的資金の獲得により得た間接経費の活用等により研究機関内に集約して配置された者が共通的に行う方式」による研究支援が記載されたが、いち早く動いた金沢大学は2006年採択の科学技術振興調整費「若手研究者の自立的研究環境整備促進」事業の間接経費で支援人材を配置した（山崎・高橋 2021：23）。2008年9月には香川大学で知財管理にあたっていた博士号を有する職員が担当理事の方針で「リサーチ・アドミニストレーター」を名乗る。「理事は当時、高橋真木子氏のレポートに示唆を得たと述べていた」という同大学教員の証言があり（澤田 2016：6）、このとき参照されたのがおそらく上記の高橋（2008）である。

旧帝大では00年代中頃から有力教員の兼任で本部機構に何らかの研究アドミニストレーション部署が設置されはじめていたが（齋藤 2008：1019-1020）、2008年10月に京都大学総長に就任した松本紘は「専門的な業務のできる職員を中間職（アカデミックスタッフ）として位置付ける制度」の推進を学内誌で宣言し（松本 2008：2723）、各方面に影響を及ぼした。ただし用語としてはほぼ同義の「第三の職種」が普及した。

構築期——モデル事業と制度化、多様化（2009～2016年）

URAの制度化に向けて最初に動いた組織はRU11（学術研究懇談会、Reserch University 11）である（山野2017:51）。RU11は2009年11月に北海道、東北、東京、早稲田、慶応義塾、名古屋、京都、大阪、九州の9大学で形成されたコンソーシアムで（この時点でRU9だったが、2010年8月に筑波大学と東京工業大学が参加した）、結成に先立つ2009年5月に研究担当理事クラスが研

究費申請支援やプロジェクトマネジメントに携わる専門職に関する議論を開始した。2010年7月には加盟大学が調査研究の実施で合意し、文部科学省はRU11の事務局を務める東京大学に「リサーチ・アドミニストレーターの職務内容・スキル標準等に関する調査研究」を委託した。

　RU11に設けられたタスクフォースは基本的方向性、URAの機能と支援体制、URAに求められるスキル、URAの雇用形態、養成方策、キャリアパスなどの検討を開始する。彼らは国内外の調査も進め、アメリカでは研究管理系大学職員の全国組織であるNCURA（National Council of University Research Administrators）に接触した。このときプレアワード（研究費獲得前の企画・申請）、ポストアワード（研究費獲得後の研究管理）の概念が導入され、リサーチ・アドミニストレーターをURAと略す語法も成立する。2011年3月にまとまった報告書では、"スキル標準"概念のもと、URAの業務として、①研究戦略推進支援業務、②プレアワード業務、③ポストアワード業務、④関連専門業務の4区分と下位区分22業務が定義された（東京大学2011）。

　文部科学省は2011年7月、「リサーチ・アドミニストレーターを育成・確保するシステムの整備（リサーチ・アドミニストレーションシステムの整備）」事業の公募を開始した。同年度に採択されたのは東京大学、京都大学、名古屋大学、金沢大学、東京農工大学で、翌2012年度は大阪大学、九州大学、北海道大学、筑波大学（世界的研究拠点整備枠）、新潟大学、山口大学、東京女子医科大学（専門分野強化枠）、信州大学、福井大学、九州工業大学（地域貢献・産学官連携強化枠）に決まる。期間はそれぞれ3年で、予算は大学規模を問わず年間2億5000万円だった。各大学は学内規程の整備と組織の立ち上げを急いだ。

　続く2013年度には「研究大学強化促進事業」が開始された。募集要項は研究力強化を強調しつつ、そのためのURA設置自体を事業の目的とした。実施期間は10年間で、配分された予算は東京大学、京都大学、東北大学、名古屋大学の4大学が年間4億円、大阪大学、九州大学、東京工業大学、早稲田大学、自然科学研究機構など12大学・機構が3億円、北海道大学、岡山大学、慶應義塾大学など6大学が2億円であった。2014年度には産学連携学会の会長を務めていた伊藤正実（群馬大学教授）の提案により、1980年代末以来の共同研究センターのいわゆる専任教員や産学連携コーディネータの経験知の継承のほか、

コーディネート活動の論理化、一般化を目指した「地域特性を活用した『多能工型』研究支援人材養成拠点」(「多能工型」は研究プロジェクトの企画立案から成果の創出までのさまざまなプロセスに寄与することを意味した)が、JST の「研究支援人材育成プログラム」に採択された（伊藤 2021：48）。その後は個別の研究事業の一部で研究支援予算が盛り込まれるようになり、独自資金の場合を含めて、多くの国公私立大学が規程を整えつつ URA の有期雇用を進めた。

　突出した動きをみせたのは岡山大学である。2011～12 年度の事業に採択されなかった同大学では、担当理事のイニシアチブで、①ビブリオメトリックスによる研究の特徴の明示化と強み・弱み分析、②若手やスター研究者の発掘と研究マネジメント視点からの支援、③これらに基づく大学全体の研究戦略プラン策定を実施した（山本 2017：25-26）。また他大学が若手の採用に重点を置いたのに対し、有力企業の管理職や外国人研究者も採用した。この実績が岡山大学を 2013 年度事業への採択に導く。理事はこの時期、科学研究費助成事業基盤研究（C）の資金を大学として受領し、URA に学内配分を委ねることも提案している（「多能工型」研究支援人材育成コンソーシアム 2015：22）。

　一方で「研究支援」を字義どおりに解釈し、サポート役たることを徹底して URA を科研費研究計画調書の全件チェックにあたらせた大学もあった。群馬大学が主導したプログラムに共同実施機関として参加した茨城大学では、2015 年秋、着任早々の URA がこれに従事する。URA は、①彼ら自身による内容評価と、②推敲を通した提案度（誤字・脱字の指摘→論理分析に基づく構成の改善→分野の状況に即した方向性提案）をそれぞれ 5 段階で記録しておき、2016 年 4 月発表の採択結果と照合して、中程度と評価していたものについては提案度が高いほど採択率が高まることを見出した（梶野・澤田・平山・間宮 2016）。翌年以降は効果が弱まっていくが、これは各種マニュアル本の普及や URA の活動で調書の記述が全国的に改善され、審査における提案内容自体の評価の比重が高まったためと推測される。

　また、スキル標準の想定どおり IR（institutional research）や研究広報、経営戦略立案を主務とする URA も現れる。大学によっては事務職員に URA を名乗らせた。工夫を共有する機会を提供したのが「リサーチ・アドミニストレーター協議会（RA 協議会）」で、その第 1 回年次大会は 2015 年 9 月に開催された。2024

年10月時点では、かつてスキル標準に携わった高橋真木子（金沢工業大学教授）が副会長の1人を、同じく稲垣美幸（金沢大学教授）が事務局長を務める。

わが国のURA数は文部科学省の「産学連携等実施状況調査」が項目を加えたことで2011年度から判明している（対象には大学共同利用機関、高等専門学校を含む）。同年度の50機関323名は2014年度には88機関791名に達し（花岡2022：30-31）、その職種内訳は教員職40％、事務職21％、第三の職種35％、その他の職種4％であった（川上2015）。正式職名は多岐にわたり、たとえば京都大学では「特定専門業務職員」とされた。「学術研究支援室」に配置された彼らは2012年度の8名が2019年度には46名になる（朝日新聞2019年11月5日）。数名の名誉教授も特任教授として再雇用され、うち1名が室長を務めた。同室は2022年4月に「学術研究展開センター」に改称、2025年1月に他組織と合わせて「総合研究推進本部」に改組された。

「定着」期：URAの質保証（2017年〜）

こうしてURA制度は構築されていったが、雇用されたURAの経歴も与えられた業務も異なるなかで、技量には個人差、組織差が生じる。URAの多くは有期雇用で、ゆえに人材不足に陥るおそれもあり（山崎・高橋2021：24）、法人間移動に向けて雇用側、被雇用側双方から職務能力を客観的に保証する仕組みが期待されるようになった。

2018年9月に有識者の議論をまとめた文部科学省は、2019年度から21年度にかけて研修プログラムと業務経験評価によるURA質保証制度を設計、試行し、「認定URA」「認定専門URA」の2資格を設ける（稲垣・池田・佐治2021：20）。事業の中心になったのはURA制度の構築に熱心だった山崎光悦学長（RA協議会初代会長）のもと、早くから整備を進めた金沢大学である。2022年1月には「一般社団法人リサーチ・アドミニストレータースキル認定機構」が発足した。

URAの定義に関しては、同事業の2020年度報告書に「大学等組織全体を俯瞰しながら」「組織全体の機能強化を支える業務に従事する人材」という概念が盛り込まれた（花岡2022：30）。2024年10月現在の文部科学省のそれは「研究開発内容について一定の理解を有しつつ、研究資金の調達・管理、知財の管理・

活用等をマネジメントする人材」「研究活動を効果的・効率的に進めていくために、プロジェクトの企画・運営、知的財産の管理・運用等の研究支援業務を行う人材群」（文部科学省科学技術・学術政策局人材政策課人材政策推進室 WEB「リサーチ・アドミニストレーター（URA）を育成・確保するシステムの整備」）で、初期の定義にあった「研究者とともに」というフレーズは省かれている。

この時期、山本（2019:31）は業務の多様化で URA の力が分散するとし、「混乱」とさえ表現して施策を批判的に論評したが、その著者こそ名古屋大学の研究担当理事・副総長を退任後、自身がキャリア初期に勤務した岡山大学の理事・副学長として URA 整備を推進した山本進一である。スキル認定機構のカリキュラムはスキル標準を出発点にしており、文部科学省は基本的に URA 業務の多様性を尊重していると思われるが、一方で機構長には山本を招いた。山本は 2017 年 8 月に国立大学を中心とする 22 大学・機構（2023 年 4 月時点で 41 大学・機構）で発足した研究大学コンソーシアム（RUC）の設立を主導し、その全体会議議長を務めていた。コンソーシアムは「トップ層だけでない研究大学群としての層の厚み」（研究大学コンソーシアム WEB）の追求を強調しており、これも省の想定する URA の方向性を示唆するものといえるだろう。

山本は豊橋技術科学大学理事・副学長在任中の 2022 年 9 月に急逝し、スキル認定機構の長は後任者に交代した。2024 年 6 月に就任した 3 代目の久保浩三（奈良先端科学技術大学院大学特任教授・名誉教授）は知的財産権の専門家である。機構の機能の中心である「認定委員会」の委員長には URA 制度立ち上げの初期から関わってきた池田雅夫（大阪大学名誉教授）が、副委員長には前記の伊藤正実が就いたが、2024 年度は両者で役職が交換された。

指標としての URA

競争的研究費の拡大にともなって必要性が高まった現場マネジメントを担うのが URA である。研究費スキームの趣旨や期待を深く理解して研究者に徹底し、議論を通して申請時の研究の意味性を明らかにするため、そして研究進行を円滑化するため、"博士号や研究経験を持つ事務職員" が必要になった。これが 2010 年代に URA 制度が発達した理由である。

コラム——「定着」するURA制度

　URAの数は2016年度に102機関916名に達した後、省の方針で産学連携コーディネータが概念統合され、2019年度の177機関1507名を経て、2022年度は202機関1671名に達する。2019年度の所属内訳は国立大学66％、公立大学4％、私立大学24％、その他6％で（花岡2022：30-31）、同年度の『学校基本調査（高等教育編）』に照らすと教員1名あたりのURA数は国立大0.015名、公立大0.005名、私立大0.003名となる。URAと無関係に競争的研究費を獲得できる教員は少なくなく、そもそも競争的研究費の必要性も大学や分野次第であり、URA制度が定着したかどうかは「定着」の定義によるというべきだろう。国立大学のURAは競争的研究費の趣旨や企業の意向をふまえたプロジェクト企画者の役割が大きくなっており、これが教員に受け入れられるかどうかがひとつの目安になると思われる。

　歴史書である本書でURA制度の将来を展望することは期待されないが、あえて複数のシナリオを想定し、もって現実にアプローチする手法はありうる。まず競争的研究費拡大の一方で研究力低下が深刻化するわが国において、ある時期に研究費の競争性が大幅緩和されることが絶対ないともいえない。そのときURA業務はほぼ不要になるか、希望する教員向けのコーチングなどに縮小される。逆に学術研究の国家主義的再編があれば、官僚と有力研究者の協議を通して策定された国の大方針のもとに多くの研究者を統括しなければならない。それは研究倫理、研究不正、利益相反等を国家安全保障の文脈で扱い、国防セキュリティの一環として推進される「研究インテグリティ」とも整合する。このとき国に直接雇用された者を含むURAたちは、個々の研究に沿って国の方針を解釈し、研究者の方向づけを行うエージェント兼カウンセラーになるだろう。

　以上は新自由主義からの脱却に沿ったシナリオだが、2020年代前半の状況が維持されることも考えうる。そのとき重要な役割を果たすのは、やはり高い力量のもとに新しいテーマを着想し、資金を調達し、若手を指導し、研究代表者を務める研究者たちであろう。そのあり方こそ一般的なマネジメントに近い。日本学術振興会のプログラムオフィサーに招かれ、制度改革にあたる経験をもったなどの中堅の有力教員が学内でURAと築く関係性はひとつの焦点である。そして、学術研究の国家主義的再編下に競争性が強化されることもありうる。その場合はURAが研究者に代わって企画責任者を務めたり、命令権限をともなうリーダーになるかもしれな

い。

　研究者がおしなべて高い社会性を身につければURAは不要になる。しかしそれはあらゆる研究者がURAを兼ねる状況でもあるだろう。かかる方向性の交錯の中に現実のURAは置かれている。制度の検討が00年代後半の産学連携へのネガティブな評価の文脈ではじまり、各大学の共同研究センター専任教員や産学連携コーディネータの蓄積を顧慮しなかったことが彼らとURAのコンフリクトをもたらした面はあるが、「多能工型」の努力やコーディネータのURAへの統合、そして理事、副学長やURA、コーディネータ自身の任期満了による交代の結果、徐々に目立たなくなってきた。あらかじめ産学で連携していることが研究費獲得の前提になる傾向の中で、両者はさらに一体化されるだろう。URA、コーディネータの職能が事務職員のそれに本格的に収容されていく可能性もある。

　URAの登場やその職務の変容、多様化は、科学をめぐる社会変動の反映である。その意味でURA制度はわが国の科学研究システムの指標であり続け、逆に研究のマネジメントとはどういうことかを問い続けるはずである。

【参考文献】

花岡宏亮（2022）「研究推進・支援業務に係る事務職員、URAの10年の取組と展望」『大学職員論叢』10

稲垣美幸・池田雅夫・佐治英郎（2021）「URAの質保証制度（3）認定するURAの人材像と制度の概要」『産学官連携ジャーナル』17（2）

伊藤正実（2021）「多能工型研究支援人材育成コンソーシアムの取組について——セクター間連携に従事するURA育成の試み」『産学連携学』17（2）

梶野顕明・澤田芳郎・平山太市・間宮るい（2016）「茨城大学URAによる科研費研究計画調書の全件チェック」『RA協議会第2回年次大会』（ポスター発表）

川上伸昭（2015）「科学技術イノベーションの推進について」『RA協議会第1回年次大会』（投影資料）、https://www.rman.jp/meetings2015/s_1.pdf（2024年10月4日閲覧）

松本紘（2008）「伝統を基礎とし革新と創造の魅力・活力・実力ある京都大学を目指して」『京大広報』638

リサーチ・アドミニストレーター活動の強化に関する検討会（2018）『リサーチ・アドミニストレーターの質保証に資する認定制度の導入に向けた論点整理』，http://www.mext.go.jp/a_menu/jinzai/ura/detail/1409052.htm（2024年10月4日閲覧）
齋藤芳子（2008）「大学における研究アドミニストレーターの役割」『[研究・技術計画学会]年次学術大会講演要旨集』23
澤田芳郎（2011）「産学連携、知的財産政策の展開と国立大学の混乱」吉岡斉（編集代表）『新通史・日本の科学技術　世紀転換期の社会史　1995年〜2011年　第3巻』原書房
澤田芳郎（2016）「研究支援の社会史」『産学連携学』12（2）
高橋真木子（2008）「リサーチアドミニストレーターの活動に学ぶ（前編）（後編）」『産学官連携ジャーナル』4（5）（6）
「多能工型」研究支援人材育成コンソーシアム（2015）「パネルディスカッション　大学改革の中の研究支援」，https://kenshien.opric.gunma-u.ac.jp/doc/symposium_2015121101.pdf（2024年10月4日閲覧）
東京大学（2011）『リサーチ・アドミニストレーターの職務内容・スキル標準等に関する調査研究　報告書』
山本進一（2017）「岡山大学で活躍するURA」『産学官連携ジャーナル』13（1）
山本進一（2019）「解説：わが国へのURAの導入：その経緯、活動と課題」『大学評価・学位研究』20
山野真裕（2017）「日本の高等教育におけるリサーチ・アドミニストレーターの形成初期の歴史」『東京大学大学院教育学研究科紀要』56
山崎光悦・高橋真木子（2021）「URAの質保証制度(2)日本版URAの歴史と質保証制度の導入」『産学官連携ジャーナル』17（1）

4-6 高大接続改革の失敗

Failure of reforms to articulate high school and college education

荒井克弘

本章では2010年代に文部科学省（以下「文科省」）が取り組んだ「高大接続改革」をとりあげる。必要な改革と目されながらなかなか手のつかなかった課題である。にもかかわらず、文科省は高大接続改革を誤った方向へ強引な舵取りを進め、自滅に近いかたちで失敗を招来させた。改革の構想は中央教育審議会（以下「中教審」）と首相の私的諮問機関である教育再生実行会議（以下「再生実行会議」）がそれぞれ提案を出した。文科省はこの2つの提案を十分に吟味することもなく、中教審の提案を選び、具体化へ駒を進めた。中教審の提案は「学力の3要素」を下敷きとするものであった。「学力の3要素」とは2007年の学校教育法改正の際に、学校教育の理念として措定された「確かな学力」の構成要素である。つまり、改革は高大接続に向かわずして、学力の再定義に突き進んだ。

マスコミは中教審の高大接続特別部会（以下「接続部会」）で審議される学力論中心の議論に振り回され、しばしば「審議は迷走」と報じた。ところが、マスコミは高大接続答申が公表されると、改革の全体構想はそっちのけに、入試改革の新しい看板になった新テストのゆくえに躍起となった。入試報道はマスコミにとってあいかわらず恰好の餌である。改革の看板としてクローズアップされたのは英語4技能試験と記述式の出題であった。高大接続改革を主題に掲げておきながら、次第に学習指導要領の普及、徹底に傾いていく。文科省の姿勢は明らかに本筋から逸脱したものであった。

1　なぜ、高大接続改革なのか

　この30年余り文科省は2つの教育問題に直面していた。ひとつは中等教育、高等教育のユニバーサル化、つまり高校・大学の全入化問題であり、もうひとつは教育のグローバル化（国際化）であった。ひと昔前の学力エリート論でも国際人材の育成論でもない。一般大衆レベルでの大学進学問題と、その対象となる人々の国際人材化の問題であった。かつては教育対象をエリートと大衆に分け、さらにそれを国内と国際版に分けて論じるのが通例であった。高等教育が普及し、グローバル経済の動きが加速化するなかで事情が変わってきた。普通一般の技術者や管理者が外国の工場、事業所に派遣されることはめずらしいことではなく、外国人技能者・技術者も日本に研修等にやってくる。彼らがさまざまな職場で一緒に仕事をすることは日常的な光景になった。そして、長期に滞在する外国人たちが増えれば、日本の学校で教育を受ける外国籍の子どもたちも増える。多様な人々と学び、協同して働くことはごく普通のことになった。その変化に対応することが新しい学校教育、大学教育に求められている。

　2024年の日本では、義務教育を終えたほぼ全員が高等学校に進み、18歳人口の6割が大学・短大へ入学する。専門学校（専修学校専門課程）を含む広義の高等教育には年齢人口の8割が学んでいる。高等教育を享受する機会が拡がり、多くの人々がそこで学ぶことは喜ばしいが、誰もが高等教育の目標を達成し、教育の成果をわがものとするわけではない。それにもかかわらず、現代の産業社会は民意を超え過剰なほどの期待を学校教育、高等教育にかけている。米国型のグローバル経済がこうした傾向に拍車をかけてもいる。新しい知識・技術をつぎつぎと開発し、消費していくグローバル経済の世界からわが国の教育も自由ではない。知識基盤社会とよばれる産業社会が求めるのはもはや教育機会だけではない、教育・学習の達成であり成果である。教育課題の焦点は少数の学力エリートの育成から規模の大きい中位層（ボリュームゾーン）へシフトした。文科省はその時代変化に応ずる決意をかため、2010年代はじめ、「大学の質的転換」答申（中教審2012）において「高大接続改革」をその筆頭の課題に据えた。

高等学校教育、大学入学者選抜、大学教育という三局面の連携と役割分担を見直し、高等学校教育の質保証、大学入学者選抜の改善、大学教育の質的転換を、高等学校と大学のそれぞれが責任をもちつつ、連携しながら同時に進めることが必要である。(中教審 2012:25)

1-1　高大接続の意味

本題に立ち入る前に、「高大接続」の意味を確認しておこう。教育接続とは異なる2つの教育課程のつながり(連接)を意味し、学校段階の間、あるいは目的の異なる複数の教育課程の関係を論じる際に用いる。学校教育法によれば、中学校は「小学校における教育の基礎の上に、心身の発達に応じて、義務教育として行われる普通教育を施すことを目的」(45条)とし、同様に、高等学校は「中学校における教育の基礎の上に、心身の発達及び進路に応じて、高度な普通教育及び専門教育を施すことを目的とする」(50条)。小学校から中学校、高等学校までの教育課程は教育を"積み上げる"ことによって接続を実現するのである。

高等学校と大学の間はこの学校間の接続とは少々異なる。大学は「学術の中心として、広く知識を授けるとともに、深く専門の学芸を教授研究し、知的、道徳的及び応用的能力を展開すること」を目的とする(83条)。大学は高等学校の延長上に位置するわけではなく、高校と大学とは異質な教育機関なのである。この両者を橋渡しする役割が「高大接続」である。ベン・ダビッド(Ben David 1977 = 1982)によれば、ヨーロッパの大学ではかつては一般(教養)教育が大学の基礎教育であった。19世紀はじめに、大学が近代的な専門教育機関に変革されるときに、一般教育を進学型中等教育へ押し込んだ。

旧学制の頃の日本は、旧制高等学校がこの役割(一般教育、高等普通教育)を担っていたが、戦後改革でこの種の教育課程そのものが消えて、新制高等学校が中等教育と大学教育を結ぶ制度になった。

1-2　普通教育と専門教育の接続

ヨーロッパの近代学校制度では、大学(専門教育機関)に進学する者は中等教育の後期課程で一般教育を学び、修了資格試験を受ける、その合格(卒業資格)が同時に大学入学資格となる。つまり、大学教育を受けるためには後期中等教育

で一般教育（普通教育）を修得し、専門教育（大学）へ進む。このヨーロッパ型に対してアメリカ合衆国の場合は、後期中等教育を高等学校に一本化したため、一般教育を中等教育に移すことが難しかった。米国の初中等教育は地域教育の域を出ず、地方分権的であり、学力的にも多様な生徒で溢れていた。そのため、大学に進んでから、カレッジ（学士課程）で一般教育や教養教育、職業教育を学び、大学院に進んで専門教育を学ぶ制度がつくられた。つまりヨーロッパとの比較でいえば、米国ではカレッジから大学院へ進学する時期が「高大接続」に重なることになる。

　日本は戦後改革の際、米国の学制を範にしたといわれるが、さほど似ているわけではない。日本は2020年時点で795校の4年制大学、323校の短大を擁しており、学生数は300万人を超えるが、その7割以上は私学に属している。米国の場合は対照的に公立高等教育で学ぶ学生が8割を占めている。ユニバーシティとカレッジの区分も、日本にはない。日本の学士課程では主に専門教育を、米国では一般教育を中心に学ぶ。普通教育から専門教育への移行は、日本では大学入試に集約されている。つまり高大接続に該当する教育課程がなく、入試が一発勝負といわれる真の意味はここにある。

　日本の大学入試の形態はヨーロッパ型でもなければ米国型でもない。あえていえば、戦前の旧学制時代の制度がそのまま踏襲されている。戦後、大胆な学制改革が実施されたにもかかわらず、高校から大学への進学については、高大接続が俎上に乗ることはなかった。

2　少子化と学力低下

　1999年に「初等中等教育と高等教育との接続の改善について」（中教審1999）の答申が出て、すぐ翌年（2000年）に、大学審議会（以下、大学審）から『大学入試の改善について』（大学審2000）が出た。2年続けて大学入試の答申が出るのはめずらしい。99年の中教審答申は"選抜から選択への転換"を骨子とし、もはや大学が入学者を選抜する時代ではない、受験生が大学を選択する時代に入ったと述べた。大学審議会の答申はこれとは対照的に、テクニカルな入試改革、部分最適化に知恵を絞った。センター試験を道具としていかに使いこなすか、「センター試験の複数回実施」「資格試験的利用」「募集単位の大くくり化」などのアイデアは

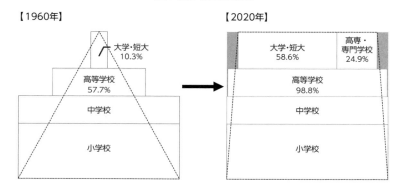

図1 進学構造の変化

このときのものである。残念ながら、これらのアイデアは現場関係者にはほとんど無視され、後にひとつだけ「英語リスニングテスト」が日の目をみた。

2-1 ボーダレス化する学校教育

　図1に示したのは1960年と2020年の進学事情である。60年当時は義務教育から大学までの進学はピラミッドをのぼるに等しかった。それが台形に変わりやがて長方形に近づいた。かつて50%に満たなかった高校進学率が全入化し、大学を含む広義の高等教育への進学は10%から80%に飛躍的に伸びた。問題は教育の「質」である。進学率の図に2014、15年に実施された学習指導要領実施状況調査の結果を描き加えてみた（図2）。調査は指導要領の改訂後にしか行われていないのでいささか時間が経っているが、横棒のグラフは授業理解の意識調査の結果を示している。高校生のうち「授業がわかる」と答えた生徒は15%、「だいたいわかる」を加えても54%にしかならない。当時、大学・短大への進学率がほぼ5割に達していたことを思えば、この結

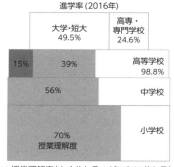

図2 授業理解度

＊授業理解度（よく分かる＋だいたい分かる）
学習指導要領実施状況調査（文科省2014,2015）

果はだいぶ心許ない。誰もが大学・短大に進学できる時代になったとはいえ、それは数の上での話である。誰もが高校の授業を習得して大学・短大に進学するわけではない。こうした教育の積み残しをどこで解消するのか、大学、高等教育の質保証に突きつけられた根本的な問題である。

2-2　少子化でも減らない学生数300万人

18歳人口は1992年に205万人を記録して以後、2024年まで少子化は止まっていない。2000年までに54万人減り、2020年までにさらに34万人減った。年齢人口が4割以上減ったにもかかわらず、大学・短大の学生（在学者）数は300万人でほぼ均衡している（図3）。私立大学の定員割れが騒がれて久しいが、大学・短大への進学率は上昇（36.3%→58.6%）を続けている。とりわけ4年制大学への進学率は増えた。4年制大学の収容力が増えたことがその背景にある（図4）。少子化のさなかにもかかわらず、多数の大学が新設された。

実際、1990〜2020年の30年間に私立4年制大学は372校から617校に、公立大学は39校から94校へ増えている。一方、私立短大は498校から309校へ急減した。多くの短期大学が4年制大学へ鞍替えをした。結果的にみれば、

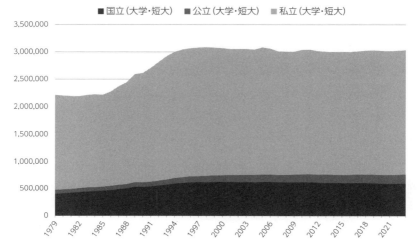

図3 大学・短大の在学者数の推移

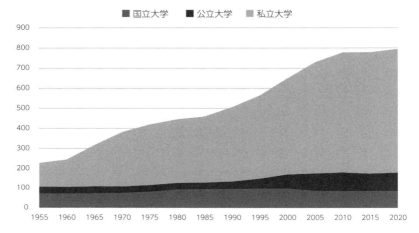

図4 4年制大学数の推移

　少子化による学生の減少分を短大の4年制化によってかなりの穴埋めをしたことは間違いない。細かに分析すれば、300万人の学生が維持されたカラクリを明らかにすることはさほど難しくはない。それでも私立大学短大の定員割れが増加しているという現実は変わらない。大学・短大の収容率（入学者数／志願者数）は同じ30年間に年に0.63から0.92に跳ね上がった。それは大学の関門が明らかに緩和した結果を示唆している。

　少子化のなかで大学、高等教育の質を維持しようとすれば、進学率の上昇を抑えるというのが通常の対応である。だが、文科省はこの時期に逆の施策を講じた。2002年に中教審は「大学の質の保証に係る新たなシステムの構築について」答申（中教審2002）を公表し、「医師、歯科医師、獣医師、教員及び船舶職員」の5分野を除いて、大学新増設の抑制を撤廃したのである。「事前評価から事後評価」へという大学政策の転換があり、第三者認証機関による大学評価の義務化（2004）がその質保証策であった。私学にとっては天の助けのような政策転換である。私立4年制大学の新設ラッシュに火が点いた。この一連の政策が受験競争の緩和を促し、大学入試の選抜機能を著しく低下させた。2005年の中教審答申『高等教育の将来像』はこの展望の下、大学・短大の収容力が2007年に志願者数を上回り「大学全入」が実現する予測を公表した（中教審2005：8）。

3 高大接続改革への着手

　文科省が高大接続改革を宣言したのは 2012 年 6 月の「大学改革実行プラン」（文科省 2012）である。政策的には、それより前、2008 年 12 月に公表された「学士課程教育の構築に向けて」答申（中教審 2008）が高大接続改革の助走的役割を担った。このときの中教審大学分科会は学士課程を審議する本体とは別に「高大接続 WG」を設けて意欲的に検討を進めた。「（仮称）高大接続テスト」の着想はこの WG の成果である。大学教育の質保証のためには高校教育の改善が必要なことを自覚したのである。このとき間を置かず高大接続改革に取り組むべきであった。にもかかわらず、文科省はその後 4 年近くにわたって行動を起こさなかった。政局の動きの激しい時期であり、行政はそれを見きわめようとしていたかもしれない。2009 年 9 月に民主党は自民・公明党から政権を奪いとり、政治主導を党の公約に掲げた。

3-1　中教審高等学校教育部会

　高大接続改革の着手は 2012 年まで遅れたが、その布石ともいうべき一手が 2011 年 9 月に打たれている。中教審初等中等教育分科会の高等学校教育部会（以下「高校教育部会」）の設置である。後に中教審で高大接続特別部会の座長を務める安西祐一郎も委員のひとりであった。

　高校教育部会は 2013 年 1 月に「審議の経過」（高校教育部会 2013）を出し、その後 2014 年 6 月に「審議まとめ」（高校教育部会 2014）を公表した。この部会は高等学校教育の質保証に限定して審議を進め、高校生が在学中に受検する共通試験の導入を提案した。全入化した高校教育には「多様性」と同時に「共通性」が不可欠であり、本部会はこの共通部分を「コア」と呼び、その教育を徹底させるために「高等学校学習到達度試験」（以下「高校到達度試験」）の導入を提案した。

　到達度試験の対象教科は国語、社会、数学、理科、英語などの必履修教科であり、受検者は高校在学中に科目を選択して希望受験する方式であった。高校 2 年、3 年で複数回受験できるとしたのは履修時期に配慮したためである。将来的に、推薦入試や AO 入試、あるいは就職の際にも参考資料として提供できることも

考慮されていた。

3-2 教育再生実行会議の第4次提言

　2012年12月に自民・公明両党が政権に返り咲き、第2次安倍晋三内閣が発足した。安倍はこの翌月（13年1月）、首相の私的諮問機関、教育再生実行会議を発足させ、再生実行会議は発足から5か月後、2013年6月から高大接続問題の検討に入った。再生実行会議はそれまでのスピード審議とは打って変わって、高大接続問題の検討には5か月を投じた。この成果である第4次提言（再生実行会議 2013）が出たのは同年10月31日である。

　提言は2種類の達成度テスト（発展レベル・基礎レベル）を改革の枠組みとした。大学入試センター試験の後継に（仮称）達成度テスト・発展レベル（以下「発展テスト」）をあて、もうひとつのテストに高校生が在学中に受検する（仮称）達成度テスト・基礎レベル（以下「基礎テスト」）を提案した。発展テストはその目的を「大学教育に必要な能力の判定という観点から教科・科目や出題内容を検討」とし、基礎テストは「高等学校の基礎的・共通的な学習の達成度を客観的に把握し、学校における指導改善に活かす」と記した。

　図5の第2コマに示したように、2種類のテストはセンター試験の役割を大学と高等学校の2つの共通試験に分割したものと考えられる。基礎レベルは前述した高校教育部会の「高校到達試験」を原案とするものであった。達成度テストはいずれも複数回の実施を掲げ、選抜テストとなる発展レベルは1点刻みではなく段階

図5 センター試験と新テスト構想

センター試験	達成度テスト（仮称）	高大接続答申の新テスト（提案）	文科省実施方針の新テスト
	教育再生実行会議第4次提言	中教審高大接続答申	実施方針の策定
大　学	大　学	大　学	大　学
個別試験	個別試験	個別試験	個別試験
センター試験 →	発展レベル（仮称）	学力評価テスト（仮称）	大学入学共通テスト
	基礎レベル（仮称） →	基礎学力テスト（仮称）	
高　校	高　校	高　校	高　校
			高校生の基礎診断

4-6 高大接続改革の失敗

別評価とすることを条件に添えた。

3-3 中教審の高大接続答申

高大接続特別部会（以下「接続部会」）が中教審総会直属の部会としてスタートしたのは民主党政権の末期（12年8月）である。その数か月後に、自民・公明両党は選挙で大勝し政権に復帰した。その後、再生実行会議が発足するなど、環境も変わった。しかし、再開した接続部会の審議は捗々しくなかった。部会長の安西祐一郎は「高大接続」に議論が向くのを明らかに避けていた。再生実行会議の提言に言及することもなかった。接続部会が再生実行会議を俎上にあげたのは再生実行会議事務局へのヒアリングの一度きりである。それ以外は、安西はしきりに学力論、能力論に部会を誘導することに努めた。活用力、汎用的能力、コンピテンシーなどの話題をくりかえし振った。試験問題に話が及べば、合教科・科目型、総合型の出題、また正解がひとつに限定されない問題の必要などをしきりに強調した。その一方、話題が「センター試験」に及ぶことを嫌い、その意見を意図的に遮った。

審議の仕上げ時期が迫った2014年10月、事務局による「審議まとめ」が配付されると、安西部会長の真意が判明した。「学力の3要素」がはじめてお目見えしたのである。それまではこの文言が接続部会の審議で飛び交うことなどなかった。事務局は改正学校教育法30条2項（小学校部分）を引いて「確かな学力」の重要性を力説し、「学力の3要素」はこの構成要素にあたると解説した。傍聴している身としては学習指導要領の審議会報告を聞いているような錯覚を覚えた。しかし、この「審議まとめ」は格別、質疑もなく、接続部会を通過した。2014年12月22日に提出された高大接続答申はこの「学力の3要素」がその骨子となっていた。

> 学力の三要素を、社会で自立して活動していくために必要な力をという観点から捉え直し、高等学校教育を通じて (i) これからの時代に社会で生きていくために必要な、「主体性を持って多様な人々と共働して学ぶ態度（主体性・多様性・共働性）」を養うこと、(ii) その基盤となる「知識・技能を活用して、自らの課題を発見しその解決に向けて探求し、成果等を表現するために必要な思考力・判断力・表現力等の能力」を育むこと、(iii) さらに、その基礎となる「知識・技能」を習得させること。大学においては、それをさらに発展・向上させるとともに、これらを総合した学力を鍛錬すること

(中央教育審議会 1914：6)。

「学力の3要素」に基づいて高校教育改革を進めるべきであり、それを大学、高等教育において発展・向上させるべきだ、と答申は述べている。高校教育と大学教育をいかに接続させるかについてはまったく言及していない。

答申の心証はさておき、中教審（＝高大接続特別部会）もまた、2種類のテストを提案した。第1の(仮称)大学入学希望者学力評価テスト(以下「学力評価テスト」)はセンター試験の後継をめざす共通試験であり、再生実行会議の「発展レベル」に対応する。目的として「知識・技能」を単独で評価するのではなく、「知識・能力を活用して、自ら課題を発見し、その解決に向けて探求し、成果等を表現するために必要な思考力・判断力・表現力等の能力を中心に評価」する、と述べている。さらに「教科・科目型」の試験に加えて、「教科・科目の枠を超えた思考力・判断力・表現力を評価するため、「合教科・科目型」「総合型」の問題を組み合わせて出題」する、と盛りだくさんである。実施は「年複数回」、とくに英語は「4技能を総合的に評価できる問題の出題や民間の資格・検定試験の開発・活用も見据えて検討」、さらに「解答方法」は「多肢選択方式だけでなく、記述式を導入」することを条件に加えていた(中教審 2014：別添資料)。

第2の(仮称)高等学校基礎学力テスト(以下「基礎学力テスト」)は、再生実行会議の達成度テスト・基礎レベルと同じく、中教審高等学校部会の提案を原案としていた。ちなみに、目的は「生徒が、自らの高等学校教育における学習達成度の把握及び自らの学力を客観的に提示できるようにし、それらを通じて生徒の学習意欲の喚起、学習の改善を図る」であり、「高等学校で修得すべき『確かな学力』を踏まえ、『思考力・判断力・表現力』を評価する問題を含めるが、学力の基礎となる知識・技能の質と量を確保する観点から、特に『知識・技能』の確実な修得を重視」するとなっていた(中教審 2014：前掲資料)。

4　高大接続改革の暴走と自滅

2014年12月に高大接続答申が提出されると、下村博文文科大臣は答申の具体化を急かし、改革実行プランを作成させた。答申内容の具体化を検討するため

の有識者会議、高大接続システム改革会議（以下「システム改革会議」）は2015年2月に発足し、3月から審議に入った。議長は安西祐一郎、中教審の接続部会からは6人が残留し、新メンバーとして国立大学協会の山極壽一会長、その他南風原朝和などの測定の専門家も加わり、総勢27人の会議体になった。主な議題は英語4技能試験と記述式問題の出題、基礎学力テストの3つである。

システム改革会議は中教審の接続部会とは違って活発な議論が交わされたものの、ようやく議論が一めぐりして一年経つと、いきなり会議の打ち切りが告げられた。結論は何ひとつ出ていない。事務局は予定通りのスケジュールだと説明するばかりで埒が明かなかった。文科省は意に沿わない結論などははじめから出すつもりはなかったのだろう。審議のゆくえは議長預かりとなり、後は文科省内に設けられる複数の小委員会に分けて検討が進められることとなっていた（システム改革会議2016）。小委員会はいずれも非公開であった。

この検討結果、「実施方針」（文科省2017）が公表されたのはそれから1年余り後、2017年7月18日である。①英語4技能試験は導入する、②共通試験の数学教科、国語教科では記述式問題を出題する、③「基礎学力テスト」は、高校教育の到達度ではなく、高校教育の入り口での基礎学力診断に変更、が委員会の結論であった。新テストの正式名称は(仮称)学力評価テストが「大学入学共通テスト」（以下「入学共通テスト」）に、(仮称)基礎学力試験が「高校生のための学びの基礎診断」（以下「学びの基礎診断」）に決まった。

4-1　基礎学力テストの消滅

システム改革会議の議事録を見ると、2015年10月から翌年にかけて、「基礎学力テスト」がたびたび議論の俎上にのぼっていた。議論はしかし、まとまりがない。「高校のランキング化を促すのではないか」、「学力上位でない生徒が自ら受検するようなメリットはあるか」、「高校の高学年で実施したのでは、指導に反映させるのは無理だろう」等々、懐疑的な意見が多く出されていたが、真っ向から反対という意見でもなかった。ところが、システム改革会議の『最終報告』の記載になると、基礎学力テストの中身は一変していた。

　　高等学校基礎学力試験（仮称）：「義務教育段階の学習内容を含めた高校生に求め

られる基礎学力の確実な習得（下線は筆者）」（システム改革会議 2016：21-22）

　高大接続改革はもともと高校教育と大学教育の接続を改善することに目的があった。「基礎学力テスト」は高校教育の改善のための不可欠の施策だったはずである。再生実行会議の提案によって、一旦は高大接続改革の枠組みが組み上がったかにみえたが、それは根こそぎ否定された。大学入学共通テストは大学主導の"共通試験"ではなく、学習指導要領を牽引する高校版のテストに代わり、基礎学力試験は高校到達度試験ではなく、高校入口での診断テストに姿を変えた。高大接続の橋を架けようにも橋桁そのものが失われてしまった。

4-2　英語 4 技能テストと記述式問題の頓挫

　英語 4 技能試験と国語、数学の記述式の出題は高大接続改革の看板メニューとして耳目を集めた。この種のテスト形式は小規模なら有意義な効果を発揮するであろうが、それらを 50 万人規模の大学入学共通試験で実施するというのははなはだ現実的ではなかった。大規模試験に新しい仕掛けを導入するとなれば、どんな試みであれ周到な準備がいる。安心して受検できる環境が整わなくては、公平公正な試験など望めないからである。

　・英語 4 技能試験　英語 4 技能テストには民間の 7 団体が手をあげた。1 団体で 50 万人の試験を実施できる民間機関は日本にはない。7 機関が分担して実施を請け負うことになった。とはいえ、民間の資格・検定試験はそれぞれに独自の伝統があり、その目的、尺度は簡単に束ねることのできない性格の試験であった。外国大学に留学するための語学検定試験もあれば、英語を母国語とする者の熟達度を測る検定試験もある。文科省は実用に供するため CEFR（Common European Framework of Reference for Languages：欧州言語共通参照枠）の 6 段階評価を利用するよう提案したが、これには英語と測定の専門家双方から多くの疑問の声があがった。

　英語 4 技能試験のなかでもスピーキング、ライティングの採点・評価には高度な技量が求められる。また、試験の複数回実施のためには等化のための高度なテスト技術が必要となる。そのための前提となる、試験問題のデータバンク、採点・集計の標準化は、まだ日本の風土には馴染みにくいものがあった。そもそも高校の英語教

育の達成度を民間団体の検定に委ねてよいものかについても多くの異論があった。

さらに深刻であったのは、試験の公平・公正の問題であった。英語4技能試験を受検できる会場は大都市に偏っており、僻地の受検者の場合、会場に出向くのも容易ではなかった。それに加えて、4技能試験の受検料は高額である。家計の乏しい受験者たちはそれを何度も受検することは適わなかった。地域格差に加えて経済格差がこのテストの背後にあり、社会的格差の壁がこれらのテストの前に立ち塞がった。

・記述式問題の出題　記述式問題にも大きな壁があった。採点処理は当然のことながら完璧でなければならない。記述式出題の実現には、採点に要する時間、採点者の確保、膨大な経費のいずれも厳しい条件が付いてまわった。共通テストの受験者は50万人程度と推定されるが、採点に許される時間は引き延ばしても1週間程度が限界であった。そのうちはじめの数日は採点基準の調整に費やされる。

仮に、国語科目に3題の記述式を出題するとして、50万人分で150万題を採点しなければならない。1題3分で採点しても1時間に20題、連続5時間の採点を続けたとして、100題／人／日ほどである。たとえば、残り5日間で150万題を採点するのであれば、採点者は3000人必要になる。それだけではない。採点はダブルで行うから、点検要員などを除外しても、ベテランの採点者を6000人ほど確保しなければならない。

2017年に行われた国語の記述式の試行テストでは、自己採点と採点結果との不一致は受験者の3割に及び、採点ミスは抽出検査で0.3%ほど認められた（大学入試センター、2018）。0.3%といってもそれを50万人規模に復元すれば、1500人にミスが出ることになる。実施準備がパーフェクトであり、さらに万が一の事故に対しても完璧に対応できなければ、実現は難しいのである。

4-3　文科大臣の「試験中止」記者会見

2021年1月の「大学入学共通テスト」に先立ち、萩生田光一文科大臣は2019年11月1日に英語4技能試験の見直しを記者発表した。当日は、大学入試センターが民間英語4技能試験のID登録（成績入力）を開始するその日であった。また翌月の12月17日には、記述式の出題（国語）についても大臣が見直しを発表した。事実上の中止である。

「国語」及び「数学」における記述式問題については、指摘された問題の解決は容易ではなく、導入は困難であると言わざるを得ない（第2章）、「英語」の試験形態については引き続き、マーク式問題及びICプレイヤーを使用して実施する方式とし、「読む」、「聞く」に関する能力を中心としつつ「話す」、「書く」を含め（中略）高等学校までの教育で培った総合的な英語力を可能な限り評価する方向で不断の改善が期待される（第3章）（あり方検討会議 2021）

　上記の文章は2020年1月、文科大臣が設置した「大学入試のあり方に関する検討会議」の提言の一部である。検討会議は"大学入試における英語4技能の評価や記述式問題の出題を含めた大学入試のあり方"を検討することを目的に設けられた。検討は1年半余り続けられた。そこで実施された調査、全国の大学・学部関係者(学長、学部長等の幹部)の調査結果を最後に紹介しておこう。
　調査は彼らに対し「入学共通テストの枠組みのもとに『英語4技能試験、記述式問題』を導入することの可否」を尋ねた。「英語資格・検定試験」の導入に賛成の者は回答者の3割、同じく「記述式問題」の導入に賛成の者は国公立大で1割、私立大で2割であった。すでに文科大臣により改革の見直しを表明された後に実施された調査のため、その影響を割り引いて考えなければならないが、全国の大学関係者の大半はこの2つのテストの実施に反対を表明した。

5　「官」主導の改革に対する学・産・民セクターの反応

　2010年代の高大接続改革は「官」主導による、権力的な性格の強い「教育改革」であった。本章のタイトルに含まれる「失敗」は、単に英語4技能試験や記述式の出題が頓挫したことを指しているわけではない。むしろ、高大接続改革という本来の改革の趣旨を文科省自らが損ねたことを意味している。3、4節にも述べたように、教育再生実行会議の第4次提言には評価すべきものが多く含まれていた。ところが、その後に出た中央教育審議会の高大接続答申は事態を大きく混乱させ、改革自体を台無しにした。改革の趣旨を再確認してその誤りを早くに正していれば、"改革"をいま少し実のあるものにできたであろう。当時文科大臣を務めていた下村博文

4-6 高大接続改革の失敗

の責任は大きい。

「学」も「産」も遠巻きにしてこの「官」の動きを眺めていた。「学」はこの改革を、大学の問題ではなく、学校教育の改革だと考えていたふしがある。「学力の3要素」がその誤解の理由のひとつであろうが、その背景には、センター試験を大学入試センター任せにし、高校教育の停滞を行政まかせにしてきた大学の責任も問われるべきだろう。改革の対象が学力中位層であるというだけで、自らの問題としてとらえにくかった大学もあるかもしれない。ユニバーサル化の時代だから、大学入試も「高校のテスト」で良いのだという、安直な理解も大学関係者の間に漂っていなかっただろうか。文科省の事後の調査では大学幹部の大多数が英語あるいは記述式の出題に反対を表明した。ならば、なぜ、教育の現場責任を負う者として「改革」の渦中において、断固とした反対姿勢を示すべきではなかっただろうか。

他方、「産」は人材養成、グローバル化、英語力の増進に積極的な姿勢を示しつつも、改革の是非については明確なメッセージは発信することはなかった。とくに、改革がはじまってからは経済団体として個々の論点の是非について意見表明をすることもなかった。「学」と同じく事態を等閑視する姿勢を続けた。改革の顛末を早くから見通していたためなのか、それとも大震災等の災害、デフレスパイラルの経済、産業生産力の低下に目を奪われ、余裕がなかったのか、いずれにせよ「産」の沈黙は改革を暗黙に支持する意思と理解された。

「民」の意思を代表したのは10代の若者たちであった。大学受験の当事者である彼らは、最後にはマイクをもって虎ノ門の文科省の前に立った。行政を批判する彼らの姿以上に改革の失敗をわれわれの目に焼き付けたものはなかったのではないだろうか。

改革の失敗のあと、「教育の質保証」は手つかずのままである。「改革」はむしろ負の遺産をもたらした。現行の学習指導要領教育をこれから10年続けるのか、新しい入学共通テストをこのまま続けるのか、早急に見直す必要があろう。今回の改革は学力エリートではなく、学力中位層のボリュームゾーンに焦点をあてた改革だと、冒頭で述べた。教育のユニバーサル化とグローバル化が今日的な問題である。身勝手な抽象的教育論を振り回すのではなく、現実的な教育改革、学力向上策が必要になっている。そのためには高大接続を含め教育システム全体について深い理解をもち、絶え間ない検討が続けられなければならない。

【参考文献】

荒井克弘（2018）「高大接続の迷走」, 南風原朝和『検証 迷走する大学入試』岩波ブックレット.

荒井克弘（2022）「ボーダレス化する高大接続」『センター試験をふり返る』独立行政法人大学入試センター.

Ben David, Joseph（1977）, Centers of Larning, The Carnegie Foundation for the Advancement of Teaching. (=1982, 天城勲訳,『学問の府―原典としての英仏独米の大学―』サイマル出版会).

中央教育審議会（1999）『初中等教育と高等教育との接続の改善について（答申）』平成11年12月16日.

中央教育審議会（2002）『大学の質保証に係る新たなシステムの構築について（答申）』平成14年.

中央教育審議会（2005）『我が国の高等教育の将来像（答申）』平成17年1月28日.

中央教育審議会（2008）『学士課程教育の構築に向けて（答申）』平成20年12月24日.

中央教育審議会（2012）『新たな未来を築くための大学教育の質的転換に向けて～生涯学び続け、主体的に考える力を育成する大学へ～（答申）』平成24年8月28日.

中央教育審議会初等中等教育分科会高等学校教育部会（2013）『初等中等教育分科会の審議の経過について～高校教育の質保証に向けた学習状況の評価等に関する考えかた～』平成25年1月.

中央教育審議会初等中等教育分科会高等学校教育部会（2014）『初等中等教育分科会高等学校教育部会 審議まとめ～高校教育の質の確保・向上に向けて～』平成26年6月.

中央教育審議会（2014）『新しい時代にふさわしい高大接続の実現に向けた高等学校教育、大学教育、大学入学者選抜の一体的改革について～すべての若者が夢や目標を芽吹かせ、未来に花開かせるために～』平成26年12月22日

独立行政法人大学入試センター試験企画部（2018）「「大学入学共通テスト」における問題作成の方向性等と本年11月に実施する試行調査（プレテスト）の趣旨について」平成30年6月18日.

独立行政法人大学入試センター試験企画部（2019）「大学入学共通テストの導入に

向けた試行調査（プレテスト）(2017 年 11 月実施分の結果報告（案）)平成 31 年 3 月 26 日.

教育再生実行会議 (2013)『高等学校教育と大学教育との接続・大学入学者選抜の在り方について（第四次提言）』平成 25 年 10 月 31 日.

南風原朝和「英語入試改革の現状と共通テストのゆくえ」南風原朝和編著『検証 迷走する英語入試』岩波ブックレット No.984, pp.5-25

高大接続システム改革会議 (2015)『高大接続システム改革会議「中間まとめ」』平成 27 年 9 月 15 日.

高大接続システム改革会議 (2016)『高大接続システム改革会議「最終報告」』平成 28 年 3 月 31 日.

倉田桃子 (2017)「PISA とキー・コンピテンシーの形成過程―DeSeCo 計画における議論の検討―」『公教育システム研究』第 10 号.

文部科学省 (2012)「大学改革実行プラン～社会の変革のエンジンとなる大学づくり～」平成 24 年 6 月.

文部科学省 (2017)「高大接続改革の実施方針等の策定について（報道発表）」平成 29 年 7 月 13 日.

文部科学省 (2021)『大学入試のあり方に関する検討会議　提言』大学入試のあり方に関する検討会議, 令和 3 年 7 月 8 日.

鳥飼玖美子 (2020)『10 代と語る英語教育』ちくまプリマー新書、2020. 大学審議会 (2000)『大学入試の改善について（答申）』平成 12 年 11 月 22 日.

4-7 理系専門教育の見直し

Transformation of University Education in Science, Technology, Engineering, Mathematics and Medical.

塚原修一

　この章では、理系専門教育の変化について大学を中心に述べる。新通史の塚原（2012）は学部数の変化を分野別に整理し、1990年年代以降の規制緩和による学部名称の多様化を示した。本章は理系に対象をしぼった続編である。

　理系学部の名称と数は、科学技術や社会の動向により変化する。科学技術基本計画のような政策文書は、グリーン、ライフ（第4期、2011年）、超スマート社会（第5期、2016年）などの新しい領域・課題をあげて人材需要の変化を示唆する。変化の要因は教育にもある。科学技術の発展により、理系人材に求められる知識・技能は学士課程で学べる範囲をとうに超え、大学は汎用性のある陳腐化しにくい事柄を教育するようになった。[*1] 戦後の工学部はエンジニアリングサイエンス（工学の基礎となる科学）の教育を導入したが、仕事と教育の不適合が指摘され、近年は教育課程を柔軟化して課題解決力を育成する方式が注目された（藤墳 2023:9-10、47-48、53-56）。大学側の対応は学部学科の新増設によることとともに、見直し（改組）も増えた。

　学部学科の新増設や改組は、各大学が広報するほか、教育雑誌などに先行研究があるが、理系学部を包括的に分類整理したものは調査のかぎりではみかけなかった。本章ではこれらを参照し、国公私立大学の違いを含めて記述する。

＊1　中央教育審議会（2018, 3）は21世紀型スキルの汎用的能力を「陳腐化しない普遍的なコンピテンシー」と形容する。一方、大学における工学系教育の在り方に関する検討委員会（2017a）は工学系教育を分類して、①いつの時代も変わらない基盤的な教育、②変化する時代の波に対応する教育、③新たな時代を創り出す人材の輩出を目的とした教育とする。すなわち③はともかく、変化しない①と変化する②の修得が求められる。

4-7 理系専門教育の見直し

表1 理系学部数の変化

学部	2000年度 国立	公立	私立	計	2010年度 国立	公立	私立	計	2020年度 国立	公立	私立	計	2024年度 国立	公立	私立	計
理学部	30	6	15	51	28	7	13	48	28	4	13	45	28	5	14	47
理学系学部	0	0	2	2	0	0	10	10	0	1	15	16	0	1	18	19
工学部	59	10	81	150	59	12	74	145	51	9	55	115	45	11	55	111
工学系学部	9	2	12	23	8	5	26	39	4	5	15	24	4	5	16	25
理工学部	2	0	22	24	5	0	28	33	15	1	31	47	15	2	31	48
理工学系学部	3	0	2	5	7	4	29	40	12	6	44	62	11	4	54	69
農学部	28	2	6	36	25	2	6	33	26	0	10	36	25	1	10	36
農学系学部	15	3	11	29	18	10	17	45	21	10	19	50	20	12	18	50
情報理系学部	1	5	9	15	3	7	26	36	7	10	22	39	7	14	31	52
環境理系学部	2	5	12	19	2	6	22	30	2	5	16	23	2	6	12	20
情報その他学部	4	3	53	60	5	6	85	96	5	7	66	78	8	7	69	84
医学部	42	8	29	79	44	8	29	81	41	8	31	80	41	9	31	81
歯学部	11	1	17	29	11	1	15	27	11	1	14	26	11	1	14	26
薬学部	13	3	29	45	14	3	56	73	13	4	57	74	13	5	59	77
看護学部	1	19	10	30	1	25	51	77	1	23	103	127	1	25	117	143
保健系学部	0	10	28	38	4	17	101	122	3	20	177	200	3	23	201	227
理工農等小計	149	33	172	354	155	53	251	459	166	51	240	457	157	61	259	477
医療保健小計	67	41	113	221	74	54	252	380	69	56	382	507	69	63	422	554
理系合計	216	74	285	575	229	107	503	839	235	107	622	964	226	124	681	1031
学部総数	417	166	1211	1794	434	223	1822	2479	449	216	1947	2612	439	247	2069	2755

注 学校基本調査報告に準拠して筆者が分類。

1　理系学部数の推移

　理系学部数の推移を表1に示した。表では理工農、情報、医療保健を分け、文系などを含めた学部総数を最下段に示した。大学の規模（学生数）は1990年代と2000年代に増加したが（塚原 2012:147）、2010年代は微増に転じた。学部総数は、1990年度の1310（表にはない）から2000年度に1794（37%増）、2010年度は2479（38%増）、2020年度は2612（5%増）、2024年度は2755（5%増）となる。理系学部数は、2020年度を省略して2000、2010、2024年度をみると、理工農等小計（理工農と情報理系、環境等）は354 → 459 → 477（30%増、4%増）と2010年度から微増になり、医療保健小計は221 → 380 → 554（72%増、46%増）と拡大が続いた。

　設置者別にみると、2000年度から2024年度にかけて、私立大学は学部数が増加したが、国立大学の学部数はあまり増えなかった。そのため、国立、公立、私立大学の学部数の構成比は、理工農等分野は2000年度の（42%、9%、49%）から2024年度に（33%、13%、54%）となった。医療保健分野では（30%、19%、51%）から（12%、11%、77%）と国立大学の構成比がとくに小さくなった。

1-1　理工農分野

　表では学校基本調査に準拠して理系学部を分類し[2]、伝統的な名称の学部（理、工、理工、農、医、歯、薬、看護）と、それ以外の名称（理学系の生命科学部など）の「系学部」を区別した。理工農分野については、2000、2010、2024年度の主な変化として、工学部の減少（150 → 145 → 111）、理工学部の増加

---

[2] 表1は『学校基本調査報告書』（文部科学省、各年度）の「大学の学部数」に準拠した。そこでの学部名の配列は伝統的な学部の分類（理、工、理工、農、医、歯、薬、看護）を基本とし、それぞれに続いて関連する（と文部科学省が判断した）学部名が列挙される。表1ではこれらを「系学部」とした。伝統的な分類に対応しない学部名は「その他」として配列の末尾におかれる。「その他」に分類された学部のうち、理系（理系の学際ないし複合学部など）と筆者が判断したいくつかを表1に含めた。環境系学部は配列が分散して、このような方式がとれない。そこで、環境の語を含む学部名を抽出し、理系の色彩が希薄と判断したもの（たとえば環境ツーリズム学部）を除外した。学部名の配列は年度によって一部が異なることがあり、その場合は新しい（2020年度の）ものを採用した。

(24 → 33 → 48)、理工学系学部の増加（5 → 40 → 69）がある。理工学系学部で2024年度に数が多いものは、建築学部（13件）、デザイン学部（7件）、先進工学部（4件）、創造工学部、工科学部（各3件）である。

1-2　情報分野

　情報分野の学部には理系とその他（文系、文理融合、学際など）がある。2000、2010、2020、2024年度の変化をみると、情報理系学部は（15 → 36 → 39 → 52）と2020年代も増加した。人工知能やデータ科学への注目によるものであろう。情報その他学部は（60 → 96 → 78 → 84）と2000年代に増加した。いずれも私立大学が多く、2024年度は情報理系学部の60%、情報その他学部の82%をしめた。2024年度に情報理系学部で多いものは、情報科学部（9件）、データサイエンス学部（8件）、情報工学部（7件）、情報理工学部（6件）で、データサイエンス学部は2020年度の3件から増加した。情報その他学部で2024年度に多いものは、情報学部（22件）、経営情報学部（14件）、総合情報学部（6件）、社会情報学部（5件）で、経営情報学部は2010年度の23件から減少した。

1-3　医療保健分野

　医療保健分野では、2020～2024年度に医学部の微増、歯学部の微減、薬学部の増加とともに、看護学部（30 → 143）と保健系学部（38 → 227）が大幅に増加した。高齢化などの社会の変化に対応したものといえよう。設置者別にみると、医学部と歯学部は国立と私立の双方にあるが、薬学、看護、保健系の学部は国立に少なく、薬学部の77%、看護学部の82%、保健系学部の89%を私立大学がしめる（2024年度）。保健系学部で2024年度に多いものは、保健医療学部（41件）、健康科学部（31件）、リハビリテーション学部（22件）、健康栄養学部（14件）、スポーツ健康学部（12件）である。保健医療学部の学科は大学によって異なり、看護、診療放射線、臨床検査、臨床工学、理学療法、作業療法、言語聴覚、義肢装具、はり灸、整復などのいくつかを含めて構成される。これらの職業資格をめざす学科等の教育内容は、学部名称によらず資格制度に規定されて多様化しない。

第2節から学部学科の新増設や改組の事例を取り上げる[*3]。事例は国公私立大学を分け、組織変更のさいに先行事例が参照されることを想定してなるべく年代順とした。

2　国立大学の事例

2-1　国立7大学の学科統合

　理工農学部の学科数の推移を表2に示す。初期の事例として京都大学は、1993～96年度に理学部9学科を1学科（理学科）に、工学部の23学科を6学科（工業化学、物理工学、電気電子工学、情報学、地球工学、建築学）に改組した。これは、1990年代に国立の主要大学で進行した大学院の部局化

表2　国立7大学の理工農学部の学科・課程数

大学・学部		1990年度	2000	2010	2023
北海道	理	8	5	5	5
	工	15	12	4	4
	農	8	7	7	7
東　北	理	11	7	7	7
	工	17	17	5	5
	農	5	2	2	2
東　京	理	9	9	10	10
	工	21	17	16	16
	農	8	5	3	3
名古屋	理	7	5	5	5
	工	17	5	5	7
	農	6	2	3	3
京　都	理	9	1	1	1
	工	23	6	6	6
	農	10	3	6	6
大　阪	理	6	4	4	4
	工	20	4	5	5
	基礎工	8	4	4	4
九　州	理	5	5	5	5
	工	17	6	6	12
	芸術工			5	1
	農	9	1	1	1
小　計	理	55	36	37	37
	工	138	71	56	60
	農	46	20	22	22
合　計		239	127	115	119

　注　小計の工学部は基礎工学部と芸術工学部を含む。
　　　文部科学省『全国大学一覧』各年度。

（重点化）の帰結と思われる。部局化とは教員の籍を学部から大学院に移し替えて教員数や予算の増加をはかるもので、大学院は独自の予算、施設設備、教員組織をもつ部局となった（荒井 2011:56-57）。学部は学生の教育組織となり、教育

　[*3]　各事例の学部学科構成、設置年などは文部科学省『全国大学一覧』各年度による。

上の理由から工学部の学科が集約されたのではないか。この傾向は国立7大学におおむね共通であり、工学部の学科数は133（1990年度）から56（2010年度）に減少した。一方、理学部理学科の学生は3年次から5つの系（数理科学、物理科学、地球惑星科学、化学、生物科学）に登録する。こちらは教育課程の集約とともに学生の専門分化を遅らせたといえる。

1990年代には名古屋大学、大阪大学も学科を統合した。北海道大学と東北大学は2000年代に学科を統合した。九州大学は1990年代に工学部の17学科を6学科（建築、電気情報工学、物質科学工学、地球環境工学、エネルギー科学、機械航空工学）に集約し、2021年に6群12学科にもどした。東京大学は学科数を維持した。これらにより、国立7大学の工学部の学科数は138（1990年度）から60（2023年度）に減少した。なお表2のほか、名古屋大学は1993年に教養部を改組して情報文化学部（自然情報、社会システム情報の2学科）を設置し、2017年にこれを廃して情報学部（自然情報、人間・社会情報、コンピュータ科学の3学科）を設置した。

2-2　東京工業大学——教育と研究の一体化

東京工業大学は1949年に新制大学となって工学部を設置し、理工学部への改称（1955年）、理学部と工学部の分離（1967年）、生命理工学部の設置（1990年）を経て、2016年に3学部を6つの学院（理、工、物質理工、情報理工、生命理工、環境・社会理工）に改組した。学院とは教育組織（学部、大学院）と教員組織を一体化した日本初のもので、学院には学科にあたる学系をおく。教員は学院に所属し、入学定員は学院ごとに定めて学生は学系に所属する。入学定員は理学院（4学系154名）、工学院（5学系477名）、物質理工学院（2学系347名）、情報理工学院（2学系135名）、生命理工学院（1学系168名）、環境・社会理工学院（4学系263名）である。入学定員は改組によって変化していないようである[4]。

この大学は1975年度から7つの類別に入試を行い、2年次に類のなかで学科所属を決定していたが（小林1982）、2019年度から6つの学院別の入試となった。類と学院はおおむね対応しているが、理学系（1類）の数理・計算科学と電気電子

＊4　2024年に東京医科歯科大学と統合して東京科学大学となり、医、歯の2学部が加わった。

情報系（5類）の情報工学が情報理工学院に統合された（東京工業大学 2018）。すなわちこの改革は、入試の区分であった7つの類をいくらか修正して正規の組織としたものにあたろう。[*5]

2-3　岩手大学の学部改組

　国立大学法人の運営費交付金は毎年度に削減され（2004-15年度）、「国立大学改革プラン」には国際水準の教育研究とともに、大学発ベンチャーの支援や理工系人材の戦略的育成などがうたわれた（文部科学省 2013）。大学における工学系教育の在り方に関する検討委員会（2017b:4-5）は、改革の方向として学科・専攻の定員制度の柔軟化、学位課程制の積極的導入（教育組織と教員組織の分離）などをあげた。中期目標期間の第3期（2016-21年度）のうち 2016 年度に 14、翌年度は 11 大学が改組を行った。3大学の事例を紹介する。

　理工学部（学群などを含む）は国立の 16 大学にあって東北地方に多く、そのほか首都圏と関西圏の大規模私立大学などにある（及川・長崎 2019）。岩手大学は4学部（人文社会科学、教育、農、工）からなるが、大学運営の困難を克服するため、工学部を理工学部に拡大した。学生と教員の「人材を広く受け入れ」ることを志向して、人文社会学部と教育学部の理系教員を理工学部に移し、入学定員を工学部の 400 名から理工学部の 440 名に拡大した。2016 年に工学部5学科を理工学部3学科（化学・生命理工学、物理・材料理工学、システム創成工学）8コースに改組した。[*6] この改組には「学術的な間口の拡大感」があり、女性の教員と学生が増加している。理工学部の学生の女性比率は 17％で、化学・生命理工学科が 36％と大きい（岩手大学 2019）。

* 5　2018 年度までの入試は7つの類ごとに行われ、1類から順に理学、材料、応用化学、機械、電気電子情報、土木建築、生命理工学である（小林 1982）。本文に述べた以外の類と学院の関係は、理、環境・社会理工、生命理工の3学院がそれぞれ 1、6、7 類に対応し、物質理工学院は2類と3類の大部分に、工学院には機械（4類）、電気電子（5類）、経営工学（3、4類）が対応する（東京工業大学 2018）。
* 6　改組前の応用化学・生命工学科は化学・生命理工学科（化学、生命の2コース）、マテリアル工学科は物理・材料理工学科（数理・物理、マテリアルの2コース）、他の3学科（電気電子・情報システム工学、機械システム工学、社会環境工学）はシステム創成工学科（電気電子通信、知能・メディア情報、機械科学、社会基盤・環境の4コース）となった。同年に農学部も改組し、入学定員を 210 名から 230 名に増加させた。

2-4 新潟大学の学部改組

新潟大学では2002年に学生の教育組織と教員組織を分離し、前者を9学部、後者は3学系（人文社会・教育科学系、自然科学系、医歯学系）の教育研究院とした。2004年から準備をすすめて、2017年に理・工・農学部を各1学科とし、理学部は6学科を7課程、工学部は7学科を9課程、農学部は3学科を5課程に改組した。あわせて同年に創生学部（学生が目標を設定して学ぶ文理の区別がない教育課程）を設置した。工学部工学科は入学定員が50名増加して530名となった。改組前の学科におおむね対応する7課程（機械システム工学、社会基盤工学、電子情報通信、知能情報システム、化学システム工学、材料科学、建築学）に、2課程（人間支援感性科学、共創経営）を加えた。新しい2課程のうち、前者は学生募集停止となった教育学部の芸術環境創造課程と健康スポーツ課程から教員6名が工学部の福祉人間工学科に合流したもの（飯島2021）、後者は経営系科目に正課のインターンシップを導入したものである（小浦方2021）。

2-5 長崎大学の学部改組

長崎大学は、学部の教員組織を1学科に集約し、学生の教育組織を学科より下位の組織（コース）に移行して組織の柔軟性を高めた。2011年に工学部の7学科を1学科（工学科）に改組した。工学科は6コース（機械工学、電気電子工学、情報工学、構造工学、社会環境デザイン工学、化学・物質工学）からなる。2014年に、総合大学には人文社会系が必須として多文化社会学部（多文化社会学科、5コース）を設置した。学生定員は経済学部が90名、環境科学部が10名を拠出し、専任教員40名のうち23名分を学内から拠出した。2020年には情報データ科学部（情報データ科学科、2コース）を設置した（片峰2013、長崎大学広報戦略本部2022:7-10、21）。

3 公立大学の事例

3-1 東京都立大学

理系が大規模な東京都立大学、大阪市立大学、大阪府立大学は、いずれも改組を経験した。東京都立大学は開学時（1949年）に理学部と工学部を設置し、

のちに理学部5学科、工学部7学科となった。2005年に都立の3大学と再編統合して首都大学東京となり、4学部（都市教養、都市環境、システムデザイン、健康福祉）を設置した。このとき理学部の地理学科と工学部の3学科（土木工学、建築、応用化学）が都市環境学部に移行した。それ以外の学科は理学部が都市教養学部に、工学部がシステムデザイン学部に移行した。2018年に理学部が復活し、2020年に名称を東京都立大学にもどして7学部となった。2024年度の理系学科は、理学部4学科（数理科学、物理、化学、生命科学）、都市環境学部6学科のうち4学科（地理環境、都市基盤環境、建築、環境応用化学）、システムデザイン学部5学科（情報科学、電子情報システム工学、機械システム工学、航空宇宙システム工学、インダストリアルアート）、健康福祉学部4学科（看護、理学療法、作業療法、放射線）である。

3-2 大阪公立大学

大阪市立大学は8学部のうち4学部（理、工、医、生活科学）が理系で、大阪府立大学は4学域（現代システム科学、工学、生命環境科学、地域保健）のすべてが理系である。2022年に両大学は1学域、11学部からなる大阪公立大学に統合された。学士過程の入学定員は2853名（2023年度）で、国公立大学の第3位の規模となる。理系学部は7つ（理、工、農、獣医、医、看護、生活科学）で、現代システム学域の知識情報システム学類は文理融合といえる。工学系は12学科に再編sあれ、2028年度までに中百舌鳥キャンパスに集約される。2025年には全学の基幹教育を行う森之宮キャンパスが開設される。

3-3 私立大学の公立化

公立大学には私立から転換した12校がある（大槻 2024:271）。私立大学の設立時に自治体が出資した小規模校が主で、公立化により学生募集に成功した事例も多い。理系学部等がある10校は公立化した時期の順に、2009年の高知工科大学（システム工学、環境理工学、情報の3学群）、2010年の静岡文化芸術大学（デザイン学部）と名桜大学（人間健康学部）、さらに2010年代の公立鳥取環境大学（環境学部）、長岡造形大学（造形学部）、山陽小野田市立山口東京理科大学（工学部）、公立諏訪東京理科大学（工学部）、公立千歳科学技術大学（理

工学部)、周南公立大学(情報科学部)、そして2023年の旭川市立大学(保健福祉学部)である。

4　私立大学の事例

4-1　早稲田大学

　この節では特徴ある改組の事例を、おおむね規模(入学定員)の順に紹介する。早稲田大学は理工学部を理工学系の3学部に改組した。この大学の理工学部は日本で最古のものである(1908年に理工科を設置)。その後は学科を増設し、大学創設80周年(1962年)を機に西早稲田から大久保に移転した。1990年代には理工学部の沈滞が批判され、2001年の外部評価では学科の壁が高すぎて学部が機能していないと指摘された。これをふまえた改革として、2004年に理工系全体の教員組織である理工学術院を設置し、2007年にはそのなかに大学院と一体化した3学部をおいて、可能なかぎり権限を委譲した(足立 2005:20-21)。改組により14学科が18学科に再編された。各学部の性格として、基幹理工学部は「数学と、理工系の根幹を成すテクノロジーにかかわる分野」の7学科、創造理工学部は「豊かで快適な生活環境の創造について学ぶ」5学科、先進理工学部は「新しい科学技術の創生を担う」6学科からなる(豊島 2006:2)。3学部の入学定員はほぼ同数で、基幹理工学部と創造理工学部が595名、先進理工学部が540名である。

4-2　工学院大学

　1888年に工手学校として創立され、1949年に新制の工学院大学となって工学部に2学科(機械工学科、工業化学科)を設置した。その後は学科の増設と名称変更がなされ、2006年に情報学部とグローバルエンジニアリング学部、2011年に建築学部を設置し、2015年には工学部の一部とグローバルエンジニアリング学部を改編して先進工学部を設置した。2024年度の学科数と入学定員は、先進工学部(5学科365名)、工学部(3学科379名)、建築学部(3学科345名)、情報学部(4学科310名)である。

　建築学部は(近畿大学とともに)日本初のものである。吉田(2014、20-36)によれ

ば、建築系学科の将来計画委員会の資料 (2004 年) に必要性が提起された。
 (1) 現代の建築に対する高度化・複雑化したニーズは、工学的ソリューションのみでは対応できない。総合的な「建築学」の枠組みが求められる。
 (2) 建築産業の周辺分野には、一級建築士受験資格程度の建築の基礎的素養を満足すれば、必ずしも工学的教育の習得を必要としない機能、人材が活躍可能な領域がある。
 (3) 入試状況を改善するため、本格的に建築を学びたくとも工学部的な教育の枠組みに気後れしている潜在的志願者を取り込む。
 この計画に対応して 3 学科構成 (建築学科、建築デザイン学科、まちづくり学科、3 年次に学科所属) とした。上記のうち、(2)は建築学の指定科目 60 単位を 3 学科に課して一級建築士受験資格に対応した。(3)の「工学部的な教育」とは、建築学科が 3 年次以降に課す建築の「計画、構造、設備、生産」を指す。(1)に対応する他の 2 学科はこれを建築デザイン (ハードからソフトへ) や都市デザイン (空間規模の拡大) などに置きかえた。入試の志願者は順調に増加しているようである。

4-3　東京工科大学

 発祥は創美学園 (1947 年創設の各種学校、絵画科と洋裁科) であり、1953 年に技術教育に進出して日本テレビ技術学校を設立し、1976 年に日本工学院専門学校となる。1986 年に東京工科大学を開学し、3 学科 (電子工学科、情報工学科、機械制御工学科) からなる工学部を設置した。1999 年にメディア学部 (メディア学科) を設置し、2003 年には工学部を改組してバイオニクス学部 (バイオニクス学科) とコンピュータサイエンス学部 (コンピュータサイエンス学科) を設置し、2008 年に前者を応用生物学部 (応用生物学科) に名称変更した。2010 年にデザイン学部 (デザイン学科) と医療保健学部、2015 年に工学部 (機械工学科、電気電子工学科、応用化学科の 3 学科) を設置した。
 これらのうち、1 学部 1 学科の学部では 2 年次か 3 年次に希望するコースを選択する。2010 年の改革については、少子化による受験生の減少により、技術系の学部だけでは生き残りが厳しいと判断して、時代の要請である医療保健学部と CG 技術を駆使するデザイン学部を開設した (教育学術新聞 2010)。2015 年に復活した工学部には「サスティナブル工学」という方向づけがなされ (JBpress 2014)、コー

オプ教育（約 8 週間の有給の企業実習を必修として単位認定する）を導入して学びの柔軟性と独創性を育む（朝日新聞 2021）。2024 年度の入学定員は応用生物学部 260 名、コンピュータサイエンス学部 290 名、メディア学部 290 名、医療保健学部 400 名、デザイン学部 200 名である。

4-4　京都産業大学

　以下では、中小規模大学の改組事例として、京都産業大学（2024 年度の入学定員は全学が 3730 名、理系 3 学部は 445 名）と徳島文理大（同じく全学が 1320 名、理系は 5 学部に 860 名）をあげる。

　京都産業大学は産学協同の大学として 1965 年に創設され、理学部（数学科、物理学科）と経済学部を設置した。1968 年に計算機科学研究所を設置し、1969 年に応用数学科を増設して 1971 年に電子計算機学科と改称した。1989 年に工学部（情報通信工学科、生物工学科）を設置し、2003 年に理学部の 3 学科を数理科学科、物理科学科、コンピュータ科学科に改称した。2008 年に理学部コンピュータ科学科と工学部情報通信工学科を母体にコンピュータ理工学部（コンピュータサイエンス、ネットワークメディア、インテリジェントシステムの 3 学科）を設置し、2018 年に情報理工学部（情報理工学科、11 コース）に改組した。

　一方、2010 年に工学部生物工学科を発展的に解消して総合生命科学部（生命システム、生命資源環境、動物生命医科学の 3 学科）を設置した。2016 年に動物生命医科学学科を母体として獣医学部の設置を申請したが実現せず、2019 年に総合生命科学部を生命科学部（先端生命科学、産業生命科学の 2 学科、それぞれ医療・健康、食料・資源、環境・生態に対応する 3 つの主コース）に改組した（京都産業大学 2017）。このうち産業生命科学科には文系入試もある。これらをへて、2016 年に工学部を廃止した（同年に理学部の宇宙物理・気象学科を増設）。この大学の工学部は設置の時期が遅かったため、「ものづくり」よりも情報とバイオの学科構成となり、それらが学部に発展したといえる。

4-5　徳島文理大学

　私立裁縫専修学校（1895 年）として創立され、徳島女子職業学校（1924 年）から新制の高等学校となった。徳島女子短期大学（1961 年）を経て 1966 年に徳島

女子大学（家政学部）を設立し、1972年に薬学部（薬学、衛生薬学の2学科）を設置して徳島文理大学に改称した。工学部は、1989年に2学科（機械電子工学、情報システム工学）を香川キャンパス（1983年開設）に設置し、1998年に環境システム工学科、2004年にナノ物質工学科、2007年に臨床工学科を増設した。その後、2学科を機械創造工学科、電子情報工学科に改称し（2008年）、学部名を理工学部に改めた（2009年）。薬学部は、衛生薬学科を医療薬学科に改称し（2002年）、香川キャンパスに香川薬学部（創薬学科、2004年）を設置した。2006年には薬学部の2学科を6年制（薬剤師養成）の薬学科に、香川薬学部の創薬学科を薬学部（6年制）と薬科学科（4年制、研究者養成）に改組し、2017年に薬学科を廃止した。

　家政学部は学科の増設を経て人間生活学部に名称変更し（2002年）、2003年に人間福祉学科を設置した。この学科は人間福祉学部人間福祉学科となり（2007年）、2008年に保健福祉学部に改称して看護学科を設置し、理学療法学科（2010年）、診療放射線学科、臨床工学科（いずれも2012年、後者は工学部から移行）、口腔保健学科（2017年）を設置した。2024年度には2キャンパス（徳島、香川）に8学部23学科があり、理系は4学部（薬、香川薬、保健福祉、理工）と人間生活学部の2学科（メディアデザイン、建築デザイン）である。この大学は女子職業教育の伝統か、家政学部から出発して早期に薬学部を設置した。工学部の設置は遅く小規模で（理工学部の入学定員は110名）、むしろ保健福祉学部を発展させた。

5　2010年代以降の特色

　高等教育の全体規模が微増となるなかで、理系専門教育の変化を学部数からみた。理工農分野は規模が変わらずに内容が変化した。ひとつは先端領域・新領域への展開であり、バイオ、デザインなどの語が眼についた。情報分野は理系とその他を分けたが、2000年代に情報その他学部が増加し、2020年代には情報理系学部が増加した。後者は人工知能やデータ科学への注目によるものであろう。

　教育課程の多様化・柔軟化として、工学部の減少、理工学部と理工学系学部の増加、学部内の学科統合などがみられた。職業資格をめざす建築学部の独立

が少なからずあり、理工農分野の変化が本格的であることを示唆する。

　医療保健分野では看護と保健系が拡大した。高齢化など社会変化に対応するものといえる。この分野は職業資格をめざす教育課程が多く、学部名称によらず学科等の教育内容は資格制度に規定されて多様化しない。

【参考文献】
(※ URLの最終閲覧日は、2025年2月25日)

足立恒雄 (2005)「早稲田大学理工学部の改革を数学者の視点から見る」『数学教育学会誌』46(3/4), 19-23.

荒井克弘 (2011)「迷走する大学院教育」吉岡斉編集代表『［新通史］日本の科学技術 世紀転換期の社会史 1995年〜2011年』第3巻, 原書房, 48-64.

朝日新聞 (2021)「大学力 東京工科大学」朝日新聞デジタル, http://www.asahi.com/ad/power_of_university/kanto/2021/tit/.

中央教育審議会 (2018)『2040年に向けた高等教育のグランドデザイン（答申）』.

大学における工学系教育の在り方に関する検討委員会 (2017a)「大学における工学系教育の在り方に関する検討の論点について」第1回資料4, https://warp.ndl.go.jp/info:ndljp/pid/ 11293659/www.mext.go.jp/b_menu/shingi/chousa/koutou/081/gijiroku/__icsFiles/afieldfile/2017/ 02/03/1381709_2.pdf.

大学における工学系教育の在り方に関する検討委員会 (2017b)『大学における工学系教育の在り方について（中間まとめ）』, https://www.mext.go.jp/component/b_menu/shingi/toushin/__icsFiles/afieldfile/2017/06/27/1387312_01.pdf.

藤墳智一 (2023)『次世代エンジニアを育てる自己決定学習の理論と実践』九州大学出版会.

飯島淳彦 (2021)「文理融合プログラムを工学部に―人間支援感性科学プログラムの4年間の取り組み」『北工教会報』北陸信越工学教育協会, 69, https://www.hokkokyo.jp/wp-content/ uploads/AR2021/42.pdf.

岩手大学 (2019)「学生の定員及び現員」, https://www.iwate-u.ac.jp/about/disclosure/files/education/ student_population.pdf.

JBpress(2014)「学長自らがプロデュースする"東京工科大躍進劇場"に注目」7月3日, https://jbpress.ismedia.jp/articles/-/41208

片峰茂 (2013)「学長主導ガバナンスによる国立大学機能強化」中央教育審議会大学分科会組織運営部会, 10月29日, 資料1, https://www.mext.go.jp/b_menu/shingi/chukyo/chukyo4/035/ siryo/__icsFiles/afieldfile/2013/11/05/1340990_1.pdf.

小林靖雄 (1982)「東京工業大学における理工学教育」『日本工業教育協会誌』30(1), 29-35.

小浦方格 (2021)「工学系学部にあって「協創経営」の目指すところ」『北工教会報』北陸信越工学教育協会, 69, https://www.hokkokyo.jp/wp-content/uploads/AR2021/43.pdf.

教育学術新聞 (2010)「時代の風を読み進化 4月から2学部新設 実学主義で人材養成 東京工科大学」『教育学術新聞』日本私立大学協会, https://www.shidaikyo.or.jp/newspaper/rensai/ koho/2390-6-1.html.

京都産業大学 (2017)「生命科学部(仮称)設置構想について」, https://www.kyoto-su.ac.jp/news/ 20170714_345_news.html.

文部科学省 (2013)「国立大学改革プラン」, https://www.mext.go.jp/component/a_menu/education/ detail/__icsFiles/afieldfile/2013/12/18/1341974_01.pdf.

長崎大学広報戦略本部 (2022)『2022年度 国立大学法人長崎大学概要』, https://www.nagasaki-u.ac.jp/ja/guidance/overview/outline/2022/file/2022gaiyou_jp.pdf.

及川勝成, 長坂徹也 (2019)「特別企画Ⅱ「工学部長・学長等会議〜理工学部への改編の現状と将来について」報告」『工学教育』67(6), 22-24.https://www.jstage.jst.go.jp/article/jsee/67/6/67_6_22/_pdf.

大槻達也 (2024)「私立大学公立化の現状と課題――公設民営型からの転換を中心に」『桜美林大学研究紀要 総合人間科学研究』4, 269-284.

東京工業大学 (2018)「教育体系の移行」, https://www.titech.ac.jp/public-relations/about/organization/transition-of-the-education-system.

豊島継男 (2006)「伝統学部改組の断面 第5回 工・理工学部」『Between』2・3月号, https:// berd.benesse.jp/berd/center/open/dai/between/2006/0203/03dento_01.html.

塚原修一 (2012)「世紀転換期の政策動向―科学技術と高等教育を対象に」吉岡

斉編集代表『［新通史］日本の科学技術 世紀転換期の社会史 1995 年〜 2011 年』別巻, 原書房, 131-153.

吉田倬郎(2014)「工手学校造家学科から工学院大学建築学部まで」建設産業史研究会, 7 月 18 日, https://www.ejcs.co.jp/ejcsv1/wp-content/uploads/2022/01/73_shiryou.pdf.

大学発ベンチャーの本格化
——VCを中心に

4-8

Rise of University-launched Start-ups :
Focusing on Venture Capitals

澤田芳郎

1 北大アンビシャスファンドの登場

　1973年4月、野村證券株式会社は日本初の本格的なベンチャーキャピタル（VC）として日本合同ファイナンス株式会社（JAFCO）を設立した。同社は1990年代中頃にはじまる産学連携ブームのなかで大学の研究成果を活用するベンチャー企業に注目し、1997年1月には、略称ながら国立大学名を冠した初の投資組合として「北大アンビシャス投資事業組合」（通称「北大アンビシャスファンド」）を組成した。投資対象は北海道大学をはじめとする道内大学の研究者や学生、卒業生が設立したベンチャー企業で、運用期間は15年に設定された。北大における有望な研究の発掘には設置まもない北海道大学先端科学技術共同研究センターの運営委員会が、事業化可能性の検討には北海道銀行との合弁会社である北海道ジャフコ株式会社があたることになった（日本経済新聞1996年10月17日）。同社は10億円を目標として道内金融機関に出資を呼びかけたが（北海道新聞1996年10月17日）、集まったのは5億円で、内訳は北海道ジャフコ自身の1億5000万円のほか親会社JAFCO、野村證券、富士銀キャピタル、たくぎんキャピタル（北海道拓殖銀行系）、山一ファイナンスなど7社の各5000万円であった（朝日新聞［北海道版］1997年1月21日、日本経済新聞1997年2月9日）。日本合同ファイナンスは同年8月、ジャフコ株式会社に商号変更した。

　バブル崩壊後の長期不況のなかで、北海道では新規事業による経済浮揚への期待が高まっていた。同ファンドは9社に投資を実行し、うち2社が上場にいたる（早

稲田大学アトレプレヌール研究会 2005)。北海道ジャフコの米沢則寿取締役社長とともにファンドを発案したとされる北海道大学経済学部の浜田康行教授は、後に同ファンドに関して「単一の大学では投資側から見て市場が狭い」「(大学発ベンチャーは)営業、販売する人材の不足が大きい」と総括した(読売新聞［北海道版］2006年11月1日)。実際、1997年11月の拓銀破綻後の北海道経済において同ファンドが大きな役割を果たしたとはいえないが、全国的な先導例だったことは確かである。

　ジャフコ社は1997年、常陽銀行、野村総研、日興キャピタル、明治生命キャピタル、新日本ファイナンス(日本興業銀行系)ほかの出資で総額11億円の「つくばファンド」も設け(吉村 2006：23)、筑波研究学園都市に所在する研究機関の成果を事業化する企業への投資を開始した(千本 1997：72)。同社はさらに2002年、全国の大学を対象とした総額40億円の「産学共創ファンド1号」「同2号」を組成して(吉村 2006：23)、大学発ベンチャー投資に多くの経験知を提供する。1999年には他のVCによって東海大学、早稲田大学の研究成果を主たる対象とするそれぞれ10億円、22億円の、いずれも大学名を冠さずに大学発ベンチャーに投資するファンドが設立された(同)。

2　大学発ベンチャー 1000 社計画

　2001年5月、小泉純一郎政権下の内閣府産業構造改革・雇用対策本部は大学発ベンチャー企業を3年間で1000社にすると宣言した。これは経済産業省の経済振興策のひとつで、産学連携ブーム下に注目を集め、当時の大臣名から「平沼プラン」と呼ばれるようになる。経済産業省は産業競争力強化法を行政立法のうえ、税の減免やインキュベーション施設などの支援策を推進した(澤田 2011：134)。

　大学発ベンチャーは大学の研究成果をシーズとするベンチャー企業のことで、初期は知的財産の実施を引き受ける企業がない場合に発明者の教員が自ら指導する企業が主に想定された。しかし、大学と共同研究していく前提の(すなわち十分な知的財産が生まれていない段階の)起業や学生によるIT企業等、退職教員の個人事務所的なものにも概念が拡大する。一方で国立大学の多くでは現役教員の代

表取締役就任が事実上禁止され、退職後の起業が制約されたことさえあったが、大学によって事情は異なった。企業数は2002年度からはじまった経済産業省の調査により、2004年度末には1112社となって目標達成した。その後も過去に遡った更新を経て、2008年度調査（2009年3月現在）で事業を継続している大学発ベンチャーは1809社、うち大学で生まれた研究成果をもとに起業したベンチャーと定義された「コアベンチャー」（後に「研究成果ベンチャー」と改称）は1149社となる（澤田2011：134-135）。調査対象は各地の経済産業局と大学を含む関係先への聞き込みからリストアップしたもので、自社を大学発ベンチャーとするか否かは経営者の判断に委ねられたが、それなりに基準も形成されていった。

　VCでは2003年1月に独立系の日本ベンチャーキャピタル株式会社（NVCC）が「阪大イノベーション一号投資事業有限責任組合」（30億2500万円）を設けた。2004年4月には株式会社東京大学エッジキャピタル（UTEC）が設立され、7月に「ユーテック一号投資事業有限責任組合」（83億円）をもって投資を開始した。以上の"勃興期"に、とくに注目を集めたのは創薬のアンジェスMG株式会社（大阪大学発、1999年創業・2002年上場）、ロボットスーツのCYBERDINE株式会社（筑波大学発、2004年創業・2014年上場）、健康食品・化粧品からバイオ燃料に展開する株式会社ユーグレナ（東京大学発、2005年創業・2012年上場）などであった。

　しかしVCに十分な資金が集まらないわが国で、大学発ベンチャーが大きな社会的広がりを見せたわけではない。新規設立が減少し、廃業と拮抗して総数が伸びなくなる2007年頃から"停滞期"に入るが、それに追討ちをかけたのがリーマンショック（2008年9月）と東日本大震災（2011年3月）であった。経済産業省の調査は2008年度をもって中止されたが、別途行われていた文部科学省科学技術政策研究所の調査では、2009年度末の大学等（大学共同利用機関、高等専門学校を含む）発ベンチャーの設立累計は2036社で、うち株式上場していたのは24社（1.2%）であった（小倉2011：1）。NVCCは逆風の中、2007年8月に「京大ベンチャーNVCC1号投資事業有限責任組合」（45億円）を組成するが、このころにはVCも初期の大学発ベンチャーとの接触を通し、伸びる企業をいっそう識別できるようになっていた。ファンド名に大学の名を冠して資金を集めたVCは大学に奨学寄附金や寄附講座を提供したが、これを対価の提供と解釈することも可能である。

3 官民イノベーションプログラムから 10 兆円ファンドへ

3-1 官民イノベーションプログラム

2012 年の政権再交代、第 2 次安倍晋三政権成立後、産学連携への国の関与が強化され、そのな人かで大学発ベンチャーも位置付け直される。2013 年 1 月には「官民イノベーションプログラム」と称する国立大学への出資事業を盛り込んだ緊急経済対策が閣議決定された。"国家投資期"の幕開けである。同プログラムは東京大学、京都大学、大阪大学、東北大学の 4 大学に対し、各大学発のベンチャー企業に出資する資金として計 1000 億円（大学自身が費消する運営費交付金を含むと 1200 億円）を傾斜的に配分するもので、これを盛り込んだ 2012 年度補正予算が成立した。

出資に必要だった産業競争力強化法、国立大学法人法の改正は 2014 年に行われ、並行して各大学も規程整備などの準備を進めた。4 大学が 2014 ～ 16 年に子会社として設立した VC の名称と出資額は次のとおりで（人員は金融機関等からの出向と経験者雇用による）、民間企業が追加出資したケースもある。

- 東京大学協創プラットフォーム開発株式会社（出資 417 億円、運営費交付金 83 億円）
- 京都大学イノベーションキャピタル株式会社（出資 292 億円、運営費交付金 58 億円）
- 大阪大学ベンチャーキャピタル株式会社（出資 166 億円、運営費交付金 34 億円）
- 東北大学ベンチャーパートナーズ株式会社（出資 125 億円、運営費交付金 25 億円）

官民イノベーションプログラムはいわゆる官民ファンドのひとつである。やはり従前の企業系 VC による大学発ベンチャー向けファンドとの棲み分けが問題となったが、それぞれの案件発掘が全体の拡大をもたらすうえ、企業系 VC が 8 ～ 10 年での回収を目指すのに対して、同プログラムによる大学系 VC は 12 ～ 15 年を基本とし、より初期の段階に投資するなどで役割分担が進んだ。UTEC が盛んに活動していた東京大学では、とくに調整を要したが、新たに設立される VC は既存のファンドへの投資を主たる機能とすることで決着し、社名もそのことを反映したものになった。VC のなかにはベンチャーに先行投資して時価総額を釣り上げ、官民ファンドから多

額の資金調達を試みるケースもあるとされるが（室田 2021：442）、大学系 VC については問題が当初から意識され、発生を回避する努力が行われた。

　このプログラムで投資の可否を決定するのは各 VC に設けられた「投資委員会」だが、構成員の 3 分の 2 は学外者であり、大学関係者は投資先選定に大きくは関与しない。それでも事業全体のガバナンスを求められる大学は各社に監査役を送り込み、学内では部局長クラスによる「実施委員会」がその他のベンチャー支援活動と合わせて事業進捗を共有して基本方針との整合性を確認する。また大学は各 VC の活動や大学との関係性を学外者のみで構成される「評価委員会」に報告し、意見を求めなければならない（室田 2021：443）。このように何重にもわたる管理システムにも関わらず、投資先選定はあくまで VC が行った。しかしこのようにして大学と VC の間の思想性、方向性のすり合わせも図られた。2017 年度に導入された指定国立大学制度により、該当する大学は運営費交付金で子会社を設けることが可能になった。たとえば京都大学にはリエゾン業務や教員を講師とする有料セミナーの企画・運営にあたる京大オリジナル株式会社が設立される。大学系 VC は産業競争力強化法の 2018 年改正で他大学発のベンチャーにもある程度投資できるようになった。

　大学発ベンチャーには大企業が教員と組んで進めてきた研究開発を切り出したものもあるが、"大学発" の形を取ることで教員の意欲を引き出しやすく、ファンドの受入れで投資も抑えうる。図 1 は 2014 年度から再開された経済産業省調査における大学発ベンチャー数の推移で、2022 年度は 3782 件に達している。表 1 は上位 20 大学の大学別企業数で、上位 10 大学の計 1996 社、上位 20 大学の計 2710 社は、それぞれ全体の 52.8％、71.7％を占める。また、1 社でも大学発ベンチャーのある大学（高等専門学校を含む）は 238 校である。東証プライム、スタンダード、グロースのいずれかに上場している企業は 2023 年 2 月 17 日現在で 63 社に昇り（東京商工リサーチ 2023：41）、大学発ベンチャー全体の 1.6％を占めた。そのリストが表 2 で、事業分野別にはバイオ・医薬品・化学・食品系 31 社（49.2％）、IT・情報・マーケティング系 27 社（42.9％）、機械・エネルギー系 5 社（7.9％）である。上場 63 社の同日の時価総額合計は 1 兆 8287 億 6000 万円で、企業数は 2022 年末の東証全上場企業数（東京プロマーケットを含む）の 1.44％、時価総額はその合計（同）の 0.26％にあたる。

4-8 大学発ベンチャーの本格化——VCを中心に

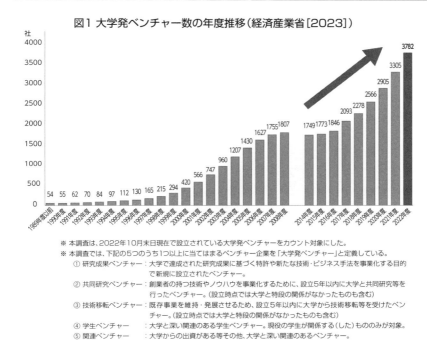

図1 大学発ベンチャー数の年度推移（経済産業省［2023］）

※ 本調査は、2022年10月末日現在で設立されている大学発ベンチャーをカウント対象にした。
※ 本調査では、下記の5つのうち1つ以上に当てはまるベンチャー企業を「大学発ベンチャー」と定義している。
　① 研究成果ベンチャー　：大学で達成された研究成果に基づく特許や新たな技術・ビジネス手法を事業化する目的で新規に設立されたベンチャー。
　② 共同研究ベンチャー　：創業者の持つ技術やノウハウを事業化するために、設立5年以内に大学と共同研究等を行ったベンチャー。（設立時点では大学と特段の関係がなかったものも含む）
　③ 技術移転ベンチャー　：既存事業を維持・発展させるため、設立5年以内に大学から技術移転等を受けたベンチャー。（設立時点では大学と特段の関係がなかったものも含む）
　④ 学生ベンチャー　　　：大学と深い関連のある学生ベンチャー。現役の学生が関係する（した）もののみが対象。
　⑤ 関連ベンチャー　　　：大学からの出資がある等その他、大学と深い関連のあるベンチャー。

　『Forbes Japan』2023年1月号の「日本で最も影響力のあるベンチャー投資家ランキング2023」では、株式会社東京大学エッジキャピタルパートナーズ（UTEC）の坂本教晃取締役COOと郷治友孝代表取締役CEOがそれぞれ2位、8位（キャピタルゲイン順）に付けた。翌年は郷治が3位になる。いずれも東大出身の元経産官僚で、郷治は日本合同ファイナンス出向後、帰任して投資家の有限責任を明確化する投資事業有限責任組合法を起草し、各省庁と折衝して成立に導いた後（1998年11月施行）、金融庁出向などを経て、2004年のUTEC設立時に代表に就いた人物である。「株式会社東京大学エッジキャピタルパートナーズ」は「株式会社東京大学エッジキャピタル」とは別に2018年に設立された企業で、2020年に後者が前者に統合された（略称はいずれも「UTEC」）。

3-2　その他の施策と地方大学、私立大学への展開

　独立行政法人日本科学技術振興機構（JST、2015年国立研究開発法人）が

表1　大学別大学発ベンチャー数（2022年度、東京商工リサーチ［2023：17］）

順位	大学名	件数	順位	大学名	件数
1	東京大学	371	11	九州大学	117
2	京都大学	267	12	立命館大学	110
3	慶應義塾大学	236	13	デジタルハリウッド大学	104
4	筑波大学	217	14	岐阜大学	66
5	大阪大学	191	14	広島大学	66
6	東北大学	179	16	北海道大学	63
7	東京理科大学	151	17	近畿大学	50
8	名古屋大学	137	18	神戸大学	49
9	早稲田大学	128	19	龍谷大学	45
10	東京工業大学	119	20	千葉大学	44

2012年度から前身のスキームを拡張して開始し、2024年度時点で継続している「大学発新産業創出プログラム（START）」は、採択された若手研究者グループに研究費を供給するとともにVC関係者を中心とするチームが指導し、試作やベンチャーマインド涵養を通して起業計画を立案させるものである。JSTの研究開発成果の実用化を目指すベンチャー企業に総議決権の2分の1を越えない範囲で1社あたり累計5億円まで出資する「出資型新事業創出支援プログラム（SUCCESS）」も大学発ベンチャーをカバーする。

　文部科学省直轄の事業として2016〜19年度に計21大学を採択した「地域イノベーション・エコシステム形成プログラム」は、企業人などを中心とする事業プロデュースチームが一定のテーマ下に複数の研究を立ち上げ、マネジメントし、地域企業との協力やベンチャー起業を通して「エコシステム」の形成を目指すものであった。内閣府が2018年度に開始し、翌年度と合わせて9大学が採択された「地方大学・地域産業創生交付金」は大学と都道府県庁や市役所が組み、地域集積を活用しながら一層の産業振興を図るもので、大学発ベンチャーも視野に入れる。

　預金保険機構と農林中央金庫が株主の株式会社地域経済活性化支援機構（REVIC）も大学発ベンチャー投資をスキームのひとつとしているが、地方経済内部からも大学発ベンチャーへの投資スキームが現れる。たとえば高知大学が推進し、高知銀行からの出資も得た株式会社高知産学連携キャピタル（2021年12月発足）は、高知大学や県下研究機関発のベンチャー企業に投資する「高知県発

ベンチャーファンド」（2億円）を組成した（産学連携学会第20回大会（2022）のオープンセッション「『大学発ベンチャー／研究開発型ベンチャー研究会』発足に向けてのキックオフセッション」における口頭発表）。

　一般のVCがテックベンチャーを本格的に視野に収め、「大学発ベンチャー」という概念の必要性が弱まる一方で、このように地元銀行などがVCやファンドを設け、株式上場や売却ではなく研究開発成果の実用化そのものを重視する、融資に近いものも出現している。私立大学では株式会社慶應イノベーション・イニシアティブ（2015年12月発足）の「慶應イノベーション・イニシアティブ1号投資事業有限責任組合」（45億円）、「KII2号投資事業有限責任組合」（103億円）などがある（産学連携学会第20回大会の上記セッションにおける口頭発表）。

　経営人材育成に関しては2000年代初頭に東京大学産学連携本部（2016年に産学協創推進本部に改組）が立ち上げ、運営してきた「東京大学アントレプレナー道場」は起業に関心のある大学院生らに学習機会を提供するほか、起業者による指導や体験共有の場を大学に設けて成功した最初の例とされる。文部科学省はJSTに委ねた上記のSTARTと並行して、2014年度には大学発ベンチャーに携わる研究者や経営人材を養成する3年間の「グローバルアントレプレナー育成促進事業（EDGEプログラム）」を設けて東京大学、京都大学、東京工業大学、東京農工大学、大阪府立大学、慶應義塾大学、早稲田大学、立命館大学など13機関を採択した。その後継事業が2017年度から東京大学、東北大学、名古屋大学、九州大学、早稲田大学を主幹機関とし、それぞれ複数の大学が参加する「次世代アントレプレナー育成事業（EDGE-NEXT）」である。学生ベンチャーも視野に入れたアントレプレナー教育を推進してきた大学として筑波大学が特筆されるが、2019年に株式会社ふくおかフィナンシャルグループが長崎大学に設置した寄附講座が運営する「長崎大学FFGアントレプレナーシップセンター」など、投資家と起業志向の若手教員や博士研究員、大学院生らが接触する場は広がっている（産学連携学会第20回大会の上記セッションにおける口頭発表）。

　VCが大きな投資を行っている未上場の大学発ベンチャーは10～30名程度の社員を擁し、現職教員らの中心的研究者が取締役や技術顧問として研究開発を指揮していることが多い。経営については研究者の友人などの技術系の元企業人やコンサルティング・ファーム出身のMBA保持者らが担うのが典型的である。許認

表2　大学発上場ベンチャー一覧（2023年2月17日現在）

企業	市場区分	大学	時価総額（億円）	事業概要
ペプチドリーム	プライム	東京大学	2453.3	医薬品向け環状ペプチドの研究開発
MIXI	プライム	東京大学	2016.0	SNS「ミクシィ」運営。ゲーム「モンスターストライク」も
レノバ	プライム	京都大学	1708.0	再生可能エネルギーの開発と発電、運営
ユーグレナ	プライム	東京大学	1120.1	ミドリムシを原料とした機能性食品、化粧品開発
アドベンチャー	グロース	慶應義塾大学	731.9	航空券の予約サイト「スカイチケット」運営
I-ne（アイエヌイー）	プライム	立命館大学	690.8	化粧品、美容家電、トイレタリー、ヘルスケア商品等の開発・製造
PKSHA Technology	スタンダード	東京大学	609.0	自然言語処理や機械学習などのアルゴリズムを研究開発
ステムリム	グロース	大阪大学	581.1	骨髄や血液等に存在する幹細胞に作用する再生誘導医薬の研究開発
オプティム	プライム	佐賀大学	545.9	スマホやタブレット、PCの一括管理システム
ジーエヌアイグループ	グロース	九州大学	527.1	主に中国を拠点としてアジアに多い疾患の治療薬を開発
サンバイオ	グロース	慶應義塾大学	444.6	脳梗塞や外傷による後遺症の治療薬を開発
ファーマフーズ	プライム	静岡県立大学	417.6	鶏卵由来の機能性サプリやサプリメント化粧品の開発、通販
キャンバス	グロース	名古屋市立大学	408.0	抗がん剤候補化合物を探索し、抗がん剤開発
CYBERDINE	グロース	筑波大学	402.7	医療・介護、重労働向けにロボットスーツ「HAL」開発
マークラインズ	プライム	京都大学	356.4	世界のサプライヤーなどの自動車業界情報を日英中国語で提供
ユーザーローカル	プライム	早稲田大学	261.9	ニュースサイトやSNSの分析、管理ツール、サービス提供
リプロセル	グロース	京都大学	233.6	iPS細胞の作製受託、臨床検査事業を手掛ける
アンジェス	グロース	大阪大学	230.4	大阪大学研究の倉庫ベンチャー草分け。遺伝子治療薬開発
ヘリオス	グロース	九州大学	229.4	iPS細胞、関連未分化細胞による治療薬開発
ドリコム	グロース	京都大学	218.2	「みんゴル」「ダービースタリオン」などのスマホ用ゲーム開発
シンバイオ製薬	プライム	早稲田大学	212.7	進行がん、白血病、自己免疫疾患などの難病用医薬品研究
ACSL	グロース	千葉大学	208.8	国産ドローンの開発、販売。自律飛行の研究所
ジャパン・ティッシュエンジニアリング	グロース	名古屋大学	207.5	自家培養表皮、軟骨などの再生医療、医療品開発
スリー・ディー・マトリックス	グロース	大阪大学	189.3	米MITから特許の使用許諾を得て、医薬製品の開発
ナノキャリア	グロース	東京女子医	188.7	ミセルナノ粒子技術を応用したがん治療薬などの研究開発
ジェイテックコーポレーション	プライム	大阪大学	170.8	放射光用X線集光ミラーと自動細胞培養装置製造
インターアクション	プライム	創価大学	166.2	光源装置、太陽光発電関連製品、画像検査装置の開発・製造
KLab	プライム	慶應義塾大学	157.4	「キャプテン翼」など対戦型スマホ用ゲームを開発、運営
ブライトパス・バイオ	グロース	久留米大学	152.2	ペプチドワクチン、遺伝子変異ワクチンなどのがん免疫療法
ブイキューブ	プライム	慶應義塾大学	150.2	ウェブ会議サービスとビジネス向けサービス展開
Gunosy	プライム	東京大学	149.3	「グノシー」「ニュースパス」などニュース配信アプリ開発
オンコリスバイオファーマ	グロース	岡山大学	142.4	腫瘍溶解ウイルス技術を使うがん治療薬、がんマーカー開発

4-8 大学発ベンチャーの本格化——VCを中心に

企業名	市場	大学	時価総額	事業内容
メタップス	グロース	京都大学	121.5	ネット上のクレジット決済や仮想通貨取引所などを運営
オンコセラピー・サイエンス	グロース	東京大学	113.7	がんに適した患者の遺伝子を探し、がん治療薬を開発
キッズウェル・バイオ	グロース	北海道大学	94.5	がんジェネ療の治療薬、先発品と同等効果のバイオ医薬品開発
セルシード	グロース	東京医科歯科	94.3	細胞シートによると食道や軟骨向けや性医療の研究開発
カイオム・バイオサイエンス	グロース	理化学研究所	90.1	理研によると抗体をヒトの免疫細胞で作製する技術の実用化
ツクルバ	グロース	東京工業大学	83.6	中古住宅の流通プラットフォーム、不動産企画デザイン
ディジタルメディアプロフェッショナル	グロース	法政大学	79.4	LSIチップや基盤技術など半導体関連製品の開発
リボミック	グロース	東京大学	78.9	RNA（リボ核酸）を使った分子標的薬を開発
リプセンス	プライム	早稲田大学	77.2	転職口コミサイト「転職会議」などを運営
ディ・ウエスタン・セラピテクス研究所	グロース	三重大学	76.9	プロテインキナーゼ阻害剤などを用いた肺腎治療薬を開発
フェイス	プライム	早稲田大学	69.7	「ジョイサウンド」など音楽配信事業やエンタメ情報サイト
ハウテレビジョン	グロース	東京大学	62.5	知見共有、新卒・中途採用のためのプラットフォームを運営
トランスジェニック	グロース	熊本大学	57.3	創薬研究用の遺伝子改変マウスなどを作製
モルフォ	グロース	東京大学	57.2	X（旧ツイッター）などのSNSを用いたマーケティング支援
DNAチップ研究所	スタンダード	大阪大学	57.1	スマホ再生ふれ補正ソフト、深層学習による画像認識技術
グリンブルファーマ	グロース	城西・慶應義塾	53.3	遺伝子の検査・分析・検出サービスを展開
レナサイエンス	グロース	東北大学	52.3	組織や臓器等を再生・修復する生体タンパク「HGF」の開発・製造
ライトアップ	グロース	筑波大学	51.2	老化、メンタル疾患等の医薬品、医療機器、AIソリューション
ヒューマン・メタボローム・テクノロジーズ	グロース	慶應義塾大学	48.4	経営支援や社員研修など生産性向上のためのITプラウムを支援
オークファン	グロース	京都大学	42.8	電気泳動、質量分析機によるメタボローム受託解析
イルグルム	グロース	関西学院大学	42.3	ヤフオク、楽天などの商品・価格情報を分析するサイト展開
フィーチャ	グロース	名古屋大学	41.4	ウェブ広告の効果測定サービス「ADEBiS」などを提供
コピアテック	スタンダード	東京大学	37.6	車載、IoT等向けディープラーニング画像認識アルゴリズムを開発
ディー・ディー・エス	グロース	中部大学	36.4	社用車管理向けソフト、企業向けのマーケットメディアサービス他
フィット	グロース	徳島文理大学	30.9	PCやスマホ向け指紋認証ソフトや装置を開発
はてな	グロース	京都大学	30.1	グリーンエネルギー商品、企業向けのマーケットメディアサービスも
フェニックスバイオ	グロース	広島大学	27.1	「はてなブログ」運営、企業向けオウンドメディアサービス
クラスターテクノロジー	グロース	京都大学	23.2	ヒト肝細胞マウスを利用した医薬品の受託試験サービス
			19.9	樹脂複合材料の技術を基に高機能性部品を提供

※ 2022年度経済産業省調査の報告書の大学発ベンチャー63社のリスト（東京商工リサーチ（2023：4））に、「エコノミスト」98（3）［2020］の掲載記事「大学発ベンチャー企業6社　東大と京大が11社でトップ、再生医療やAI・工系多く」掲載の一覧から事業概要を抽出して加筆し、その後の新規上場企業に関しては筆者が調査した。時価総額（2023年2月17日現在）順に記した。

※ 過去の経済産業省調査における掲載企業で引き続き上場しているベンチャーについて当年度リストにそれぞれ掲載されていない場合があり、逆に定義以下には合意ないし企業がわずかに掲載されている場合もある。

※ メタップスは2023年6月、ディー・ディー・エスは出産8月にそれぞれ上場廃止となった。前者は80（経営陣による自社買収）、後者は旧伊藤忠商事の不備が理由とする東京証券取引所の決定による。

407

可が絡む事業分野では、官と民のダブルバインド状況を研究者自身が官僚との議論や法制度改正で突破しようとすることもある。

　私立大学の柔軟性を反映した例としては、株式会社アーマリン近大（2003年創業）があげられる。近畿大学水産研究所における世界初のクロマグロ完全養殖の成功を受けて設立された同社は、養殖施設の設置、運用や種苗、成魚、加工品の販売に加え、養殖魚専門料理店の経営にもあたっている。

3-3　10兆円ファンド

　2022年5月、国際卓越研究大学法が国会で可決、成立した。これは財政投融資の資金や政府出資、民間からの長期借入れ、JSTが発行する債券、大学からの資金拠出等を原資に総額10兆円のファンドを設け（「大学ファンド」と称した）、その運用益を世界的な研究水準ほかの条件に合致していると政府が認定した大学に配分することを定めたもので（田中2022）、資金を預けられたJSTは農林中央金庫で実績のある人物を担当理事に招いて外部金融機関に運用を委託する体制を整えた。目標年利4.3％で、2022年度は604億円の赤字だったが、翌年度は世界的な株高と円安による為替差益で9934億円の黒字となった（日本経済新聞2024年7月6日）。順調であれば、年3000億円のファンド果実をもとに最多5～7大学に毎年数百億円ずつ最長25年にわたって配分するとされ（朝日新聞2022年5月19日、読売新聞2022年11月16日）、2022年12月開始の公募には東京大学、東京科学大学（この時点では仮称）など国立8大学および早稲田大学、東京理科大学の計10大学が応募した。当初予定から1年遅れた2024年12月には東北大学の認定および2025年度分154億円の交付が発表され、第2回の公募もただちにはじまった（文部科学省WEB「国際卓越研究大学制度（令和4年度公募）」）。

　官民イノベーションプログラムで民間出資を加えた総額1254億円から行われた投資は2024年度までの10年間の累計で621億円（237件）に達しており（文部科学省WEB「官民イノベーションプログラムについて」）、10兆円ファンドにおいても各大学経由でベンチャーに投じられる可能性があると思われるが、2025年初頭時点でその詳細や規模は明らかになっていない。

4 利益相反マネジメントと大学発ベンチャー

4-1 利益相反マネジメントと不祥事

　文部科学省は 2000 年代初頭から各大学に「利益相反マネジメント」の徹底を指導するようになった。ここで利益相反は主として教員が外部との関係において得る利益と教員としての職務が両立しない状態を指す。それには教育等の本来業務との時間配分が問題になる「責務相反」と、収入など金銭に関わる「利益相反（狭義）」があり、後者はさらに個人レベルと大学レベルに分かれるとされた（今田 2005：6）。文部科学省は産学連携において利益相反は本来的に避けがたいとし、「責務相反」および「個人としての利益相反（狭義）」に関して社会から不適切とみなされる状況を大学の責任において回避することを求める。その結果、教員に共同研究、受託研究や兼業、未公開株の取得等を企業名や金額を含めて報告させ、年 1 回あるいは随時、委員会で審査する方式が多くの大学に定着していく。しかし「大学（組織）としての利益相反（狭義）」については大学が株式を保有する場合や特許のライセンス場面等で生じうるとしつつ、国立大学においては制度上の制約で問題にならないとして先送りされた（科学技術・学術審議会研究・技術基盤部会産学官連携委員会利益相反ワーキング・グループ 2002：第 5 章）。

　ところが 2013 年 2 月、ノバルティスファーマの日本法人が複数大学で実施した大規模な臨床研究の不正が明るみに出て、利益相反にも注目が集まった。官民イノベーションプログラムの開始が迫る文部科学省は大学保有の特許を大学発ベンチャーに実施許諾する場合や、その対価として株式等を得る場合に問題が生じうるとし、「組織としての利益相反」の語を用いてあらためて対処を要請する（科学技術・学術審議会産学連携・地域支援部会大学等における産学官連携リスクマネジメント検討委員会 2015：本文 12-14）。さらに「大学等（組織）」と「大学等幹部（組織の意思決定に関与する者）」は分けて考えるべきで、組織としての利益相反は個人としてのそれより弊害が大きいとして注意喚起する（同：参考資料 11）。その後は「組織的利益相反」という語も用いられるようになった。

　これに続く「産学官連携リスクマネジメントモデル事業」（2015 〜 18 年度）は安全保障貿易管理と利益相反マネジメントの両部門を置き、後者には東京大学、東

北大学、東京医科歯科大学、滋賀医科大学が選定された。各大学はそれぞれ報告書や論文をまとめてモデルを提供する。東北大学は組織的利益相反を部局長の利益相反と定義し、通常の利益相反マネジメントと同じ枠組みで扱ったうえで固有の観点からチェックする方式とし（川嶋 2018：23）、東京大学は全学の産学連携案件をモニターしつつ、あらかじめ定めた条件に抵触するものが生じると自動的に関連部署に通知が回る学内制度を整備した（東京大学 2017：3-4）。

　大学発ベンチャーに関連する 2010 年代の著名な不祥事の例として、まず県立長崎シーボルト大学（後に長崎県立大学）の教員が代表取締役を務めたバイオラボ株式会社（2003 〜 2008 年、遺伝子組替えによる動物病態モデルによる薬理試験、安全性試験）のそれがある。長崎県は 2004 年、傘下の財団を通して同社に 1 億円、長崎市は 8600 万円を投じ、同社は VC や金融機関等からもさらに数億円を調達したが、無理な海外展開を含む過剰投資、放漫経営とリーマンショック下に運転資金供給が中止されたことで本格操業前に破綻した（嶋野 2013：128-129）。県は当初積極的でなかった教員を説得して起業させたが、破綻後はその責任を熱心に追及した。長崎県公立大学法人は 2009 年 9 月、兼業手続きがなされていなかったことを理由に当該教員を停職 6 か月の懲戒処分としたが、教員がこれを不服として提訴したところ、長崎地裁は 2011 年 11 月、県側の職権濫用を主な理由として処分無効と判決し（朝日新聞［西部本社版、長崎面］2011 年 12 月 1 日）、福岡高裁もこれを支持した（同 2012 年 4 月 25 日）。2013 年 7 月には最高裁で確定し、県は給与ほかとして 800 万円余の支払いを命じられる（同 2013 年 7 月 20 日）。この過程では長崎市の告発を受けた長崎県警が詐欺と偽証の容疑で教員を書類送検したが（同［西部本社版］2010 年 8 月 3 日）、長崎地検は 2010 年 12 月に不起訴とした（同［西部本社版、長崎面］2010 年 12 月 25 日）。当該教員は大学勤務を続けた後、2020 年 4 月に西九州大学（佐賀県）の学長に就任して、2023 年 3 月まで勤めた。

　東海大学出身の医師と東京大学医科学研究所教員の共同研究成果の事業化を目指し、東京大学エッジキャピタル（UTEC）も投資して JASDAQ 上場を果たしたテラ株式会社（2004 〜 2022 年、樹状細胞ワクチン等の細胞医療に関する技術開発）は、2018 年に創業社長（当該医師）が他社との利益相反的な取引に手を染めて解任された。2021 年には医療コンサル会社によるコロナ治療薬の治験をめぐ

る虚偽事実の流布とインサイダー取引に関係した疑いで金融商品等監視委員会の強制調査や警視庁の捜査を受けるが、事件には創業社長が保有する株式の譲渡と、それによる負債の解消が関わっていたともいわれる（伊藤 2021）。テラ社で関与したのは監査役を務めるとともに自身で当該医療コンサル会社を経営していた医師（創業社長とは別人物）である（同）。本件はUTECも投資を行っただけで、東京大学に「組織的利益相反」があったわけではない。この種の経済事件の舞台となる程度に大学発ベンチャーも一般化したといえるが、それで大学が非難されないのは利益相反マネジメントが機能している結果とも解釈できる。同社は2022年8月に破産手続きが開始され、上場廃止（東証スタンダード市場）となった。

4-2　大学発ベンチャーをめぐる利益相反マネジメント

　大学が知的財産の実施許諾の対価として大学発ベンチャーから取得した未公開株を上場後に売却する場合、成果発表予定などをふまえてタイミングを選ぶとインサイダー取引になる。これは金融商品取引法に違反する行為であり、大学は株式信託などによる情報遮断でその発生を回避するが、それで問題が解決するかどうかについては議論がある。大学発ベンチャーをめぐる利益相反マネジメントに関する論文、論説として伊藤・明谷［2018］、西澤［2017］があり、前者は大学による投資先ベンチャーの過度な優遇、連携研究への不適切な資源配分が起こりうるとして、経済的利益の発生やその研究・教育への影響をふまえたポリシー制定、業務フローへの落とし込みなどを提唱する。これに対して後者は、かかる手法は教員が潜在的に利益相反者たることが前提の「『劣情』管理型利益相反マネジメント」であり、そうして教員の産学連携意欲を削ぐのではなく、学長や理事によるアクセルとブレーキを駆使した高度なマネジメントが必要とする。

　しかし、これらの議論はいわば法学的、規範的アプローチであり、実際の利益相反マネジメントは大学によって異なる。その特性が当該大学発のベンチャー起業にいかなる影響を与えるかをテーマとした研究成果が鹿野・小野・野田・中嶋・落合［2022］である。これによれば利益相反マネジメントの基本方針として教員自らの成果を事業化する場合でも代表取締役への就任を禁止したり、ケースバイケースで判定している大学や、教員の関係するベンチャーとの共同研究を禁止している大学では、教員数比でみた起業数が明らかに少ないという。ただしこれは地域や大

学によるベンチャー文化の濃淡を背景とするひとつの事象の表裏と考えうる面もあり、研究の深化が待たれる。制度の転換前後の差異をみるパネル調査的なアプローチも考えうるだろう。

以上に示されるように、2010年代以降の利益相反マネジメントは"名望管理"の様相が色濃い。それは官民イノベーションプログラムや大学系VC、企業系VCの活動とともに、2020年代前半の大学発ベンチャーが置かれた環境を形成している。

5　科学技術と投資

学術研究やその成果の社会的活用において、大学発ベンチャーは徐々に重要なポジションを占めるようになってきた。左派は「研究開発費は大学や研究機関に依存し、リスクはベンチャーに、利益は当該分野の支配的企業に、という現実が透けて見える」と批判し（奥山2020：30）、実際、"冒険的企て"を意味するベンチャーは通常の事業に比べてリスキーである。ゆえに大学発ベンチャーは事業会社からすればリスクヘッジにもなっているが、やってみなければわからないという意味で、意外にも学術研究と親和的である。研究者に教員としての身分が保障されている場合はなおさらであろう。

官民イノベーションプログラムは国が企業系VCに飽き足らず、自ら初期段階への投資に踏み出したもので、国際卓越研究大学へのファンド果実の投入もこれを継承するものと思われる。経営が安定し、持続的に成長しはじめた場合は大企業のほか、産業革新投資機構や日本政策投資銀行を含む大手金融機関が待ち構えている。すなわち科学技術の産業的意味合いが大きくなる一方、ビジネスという評価システムが明確になった、まさにそれゆえに投資やプロジェクトの規模が拡大したといえる。しかし国の資金による基金の収益性が問題になるなか、大学発ベンチャーへの公的資金投入も制度としての正当性が問われる。大学発ベンチャーの株式市場における存在感が微々たるなかで、大学では若手研究者が"プレカリアート"（precariat = precarius（不安定な、英語）およびProletariat（プロレタリアート、独語）からの造語）たることを余儀なくされている。上場が研究成果の順調な社会実装を必ずしも意味しないことはいうまでもない。

このように研究活動が国としての投資やテクノキャピタリズムに組み込まれ、一方

でVCや大学発ベンチャーが研究管理を緩和する役割を担う状況の中で、研究者にゲーム的なふるまいを促す規範構造が生まれる可能性もある。「論文として雑誌に載ったことをとりあえず真理と見なそうという操作主義的態度」(塚原・美馬 2014：75)は、真理の追求よりいかにリソースを集め、影響力を発揮するかに重点を置く研究者人格を導きうる。試作品の製造や商品化を通して新しい現象に接することで初期故障や不具合への対処にとどまらない斬新なテーマを発見しようとする者もいる(澤田 2020:200)。その延長線上に経済活動、収益活動のためにこそ科学を学び、研究に携わる人々も増えていくかもしれない。これらは新自由主義下の科学の目的合理的再編とは異なる意味での研究管理への契機となりうる。大学発ベンチャーはまさにその最先端を自ら挺する領域なのである。

　大学発ベンチャー論では常にアメリカの状況が言及され、モデルにもされるが、同国では軍の膨大な研究費が大学に投下され、有力大学では寄付で設けた基金によるベンチャー支援も手厚い。これは慎重な比較制度論的検討を要することを示唆する。また、科学への国家投資には科学を基盤とした技術開発による経済成長が前提になっているが、その根拠のひとつとされる経済成長期の科学、技術の発達が実は疑似相関であったり、経済成長の恩恵が科学や技術に回っただけの可能性もある。大学発ベンチャーやVC投資の実際の推移のなかで、これらもやがて明らかになるであろう。

【参考文献】

千本倖生(1997)「ベンチャー創造へ大学も動き始めた」『エコノミスト』75（12）

今田哲(2005)「産学連携における利益相反」『JAPAN VENTURES REVIEW：日本ベンチャー学会誌』6

伊藤博敏(2021)「多くの人が知らない―――コロナ治療薬開発のウラで起きていた「ヤバい経済事件」の深層:証券監視委と警視庁が治療薬会社を捜査」『現代ビジネス』（WEB）2021.3.11、https://gendai.media/articles/-/81027?imp=0（2024年10月4日閲覧）

伊藤伸・明谷早映子（2018）「組織的利益相反の視点による大学発ベンチャーへの関与に関する課題整理」『[研究・イノベーション学会] 年次学術大会講演要旨集』

科学技術・学術審議会研究・技術基盤部会産学官連携委員会利益相反ワーキング・グループ（2002）『利益相反ワーキング・グループ報告書』、https://www.mext.go.jp/b_menu/shingi/gijyutu/gijyutu8/toushin/021102.htm（2024 年 10 月 4 日閲覧）

科学技術・学術審議会産学連携・地域支援部会大学等における産学官連携リスクマネジメント検討委員会（2015）『大学等における産学官連携活動の推進に伴うリスクマネジメントの在り方に関する検討の方向性について』、https://www.mext.go.jp/b_menu/shingi/gijyutu/gijyutu16/007/houkoku/1359621.htm（2024 年 10 月 4 日閲覧）

鹿野京子・小野浩幸・野田博行・中嶋健介・落合文吾（2022）「教員兼業及び受託・共同研究の可否が大学発ベンチャー数に与える影響に関する研究：大学発ベンチャー支援アンケートの結果から」『産学連携学会第 20 回大会予稿集』

川嶋史絵（2018）「東北大学における利益相反マネジメント」『産学官連携ジャーナル』14（1）

経済産業省（2023）「令和 4 年度大学発ベンチャー実態等調査の結果を取りまとめました（速報）：大学発ベンチャー数、過去最高の伸びを記録」（ニュースリリース）、https://www.meti.go.jp/press/2023/05/20230516003/20230516003.html（2024 年 10 月 4 日閲覧）

文部科学省 WEB「官民イノベーションプログラムについて」、https://www.mext.go.jp/a_menu/koutou/houjin/1403895_00002.htm（2025 年 2 月 21 日閲覧）

文部科学省 WEB「国際卓越研究大学制度（令和 4 年度公募）」、https://www.mext.go.jp/a_menu/kagaku/daigakukenkyuryoku/kokusaitakuetsu_koubo_00001.html（2025 年 2 月 21 日閲覧）

室田浩司（2021）「国立大学における起業支援：POC ファンド事業と大学ベンチャー投資事業の運営（官民イノベーションプログラムを中心に）」『情報の科学と技術』71（10）

西澤昭夫（2017）「大学発ベンチャー企業における利益相反マネジメント」『整形・災害外科』60（2）

小倉都（2011）『大学等発ベンチャー調査 2010：大学等へのアンケートに基づくベンチャー設立状況とベンチャー支援・産学連携に関する意識』（文部科学省科学技

術政策研究所）

奥山修平（2020）「解説　科学技術基本法改正の意味を考える：戦後科学技術政策史のなかで」『日本の科学者』55（12）

澤田芳郎（2011）「産学連携、知的財産政策の展開と国立大学の混乱」吉岡斉（編集代表）『新通史・日本の科学技術　世紀転換期の社会史　1995年〜2011年　第3巻』（原書房）

澤田芳郎（2020）「科学論から見た科学と産学連携」『五〇年後のために：CDI創立五〇周年記念誌』（シィー・ディー・アイ）

嶋野武志（2013）「地方圏における大学発ベンチャーの破綻とその支援における課題：公的機関の支援を受けた大学発ベンチャーの破綻とその裁判」『VENTURE REVIEW：日本ベンチャー学会誌』22

田中秀明（2022）「［政治プレミア］10兆円『大学ファンド』の矛盾　国民負担の懸念」『毎日新聞』（電子版）2022年3月31日、https://mainichi.jp/premier/politics/articles/20220315/pol/00m/010/032000c（2024年10月4日閲覧）

東京大学（2017）『平成28年度産学官連携支援事業「産学官連携リスクマネジメントモデル事業」（利益相反マネジメント）成果報告書』、https://www.mext.go.jp/component/a_menu/science/detail/__icsFiles/afieldfile/2017/07/26/1376624_003.pdf（2024年10月4日閲覧）

東京商工リサーチ（2023）『令和4年度産業技術調査事業　大学発ベンチャーの実態等に関する調査』、https://www.meti.go.jp/policy/innovation_corp/start-ups/reiwa4_vb_cyousakekka_houkokusyo.pdf（2024年10月4日閲覧）

塚原東吾・美馬達哉（2014）「ポスト・ノーマル時代の科学者の仕事」『現代思想』42（12）

早稲田大学アントレプレヌール研究会（2005）「月例研究会の報告（2005年1月18日）」、https://weru.co.jp/getsurei/kako/getsu200501.html（2024年10月4日閲覧）

吉村馨太（2006）「［Trend大学は今］大学名を冠したベンチャーファンドが続々：ブランド生かし資金調達　研究者との人脈に強み」『日経バイオビジネス』56

4-9 iPS細胞の誕生と展開

The Birth and Development of iPS Cells

溝口 元

「iPS 細胞の成功は『DNA の2重らせん構造の発見に匹敵する成果で、ノーベル賞は確実だろう』」とは、クローン羊ドリーの作成者イアン・ウィルムット（Ian Wilmut）の言である（読売新聞 2008）。2012 年 10 月 8 日にノーベル生理学医学賞の受賞が発表されたのだが、その4年前からからこのような評価がみられた。

それがノーベル賞受賞以降は「iPS 細胞—。いまや、メディアにその言葉が登場しない日はないというほど、世界中の生命科学の研究者たちが、日夜その細胞が切り開いた新たな地平に挑み、医療における革新的成果を次々に生み出している。それだけではない。iPS 細胞は、人類が追い求めてきた『生命とは何か』という根源的な謎への扉も開いたのである」（NHK スペシャル取材班 2011）。と文字通りの絶賛が続いている。

ここでは、この iPS（induced Pluripotent Stem: 人工多能性幹）細胞について、誕生にいたる科学的背景、研究開発が進展し再生医療への過剰とも思える期待が高まる過程でみられたアカデミア内での出来事を中心に扱いたい。

1 iPS 細胞誕生まで

2012 年のノーベル生理学医学賞は、山中伸弥とイギリスのジョン・ガードン（John Bertrand Gurdon）に「成熟細胞が再プログラム化されることにより多分化能を得るようになることの発見に対して（for the discovery that mature cells can be reprogrammed to become pluripotent）」授与された。選考委員会が新聞報道用の参考文献（Nobelförsamlingen 2012）として山中、ガードンそれぞれ1編ず

つを挙げている。ガードンのものは、発生生物学の領域では必読ともいわれるもので1962年にイギリスの「発生学及び実験形態学雑誌（Journal of Embryology and Experimental Morphology）」10巻に掲載された「オタマジャクシの腸上皮から得た核の発生能」と題する論文である（Gurdon1962）。一般にオタマジャクシの腸上皮から得た細胞の核を除いた未授精卵（除核未受精卵）に移植（核移植）し、培養したところオタマジャクシ、さらにカエルにまで成長したというものでクローンガエルを作製した論文と理解されるものである。

ガードンの研究は生物の体全体を作り上げる遺伝情報が核内にあるとしたにせよ、それがどうして発生が進むに連れて形態や機能が異なる組織や器官に特異化されるかの疑問に対して、発生が進むに連れて不要な遺伝子が作用しないようにロックがかかってしまうとか、逆に核移植で遺伝情報を発現させないロックが外れたのでないかと考えることになる。この点を明らかにすることに貢献したのが、冒頭の1996年にクローン羊ドリーを作製したウィルムットであった。この年、彼はドリーの作製に用いた体細胞核移植よりも山中のiPS細胞作製に用いる方法が有効であるとし、体細胞移植の研究の続行を止めている。

もっとも、山中とガードンが同時にノーベル生理学医学賞を授与された理由は、分化した細胞を受精卵のように初期化させることに成功した点にある。方法が異なりガードンは「核移植」、山中は「遺伝子の挿入」である。両者ともに、生殖をともなわない点は共通であるが、実際、クローン生物に用いられるのは、「核移植」のほうである。なお、日本のクローン技術については、1998年に近畿大学や石川県で世界初の体細胞を利用したクローン牛「かが」「のと」（黒毛和種の双子）の誕生に成功している（飯野2021）。

さて、iPS細胞の作製に大きな影響を与えたのは、クローン羊よりも前に研究されていたES細胞（胚性幹細胞、Embryonic Stem Cell）であった。1981年、イギリスのマーティン・エバンス（Martin John Evans）らは、マウスの胚盤胞の内部細胞塊の細胞を培養し、多能性をもつ細胞を発見した。同年、アメリカのゲイル・マーチン（Gail Roberta Martin）も同様なES細胞を樹立している。エバンスらは「ネイチャー（Nature）」に7月に（Evans and Kaufman 1981）、マーチンら「米国科学アカデミー紀要（Proceedings of National Academy of Science, USA）」に12月に発表した（Martin1981）。激しいES細胞樹立競争が展開されたが同時

発見とみなしてよい事例である。

　日本では、2003 年、京都大学再生医科学研究所の中辻憲夫がヒト ES 細胞を樹立した。彼は、1983 年にイギリスでマウス ES 細胞について学び、1985 年にマウス ES 細胞株を、1998 年にサル ES 細胞株を樹立した経験を基にしたものであった (中辻 2002)。この前年の 2 月にベンチャー企業「リプロセル[*1]」を立ち上げている。ES 細胞から iPS 細胞へ研究の潮目が変わる契機といえる。

　この ES 細胞を樹立したエバンスは、1985 年に「遺伝子ターゲティング」(染色体上の特定の遺伝子配列を改変) の方法を開発したオリヴァー・スミティーズ (Oliver Smithies)、1987 年に「ノックアウトマウス」(特定の遺伝子が働かないように操作したマウス) を作製したマリオ・カペッキ (Mario Renato Capecci) と共同でノーベル生理学医学賞が授与された。ES 細胞の難点は、新たな生命の誕生につながる受精後のヒト胚を破壊しなければならないという「倫理問題」であった。

2　山中伸弥のあゆみ

　つぎに iPS 細胞を開発した山中伸弥の履歴を自伝的著作『山中伸弥先生に、人生と iPS 細胞についてきいてみた』からみてみたい。

　山中は大阪・枚岡に生まれた。町工場を経営していた父から苦労が多い工場を息子に継がせたくないから医者になれといわれた。SF 小説を好み、数学、物理が好きな科学少年だった。医師の徳田虎雄著『命だけは平等だ』(1979) に影響を受けて医師を目指す。大阪教育大学教育学部付属高校天王寺校舎 (当時) から 1981 年、神戸大学医学部へ進学した。中学高校時代に柔道に励み骨折した際、整形外科医の世話になっていたことから 1987 年、卒業後は国立大阪病院 (国立病院機構大阪医療センターの前身) の整形外科研修医となる。

　しかし、手術に手間が掛かり、整形外科医には不向き、臨床医になれないのではないかと悩むようになった。また「いくら神業のような手術テクニックを持っている医者にも治せない病気や怪我があることを目の当たりにし」(山中 2012：31) 臨床医の限界も感じたのであった。そこで基礎医学、研究者への選択も考える。ただし、「博

[*1]　「リプロセル　研究顧問　ファウンダーの紹介」研究顧問 - 株式会社リプロセル (repro-cell.co.jp)

士号の学位をとったら臨床医に戻るつもり」（山中 2012：35）だったという。

1989年、大阪市立大学大学院医学研究科薬理学専攻を受験した。とくに薬理学に関心があったわけでなく面接官の質問にはしどろもどろであった。「面接の最後、やぶれかぶれ正直に、「ぼくは薬理のことはなにもわかりません。でも、研究したいんです！　通してください！」って声を張ったんです」。こうした次第で大学院に合格し、薬理学教室に入った。そこで、直接山中を指導したのは当時、助手の三浦克之であった。指導教員からテーマを与えられ、それに取り組むという理系大学院生の典型的な研究スタイルを経験していくことになる。そして、「血小板活性化因子による血圧降下にはトロンボキサンA2がかかわっている」（山中 2012：38）ことを検証する実験に取り組んだ。

結果は、この薬剤に効果があるどころか状態を悪化させるものだった。山中はこの結果に興奮状態で指導の三浦に「先生、大変なことが起こりました。先生の仮説はまちがっていましたが、すごいことが起こりました」「自分が研究者に向いていると感じたのはこの瞬間」（山中 2012：41）だったと述べている。この現象の解明が博士論文のテーマとなり、1992年に国際誌「循環器研究（Circulation Research）」に論文が掲載され、翌年、大阪市立大学から「イヌにおける血小板活性化因子の降圧作用の推定メカニズム」により博士（医学）の学位を得ている。

学位を得た後は「研究の虜」になり、整形外科医に戻る気はなくなっていた。「どんな薬でも、目的とする場所以外にも効いて、副作用を及ぼしてしまいます。その点、ノックアウトマウスの精度の高さは魅力的」（山中 2012：47）だった。

とはいえ、日本国内では山中の希望を叶える研究機関は見当たらず、「ネイチャー」や「サイエンス」の広告欄に掲載されている求人に手あたり次第応募していった。何十通と手紙を書いているうち、1992年11月、アメリカ・サンフランシスコのグラッドストーン研究所から電話で話したいという連絡があり、すぐ電話をして1993年4月から博士研究員として赴くことになった。採用された理由は、博士課程在学中の論文生産性が高かったことと上述の循環器系の一流雑誌に論文が掲載されたことが評価されたのかもしれないと述べている。

さて、山中がグラッドストーン研究所で取り組んだのは「トランスジェニック（遺伝子改変）マウス」の作製であった。本来備わっていない外来の遺伝子をEC（Embryonic Carcinoma、胚性腫瘍）細胞を使ってマウスで発現させ、遺伝子の働き

を調べるものである。血中のコレステロール濃度の調節に関係が期待される肝臓のAPOBEC-1と呼ばれる遺伝子の働きを10倍から20倍高めたトランスジェニックマウスを作製することが目標である。「早朝から深夜までまさにハードワークをした結果」（山中2012：56）何匹もこのマウスを作製できたという。

　滞米3年を経て、帰国し、日本学術振興会特別研究員や大阪市立大学医学部助手などを務めたが、帰国前にグラッドストーン研究所で作製をしていた山中自身が発見したNATIと名付けた遺伝子を働かなくしたノックアウトマウスが山中のもとにアメリカから送られ研究を継続することができた。ES細胞でNATI遺伝子をノックアウトした場合には分化多能性が失われることなどを突き止めている。

　ちょうどその頃、奈良先端科学技術大学院大学（1991年設置）で「ノックアウトマウス技術を提供するシステムを作るとともに、研究室を主宰し関連する研究をおこなう」（山中2012：77）という求人があり、「ダメ元で応募した」（山中2012：77）。山中の2000年頃のビジョンが「ヒトの胚の細胞を使わずに、体細胞からES細胞と同じような細胞を作る」（山中2012：81）というものだった。後述するが、ES細胞を用いることによって生じる倫理問題と免疫拒絶問題を回避するためである。2000年4月、山中の研究室に3名の大学院生が在籍し研究に着手した。

　ガードン、ウィルムットらのクローン技術、クローンガエル、クローン羊の作製から分化が進んだ細胞の核のなかにも個体全体を作り出す遺伝情報が含まれ、哺乳動物でもいったん分化した細胞を受精卵の段階まで戻す（初期化、リプログラミング）ことが細胞内の因子によって可能であることが示された。

　そして、マウスの初期胚で発現していると報告された遺伝子を検索にかけて特定するという作業に着手した。ちょうどそのころインターネット上で無料公開をはじめたソフトウエアを使ってES細胞に重要そうな遺伝子を100程度に絞り込めた。こうして遺伝子の働きを調べまとめて論文として発表することが短期目標として達成できるようになった。ちなみに、山中らのiPS細胞の論文が掲載されたのは「ネイチャー」や「サイエンス」ではなくアメリカの「セル（細胞、Cell）」である。

　これについて山中は、「生物学の研究者の世界で、日本人はちょっと不利なのか、せっかく名前を付けても採用されないことがよくあります。悔しいのは第一発見者が付けた名前よりも、あとから見つけた外国人研究者で名付けた名前が一般化してしまうことです」（山中2012：109）と述べている。山中がiPadの名称をヒントに「iPS

細胞」と名付けた背景のひとつと思われる。

　山中が奈良先端科学技術大学院大学の研究環境の良さに挙げたのは、2003年から科学技術振興機構の支援を受け、5年間で3億円の研究費を得て、研究に従事できたことであった。研究費支給に関する審査の面接を行った大阪大学の免疫学者、岸本忠三は「うまくいくはずがないと思ったが、迫力に感心した」（毎日新聞 2012）という。山中自身は「芽が出そうな研究だ」（山中 2012：110）と評価されたとしている。

　そのころ、京都大学再生医科学研究所（1998年発足）から移籍の話があり、山中はヒト ES 細胞の培養に成功し、医学部にも近い研究所だった。所長は前年4月に就任した前述の中辻であった。

　山中はここで24の遺伝子をひとつずつ遺伝子の運搬役ができるレトロウイルスを使って線維芽細胞（皮膚細胞の一部）に挿入して、この細胞が初期化をするかどうかを調べていった。しかし、初期化は起こらず途方に暮れたという。そうしたなか、山中とともに奈良先端科学技術大学から京都大学へ移籍してきた同志社大学工学部出身の高橋和利が遺伝子をひとつずつ入れていくのでなく24個まとめて入れたらどうかと提案し、行ってみると線維芽細胞が ES 細胞と同様なものになった。このことは、24の遺伝子の中に細胞の初期化に関するものが含まれることを意味する。

　そこで、問題になったのがそれをどのように特定していくかであったであった。その時、高橋が「そんなに考えないで1個1個除いたらどうですかと。本当に大事な因子だったら、1個除いたほかの23個が全部あってもダメになるだろうと。で、そのとおりになりました」（畑中・山中 65頁）。高橋が1年をかけてこの24の遺伝子からひとつずつを除いていくという実験を行った。そして、2005年には、Oct3/4（オクトスリーフォー：体を作り上げることに関係、ES 細胞、生殖細胞で発現）、Sox2（ソックスツー：未分化 ES 細胞の自己複製や多様性の維持、神経幹細胞にもある）、Klf4（ケーエルエフフォー：細胞増殖のリプログラミング調節）、c-Myc（シーミック：細胞増殖に重要、がん化、傷、肝臓再生に不可欠、がん原遺伝子）の4つを線維芽細胞に入れると初期化が起こることを確認したのであった。これら4つの遺伝子で c-Myc は1960年代末には機能が知られていた遺伝子だが、その他3つは1980年代末から1990年代初頭に発見されたものである。

　それでは、論文発表をと思い立ったが、ちょうどその頃（2005年末）、2004年3月、

2005年6月に「サイエンス」に掲載された韓国の黄禹錫（ファン・ウ・ソク）による論文捏造（世界で初めてヒトのES細胞培養に成功したとした）事件である（李　著、裴　訳、2006）。結局、彼の論文は「サイエンス」自体が2006年1月に取り下げた。なお、山中はこの黄と面識があった。

　山中らは自らの研究に影響が及びかねないこの事件の推移を見守りながら、実験データのすべてを添えて「セル」に論文を投稿した。そして、2006年8月、高橋和利・山中伸弥の連名で「定義された因子によるマウス胚および成体線維芽細胞培養の多分化能幹細胞への誘導」という題名のマウスを使ってiPS細胞を作製した論文が「セル」（126巻）に掲載された（Takahashi and Yamanaka2006）。さらに、翌年、山中らは、7名の連名でヒトの体細胞においてもiPS細胞を作製した結果を「定義された因子によるヒト成体線維芽細胞からの多分化能幹細胞の誘導」として2007年11月、同じく「セル」（131巻）に発表した（Takahashi et al. 2007）。

　1か月後の2007年12月、アメリカ、ウィスコンシン大学（マジソン）のジェイムズ・トムソン（James Alexander. Thomson）らも合計12名の連名で「サイエンス」（318巻）に「ヒト体細胞に由来した多分化能幹細胞株の誘導」と題する論文を掲載した（Junying et al. 2007）。iPS細胞の作製に山中らは、Oct3/4、Sox2、Klf4、c-Mycの4つの遺伝子を利用したが、トムソン等はOct3/4、Sox2、にNanogとLin28を用いている。Nanog、Lin28ともに細胞の多能性の維持に働く遺伝子である。このことは、2つのグループが独立に研究を進めていたことを示し、しかも同様な結果をほぼ同じ時期に公表していることから、「同時発見」とよんでよい事例である。

　京都大学内では組織の改組がしばしば行われた。「iPS細胞研究センター」は、2010年に専用の研究棟が竣工し、2010年4月1日「京都大学iPS細胞研究所（Center for iPS Cell Research and Application: CiRA：サイラ）」に改組された。所長は山中である。設立理念は「世界初のiPS細胞に特化した先駆的な中核研究機関としての役割を果たす。iPS細胞の可能性を追求し、基礎研究に留まらず応用研究まで推進することにより、再生医療の実現に貢献する。再生医科学研究所、物質—細胞統合システム拠点（iCeMS）、医学研究科、医学部附属病院と密接に連携しながら、共同研究の奨励と若手研究者の交流・育成に努める」と

している。2019 年には大学院生を含め総勢 550 名の大所帯にまでになっている（京都大学 iPS 細胞研究所国際広報室 2020）。

3　ノーベル生理学医学賞受賞

　山中は 2012 年 10 月 8 日、ノーベル生理学医学賞受賞の電話連絡をノーベル財団関係者から受けた。その時の様子については京都大学 iPS 細胞研究所編著、山中伸弥監修の『iPS 細胞の世界　未来を拓く最先端生命科学』(2013) の「序章　ドキュメント 2012 年 10 月 8 日ノーベル賞受賞」にリアルに綴られている。また、各種の会見を YouTube 上で閲覧することができる。[*2] 文字化されたものとしては、同日付けの京都大学 iPS 細胞研究所のホームページに以下の文が掲載された（京都大学 iPS 細胞研究所、2012b）。

　　「ノーベル生理学・医学賞を受賞することは、身に余る光栄に思っております。これまで、研究を共に行ってきた多くの研究者仲間、お世話になった方々、私を支えてくれた家族に心から感謝します。そして、iPS 細胞は、長年に渡る細胞核の初期化研究の成果の賜物だと思っております。……今後も、難病の患者さんの体の細胞から作られた iPS 細胞を用いて、新しい薬剤や治療法を開発することを、1 日も早く実現するために、仲間の研究者とともに一生懸命頑張りたいと思います」

4　iPS 細胞と倫理問題

4-1　倫理問題

　ヒトの皮膚細胞から、心筋や神経などさまざまな組織へ分化する能力をもつ iPS 細胞を作り出すことに、山中らのチームと米ウィスコンシン大学のチームがそれぞれ成功したことについて、バチカン（教皇庁）生命アカデミー委員長のエリオ・スグレシア（Elio Sgreccia）司教は 2007 年 11 月、「人（受精卵）を殺さず、たくさんの病気を治すことにつながる重要な発見だ」と称賛し、胚の使用に関連した「倫理的問題」

[*2]　ノーベル賞の山中教授　受賞会見　ノーベル賞の山中教授　受賞会見 (youtube.com)

とはみなさないとの見解を示した。(Christian Today2007)。

このように、iPS 細胞は ES 細胞で生じた倫理的問題をクリアできたという論調が多数みられる。

また、iPS 細胞が多様な細胞に分化できるのであれば、iPS 細胞から精子や卵子のような生殖細胞も誘導可能なはずである。実際、「日本産婦人科医会」のホームページの「ヒト iPS 細胞を用いた生殖細胞造成の現状」と題する記事には、「おそらく 10 年以内にヒト iPS 細胞由来配偶子造成に至るのではないか」（佐々木・斉藤 2018）と述べられている。

4-2　不祥事・研究不正・Muse 細胞論争

iPS 細胞の研究の途上で、真摯に進められている研究に水をかける、あるいは貶めるといってよい不祥事、さらに iPS 細胞は Muse 細胞と名付けられた細胞からのみ生じるという指摘に対する論争が起こっている。

・**森口事件**　2012 年 10 月 11 日「読売新聞」朝刊 1 面に、自称「東京大学医学部 iPS 細胞バンク」所属の森口尚史が iPS 細胞から心筋細胞を作製し、重篤な心疾患の患者に移植したという記事が掲載された。この研究成果を森口は評価が高い電子ジャーナルである「ネイチャー・プロトコルズ（Nature Protocols）」に外国人研究者と共著で掲載予定と語った。

しかし、これにはさまざまな虚偽があることが判明した。共著者とされた研究者が関与していないことが明らかになった。共著者が属するハーバード大学で研究の倫理審査に対して承認していない。東京大学には「iPS 細胞バンク研究室」と名づけられた研究室は存在しない等々である。これらから 10 月 13 日、読売新聞社長が誤報に対して紙面で謝罪した。また、森口は翌年 10 月、東京大学附属病院から懲戒解雇の処分を受けている。

・**捏造事件**　2017 年 3 月、京都大学 iPS 細胞研究所の山水康平特定拠点助教が、iPS 細胞から脳の血管内皮細胞に分化させ、これに同様に iPS 細胞から作製した周皮細胞、神経細胞や星状膠細胞（アストロサイト）などと一緒に培養すると血液—脳関門と同様な機能をもつモデル組織をつくり出すことに成功したと発表した。そして、11 名の連名で 2017 年 3 月、アメリカの「幹細胞報告（Stem Cell Reports）」8 巻 3 号に発表（Yamamizu *et.al.* 2017）し、パーキンソン病やアルツハ

4-9 iPS 細胞の誕生と展開

イマー病などの治療に貢献できると期待された。

しかし、2017年7月頃から研究所に内部通報があり、調査委員会が実験ノートや利用されたパソコン、ハードディスク等を解析したところ2018年1月、データの捏造や改ざんが発覚した。「京都大学 iPS 細胞研究所　研究公正調査委員会」が発表した「論文不正に関するデータ解析の概要」には、「論文を構成する主要な Figure(図) 6個すべて、Supplementary Figure(補足図) 6個中5個に捏造や改ざんが認められた」(京都大学 iPS 細胞研究所 2018)と述べられている。結局、ヒト iPS 細胞から血管脳関門モデルはできておらず、論文も取り下げになった。

薬学部出身の山水は、2010年京都大学より「血管前駆細胞からの内皮細胞分化及び多様性における cAMP シグナルの新しい役割」と題した論文で博士（医学）の学位を取得している。さらに、同年、日本心血管内分泌代謝学会若手奨励賞を受賞するなど複数の受賞歴があり将来を嘱望された若手研究者であった。しかし、期限付きの研究職であり定職に就くにはさらなる業績の必要性を感じたのであろうか。山水は2018年3月、京都大学 iPS 細胞研究所から懲戒解雇されている（京都大学新聞 2018）。

・**Muse 細胞**　これらとは別に皮膚の組織に1%程度含まれる Muse 細胞のみが iPS 細胞になるという報告が東北大学からなされた。「Muse（ミューズ）細胞」とよばれるものは、すでに分化した細胞に4種の遺伝子を入れると初期化ができるという iPS 細胞の定説を覆しかねないもので、「読売新聞」2011年6月9日には、「定説の疑問視に反論」と題した見出しで山中伸弥が「特殊な細胞からしか作れないなど、あり得ない」と述べている（読売新聞 2011）。

東北大学医学部の細胞組織学教授、出澤真理のグループでは2010年に「成人ヒトの間葉系組織に多様な細胞に分化する能力を有する新たなタイプの多能性幹細胞　Multilineage-differentiating Stress Enduring (Muse) 細胞を発見し」たと研究室のホームページで紹介している。[*3] 論文に Muse 細胞がみられるのは翌年、2011年の「アメリカ科学アカデミー紀要」(108巻24号)に掲載された13名共著の論文「多系統分化ストレス耐性 (Muse) 細胞はヒト線維芽細胞において誘導された人工多能性幹細胞の主要な供給源である」である。

＊3　東北大学大学院医学系研究科・医学部　細胞組織学分野 研究概要　生体に内在する新しいタイプの多能性幹細胞：Muse 細胞 (tohoku.ac.jp)

この細胞の特徴は、主として、骨髄、皮膚、脂肪などの組織に存在し、1細胞から体中の様々なタイプの細胞に分化可能で自己複製能も有する。腫瘍化の危険が極めて低い。線維芽細胞と同程度の増殖力をもつ等である。
　「Muse細胞の場合、採取してきて体内に投与すれば障害部位を認識し、そこに生着して組織に応じた細胞に自発的に分化」する。また、「……再生医療への応用が現実的であると考えら」れるとしている。[*4]
　もっとも2023年2月14日に三菱化学グループの「生命科学インスティテュート」社はMuse細胞を用いた再生医療等製品（CL2020）の開発中止を発表している。その理由は、最新の臨床開発状況や事業化までのタイムライン、今後の医薬品事業戦略などを総合的かつ慎重に検討した結果」からであった。さらに、2024年4月1日付で「再生医療開発本部」も廃止している（ミクスOnline 2024）。

5　iPS細胞の医療、創薬への応用と新たな再生医療の登場

5-1　iPS細胞の医療、創薬への応用

　iPS細胞を再生医療として医療に応用しようとする研究は、ES細胞で試みようとされていたものと同様で、パーキンソン症や脊髄損傷、心筋梗塞、糖尿病のなどに対してである。
　実際にiPS細胞を利用した治療としては、以下の例がある。
　2014年9月から、理化学研究所、高橋政代プロジェクトリーダーによりレーザー治療でも回復せず、これまで不治の病といわれていた加齢黄斑変性症（目の網膜の黄斑と呼ばれる部分が変形し、視野が暗く狭くなる疾病）に対して自己iPS細胞由来網膜色素上皮シートを移植した治療が行われた（理化学研究所 2017）。
　2018年7月には、京都大学の高橋淳らがパーキンソン症患者の脳へiPS細胞から作製した神経細胞を移植する計画を立てiPS細胞を応用して世界で初めてパーキンソン病の治験を実施した（Science Portal2018）。
　2020年12月、大阪大学心臓血管外科、澤芳樹は、iPS細胞で心筋シート作成から心筋再生治療の実施について治験計画の前半部に関して報告した（大阪大学医学系研究科・医学部 2020）。

　＊4　＊3と同。

4-9 iPS細胞の誕生と展開

さらに、2022年1月、慶応義塾大学、岡野栄之ら脊髄損傷患者にiPS細胞で作成した神経前駆細胞を患者に移植したことを発表した。記事の見出しは、「世界初、iPS細胞を用いた脊髄再生医療の実現へ」である(Keio Times2022)。

また、iPS細胞を利用した新たな薬の開発(iPS創薬)について、京都大学iPS細胞研究所は2023年1月発行のニューズレターで「特集　iPS細胞が実現する新たな創薬のかたち」と題した記事を載せている（京都大学iPS細胞研究所2023）。それによれば、iPS創薬とは「患者さんの体細胞からiPS細胞を作り、そのiPS細胞から病気の標的細胞を作ります。その細胞を「疾患モデル細胞」と呼び、健常な方の細胞と比べることで、どのような違いがあるかを解析します。そして、疾患モデル細胞に対し、健常な方の細胞との違いをなくす薬のもととなる物質、すなわち、治療薬候補を探します。さらにそこから臨床試験へと進みます。この過程がiPS創薬と呼ばれています」である。

2008年から筋委縮性側索硬化症（ALS：Amyotrophic Lateral Sclerosis）の患者は運動神経細胞死が起きやすいことから、それを起こす物質および候補薬の特定の研究を進め、2017年から治験の準備、2019年からは医師主導の治験を2021年まで行いその成果を公表した。

2015年8月、「科学技術・学術審議会研究計画・評価分科会ライフサイエンス委員会幹細胞・再生医学戦略作業部会」は、「今後の幹細胞・再生医学研究の在り方について」と題する報告書(科学技術・学術審議会研究計画・評価分科会ライフサイエンス委員会幹細胞・再生医学戦略作業部会2015)の「1. はじめに」において幹細胞を用いた再生医療の政策の流れに触れている。

すなわち、「文部科学省では、再生医療の実現化に向けて、『再生医療の実現化プロジェクト』を2003（平成15)年度から10か年計画で開始した」。2007（平成19)年11月の「京都大学山中教授によるヒト人工多能性幹細胞（iPS細胞）の樹立という画期的な研究成果を受け、iPS細胞研究等を日本全体で戦略的に進めていくために、2007年12月に「iPS細胞（人工多能性幹細胞）研究等の加速に向けた総合戦略」を策定した」。

2008（平成20）年度からは「再生医療の実現化プロジェクト（第Ⅱ期）」として、ヒトiPS細胞を中心とする幹細胞・再生医学研究を重点的に推進した。2012（平成24)年5月に「今後の幹細胞・再生医学研究の在り方について」を取りまとめオー

ルジャパンでの支援方策等を策定した。文部科学省では、2013（平成25）年度より「再生医療実現拠点ネットワークプログラム」を開始し、10年間で約1100億円の支援を実施している。この年度以降、「我が国の医療分野の研究開発体制については、健康・医療戦略推進本部の設置、国立研究開発法人日本医療研究開発機構の設立等大きな転換が図られたが、再生医療は引き続き重点化すべき研究分野と位置づけられている」などと述べられている。

また、この報告書の最後には2015年11月11日付で「幹細胞・再生医学戦略作業部会」が「iPS細胞研究ロードマップ」があり、テーマを5つ挙げている。それぞれ完了と今後の見通しをみておこう。

（1）初期化メカニズムの解明、で【完了】したものはなく、【2～3年以内】に初期化分子メカニズムの同定を掲げている。

（2）再生医療用iPS細胞の作製・供給と安全性確保、で【完了】は動物由来成分を含まない培養方法の確立、【7～8年以内】に「同定した初期化分子メカニズムに基づき遺伝子発現の人工的な制御などを行い、高効率及び高品質のiPS細胞の取得とそれにともなうiPS細胞の安全性向上を実現」などを掲げている。

（3）革新的な幹細胞操作技術による器官産生技術の確立は、【一部達成済み】として、「目的細胞を直接作製することを可能にする細胞リプログラミング技術（ダイレクトリプログラミング等）の開発」、【10年以内】に「ヒトiPS細胞から移植のための立体器官の構築法を肺組織、大脳、小脳、副甲状腺、副腎などに関して技術確立」などがある。

（4）疾患研究・創薬のための疾患特異的iPS細胞の作製・評価・バンク構築。【完了】に「疾患特異的iPS細胞の標準的樹立法の確立」、【5年以内】疾患特異的iPS細胞の活用による新規薬剤等の臨床応用を掲げている。

（5）iPS細胞を用いた再生医療研究　A. 神経系　1. ドーパミン産生神経細胞、iPS細胞からの分化誘導技術の確立【完了】、2. 神経幹細胞、iPS細胞からの分化誘導技術の確立【ほぼ完了】。B. 感覚器系　3. 角膜iPS細胞からの分化誘導技術の確立【ほぼ完了】等である。

5-2 新たな再生医療の登場——オルガノイド

こうしたiPS細胞の医療への応用と時期的には重なりながら、2000年代末から従来のES細胞からの新たな研究開発が報告されるようになってきた。その発端となるのが2008年、「STAP細胞」にも登場する当時、理化学研究所発生・再生科学総合研究センターに所属していた笹井芳樹のグループがES細胞から大脳皮質に類似した立体的構造を培養皿で作製したことであった。

また、翌2009年、オランダ・ユトレヒトのヒューブレフト研究所でポスドクとして研究に従事していた佐藤俊朗らは、前年に発見していたマウスの腸幹細胞から立体的に腸管構造を作成することに成功し「ネイチャー」に報告した（Sato et.al. 2009）。このような細胞が相互作用により自己組織化してできた臓器様の3次元構造は2010年代に入り「オルガノイド（organoid）」とよばれるようになった。創薬や再生医療に貢献できる可能性が高いと活発な研究が進められている。

6　知財・産業化、国際化

iPS細胞の基本特許は、日本で2008年9月12日に成立した。特許証には、「特許第4183742号」、発明の名称「誘導多能性幹細胞の製造方法」、特許権者「国立大学法人京都大学」、発明者「山中伸弥」などと記載されている。以降、こうした知財管理強化の必要性が唱えられ、「iPSアカデミアジャパン株式会社」がその管理を行うことになった。

ベンチャービジネスとの関係では、京都大学iPS細胞研究所の教員が関わるものとして2011年9月に「iPS細胞由来の血小板製剤の実用化」を事業内容とする「株式会社メガカリオン」が設立されている。2012年には、「iPS細胞技術に関する特許が日本、米国で成立」と題する記事を載せている。日本で1件、米国で3件成立した。「米国で成立した特許3件のうち1件は、山中教授のグループが開発した技術に対する特許（出願番号：12/213,035）です。残り2件は、2011年1月27日付けで、米国のバイオベンチャー企業iPierian社から京都大学に譲渡された特許（出願番号：12/157,967；12/484,163）です」と記されている（京都大学iPS研究所 2012a）。

京都大学iPS細胞研究所のホームページには、2024年4月当時、33の国・

地域で京都大学が保有する基本特許が成立していることを紹介している（京都大学 iPS 研究所 2024）。特許請求の範囲は、体細胞に 4 種類の遺伝子を入れて細胞を初期化するこの 4 種類の遺伝子（ファミリー）およびこれを増殖因子とともに培養して iPS 細胞を作製する製造方法などである。特許の成立期間は、2006 年 12 月から 20 年である。

7　課題と展望

　2023 年 8 月 28 日「朝日新聞」朝刊 1 面トップ記事の見出しは「iPS 研究　猛追される日本」「2013 年からの『10 年 1100 億円』終え　論文・特許　海外が上回る」であった。臨床研究への企業の事業への参入が活発でないことが指摘されるが、それは iPS 細胞を使った治療法で、「劇的な効果」がこれまで示されていないことも大きい。既存の医療で達成できない効果が、新しい治療法に見込めれば、企業がコストをかけても参入する動機になるが、その段階に至っていないという。

　文科省は 2023 年度から「再生医療実現拠点ネットワークプログラム」の後継として「再生・細胞医療・遺伝子治療実現加速化プログラム」をスタートさせた。支援額は初年度約 100 億円とこれまでと同規模だが、「「遺伝子治療」も明記され、iPS 細胞を特別扱いしない姿勢がうかがえる」と上記記事は述べている。

　検索エンジンンに「iPS 細胞」の語を入れると最初に「日本の iPS 細胞を 1 人でも多くに -IPS 財団からのご寄付のお願い」と題する記事が検索される。「iPS 細胞の実用化を待ち望んでいる患者さんのために」「最適な iPS 細胞を良心的な価格で届けるために継続的なご支援が必要です」と記されている。この財団は京都大学 iPS 細胞研究財団で理事長が山中伸弥である。「iPS 細胞の製造や品質評価などの技術」を製薬企業を中心とする産業界へ「橋渡し」するための組織」で、毎月 2 万人以上が寄付に協力している。鮮明に産学共同を謳っていることが感じられる。

【参考文献】

（※インターネットの閲覧、確認は2023年9月8日である）

Christian Today (2007)「倫理的問題と見なさない」ヒト人工多能性幹細胞、2007年11月27日、https://www.christiantoday.co.jp /articles/1673/20071127/news.html

Evans, E. J. and M. H. Kaufman (1981) "Establish m ent in culture of pluripotential cell from mouse embryos", *Nature,* 292(5819). 154-156.

Gurdon, J.B. (1962). The developmental capacity of nuclei taken from intestinal epithelium cells of feeding tadpoles. *Journal of Embryology and Experimental Morphology,* 10, 622-640.

畑中正一・山中伸弥（2008）『ひろがる人類の夢　iPS細胞ができた!』、集英社

飯野和美（2021）クローン牛　日本大百科全書 (japanknowledge.com)

Junying Y. *et al.* (2007) Induced pluripotent stem cell lines derived from human somatic cells, *Science,* 318(5858), 1917-1920

科学技術・学術審議会研究計画・評価分科会ライフサイエンス委員会幹細胞・再生医学戦略作業部会（2015）「今後の幹細胞・再生医学研究の在り方について」、https:// www. mext.go.jp/b_menu/shingi/gijyutu/ gijyutu2/046//houkoku/1420987.htm

Keio Times（2022）世界初、iPS細胞を用いた脊髄再生医療の実現へ (keio.ac.jp)

京都大学iPS細胞研究所（2012a）研究成果　iPS細胞技術に関する特許が日本、米国で成立

京都大学iPS細胞研究所（2012b）ノーベル賞受賞について記者会見を開きました https://www.cira.kyoto-u.ac.jp/j/pressrelease/other /other/121008-183500.html

京都大学iPS細胞研究所（2018）研究活動上の不正行為に係る調査結果について、ニュース・イベント、CiRA（サイラ）(kyoto-u.ac.jp)

京都大学iPS細胞研究所（2023）ニューズレター、「特集　iPS細胞が実現する新たな創薬のかたち」、52巻、CiRA（サイラ）(kyoto-u.ac.jp)

京都大学iPS細胞研究所（2024）CiRAの知的財産、CiRA（サイラ）(kyoto-u.ac.jp)

京都大学 iPS 細胞研究所国際広報室編（2020）『iPS 細胞の歩みと挑戦』，東京書籍

京都大学新聞　2018 年 4 月 16 日、iPS 研助教懲戒解雇実験データを捏造 (kyoto-up.org)

毎日新聞、2012 年 10 月 8 日朝刊

Martin, G. R. (1981) Isolation of a pluripotent cell line from early mouse embryos cultured in medium conditioned by teratocarcinoma stem cells, *Proceedings of National Academy of Science, USA,* 78（12）,7634 - 7638

ミクス Online 2024 年 2 月 28 日 三菱ケミカルグループ　再生医療開発本部を廃止へ　「再生医療からは撤退」(mixonline.jp)

中川美和・志田あやか（2020）　京都大学 iPS 細胞研究所　10 年の歩みと特許、tokugikon、297 号、3-12 頁

中辻憲夫（2002）『ヒト ES 細胞はなぜ万能か』、岩波書店

NHK スペシャル取材班編著（2011）『生命の未来を変えた男　山中伸弥・iPS 細胞革命』文芸春秋、カバー

Nobelförsamlingen (2012) The　Nobel Prize in Physiology or Medicine 2012,

https://www.nobelprize.org/prizes/medicine/2012/press- release/

Nobelförsamlingen（2007）The Nobel Prize in Physiology or Medicine 2007, https://www.nobelprize.org/prizes/medicine/2007/ press release/

大阪大学医学系研究科・医学部（2020）iPS 細胞から作製した心筋細胞シートの医師主導治験の実施～治験計画前半の移植実施報告～ (osaka-u.ac.jp)

李 成柱＝（2006）裴 淵弘訳『国家を騙した科学者　「ES 細胞」論文捏造事件の真相』牧野出版.

理化学研究所（2017）加齢黄斑変性に対する自己 iPS 細胞由来網膜色素上皮シート移植、(riken.jp)

佐々木恒太郎・斉藤通紀（2018）ヒト iPS 細胞を用いた生殖細胞造成の現状と将来、「研修ノート」、No.100 産婦人科医療の近未来、日本産婦人科医会 (jaog.or.jp)

Sato, T. *et.al.*(2009) Single Lgr5 stem cells build crypt-villus structures in vitro without a mesenchymal niche, *Nature,* 459（7244）, 262 - 265

Science Portal （2018）iPS 細胞を応用して世界で初めてパーキンソン病の治験を

実施 科学技術の最新情報サイト (jst.go.jp)

Takahashi, K., Yamanaka, S.（2006）Induction of pluripotent stem cells from mouse embryonic and adult fibroblast cultures by defined factors. *Cell* 126:663-676.

Takahashi, K. *et al.*（2007）Induction of pluripotent stem cells from adult human fibroblasts by defined factors. *Cell* 131, 861-872.

Wakao, S. *et. al.*（2011）Multilineage-differentiating stress-enduring (Muse) cells are a primary source of induced pluripotent stem cells in human fibroblasts, *Proceedings of National Academy of Science, USA,* 108 巻 24 号、9875－9880

Yamamizu, K. *et.al.*（2017）*In Vitro* Modeling of Blood-Brain Barrier with Human iPSC-Derived Endothelial Cells, Pericytes, Neurons, and Astrocytes via Notch Signaling *Stem Cell Reports,* 8(3), 634–647.

山中伸弥、聞き手緑慎也（2012）『山中伸弥先生に、人生とiPS細胞について聞いてみた』、講談社

山中伸弥監修、京都大学iPS細胞研究所（2013）、『iPS細胞の世界　未来を拓く再先端生命科学』、日刊工業新聞社

読売新聞　2008年4月15日朝刊

読売新聞　2011年6月9日朝刊

Column

STAP 細胞

塚原修一

　理化学研究所の小保方晴子研究ユニットリーダーは、STAP 細胞を見出したとする論文を 2014 年 1 月の *Nature* 誌に発表したが、過誤と不正を指摘されて半年後に論文を撤回した。これは研究倫理にもとる行為であり、研究者の資質、育成過程、研究環境などに問題があった可能性を示唆する。

　この件には理化学研究所の調査報告書（研究論文に関する調査委員会 2014）と、先行研究の小畑（2014）、佐藤（2015）、『科学技術コミュニケーション』18 号（2015 年）の諸論考、渋谷（2016）、瀬川（2017）、須田（2018）、榎木（2019）などのほか、本人の手記（小保方 2016）がある。本コラムでは本人の手記などを慎重に参照し、所属した研究室の専門に注目して経過を述べる。

　本コラムの主題にかかわる幹細胞とは、自己複製能と分化した細胞を生み出す能力の双方をもつ細胞を指す。動物などの多細胞生物は、最初の細胞である受精卵の分裂により細胞が増殖して成長する。発生初期の細胞は幹細胞で、すべての組織・器官に分化していく多能性がある。表皮など常に更新される組織にも幹細胞があり、組織再生に必要な分化した細胞を生み出す複能性をもつ。さらに生体内には、通常は休止状態にあるが、培養すると増殖活性を獲得する複能性の細胞がある（Slack 2012 = 2016:2-7、93-95）。

　STAP（Stimulus-Triggered Acquisition of Pluripotency）とは、刺激によって細胞が多能性を獲得することである。自然界には枝打ちした樹木や切断したトカゲの尻尾が再生する例などがあり、荒唐無稽な仮説ではない。小保方の論文は事実ならば発生学の画期的な成果であり、再生医療への期待などから注目されて、発表とその後の経過は社会問題となった。

常田聡研究室

　小保方は 2002 年に AO（Admissions Office）入試の 1 期生として早稲田大学理工学部応用化学科に入学した[*1]。卒業研究では常田教授の指導を受け、海洋微生物の単離培養法の開発を課題とした。この課題にはあまり熱中できず、修士課程進学のさいに研究課題を組織工学（Tissue Engineering）に変更した。移植可能な組織を細胞を用いて生体外で作り出す研究領域を指し、臓器移植にかわる再生医療のひとつで、AO 入試の志望理由書にもそっていた（小保方 2016:8-11）。常田の専門は細菌学、応用微生物学などであるが[*2]、小保方の研究は組織工学から幹細胞に展開した。指導教授の専門分野に学生を囲い込むことが望ましいわけではないが、結果として専門の異なる者が研究指導者であり続け、博士学位審査の主査をつとめた。

大和雅之研究室

　2006 年に早稲田大学の博士前期課程に進学し、東京女子医科大学先端生命医科学研究所の外部研究生となって大和助教授（2008 年に教授）の指導を受けた。大和の専門は組織工学、再生医療、幹細胞生物学である[*3]。この研究室では温度応答性培養皿を開発していた。細胞を薄膜状に培養するさいに用いれば、培養に適した温度［37 度］では細胞が培養皿に接着し、室温［20 度］では剥離して回収が容易であるという（小保方 2016:12-13）。

　小保方は細胞培養の実験技術を習得し、大和の指示により口腔粘膜上皮細胞の研究を開始した。この細胞は損傷した目の角膜に移植すると角膜として機能する。これを背中の皮膚に移植する実験をラットによって行った。若齢のラットは口の開きが小さく、ほほの内側の粘膜組織は採取できないとされていた。これを実現して自

---

*1　AO 入試とは、学力のみによらない入学者選抜を指す。
*2　「常田聡」早稲田大学研究者データベース。https://w-rdb.waseda.jp/html/100000415_ja.htm, 本コラムの URL 最終確認日は 2021 年 10 月 3 日。
*3　「大和雅之」東京女子医科大学先端生命医科学研究所。https://www.twmu.ac.jp/ABMES/member/yamatomasayuki-2/

家移植する実験系を確立し、予備実験を含めて数十匹のラットを用いて 8 か月以上にわたる実験を行った(小保方 2016:15、17、19-20、24)。その成果は日本バイオマテリアル学会の英文誌に掲載された(Obokata et al. 2007)。

チャールズ・バカンティ研究室

2008 年に早稲田大学の博士後期課程に進学し、日本学術振興会の特別研究員に採用された。同年 9 月から米国のバカンティ研究室に 6 か月の短期留学を行った。チャールズ・バカンティ(Charles Alfred Vacanti)はハーバード大学医学部麻酔科教授、大学系列のブリガム&ウィメンズ病院麻酔科長で、専門は麻酔学、組織工学、幹細胞研究である。[*4]

留学当初は組織工学の研究に従事した。まず、研究室に所属する小島宏司医師の研究に参加してヒツジの鼻腔粘膜上皮細胞薄膜の培養に成功した。この成果は、小島を筆頭者、小保方を 2 人目とする 4 人連名で口頭発表されたが、調査のかぎりでは論文を確認できていない。ついでマウスの表皮細胞の培養法を確立し、ハーバード大学の研究員に実験法を指導した。小保方はこれを「私の……最も大きな発見だったかもしれない」とする(小保方 2016:38-40)。この成果は、前述の温度応答性培養皿を用いたマウスへの皮下移植を主題として *Nature Protocols* 誌に掲載された(Obokata et al. 2011a)。この論文は 2016 年に、図の類似性とグラフのエラーバー(誤差の範囲を示す)の配置に疑義が生じたが、原データが発見できないとして撤回された。

留学して 3 か月以上を経たころ、小保方はバカンティから、胞子様細胞(spore-like cells)に関する展望報告の作成を指示されて幹細胞研究に踏み込んだ。Vacanti et al. (2001)によれば、胞子様細胞はほぼすべての組織に存在し、非常に小さく、休眠状態にあって低酸素や極端な温度などの環境においても生存し、病気や損傷により活性化して失われた組織を再生する。研究室では胞子様細胞を単離し、胞子様細胞が球状に凝集する細胞塊(スフェア)を作製していた。小保方は予備的実験によりスフェアの多能性を確認し、先行研究を整理して、既知の成体

＊4　Charles Alfred Vacanti, M.D., Harvard Catalyst 2021. https://connects.catalyst.harvard.edu/Profiles/display/Person/66461

幹細胞をこえた多能性がスフェアにはあるとの報告をまとめた。バカンティはこれを高く評価し、小保方の留学期間を1年に延長して諸経費を負担し、「研究室のメンバー総出で……スフェア研究のための実験が始ま」った（小保方 2016:43-52）。

多能性の証明には3つの段階がある。①内胚葉（消化管や肺などに分化）、外胚葉（神経や皮膚などに分化）、中胚葉（筋肉や骨格などに分化）にそれぞれ対応した生体外の培養系における細胞の培養、②免疫不全マウスに細胞を移植して良性奇形腫（テラトーマ）の形成、③卵子に細胞を移植して胚融合（キメラ）マウスの生成である。バカンティ、大和、常田の研究室には③の実験設備と技術がなく、小保方は②までを証明した。帰国（2009年秋）後に論文を投稿した有力誌は、査読者が③を要求して不採択となり、別の論文誌に投稿して（小保方 2016:56-61）掲載された（Obokata et al. 2011b、2010年6月に受付）。この論文は2014年に画像を訂正し、訂正の真実性が確認できないとして2020年に撤回された。

理化学研究所

これ以降の舞台となる理化学研究所神戸研究所発生・再生科学総合研究センター（Center for Developmental Biology）を理研CDBと記す。ここはES細胞（Embryonic Stem Cell：胚性幹細胞、初期胚から作製）の研究拠点で、iPS細胞（Induced Pluripotent Stem Cell：人工多能性幹細胞、遺伝子操作により作製）の京都大学とは好敵手の関係にある。

・**若山照彦研究室**　若山チームリーダー[*5]（ゲノム・リプログラミング研究チーム）は、キメラマウス作製など胚操作実験の卓越した専門家である。小保方は、2010年7月に証明③の実験を若山に依頼したが、このときは成功しなかった。あわせて博士論文を準備し、2011年3月に博士号を取得した［2015年11月に取り消し］（小保方 2016:62-72）。

小保方は2011年4月に若山研究室の客員研究員となり、弱酸性の溶液に細胞を浸す方法を見出してスフェア生成を効率化した。若山はキメラマウス作製に改め

[*5] 理化学研究所神戸研究所発生・再生科学総合研究センター広報国際化室編（2010）『10周年記念誌 これは何?から始まる発生学』103。http://www.cdb.riken.jp/jp/01_about/10anniv/10anniv_full.pdf

て取り組み、スフェアの胞子様細胞を初期胚に注入する方法では成功にいたらず、スフェアを極小の刃物で切り分けた細胞塊を注入する方法によって実現した。さらにその増殖（幹細胞株化）に成功し、キメラマウスのスフェア細胞が胎児だけでなく胎盤への分化能があることを見出した。2012年4月に論文を *Nature* 誌に投稿したが不採択となり、実験結果を追加した6月の *Cell* 誌、7月の *Science* 誌への投稿も不採択であった。若山は2013年3月に理研CDBの任期をおえて山梨大学に転出した（小保方 2016:80、82-84、86-89、91-92、96-100、103）。

・**笹井芳樹研究室**　2012年12月に笹井グループリーダー[*6]（細胞分化・器官発生研究グループ、翌年4月に副センター長）が執筆者に加わり、幹細胞の専門家である丹羽仁史プロジェクトリーダー[*7]（多能性幹細胞研究プロジェクト）が小保方の助言者となった。若山の転出により笹井研究室に所属を移し、2013年3月に細胞リプログラミング研究ユニットのユニットリーダーに採用され、同年秋に研究室を開設した（小保方 2016:109-110、116、129-131）。

笹井は *Nature* 誌への再投稿を原著とレターの2報に分け、STAP細胞という名称を決定し、特許申請や論文のオーサーシップ（著者名の順番）にかかわる著者間の衝突を調整して、論文の改訂と査読者による修正要求への対応について小保方を指導した（小保方 2016:111-126）。STAP細胞の幹細胞化と胎盤への分化能を強調した論文（須田 2018:123-125）は2013年3月11日に再投稿され、査読者による追加実験の要求への対応などを経て12月23日に採択通知があり、2014年1月30日に刊行された（小保方 2016:131-132）。

Nature 誌には原著とレターが掲載された（Obokata et al. 2014a, 2014b）。原著は前作（Obokata et al. 2011b）の改訂版ではあるが別物で、41件の引用文献のうち3件のみが前作と共通である。前作を引用した冒頭部分（641頁）を訳せば[*8]、「過去10年間、成体組織における多能性細胞（または密接に関連する細胞型）の存在は議論の的となり、さまざまな集団が矛盾する結論を報告してきた」7つの文献のひとつが前作とされた。

---

*6　*5に同じ、106。
*7　*5に同じ、104。
*8　レターが引用した23文献に前作と共通のものはなかった。

コラム──STAP 細胞

記者会見とその後

　2014 年 1 月 28 日に理研 CDB で記者会見が開かれ、全国紙 3 紙が翌日の朝刊 1 面に大きな記事を掲載した（須田 2018:34）。しかし、1 月 30 日早朝に研究者用の匿名投稿サイト PubPeer に最初の投稿があり、2 月 5 日の朝には画像の疑問点が書き込まれて騒動に火がついた（渋谷 2016:107-109）。2 月 18 日には理研が調査委員会を設置し、4 月 1 日に不正を認定して検証実験が開始された。7 月 2 日に著者らの申し出により Nature 誌が論文を撤回し、8 月 5 日に笹井が自殺する。12 月 19 日には検証実験で STAP 細胞が作製できなかったと発表され、12 月 21 日に小保方は理研を依願退職した（須田 2018:467-470）。

　12 月 25 日の外部委員会による報告書（研究論文に関する調査委員会 2014:30-31）は以下のように結論づけた。①この論文の主な結論は ES 細胞の混入に由来するもので、ほぼすべて否定される。これだけ多くの混入は過失というより誰かが故意に混入した疑いを拭えないが、証拠をもって結論を出すにはいたらなかった。②小保方が担当した図表には元データがほとんど存在せず、「責任ある研究」の基盤が崩壊している。キメラマウス作製後の解析などの実験記録もほとんどない。本当に行われたか証拠がない実験もある。③図表の取り違え、図の作成過程での不適切な操作、実験機器の操作や実験法の初歩的な誤りなど、過失が非常に多いのは小保方の責任である。④これらの見ただけで疑念がわく図表や、明らかに怪しいデータを見落としたのは若山と笹井の責任である。⑤論文発表をあせったためか、研究室運営や対照実験に不備があった。適切な行動をとっていれば、ここまで問題が大きくならなかった可能性が高い。

考　察

　この事件では報道が過熱し、理研 CDB の解体など苛烈な社会的制裁がなされた（佐藤 2015:197-199）。事件は複雑で謎が多いが、以下のようにまとめておく。

　一般に、捏造された実験結果は他者が再現できない。胞子様細胞ないし STAP 細胞をこの点からみると、バカンティ研究室における胞子様細胞のスフェアは小保

方がかかわる以前に作製され、研究室総出の実験がなされたことから実在し、論文（Obokata et al. 2011b）は捏造ではなかろう。組織工学の研究成果（Obokata et al. 2011a）も他の研究員に実験法を指導したとされ、それが事実なら捏造ではない。小保方は実験記録の整理が不得手なようで、これらの論文がのちに撤回された主な原因は記録の不備にあるようにみえる。

　多能性の証明の経緯が示すように、小保方は細胞分化や形態形成に関する発生生物学領域との接点がなかった。のちに理研CDBにおいて、この領域の基礎的な知識・技能を充分に身につけないまま研究をすすめたようにみえる。[*9] *Nature* 誌の論文には公表の直後から疑問が示されたが、専門家が一読して違和感をおぼえるほどの瑕疵があったといえよう。

【参考文献】

榎木英介編 (2019)『研究不正と歪んだ科学――STAP細胞事件を超えて』日本評論社.

研究論文に関する調査委員会 (2014)『研究論文に関する調査報告書』理化学研究所.

小畑峰太郎 (2014)『STAP細胞に群がった悪いヤツら』新潮社.

小保方晴子 (2016)『あの日』講談社.

Obokata, H., Yamato, M., Yang, J., Nishida, K., Tsuneda, S. and Okano, T. (2007) "Subcutaneous transplantation of autologous oral mucosal epithelial cell sheets fabricated on temperature-responsive culture dishes," *Journal of Biomedical Materials Research Part A,* 86, 1088-1096.

Obokata, H., Yamato, M., Tsuneda, S. and Okano, T. (2011a) "Reproducible subcutaneous transplantation of cell sheets into recipient mice," *Nature Protocols,* 6, 1053-1059 (retracted in 2016).

Obokata, H., Kojima, K., Westerman, K., Yamato, M., Okano, T., Tsuneda, S. and Vacanti, C. A. (2011b) "The potential of stem cells in adult tissues representative of the three germ layers," *Tissue Engineering Part A,* 17(5-6),

---

＊9　溝口元教授（立正大学）のご教示と本コラム全般へのご助言に感謝いたします。

607-615 (retracted in 2020).

Obokata, H., Wakayama, T., Sasai, Y., Kojima, K., Vacanti, M. P., Niwa, H., Yamato, M. and Vacanti, C. A. (2014a) "Stimulus-triggered fate conversion of somatic cells into pluripotency," *Nature,* 505, 641-647 (retracted in 2014).

Obokata, H., Sasai, Y., Niwa, H., Kadota, M., Andrabi, M., Takata, N., Tokoro, M., Terashita, Y., Yonemura, S., Vacanti, C. A. and Wakayama, T. (2014b) "Bidirectional developmental potential in reprogrammed cells with acquired pluripotency," *Nature,* 505, 676-680 (retracted in 2014).

佐藤貴彦 (2015)『STAP 細胞——残された謎』パレード.

瀬川至朗 (2017)『科学報道の真相——ジャーリズムとマスメディア共同体』筑摩書房.

渋谷一郎 (2016)『STAP 細胞はなぜ潰されたのか——小保方晴子『あの日』の真実』ビジネス社.

Slack, Jonathan (2012) *Stem Cells: A Very Short Introduction,* Oxford University Press. = (2016) 八代嘉美訳『幹細胞——ES 細胞・iPS 細胞・再生医療』岩波書店.

須田桃子 (2018)『捏造の科学者——STAP 細胞事件』文藝春秋（単行本は 2014）.

Vacanti, P. M., Roy, A., Cortiella, J., Bonassar, L. and Vacanti, C. A. (2001) "Identification and initial characterization of spore-like cells in adult mammals," *Journal of Cellular Biochemistry,* 80(3), 455-460.

索引

数字

2ちゃんねる 107, 143, 147
3G 153, 154
3GPP 82
3GPP2 82
4G 154
5G 154
5G Evolution 94
5GMF 86
5G 総合実証試験 90
6G 94
10 大脅威 217
10 兆円ファンド 408
18 歳人口の減少 241
508 条技術基準 187

アルファベット

A

ABCI（AI 橋渡しクラウド）....... 163
ADA（Americans with Disabilities Act：アメリカ障害者法）........ 179
ADSL 148
ADSL（Asymmetric Digital Subscriber Line：非対称デジタル加入者回線）.... 67

AI 21, 156
AIP センター 163
Airbnb 30, 32
AI 関連中核センター 163
AI 戦略 2019 163
AI 戦略実行会議 164
AMP 132
Android 30
Anonymous 213, 218
APT 217

B

Beauty Contest 104
best shot 216, 226
BPR（Business Process Reengineering）.. 11

C

CATV 144, 147
CD 3
CEFR 376
CGM ... 21, 99, 141, 142, 143, 145, 146, 147, 148, 149, 151, 152, 153, 154, 156
Chainer 161, 170
COCOA 53
COE プログラム 278
CouchSurfin.com 30
Couchsurfing 37
CRA（Civilian Rehabilitation Act：市民リハビリテーション法）.......... 176
Craigslist 30

442

CREST ･････････････････････････162
CXO ････････････････････････････9
CYBERDINE 株式会社 ･･････････････400

D

DARPA ･････････････････････････165
DDoS 攻撃 ･･････････････････････218
Disability Inclusion Policy ･････････････176
DSL ･･････････････････････････48, 148
DVD ･････････････････････････････11
D-Wave マシン ･････････････････････231
DX ････････････････････････････3, 205
DX（Digital Transformation）･･････43, 77

E

EAA（European Accessibility Act：欧州アクセシビリティ法）･･･････････････185
e-Japan 戦略 ･･････････････････45, 183
e-Japan 戦略Ⅱ ･･････････････････････45
ELSA ･･････････････････････････165
ELSI ･･････････････････････････166
eMBB ･･･････････････････････････85
EMOTET ･･･････････････････････224
ERP ･････････････････････････････9
ESLI ･･････････････････････････165
ES 細胞 ･････････････････････････437
ES 細胞（胚性幹細胞）･･･417, 418, 420, 421, 422, 424, 426
EU AI ACT ･･････････････････････171

F

FCC ･･･････････････････････････145
FTC（Federal Trade Commission：連邦取引委員会）････････････････････71
FTTH ･･･････････････････････48, 148
FTTH（Fiber-To-The-Home）････････････66

G

GAFA ･････････････････････8, 18, 19, 61
GDPR ･････････････････････････208
GPAI ･････････････････････････164, 165
GUI ･･･････････････････････････152

H

HER-SYS ･････････････････････････53
Hôtel National des Invalides（廃兵院）･･175

I

ICF（International Classification of Functioning, Disability and Health：国際生活機能分類）･････････････179
ICIDH（International Classification of Impairments, Disabilities and Handicaps：国際障害分類）･･････････････177
IEC（International Electrotechnical Commission：国際電気標準会議）･････166
IEEE（Institute of Electronics Engineers：電気電子技術者学会）･･････････166
i-Japan 戦略 2015 ･･････････････････46
IMT2020 ･･･････････････････････84
IMT-Advanced ･･････････････････86
InterV ･････････････････････････149

443

IoT ····································226
IPA ····································216
iPhone ································153
iPhone 3G ····························30
iPhone ショック ············· 148, 150
IPS 財団 ······························430
iPS 細胞 ······························437
iPS（人工多能性幹）細胞 416, 418, 422, 424,
　　426, 427, 428, 429, 430
iPS 細胞研究センター ··············422
iPS 創薬 ······························427
IP マルチキャスト ····················99
IR ······································358
ISAC ···································215
ISO（International Organization for
　　Standardization：国際標準化機構）···166
ISP ····································142
ITU-R ··································85
IT 革命 ································44
IT 新改革戦略 ··················· 46, 49
IT 戦略 ································43
IT 戦略会議 ···························44
IT 戦略本部 ···························45
i モード ······················ 66, 126, 150

J

JC3 ····································216
JEITA（Japan Electronics and Information
　　Technology Industries Association：電子
　　情報技術産業協会）···············166
JPCERT/CC ··················· 216, 222

JST（Japan Science and Technology
　　Agency：科学技術振興機構）········162

L

LGWAN ·································49
LLM ······························ 169, 170
LLM（Large Language Model：大規模言語
　　モデル）···························163
LTE ····································83
LTE-Advanced ························84
Lyft ····································37

M

Massive MIMO ························87
Mirai ···························· 221, 226
mMTC ·································85
MNO（Mobile Network Operator：移動体
　　通信事業者）·······················75
Muse 細胞 ················ 424, 425, 426
MVNO（Mobile Virtual Network Operator：
　　仮想移動体通信事業者）···············75

N

NCURA ·································357
NICT ················ 162, 163, 170, 215
nifty-serve ····························149
NIH（Not-Invented-Here）············103
NIST ···································231
NOTICE ·······························223
NotPetya ······························222
NP 完全問題 ··························231

444

NP 困難問題 ･･････････････････････231
NR ･････････････････････････････････88

O

Open Innovation ･･････････････････103

P

P2P ･･･････････････････････････････232
PC-VAN ･･････････････････････････149

Q

Q アノン ･･････････････････････････112

R

RA ･･･････････････････････････････355
Rehabilitation Act（リハビリテーション法）177
Rehabilitation Act 508 条 ･･････････････179
reputation risk ･･････････････････････213
RSA 暗号 ･････････････････････････230
RU11（学術研究懇談会）･･･････････････356

S

SEO ･････････････････････････････155
SNS ･････････････････････････････150
Social Action Programme（社会行動計画）･176
Social Networking Service（SNS）･･････107
Society 5.0 ･････････････････････････5
Solar Winds ･･･････････････････････224
SRA ･････････････････････････････175

STAP 細胞 ･･････････････429, 434, 438, 439
Stuxnet ･･････････････････････････217
Sub6 帯 ･･････････････････････････91
Sub Committee（SC）･･･････････････167
Suica 事件 ････････････････････････203
SWIFT ･･････････････････････････221

T

Tallinn Manual ･･････････････････････7
Tick ･････････････････････････････221
total effort ･････････････････････216, 226
Total Effort ･･････････････････････････23
Twitter 裁判 ･･････････････････････111

U

Uber ･････････････････････････30, 32
UGC ･･21, 141, 142, 143, 144, 145, 146, 148, 149, 151, 152, 153, 154, 156
URA ･････････････････････････････355
URA 業務の多様性･･････････････････360
URA 質保証制度･･･････････････････359
URA 制度･････････････････････359, 360
URLLC ･･････････････････････････85

V

VC ･････････････････････398, 400, 401, 402

W

WannaCry ･････････････････････219, 222
weakest link ････････････････････216, 226

445

Web 1.0 ················· 144, 149
Web 2.0 ··················· 21, 126
Web 2.0 ·· 141, 142, 144, 145, 146, 148, 149
WELQ 問題 ························ 155
Windows95 ················· 149, 152
WWW ················· 145, 147, 152

X

XaaS（X as a Service: X アズ・ア・サービス）····························26
XAI ·································· 165

Y

Yahoo 知恵袋 ····················· 143
YouTube ··························· 143

かな

あ

アーンドメディア ··················· 156
赤石浩一 ···························· 332
アカウンタビリティ ················· 165
アクションカム ····················· 152
アクセシブルな情報社会に向けて ······· 181
アスキーアート ····················· 152
アットコスメ ················· 143, 150
アップル・ニュース ················· 132
アテンション・エコノミー ··········· 137
アテンションエコノミー ············· 116
アトリビューション・211, 212, 214, 219, 226
アニメ ······························ 16
アフィリエイト ····················· 155
アベノミクス ············· 48, 240, 270
アマチュア ························ 152
アムステルダム条約（Treaty of Amsterdam）····················· 178
アラブの春 ························ 109
有馬朗人 ·························· 329
アンジェス MG 株式会社 ············ 400
アンドロイド OS ···················· 76

い

医学モデル ························ 178
一発勝負 ·························· 367
一般教育（普通教育）··············· 367
一般社団法人リサーチ・アドミニストレータースキル認定機構 ················ 359
一般データ保護規則 ················· 208
一般データ保護規則（General Data Protection Regulation：GDPR）」······ 70
遺伝子ターゲティング ··············· 418
遺伝子の挿入 ······················ 417
移動通信ネットワーク ················ 79
イノベーション ····· 188, 246, 278, 312, 315
伊吹文明 ·························· 330
イマーシブ（没入型）ジャーナリズム ··· 130
医療保健学部 ······················ 392
医療保健分野 ······················ 385
岩手大学 ·························· 388
インサイダー取引 ··················· 411
インシデント ······················ 214
インスタント記事 ··················· 132

インターネット EC ･････････････････25
インターネット元年･･････････20, 125, 149
インターネット広告･････････････････17
インターネット実名制･･････････････111
インターネット上の情報の偏り･･････115
インターネット接続サービス････････103
インターネット接続サービス（ブロードバンド）･････････････････････････････64
インターネットラジオ･････････････143
インターネット楽観期･････････････106
インテリジェンス･････････････････227
インフォデミック･････････････････113
インフラ･･････････････････141, 150
インフルエンサー･･････････････････21

う

ウィキリークス（WikiLeaks）･･････130
ウィルス作成罪･･････････････････218
ウィルモット，イアン･･････416, 417, 420
ウェブサイト･････････････････････125
ウェブ日記･･･････････････････149, 150
ウェブページ････････････････････141
ウェブログ･･････････････････････126
ウクライナ侵攻･････････････････134
梅田望夫･････････････････････････141
運営費交付金･･･････････････････286

え

英語 4 技能試験･････････････364, 375, 376
英語 4 技能テスト･･････････････････376

衛星放送･････････････････････････144
エキスパートシステム･････････････159
エコーチェンバー現象･････････････108
エコーチャンバー･････････････････155
エストニア････････････････････････55
遠隔医療･･････････････････････････91
遠隔教育･････････････････････････239
エンゲージメント（Engagement）･････128
エンジニアリングサイエンス････････382
炎上･･････････････････････････････151
炎上を知る経路･･････････････････116

お

欧州民主主義行動計画･････････････136
欧州メディア自由法･･･････････････136
オウンドメディア････････････････156
オークション方式･････････････････104
大阪公立大学･･･････････････････390
大阪大学･････････････････････････387
大阪大学ベンチャーキャピタル株式会社･401
オーバーブロッキング･････････････117
オライリー，ティム･･･････････････141
オルガノイド･･････････････････････429
オルタナティブ･････････････146, 147, 149
オンライン化･････････････････････125
オンラインゲーム･･････････････13, 14
オンラインニュース法･････････････136

か

カーシェア････････････････････････26

447

ガードン，ジョン	416, 417, 420
顔文字	151
科学技術・イノベーション基本法	311
科学技術イノベーション総合戦略	270
科学技術基本計画	238, 311, 355
科学技術基本法	355
科学技術振興機構（JST）	356
科学技術創造立国	311
科学技術予算	284
科学研究システム	362
価格.com	143, 150
科学の目的合理的再編	413
核移植	417
学習指導要領実施状況調査	368
学術研究の国家主義的再編	361
学士力	281
革新知能統合研究センター	163
学力中位層	379
学力の3要素	364, 373, 379
学力の再定義	364
学力論	373
科研費	314
（仮称）高等学校基礎学力テスト	374
（仮称）大学入学希望者学力評価テスト	374
（仮称）達成度テスト・基礎レベル	372
（仮称）達成度テスト・発展レベル	372
霞が関WAN	49
仮想空間	5
課題解決力	243, 382
片方向	98
学校教育費	283
学校教育法及び国立大学法人法改正（法88号）	335
学校教育法及び国立大学法人法等の改正に関する実務説明会	337
学校教育法及び国立大学法人法の一部を改正する法律等の施行通知	336
学校教員統計調査	349
学校法人ガバナンス改革会議	342
学校法人制度改革の具体的方策について	343
学校法人制度の改善方策について	340
学校法人のガバナンス改革に関する声明	343
学校法人のガバナンスに関する見解について	342
学校法人のガバナンスに関する有識者会議	340
学校法人のガバナンスに関する有識者会議・審議まとめ「学校法人のガバナンスの発揮に向けた今後の取組の基本的な方向性について」に対する見解	342
学校法人のガバナンスの発揮に向けた今後の取組の基本的な方向性について	341, 343
家庭用ゲーム	16
金子元久	335
ガバナンス	329
ガバナンス改革	329
株式会社アーマリン近大	408
株式会社慶應イノベーション・イニシアティブ	405
株式会社ユーグレナ	400
仮名化	205
仮名加工情報	205
ガラケー	153

加齢黄斑変性症・・・・・・・・・・・・・・・・・・・・・・・426
看護学部・・・・・・・・・・・・・・・・・・・・・・・・・・・・・385
韓国・・・・・・・・・・・・・・・・・・・・・・・・・・・・・・・・・・55
幹細胞・・・・・・・・・・・・・・・・・・・・・・・・434, 436
官邸主導・・・・・・・・・・・・・・・・・・・・・・・・・・・・259
官邸主導の政策形成・・・・・・・・・・・・・・・・・240
官民一元化・・・・・・・・・・・・・・・・・・・・・・・・・207
官民イノベーションプログラム 401, 408, 412

き

機械学習・・・・・・・・・・・・・・・・・・・・・・160, 165
企業系 VC・・・・・・・・・・・・・・・・・・・・・401, 412
ギグワーカー・・・・・・・・・・・・・・・・・・・・・36, 37
技術決定論・・・・・・・・・・・・・・・・・・・・・・・・・106
記述式の出題・・・・・・・・・・・・・・・・・・・・・・・364
記述式問題・・・・・・・・・・・・・・・・・・・375, 377
基礎学力テスト・・・・・・・・・・・・・・・375, 376
北城恪太郎・・・・・・・・・・・・・・・・・・・・・・・・・337
規模と範囲の経済・・・・・・・・・・・・・・・・・・・75
キャラクター・・・・・・・・・・・・・・・・・・・・・・・・16
キャリア教育・・・・・・・・・・・・・・・・・・・・・・・279
ギャロウェイ，スコット・・・・・・・・・・・・・・66
九州大学・・・・・・・・・・・・・・・・・・・・・・・・・・・387
キュレーション・・・・・・・・・・・・・・・155, 156
教育基本法改正・・・・・・・・・・・・・・・・・・・・264
教育公務員特例法・・・・・・・・・・・・・・・・・・335
教育再生実行会議・・・241, 242, 269, 270, 364, 372
教育再生実行会議の第 3 次提言・・・・・・・・334
教育振興基本計画・・・・・・・・・・・・・238, 276

教育接続・・・・・・・・・・・・・・・・・・・・・・・・・・・366
教育のグローバル化・・・・・・・・・・・・・・・・365
教育の質保証・・・・・・・・・・・・・・・・・・・・・・379
教育の無償化・・・・・・・・・・・・・・・・・・・・・・271
行政改革会議・・・・・・・・・・・・・・・・・・・・・・260
共生主義・・・・・・・・・・・・・・・・・・・・・・22, 176
競争戦略・・・・・・・・・・・・・・・・・・・・・・・・・・・・6
競争的研究費・・・・・・・・・・・・・・・・・・・・・・360
競争的資金・・・・・・・・・・・・・・・・・・・313, 315
競争的資金化・・・・・・・・・・・・・・・・・・・・・・355
競争と共創・・・・・・・・・・・・・・・・・・・・・・・・・76
京大オリジナル株式会社・・・・・・・・・・・・402
京大ベンチャー NVCC1 号投資事業有限責任組合・・・・・・・・・・・・・・・・・・・・・・・・・・・・400
協働型消費（コラボ消費）・・・・・・・・・・・・26
京都産業大学・・・・・・・・・・・・・・・・・・・・・・393
京都大学・・・・・・・・・・・・・・・・・・・・・・・・・・386
京都大学 iPS 細胞研究所・・・・・・423, 424, 425, 427, 429
京都大学イノベーションキャピタル株式会社・・・401
京都大学再生医科学研究所・・・・・・・418, 421
巨大プラットフォーマー・・・・・・・・・・・・・19
キラーアプリ・・・・・・・・・・・・・・・・・・・・・・232
キラリと光る地方大学・・・・・・・・・・・・・・323

く

グーグル・ニュースショーケース・・・・・・136
口コミ・・・・・・・・・・・・・・・・・・・・・・・・・・・・・150
口コミサイト・・・・・・・・・・・・・・・・・143, 150

449

熊本地震・・・・・・・・・・・・・・・・・・・・・・・・・・238
組み合わせ爆発・・・・・・・・・・・・・・・・・・・・・・159
クラウド・・・・・・・・・・・・・・・・・・・・・・・・・・・・69
クラウドコンピューティング・・・・・・・・・・・・2
クラウド事業・・・・・・・・・・・・・・・・・・・・・・・・63
グラッドストーン研究所・・・・・・・・・・・・・419
グリーン・カード・・・・・・・・・・・・・・・・・・・198
グローバルアントレプレナー育成促進事業
　（EDGE プログラム）・・・・・・・・・・・・・・・405
グローバル化・・・・・・・・・・・・・・・・・・・・・・249
グローバル人材・・・・・・・・・・・・・・・・・・・・270
クローン羊・・・・・・・・・・・・・・・・・・・・・・・・420
クローン羊ドリー・・・・・・・・・・・・・・416, 417

け

経営情報学部・・・・・・・・・・・・・・・・・・・・・・385
経済安全保障・・・・・・・・・・・・・・・・・・・・・・224
経済格差・・・・・・・・・・・・・・・・・・・・・・・・・377
経済財政運営と改革の基本方針・・・・・・・334
経済財政運営と改革の基本方針 2019・・・・340
経済財政運営と改革の基本方針 2021・・・・342
経済産業省・・・・・・・・・・・・・・・・・・・・・・・399
掲示板・・・・・・・・・・・・・・・・・・・・・・・・・・150
ケータイ・インターネット・・・・・・・・・・・150
ケータイ小説・・・・・・・・・・・・・・・・・・・・・153
ゲートキーパー性・・・・・・・・・・・・・・・・・・70
ケーブルテレビ・・・・・・・・・・・・・・・・・・・・64
限界費用・・・・・・・・・・・・・・・・・・・・・・・・・75
研究インテグリティ・・・・・・・・・・・・・・・・361
研究開発力強化法・・・・・・・・・・・・・・・・・348

研究企画立案・・・・・・・・・・・・・・・・・・・・・355
研究支援・・・・・・・・・・・・・・・・・・・・・・・・358
研究支援業務・・・・・・・・・・・・・・・・・・・・・360
研究資金の調達・管理・・・・・・・・・・・・・・355
研究成果・・・・・・・・・・・・・・・・・・・・・・・・244
研究成果の停滞・・・・・・・・・・・・・・・・・・・246
研究大学強化促進事業・・・・・・・・・・・・・・357
研究大学コンソーシアム（RUC）・・・・・・・360
研究のマネジメント・・・・・・・・・・・・・・・・362
権限と責任の一致・・・・・・・・・・・・・・・・・344
検索エンジン最適化（Search Engine
　Optimization［SEO］・・・・・・・・・・・・・128
検索サービス・・・・・・・・・・・・・・・・145, 147
現実空間・・・・・・・・・・・・・・・・・・・・・・・・・・5
建築学部・・・・・・・・・・・・・・・・・・・385, 391
憲法 13 条・・・・・・・・・・・・・・・・・・・・・・・197
県立長崎シーボルト大学・・・・・・・・・・・・410

こ

コインチェック・・・・・・・・・・・・・・・・・・・223
行為規制・・・・・・・・・・・・・・・・・・・・・・・・・64
公益財団さわやか福祉財団・・・・・・・・・・・341
公益財団法人協会・・・・・・・・・・・・・・・・・341
公益財団法人助成センター・・・・・・・・・・・341
公益法人等のガバナンス改革検討チームの提
　言とりまとめ・・・・・・・・・・・・・・・・・・・340
公益法人のガバナンスの更なる強化等に関す
　る有識者会議・・・・・・・・・・・・・・・・・・・341
公益法人のガバナンスの更なる強化等のため
　に（最終とりまとめ）・・・・・・・・・・・・・・341
「公益法人のガバナンスの更なる強化等のた

450

めに（最終とりまとめ）」に対する声明‥341
工学院大学‥‥‥‥‥‥‥‥‥‥‥‥‥391
工学部‥‥‥‥‥‥‥‥‥‥386, 389, 392
合教科・科目型‥‥‥‥‥‥‥‥‥‥‥373
攻撃と防御の非対称性‥‥‥‥‥‥‥‥212
高校・大学の全入化問題‥‥‥‥‥‥‥365
高校と大学の接続‥‥‥‥‥‥‥‥‥‥242
高校のテスト‥‥‥‥‥‥‥‥‥‥‥‥379
高校の無償化‥‥‥‥‥‥‥‥‥240, 265
公衆送信・送信可能化‥‥‥‥‥‥‥‥101
高周波数化‥‥‥‥‥‥‥‥‥‥‥‥‥86
公衆無線LAN‥‥‥‥‥‥‥‥‥‥‥154
構造規制‥‥‥‥‥‥‥‥‥‥‥‥‥‥64
高速インターネットアクセス‥‥‥‥‥48
高大接続改革‥‥‥‥‥‥‥‥‥‥‥‥364
高知工科大学‥‥‥‥‥‥‥‥‥325, 390
交通バリアフリー法‥‥‥‥‥‥‥‥‥182
公的個人認証サービス‥‥‥‥‥‥‥‥51
高等学校学習到達度試験‥‥‥‥‥‥‥371
高等教育の機能別分化‥‥‥‥‥‥‥‥277
高等教育の質保証‥‥‥‥‥‥‥‥‥‥369
高等教育の無償化‥‥‥‥‥‥‥‥‥‥268
高等教育費‥‥‥‥‥‥‥‥‥‥‥‥‥284
公民権運動‥‥‥‥‥‥‥‥‥‥‥‥‥148
公立大学法人化‥‥‥‥‥‥‥‥‥‥‥326
高齢者・障害者配慮設計指針‥‥‥‥‥183
国際障害者年‥‥‥‥‥‥‥‥‥‥‥‥177
国際卓越研究大学制度‥‥‥‥‥‥‥‥408
国際卓越研究大学法‥‥‥‥‥‥‥‥‥408
国際調査報道ジャーナリスト連合

（International Consortium of Investigative Journalists：ICIJ）‥‥‥‥‥‥‥‥134
国民ID制度‥‥‥‥‥‥‥‥‥‥‥‥50
国民電子私書箱‥‥‥‥‥‥‥‥‥‥‥47
国立研究開発法人日本医療研究開発機構‥‥‥428
国立大学改革プラン‥‥‥‥‥281, 331, 388
国立大学財務・経営センター‥‥‥‥‥335
国立大学法人経営ハンドブック(1)‥‥‥335
国立大学法人等監事協議会監事監査参考指針改定検討会「監事監査に関する指針」‥338
国立大学法人法改正‥‥‥‥‥‥‥‥‥344
個人サイト‥‥‥‥‥‥‥‥‥‥‥‥‥142
個人情報‥‥‥‥‥‥‥‥‥‥‥‥‥‥193
個人情報保護‥‥‥‥‥‥‥‥‥‥‥‥209
個人情報保護3法‥‥‥‥‥‥‥‥‥‥196
個人情報保護委員会‥‥‥‥‥‥‥‥‥200
個人情報保護条例‥‥‥‥‥‥‥‥‥‥206
個人情報保護法‥‥‥‥‥‥‥‥22, 194
個人情報保護法制‥‥‥‥‥‥‥‥‥‥193
個人情報保護法制2000個問題‥‥‥‥206
個人番号‥‥‥‥‥‥‥‥‥‥‥‥‥‥199
個人メディア‥‥‥‥‥‥‥‥‥‥‥‥126
国家公務員制度改革基本法‥‥‥‥‥‥262
国家公務員法の改正‥‥‥‥‥‥‥‥‥263
コミック市場‥‥‥‥‥‥‥‥‥‥‥‥14
コラボ消費‥‥‥‥‥‥‥‥‥‥‥‥‥31
五輪エンブレム騒動‥‥‥‥‥‥‥‥‥110
コロナ対策‥‥‥‥‥‥‥‥‥‥‥‥‥11
コロニアル・パイプライン‥‥‥‥‥‥225
コンテンツ‥‥‥‥‥‥‥‥‥‥‥‥‥145

コンテンツ管理システム（Content Management System［CMS］）······126
コンテンツバブル···················133
コンパクトデジタルカメラ············153

さ

サージプライシング··················36
サービス························145
サービス享受者···············141, 144
サーフ，ヴィントン················188
最高裁判所················197, 201
再生医療·······················428
サイバー空間······················5
サイバーセキュリティ基本法······212, 219
サイバーセキュリティ協議会······215, 223
サイバー犯罪条約·················211
さきがけ·······················162
雑誌···························17
サブスクリプション··············4, 27
産学官·························314
産学官連携················311, 315
産学官連携リスクマネジメントモデル事業··409
産学連携·······················248
産学連携コーディネータ············361
産学連携政策···················356
産業技術総合研究所········162, 163, 167
産業競争力会議·············33, 331
産業競争力強化法················399
産業クラスター政策···············280

産業ならびに一般の管理·············344
産業融合························98
三種の神器······················10
サンライズレポート················331

し

シェアリングエコノミー··········26, 33
シェアリングエコノミー協会··········34
シェアリングエコノミー検討会議······34
シェアリングエコノミー伝道師········34
シェアリングシティ認定制度··········34
資格·················385, 394, 395
思考力・判断力・表現力············373
自己情報コントロール権············201
次世代アントレプレナー育成事業（EDGE-NEXT）······················405
事前評価から事後評価·············370
質保証·················242, 281
指定国立大学法人················281
自民党・行政改革推進本部··········340
ジャーナリズムの原則·············138
社会モデル·····················179
ジャフコ株式会社··········398, 399
獣医学部·······················393
修学支援新制度··················267
住基カード······················51
住基ネット······················194
集合知·························147
重大サイバー事案················217
集団極性化·····················109

十分性認定‥‥‥‥‥‥‥‥‥‥‥‥‥208
住民基本台帳‥‥‥‥‥‥‥‥‥‥‥‥195
住民基本台帳ネットワーク‥‥‥‥ 22, 194
住民基本台帳法‥‥‥‥‥‥‥‥‥‥‥196
住民票‥‥‥‥‥‥‥‥‥‥‥‥‥‥‥195
重要インフラ‥‥‥‥‥‥‥‥‥‥‥‥213
従量課金制‥‥‥‥‥‥‥‥‥‥‥‥‥148
授業理解‥‥‥‥‥‥‥‥‥‥‥‥‥‥368
主体的な学修‥‥‥‥‥‥‥‥‥‥‥‥282
出資型新事業創出支援プログラム（SUCCESS）‥‥‥‥‥‥‥‥‥‥‥404
巡回セールスマン問題‥‥‥‥‥‥‥‥231
ショア，ピーター‥‥‥‥‥‥‥‥‥‥230
障害者基本法‥‥‥‥‥‥‥‥‥‥‥‥178
障害者権利条約‥‥‥‥‥‥‥ 180, 182, 184
障害者権利条約に基づく定期審査‥‥‥191
障害者の権利均等に関する標準規則‥‥179
障害者の権利宣言‥‥‥‥‥‥‥‥‥‥177
障害を理由とする差別の解消の推進に関する法律（障害者差別解消法）‥‥‥‥184
消去権‥‥‥‥‥‥‥‥‥‥‥‥‥‥‥208
上下分離‥‥‥‥‥‥‥‥‥‥‥‥‥‥‥71
少子化‥‥‥‥‥‥‥‥‥‥‥‥‥‥‥369
常時接続‥‥‥‥‥‥‥‥‥‥‥‥147, 148
小選挙区比例代表並立制‥‥‥‥‥‥‥260
情報アクセシビリティ‥‥‥‥‥‥ 21, 181
情報アクセシビリティ基準（508条技術基準）‥‥‥‥‥‥‥‥‥‥‥‥‥‥‥182
情報アクセシビリティ・コミュニケーション施策推進法‥‥‥‥‥‥‥‥‥‥190
情報学部‥‥‥‥‥‥‥‥‥‥‥‥385, 387

情報環境‥‥144, 146, 147, 149, 150, 152, 153, 155, 156
情報技術‥‥‥‥‥‥‥‥‥‥‥‥‥‥193
情報自己決定権‥‥‥‥‥‥‥‥‥‥‥201
情報集積‥‥‥‥‥‥‥‥‥‥‥‥‥‥147
情報蓄積‥‥‥‥‥‥‥‥‥‥‥‥‥‥147
情報通信白書‥‥‥‥‥‥‥‥‥‥‥‥162
情報提供ネットワークシステム‥‥‥‥199
情報的健康‥‥‥‥‥‥‥‥‥‥‥‥‥116
情報的健康（インフォメーション・ヘルス）‥137
情報ボランティア‥‥‥‥‥‥‥‥146, 149
情報リテラシー‥‥‥‥‥‥‥‥‥‥‥114
情報流通プラットフォーム対処法‥‥‥117
初期化‥‥‥‥‥‥‥‥‥‥‥ 420, 421, 423
初期値鋭敏性‥‥‥‥‥‥‥‥‥‥‥‥‥6
職業実践力育成プログラム‥‥‥‥‥‥279
ジョブ型雇用‥‥‥‥‥‥‥‥‥‥‥‥‥10
ジョブス，スティーブ‥‥‥‥‥‥‥‥‥67
〈所有〉から〈利用〉‥‥‥‥‥‥‥‥‥‥4
私立学校振興助成法‥‥‥‥‥‥‥‥‥287
私立学校法の一部改正法律案‥‥‥‥‥343
私立学校法の一部を改正する法律（法15号）339
私立学校法の一部を改正する法律（法42号）339
私立大学短大の定員割れ‥‥‥‥‥‥‥370
新型コロナウイルス‥‥‥‥‥‥‥113, 134
新型コロナウイルス感染症‥‥‥‥‥‥239
人工知能‥‥‥‥‥‥‥‥‥‥‥‥‥‥‥36
新自由主義‥‥‥‥‥‥‥ 313, 315, 361, 413

453

心身障害者対策基本法・・・・・・・・・・・・・・・・・178
深層学習・・・・・・・・・・ 160, 161, 165, 167, 170
身体障害者福祉法・・・・・・・・・・・・・・・・・・・・・176
新聞・・・・・・・・・・・・・・・・・・・・・・・・・・・・・・・・・17
信頼される AI・・・・・・・・・・・・・・・・・・・・・・・・166
信頼に基づく情報の自由な流通・・・・・・・・・・7
人力検索はてな・・・・・・・・・・・・・・・・・・・・・・143
人類総メディア時代・・・・・・・・・・・・・・・・・・106

す

推奨要件・・・・・・・・・・・・・・・・・・・・・・・・・・・189
水平分離・・・・・・・・・・・・・・・・・・・・・・・・・・・・・97
スーパーコンピュータ・・・・・・・・・・・・・・・・170
スキル標準・・・・・・・・・・・・・・・・・・・・・・・・・357
ステルスマーケティング・・・・・・・・・・・・・・109
ストリーミング・・・・・・・・・・・・・・・・・69, 142
スピングラス問題・・・・・・・・・・・・・・・・・・・230
スマートフォン・・2, 13, 18, 21, 97, 102, 148, 152, 153, 154
スマートフォン（スマホ）・・・・・・・・・・・・・・25
スマートフォン・ファースト・・・・・・・・・・150
スマイリーキクチ中傷被害事件・・・・・・・・108
スマホ・・・・・・・・・・・・・・・・・・・・・・・・・・・・・・30

せ

世紀の合併・・・・・・・・・・・・・・・・・・・・・・・・・126
制御系システム・・・・・・・・・・・・・・・・・・・・・218
政権交代・・・・・・・・・・・・・・・・・・・・・237, 239
政治改革4法・・・・・・・・・・・・・・・・・・・・・・・260
政治主導・・・・・・・・・・・・・・・・・・・・・・・・・・259

政治任用・・・・・・・・・・・・・・・・・・・・・・・・・・333
脆弱性・・・・・・・・・・・・・・・・・・・・22, 213, 226
生成 AI・・・・・・・・・21, 137,164, 167, 168, 169
生成コンテンツ・141, 142, 143, 144, 145, 146
成長戦略・・・・・・・・・・・・・・・・・・・・・・・・・・240
政府 CIO・・・・・・・・・・・・・・・・・・・・・・・・・・・47
政府共通プラットフォーム・・・・・・・・・・・・・52
生命科学部・・・・・・・・・・・・・・・・・・・・・・・・393
世界最先端 IT 国家創造宣言・・・・・・・・48, 52
世界最先端デジタル国家創造宣言・官民データ活用推進基本計画・・・・・・・・・・・・・・・・48
世界電子政府ランキング・・・・・・・・・・54, 55
責任ある AI・・・・・・・・・・・・・・・・・・・・・・・165
責任ある研究・・・・・・・・・・・・・・・・・・・・・・439
セキュリティ・コミュニティ・・・・・・・・・・216
セキュリティの市場化・・・・・・・・・・・・・・・211
〈世帯〉単位・・・・・・・・・・・・・・・・・・・・・・・・・10
セル・・・・・・・・・・・・・・・・・・・・・・・・・・・・・・422
セルラー・システム・・・・・・・・・・・・・・・・・・79
選挙制度・・・・・・・・・・・・・・・・・・・・・・・・・・221
選挙制度審議会・・・・・・・・・・・・・・・・・・・・260
先行者優位・・・・・・・・・・・・・・・・・・・・・・・・・・6
選好性・・・・・・・・・・・・・・・・・・・・・・・155, 156
センター試験の複数回実施・・・・・・・・・・・367
選択的接触・・・・・・・・・・・・・・・・・・・・・・・・108
選抜から選択・・・・・・・・・・・・・・・・・・・・・・367
専門教育・・・・・・・・・・・・・・・・・・・・・・・・・・367
専門職大学・・・・・・・・・・・・・・・・・・・・・・・・279
専門職大学院・・・・・・・・・・・・・・・・・・・・・・279

そ

総合科学技術・イノベーション会議・248, 333
総合型・・・・・・・・・・・・・・・・・・・・・・・・・・・373
創造的破壊・・・・・・・・・・・・・・・・・・・・・・・・・5
双方向通信・・・・・・・・・・・・・・・・・・・・・・・・98
総理大臣補佐官・・・・・・・・・・・・・・・・・・・333
ソーシャルネット・・・・・・・・・・・・・・・・・・154
ソーシャルメディア・・・・・・・・・・・・・・・・150
ソーシャルメディア革命・・・・・・・・・・・・128
速報性・・・・・・・・・・・・・・・・・・・・・・・・・・・154
組織工学・・・・・・・・・・・・・・・・・・・・435, 436
組織的攻撃・・・・・・・・・・・・・・・・・・・・・・・213

た

ダートマス会議・・・・・・・・・・・・・・・・・・・158
第2期科学技術基本計画・・・・・・・・・・・・356
第2次安倍政権・・・・・・・・・・・・・・・・・・・330
第4次提言・・・・・・・・・・・・・・・・・・・・・・・372
第5世代移動通信システム・・・・・・・・・・19
第5世代移動通信システム（5G）・・・・・・79
第5世代コンピュータプロジェクト・・・・159
第5世代モバイル推進フォーラム・・・・・・86
大学院の部局化・・・・・・・・・・・・・・・・・・・386
大学改革実行プラン・・・・・・・・・・280, 331
大学改革担当室・・・・・・・・・・・・・・・・・・・332
大学系VC・・・・・・・・・・・・・・・401, 402, 412
大学（国立大学）の構造改革の方針・・・・・264
大学設置・学校法人審議会学校法人制度改革
　特別委員会・・・・・・・・・・・・・・・・・・・343
大学設置・学校法人審議会学校法人制度改善
　検討小委員会・・・・・・・・・・・・・・・・・340
大学等における修学の支援に関する法律・268
大学における内部規則・運用見直しチェック
　リスト（案）(学校教育法の改正関係)・・337
大学入学共通テスト・・・・・・・・・・・・・・・375
大学入試のあり方に関する検討会議・・・・378
大学のガバナンス改革の推進について（審議
　のまとめ）・・・・・・・・・・・・・・・・・・・・334
大学のガバナンス改革の推進方策に関する検
　討会議・・・・・・・・・・・・・・・・・・・・・・・336
大学のガバナンス改革の推進方策に関する検
　討会議審議まとめ・・・・・・・・・・・・・338
大学の機能別分化・・・・・・・・・・・・・・・・270
大学の教員等の任期に関する法律・・348, 351
大学の財務・・・・・・・・・・・・・・・・・285, 287
大学発新産業創出プログラム（START）・・404
大学発ベンチャー・・・・・・・・・399, 411, 413
大学発ベンチャー1000社計画・・・・・・・399
大学発ベンチャーをめぐる利益相反マネジメ
　ント・・・・・・・・・・・・・・・・・・・・・・・・411
大規模言語モデル・・・・・・・・・・・・160, 169
対抗措置・・・・・・・・・・・・・・・・・・・214, 226
対等な競争条件（level playing field）・・・・・99
大統領制化・・・・・・・・・・・・・・・・・・・・・・330
耐量子暗号版・・・・・・・・・・・・・・・・・・・・231
ダウンロード・・・・・・・・・・・・・・・・・・・・・・4
卓越研究大学・・・・・・・・・・・・・・・・・・・・318
タクシー・・・・・・・・・・・・・・・・・・・・・・・・・29
縦割り行政・・・・・・・・・・・・・・・・・・・・・・101
多能性・・・・・・・・・・・・・・・・・・・・・・・・・437
多能性幹細胞・・・・・・・・・・・・・・・・・・・・438

多文化社会学部·····················389
食べログ······················143, 150
タリン・マニュアル················222
単位制度の実質化··················282

ち

地域イノベーション・エコシステム形成プログラム·······················404
地域格差·························377
地域特性を活用した『多能工型』研究支援人材養成拠点····················358
知財の管理・活用··················355
知的財産の管理・運用··············360
知の拠点·························319
地（知）の拠点整備事業···········280
地方創生···················33, 311, 317
地方創生会議·····················321
地方創生大学·····················318
地方大学振興法···················323
地方大学・地域産業創生交付金··323, 404
地方分権改革·····················264
チャットGPT······················137
注意機構（attention function）·········168
中位層···························365
中央省庁等改革関連17法律···········261
中期目標と中期計画················238
中教審の高大接続特別部会··········364
チューリング機械··················230
聴覚障害者等による電話の利用の円滑化に関する法律······················185
地理的市場························64

つ

通信と放送の在り方に関する懇談会·····101
通信と放送の融合··················23
通信品位法230条··················117

て

ディープフェイク·············114, 156
ディープラーニング········21, 160, 161
データサイエンス学部··············385
データジャーナリズム··············130
データセンター····················69
データドリブン···················160
データベース·····················146
データ連携·······················206
テキストサイト···················150
テクノキャピタリズム··············412
デジカメ·························152
デジタル赤字·····················171
デジタル移行·····················128
デジタル化························3
デジタル改革関連法················207
デジタル・ガバメント推進方針·······57
デジタル技術·····················206
デジタル携帯電話··················153
デジタル・コンテンツ···············63
デジタルサービス法················137
デジタルサービス法（Digital Services Act：DSA）·························70
デジタル市場法（Digital Markets Act：DMA）·························70

456

デジタル社会形成基本法・・・・・・・・・・・・・・54
デジタル・ダイエット宣言・・・・・・・・・・・115
デジタル単一市場における著作権指令・・・135
デジタル庁・・・・・・・・・・・・・・・・・19, 54, 207
デジタル・デバイド・・・・・・・・・・・・・・・・・・7
デジタル田園都市国家構想・・・・・・・・・・・58
デジタル・トランスフォーメーション
　（DX）・・・・・・・・・・・・・・・・・・・・・3, 102
デジタル敗戦・・・・・・・・・・・18, 43, 53, 56
デジタルファースト・・・・・・・・・・・・・・・127
テラ株式会社・・・・・・・・・・・・・・・・・・・410
テレジョーズ・・・・・・・・・・・・・・・・・・・148
テレビ・・・・・・・・・・・・・・・・・・・・・・・・17
テレホーダイ・・・・・・・・・・・・・・・・・・・148
テレワーク・・・・・・・・・・・・・・・・・・・・・・8
電子会議室・・・・・・・・・・・・・146, 147, 149
電子掲示板・・・・・・・・・・・・・・・・143, 149
電子書籍・・・・・・・・・・・・・・・・・・・・・・14
電子署名・・・・・・・・・・・・・・・・・・・・・232
電子政府・・・・・・・・・・・・・・・・6, 18, 44
電波防護指針・・・・・・・・・・・・・・・・・・・87
デンマーク・・・・・・・・・・・・・・・・・・・・・56
電話リレーサービス・・・・・・・・・・・・・・185

と

ドイッチュ, デイビッド・・・・・・・・・・・・229
動画配信・・・・・・・・・・・・・・・・・・・・・・11
東京工科大学・・・・・・・・・・・・・・・・・・392
東京工業大学・・・・・・・・・・・・・・・・・・387
東京大学エッジキャピタル（UTEC）・・・・400

東京大学エッジキャピタルパートナーズ
　（UTEC）・・・・・・・・・・・・・・・・・・・403
東京大学協創プラットフォーム開発株式会社
　・・・401
東京都立大学・・・・・・・・・・・・・・・・・・389
統合イノベーション戦略・・・・・・・・・・・270
投稿サイト・・・・・・・・・・・・・・・・・・・・150
同時再送信・・・・・・・・・・・・・・・・23, 103
同時配信・・・・・・・・・・・・・・・・・・97, 99
東芝クレーマー事件・・・・・・・108, 149, 152
同人誌・・・・・・・・・・・・・・・・・・・146, 151
同調圧力・・・・・・・・・・・・・・・・・・・・・115
東北大学・・・・・・・・・・・・・・・・・・・・・387
東北大学ベンチャーパートナーズ株式会社・・・
　401
徳島文理大学・・・・・・・・・・・・・・・・・・393
読書バリアフリー法・・・・・・・・・・・・・・187
特定個人情報・・・・・・・・・・・・・・200, 202
特定個人情報保護委員会・・・・・・・・・・・200
特定秘密保護法・・・・・・・・・・・・・212, 219
特別研究員制度・・・・・・・・・・・・・・・・・348
匿名・・・・・・・・・・・・・・・・・・・・・・・・149
匿名化・・・・・・・・・・・・・・・・・・・・・・・205
匿名加工情報・・・・・・・・・・・・・・203, 204
匿名加工情報取扱事業者・・・・・・・・・・・204
トランスジェニック（遺伝子改変）・・・・・419
トランスジェニックマウス・・・・・・・・・・420
トランスフォーマー（Transformer）・・・・168
ドローン・・・・・・・・・・・・・・・・・・・・・152

な

内閣官房 IT 総合戦略室 …………… 34
内閣機能の強化 ……………………… 261
内閣人事局 …………………………… 263
内閣府 ………………………………… 404
内部不正 ……………………………… 226
長崎大学 ……………………………… 389
名古屋大学 …………………………… 387
奈良先端科学技術大学院大学 ……… 421
ナレッジベース ……………………… 147
ナローバンド ………………………… 148

に

新潟大学 ……………………………… 389
二極化 ………………………………… 111
ニコニコ動画 ………………………… 143
西鉄バスジャック事件 ……………… 107
偽情報・誤情報 ……………………… 131
日本科学技術振興機構（JST）……… 403
日本学術振興会 ……………………… 361
日本型慣行 …………………………… 10
日本経済再生本部 …………………… 331
日本合同ファイナンス株式会社（JAFCO）‥ 398
日本再興戦略 ………………………… 34
日本再興戦略 Japan is Back ……… 332
日本私立大学協会 …………………… 342
日本私立大学教職員組合連合中央執行委員会 342
日本私立大学団体連合会 …………… 343
日本私立短期大学協会 ……………… 343
日本年金機構 ………………………… 220
日本ベンチャーキャピタル株式会社（NVCC）……………………… 400
ニュースアプリ ……………………… 131
ニュースサイト ……………………… 125
ニュース使用料 ……………………… 135
ニュースの砂漠 ……………………… 131
ニュースメディア …………………… 20
ニュースメディア・デジタルプラットフォーム契約義務化法 ……………… 136
任期つき専任教員 …………… 347, 351
人間中心の AI 社会原則 …………… 164
人間中心の AI 社会原則検討会議 … 164

ね

ネット炎上 …………………………… 20
ネット検索 …………………………… 147
ネット広告 …………………………… 125
ネット社会 ………………… 145, 150, 153
ネット小説 …………………………… 150
ネットニュース ……………………… 151
ネット有料化（Paywall）…………… 129
ネットワーク ………………………… 19
ネットワーク外部性 ………………… 6
ネットワーク執行法 ………………… 117
ネットワーク中立性 ………………… 67

の

納税者番号 …………………………… 198
能動的な表現者 ……………………… 141

能力論・・・・・・・・・・・・・・・・・・・・・・・・・373
ノーベル生理学医学賞・・・・・・・・・・・416, 417
ノーベル生理学医学賞受賞・・・・・・・・・・・423
ノックアウトマウス・・・・・・・・・・・418, 420
能登半島地震・・・・・・・・・・・・・・・・・・・238
ノン・スタンドアローン・・・・・・・・・・・・88
ノンプロ・・・・・・・・・・・・・・・142, 144, 145

は

パートナシッププロジェクト・・・・・・・・・82
バイオラボ株式会社・・・・・・・・・・・・・・・410
胚性幹細胞・・・・・・・・・・・・・・・・・・・・・437
バイトテロ・・・・・・・・・・・・・・・・・・・・・110
ハイブリッド戦・・・・・・・・・・・・・・・・・227
バイラル・マーケティング・・・・・・・・・・150
バイラルメディア・・・・・・・・・・・・・・・127
バカッター・・・・・・・・・・・・・・・・・・・・・110
博士研究員・・・・・・・・・・・・・・・347, 350
博士号や研究経験を持つ事務職員・・・・・・・360
パソコン通信・・・・・・・・・・・146, 149, 151
バタフライ効果・・・・・・・・・・・・・・・・・・6
働き方改革・・・・・・・・・・・・・・・・・・・・・・8
パッケージソフト・・・・・・・・・・・・・・・・11
発言小町・・・・・・・・・・・・・・・・・・・・・・143
発生生物学・・・・・・・・・・・・・・・・・・・・・440
バナー広告・・・・・・・・・・・・・・・・・・・・・125
パナマ文書・・・・・・・・・・・・・・・・・・・・・134
パラダイムシフト・・・・・・・・・・・・・・・145
バリアフリー化・・・・・・・・・・・・・・・・・180
番号法・・・・・・・・・・・・・・・・・・・22, 200

犯行予告事件・・・・・・・・・・・・・・・・・・・107
阪神・淡路大震災・・・・・・・・・・・146, 149
阪大イノベーション一号投資事業有限責任組合・・・・・・・・・・・・・・・・・・・・・・・・・400
半導体メモリ・・・・・・・・・・・・・・・・・・・152
汎用オペレーティングシステム（OS）・・・・63
汎用的技能・・・・・・・・・・・・・・・・・・・・・283
汎用的能力・・・・・・・・・・・・・・・・・・・・・382

ひ

ピア・ツー・ピア・・・・・・・・・・・・・・・232
ビームフォーミング・・・・・・・・・・・・・・87
東日本大震災・・・・・・・・・・・・・154, 238
非実在型炎上・・・・・・・・・・・・・・・・・・・116
非常勤講師・・・・・・・・・・・・・・・347, 349
非正規雇用・・・・・・・・・・・・・・・347, 353
非対称性・・・・・・・・・・・・・・・・・・・・・・・23
ビッグデータ・・・・・・・・・・・・・・・・・・・203
ビッグデータ技術・・・・・・・・・・・・・・・203
必須業務（NHK）・・・・・・・・・・・・・・・・97
必須要件・・・・・・・・・・・・・・・・・・・・・・189
ビットコイン・・・・・・・・・・・・・・・・・・・232
独り勝ち・・・・・・・・・・・・・・・・・・・6, 104
誹謗中傷・・・・・・・・・・・・・・・・・・・・・・・20
表現の萎縮・・・・・・・・・・・・・・・・・・・・・110
表現の自由・・・・・・・・・・・・・・・・・・・・・117

ふ

ファクトチェック・・・・・・・・・・・113, 134
ファクトチェック機関・・・・・・・・・・・・・114

フィーチャーフォン	66
フィジカル空間	5
フィッシングサイト	223
フィルターバブル	21, 111, 155, 156
フェイクニュース	8, 20, 68, 131
フェイクニュース元年	112
フェイスブック・ニュース	136
不可欠設備	71
父権主義	175
侮辱罪の厳罰化	115
不正	434
冬の時代	159
プライバシー	193, 209
プライバシー・ガイドライン	194
プライバシー権	197, 201
プラットフォーマー	61
プラットフォーマー問題	6
プラットフォーム	25, 61
プラットフォーム労働における労働条件の改善に関する欧州議会・評議会指令	37
武力による威嚇又は武力の行使	7
武力の行使	227
フルサービス	147
プレカリアート	412
フレネミー	129
ブロードバンド	147, 148
ブロードバンド元年	148
ブログ	150, 153
プロジェクトの企画・運営	360
ブロック・チェーン	232
プロバイダ	142
プロバイダー	149
プロファイリング	208
分散コンテンツ	132
分担管理原則	334

へ

米国議会議事堂襲撃事件	112
米国標準技術研究所	231
ヘイトスピーチ	111
ペイドメディア	156
ベル，アレクサンダー	188
ベンチャーキャピタル（VC）	398

ほ

保育園落ちた日本死ね！！！	114
ポータル	145, 151
ポートフォリオ選択	233
ホームページ	141
北大アンビシャス投資事業組合	398
保健系学部	385
母権主義	176
保健福祉学部	394
北海道胆振東部地震	238
北海道大学	387
ボトルネック性	70

ま

マイナポータル	50
マイナンバー	50, 58, 199, 202

マイナンバーカード・・・・・・・・・・51, 199, 202
マイナンバー制度・・・・・・・・・・・・・22, 198
マイナンバー訴訟・・・・・・・・・・・・・・・・201
マス・メディア・・・20, 98, 141, 144, 146, 147, 148, 155, 156
マラケシュ条約・・・・・・・・・・・・・・・・・・187
マルチメディア・・・・・・・・・・・・・・・・・・・97
マンガ・・・・・・・・・・・・・・・・・・・・・・・・・・16

み

ミドルメディア・・・・・・・・・・・・・・・・・・116
ミニコミ・・・・・・・・・・・・・・・・・・・・・・・146
見逃し番組配信・・・・・・・・・・・・・・・・・・・97
ミリ波（mmW）帯・・・・・・・・・・・・・・・91
民泊・・・・・・・・・・・・・・・・・・26, 29, 33, 35

む

無線アクセス・・・・・・・・・・・・・・・・・・・・80

め

メディア・サービス・・・・・・・・・・・・・・・141
メディアとメッセージのルース・カップリング・・・・・・・・・・・・・・・・・・・・・・・・・・・98
メディアのメッセージ性・・・・・・・・・・・102
メディアリテラシー・・・・・・・・・・・・・・114
メルカリ・・・・・・・・・・・・・・・・・・・・・・・32
メンバーシップ型雇用・・・・・・・・・・・・・・10

も

モバイルインターネット・・・・・・・・・・・126
モバイル第5世代・・・・・・・・・・・・・・・・135

森口事件・・・・・・・・・・・・・・・・・・・・・・・424
文部科学省・・・・・・・・・・・・・・・・・400, 404

や

薬学部・・・・・・・・・・・・・・・・・・・・385, 394
山中伸弥・・416, 417, 418, 419, 421, 423, 429, 430
やらせレビュー・・・・・・・・・・・・・・・・・・109

ゆ

有害デジタル通信法案・・・・・・・・・・・・・111
ユーザー参加型・・・・・・・・・・・・・・・・・126
ユーテック一号投資事業有限責任組合・・・400
ユニバーサルデザイン・・・・・・・・・・・・・180
ユビキタス・・・・・・・・・・・・・・・・・・・・148

よ

幼児教育の無償化・・・・・・・・・・・・240, 266

ら

ライドシェア・・・・・・・・・・・・・・・・・・・・35
ライドシェア（乗り合いサービス）・・・・・26
ライトヒル報告書・・・・・・・・・・・・・・・159
ライフ・ワーク・バランス・・・・・・・・・・・9
ランサムウェア・・・・・・・・・・・・・・・・・220

り

リアルタイム・・・・・・・・・・・・・・・・・・・153
リーダーシップ・・・・・・・・・・・・・・・・・344
リーマンショック・・・・・・・・・・・・・30, 31

利益相反	409
利益相反マネジメント	409, 412
理化学研究所	162
理学部	386
理工学部	243, 384, 388, 391
リサーチアドミニストレーター（RA）	355
リサーチ・アドミニストレーター協議会（RA協議会）	358
リサーチ・アドミニストレーターを育成・確保するシステムの整備（リサーチ・アドミニストレーションシステムの整備）	357
リッチ・コンテンツ	142, 143, 151
リテラシー	146, 151, 155
リプログラミング	420
留学生	249
量子アナログコンピュータ	230
量子アニーリングマシン	23, 229
量子アルゴリズム	230
量子計算論	229
量子コンピュータ	229
量子コンピュータ開発	229
量子コンピュータの理論モデル	232
量子チューリング機械	229, 232
量子デジタルコンピュータ	23
量子並列計算	230
利用者主体	143, 144, 145, 146, 149, 151
旅館業法	29

れ

冷戦終結	237
レイヤー（階層）	61
レイヤ構造	101
レイヤ別分離	97
レビューサイト	143, 150

ろ

ローカル5G	92
ロボット工学3原則	165
ロボットジャーナリズム	130

わ

我が国の高等教育の将来像（答申）	276
忘れられる権利	208
早稲田大学	391

■編集代表
塚原修一…関西国際大学客員教授、国立教育政策研究所名誉所員、
　　　　　科学技術社会論学会元会長
■企画委員
綾部広則…早稲田大学理工学術院教授、科学技術社会論学会会長
川野祐二…久留米大学経済学部教授

■第2巻・執筆者（初出順）
林紘一郎…情報セキュリティ大学院大学名誉教授
前川　徹…東京通信大学 情報マネジメント学部 教授
大谷卓史…吉備国際大学アニメーション学部准教授
神野　新…株式会社 情報通信総合研究所 主席研究員
奥村幸彦…NTTドコモ R&D 戦略部 シニア・テクノロジ・アーキテクト
山口真一…国際大学グローバル・コミュニケーション・センター准教授
平　和博…桜美林大学リベラルアーツ学群教授
吉田　達…東京経済大学 ほか 非常勤講師
中尾悠里…富士通株式会社富士通研究所シニアリサーチマネージャー
山田　肇…東洋大学名誉教授
村上康二郎…情報セキュリティ大学院大学情報セキュリティ研究科教授
西野哲朗…電気通信大学名誉教授
久須美雅昭…元高知工科大学プログラムオフィサー
羽田貴史…広島大学名誉教授、東北大学名誉教授
澤田芳郎…株式会社シィー・ディー・アイ取締役主任研究員
荒井克弘…東北大学名誉教授・(財)大学入試センター名誉教授
溝口　元…立正大学名誉教授

久留米大学経済叢書 24

[新通史] 日本の科学技術 第2巻
秩序変容期の社会史 2011年〜2024年

●

2025年4月30日　第1刷

編集代表……………塚原修一
第3部編集…………林紘一郎・前川　徹
第4部編集…………塚原修一・澤田芳郎
発行者…………成瀬雅人
発行所…………株式会社原書房
〒160-0022 東京都新宿区新宿1-25-13
電話・代表03(3354)0685
http://www.harashobo.co.jp
振替・00150-6-151594
装丁…………田口良明
企画制作・DTP…………株式会社編集工房 球
本文・装丁印刷…………株式会社明光社印刷所
製本…………東京美術紙工協業組合
©Shuichi Tsukahara et al. 2025, Printed in Japan
ISBN978-4-562-07537-9